Álvaro Zimmermann Aranha
Manoel Benedito Rodrigues

(Os Autores são Professores do Colégio Bandeirantes de São Paulo)

SEGUNDA EDIÇÃO • JAN/1998

Exercícios de Matemática – vol. 2

Funções e Logaritmos

Outras obras da Editora Policarpo:

Autores: Álvaro Zimmermann Aranha e Manoel Benedito Rodrigues

Coleção Exercícios de Matemática

Volume 1 – Revisão de 1º Grau
Volume 2 – Funções e Logaritmos
Volume 3 – Progressões Aritméticas e Geométricas
Volume 5 – Matrizes, Determinantes e Sistemas Lineares
Volume 6 – Geometria Plana
Volume 7 – Geometria no Espaço

Coleção Vestibulares:

Autores: Roberto Nasser e Marina Consolmagno
História nos Vestibulares
Autores: Minchillo, Carlos A. Cortez et. alii
Português nos Vestibulares
Autor: Gil,Marcos Ferreira
Física nos Vestibulares
Autores: Aranha, Álvaro Z. et alii
Matemática nos Vestibulares Vol. 1 e 2

Editora Policarpo

Dados Internacionais de Catalogação na Publicação (CIP)
(Câmara Brasileira do Livro, SP, Brasil)

Aranha, Álvaro Zimmermann
Funções e logaritmos / Álvaro Zimmermann Aranha, Manoel Benedito Rodrigues. -- 2.ed. rev. melhor. -- São Paulo : Policarpo, 1994. -- (Exercícios de matemática ; v.2).

1. Funções 2. Funções - Problemas, exercícios, etc. 3. Logaritmos 4. Logaritmos - Problemas, exercícios, etc. I. Rodrigues, Manoel Benedito. II. Título. III. Série.

94-2585 CDD-510.07

Indices para catálogo sistemático:

1. Matemática : Estudo e ensino 510.07

Editora Policarpo Ltda.
Rua Pereira da Silva, 138
São Paulo – SP
03162-110

✆ (011) 288 -0895
✆ (011) 287-3819

Apresentação

Os livros da coleção Exercícios de Matemática apresentam forte intenção de oferecer aos estudantes de Matemática (do que é lecionado em 1º e 2º graus) uma numerosa e abrangente lista de exercícios, todos com resposta, que foram elaborados e colocados em ordem tal que resultasse num crescimento extremamente suave do seu grau de dificuldade, isto é, desde os muito simples até aqueles exercícios e problemas mais complexos.

Para facilitar a utilização deste livro por alunos e professores, cada capítulo é formado por Resumos Teóricos, Exercícios, Exercícios de Fixação e Exercícios Suplementares.

Na parte que chamamos Exercícios, estão aqueles iniciais e básicos que, normalmente, são resolvidos em sala de aula; os Exercícios de Fixação têm a finalidade de fazer com que o aluno adquira uma razoável prática nos diversos tópicos estudados; em seguida, os Exercícios Suplementares, geralmente mais sofisticados, visam ampliar e aprofundar os conhecimentos obtidos anteriormente.

No final de cada volume desta coleção, o leitor encontrará uma seleção de testes e questões, recentes ou não, retirados dos principais exames vestibulares não só de São Paulo como de outros Estados brasileiros.

Desde já, agradecemos por eventuais comentários, críticas ou sugestões que nos sejam enviados pelos leitores deste trabalho, pois, para nós, terão grande importância e serão muito bem recebidos.

Índice

Capítulo 1

Relações e Funções

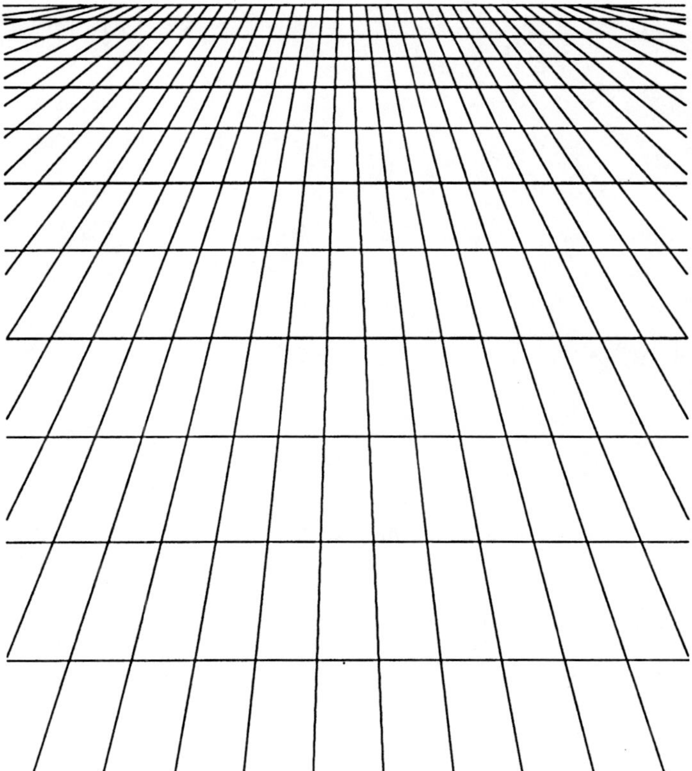

A - Relação Binária

Definição

Dados dois conjuntos A e B, chama-se **relação binária de A em B** a qualquer subconjunto R do produto cartesiano A×B.

Quando B=A, todo subconjunto R de A×A é chamado de relação binária em A ou relação binária sobre A.

Uma relação R:A → B é, portanto, um conjunto formado por pares ordenados (x,y) ∈ A×B.

Nomenclatura

a) R:A → B = relação binária R de A em B.

b) A = conjunto de partida de R.

c) B = contra-domínio de R (CD) (ou conjunto de chegada).

d) Se o par ordenado $(a, b) \in$ R indicamos a Rb e, neste caso, *a* é chamado de antecedente e *b* é chamado de imagem.
Se (a, b) ∉ R, indicamos a $\not R$ b.
Em resumo, temos:
antecedentes = primeiros elementos dos pares da relação R.
imagens = segundos elementos dos pares da relação R.

e) D_R = domínio de R = conjunto formado pelos **antecedentes** da relação R.

f) Im_R = conjunto-imagem de R = conjunto formado pelas **imagens** da relação R.

g) Lei de correspondência: é a propriedade que estabelece a relação entre os elementos de A e B, ou seja, é a propriedade que nos possibilita obter os pares ordenados (a, b) de R.

Exemplo:

Dados os conjuntos A={2, 3, 0, 6} e B={4, 5, 6, 7, 11}, vamos representar a relação R={$(a, b) \in$ A×B | *a* é divisor de *b*} (Indicamos: a | b = a é divisor de b)

a) através de um **diagrama de flechas:**

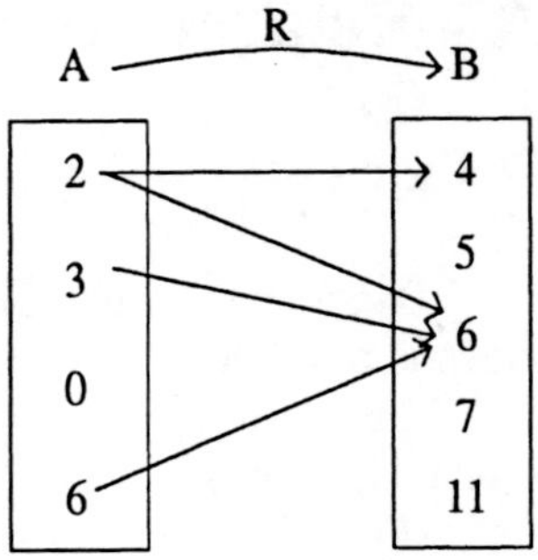

A = conjunto de partida = {2, 3, 0, 6}
B = CD = contra-domínio = {4, 5, 6, 7, 11}
D = domínio = {2, 3, 6} = conjunto dos antecedentes
Im = conjunto-imagem = {4, 6} = conjunto das imagens

lei de correspondência = a é divisor de b

b) por **enumeração:**

$$R=\{(2, 4), (2, 6), (3, 6), (6, 6)\}$$

Note bem: *é imediato verificarmos que* $R \subset A{\times}B$.

c) **graficamente**, no plano cartesiano:

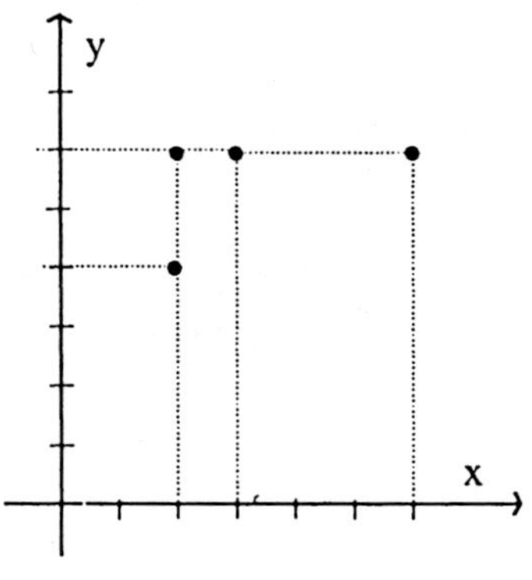

Exercícios

1 Dada a relação R={(1, 7), (2, 6), (3, 5)} de A={0, 1, 2, 3} em B={4, 5, 6, 7}, classificar com V (verdadeira) ou F (falsa) as sentenças:

a) $(1, 7) \in R$ b) $(1, 4) \in R$ c) $(2, 5) \notin R$ d) $(3, 6) \in R$ e) $(2, 6) \notin R$
f) 2 R 6 g) 1 R 5 h) 3 R̸ 5 i) 1 R̸ 7
j) A é o conjunto de partida de R
k) A é o domínio de R
l) B é o conjunto de chegada de R
m) B é o contra-domínio de R
n) B é o conjunto-imagem de R
o) {1, 2, 3} é o domínio de R
p) {5, 6, 7} é o conjunto-imagem de R

2 Dados os conjuntos $A=\{0,1,2,3\}$ e $B=\{2,3,4,5,6\}$ e, em cada caso, uma relação R de A em B, determine o domínio D e o conjunto-imagem Im da relação R

a) $R=\{(0,2),(1,3),(2,4)\}$
b) $R=\{(0,6),(1,5)\}$
c) $R=\{(0,6),(1,6),(2,6),(3,6)\}$
d) $R=\{(3,2),(3,3),(3,4),(3,5),(3,6)\}$
e) $R=\{(2,4)\}$
f) $R=\{(1,2),(2,4),(3,6)\}$

3 Sejam os conjuntos $A=\{1, 2, 6, 7, 25\}$ e $B=\{2, 3, 4, 5, 8, 9\}$ e a relação $R: A \rightarrow B$ definida pela lei $xRy \Leftrightarrow x$ é múltiplo de y.

Nessas condições, pede-se:

a) fazer um diagrama de flechas de R
b) escrever R por enumeração
c) escrever, por enumeração, o conjunto de partida, o contra-domínio (CD), o domínio (D) e o conjunto-imagem (Im) dessa relação.

4 Seja a relação $R: A \rightarrow B = \{(x, y) \mid y=2x-1\}$ onde $A=\{-1, 0, 2, 3\}$ e $B=\{-3,-1,3\}$.

Pede-se:

a) fazer um diagrama de flechas de R
b) representar graficamente num mesmo plano cartesiano $A \times B$ e R
c) escrever D, CD e Im dessa relação.

5 Dada a relação R sobre $A=\{1,-1,2,-2,4\}$ definida por $xRy \Leftrightarrow y=x^2$, pede-se:

a) fazer um diagrama de flechas de R
b) representar R graficamente
c) escrever D_R e Im_R

6 Escreva por enumeração as relações R seguintes definidas por diagramas de flechas:

a)

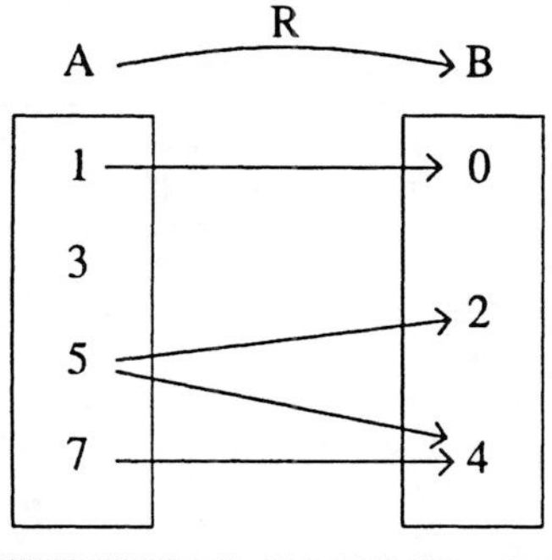

b)

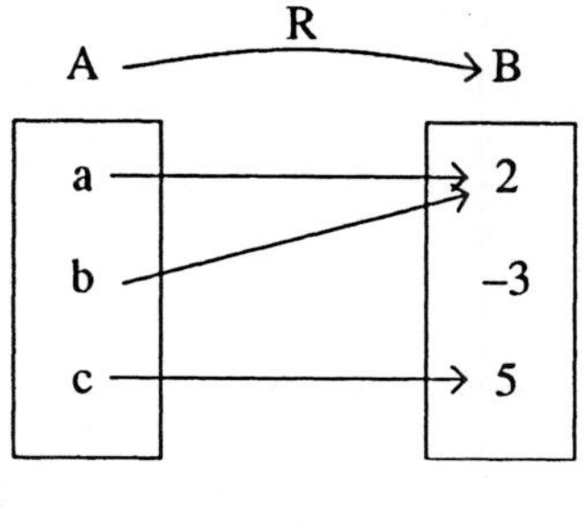

c) R sobre A

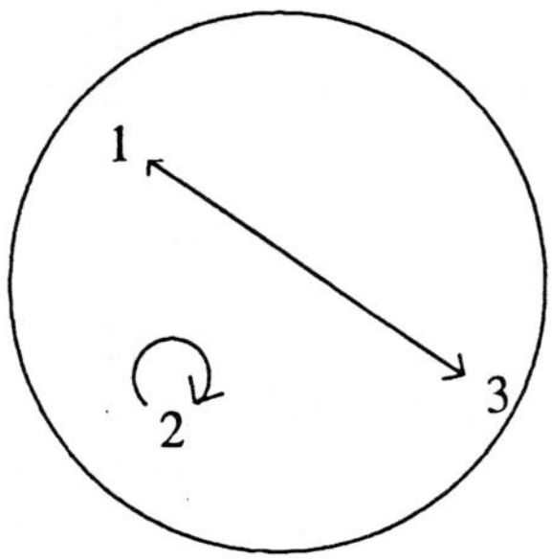

d) R sobre A

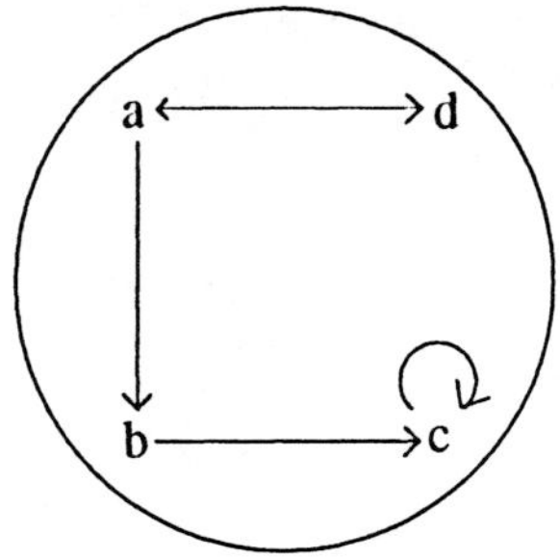

7 Escreva o domínio (D) e o conjunto-imagem (Im) das relações R do exercício anterior.

8 As relações R seguintes, definidas graficamente no plano cartesiano, têm conjunto de partida = contra-domínio = A={–5, – 4, –3, ..., 4, 5}.
Nessas condições, escreva, em cada caso, a relação R por enumeração:

a)

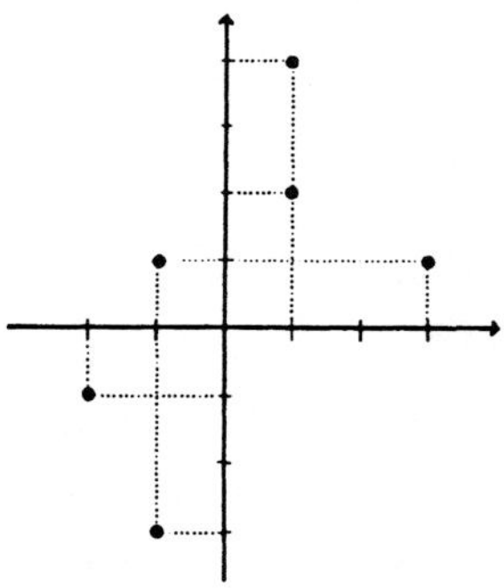

b)

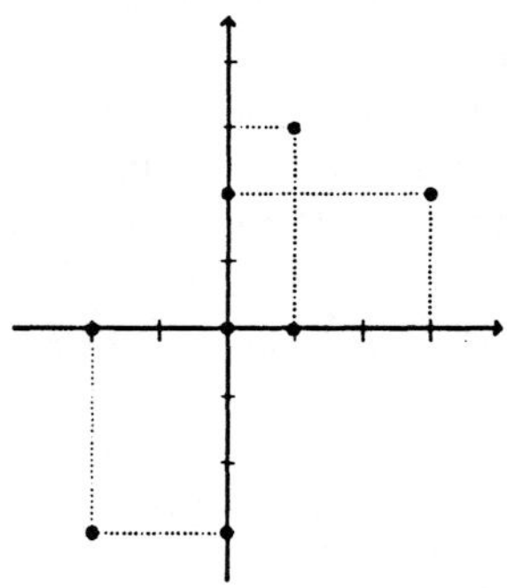

9 Dada a relação R definida graficamente abaixo, complete os pares (x, y) seguintes de modo que (x, y)∈ R:

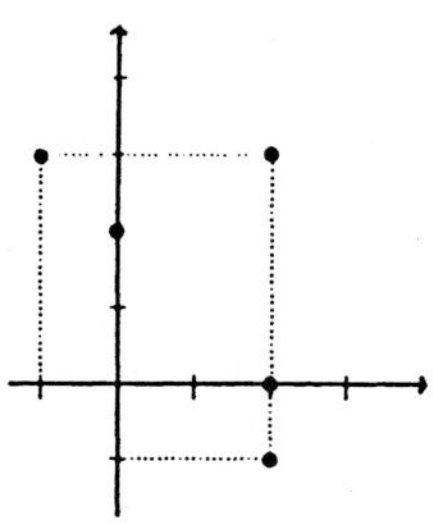

a) (, 0) b) (, 3)
c) (, 1) d) (, –1)
e) (0,) f) (–2,)
g) (–1,) h) (2,)

10 Determine, em cada caso, o domínio e o conjunto-imagem das relações R sobre A seguintes, onde A = [–10, 6]:

a)

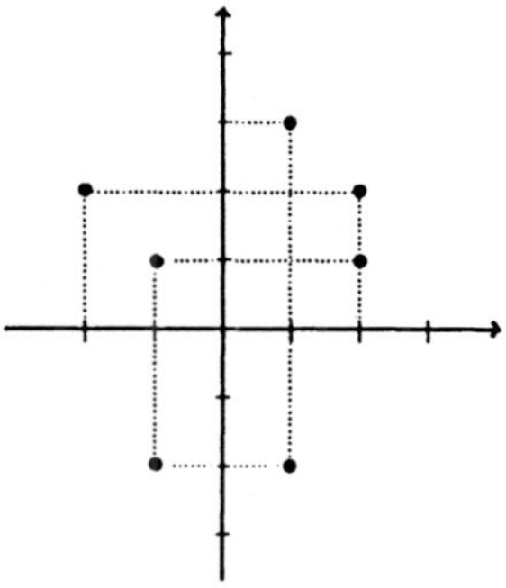

b)

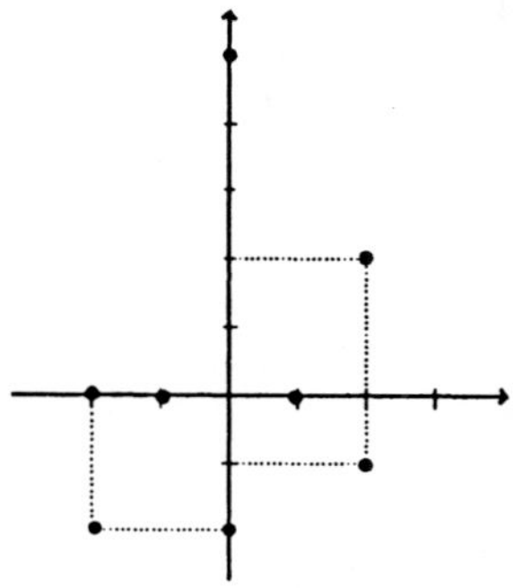

11 Determine, em cada caso, o domínio e o conjunto-imagem das relações R seguintes, dadas graficamente, sabendo que conjunto de partida = contra-domínio = **R**:

a)

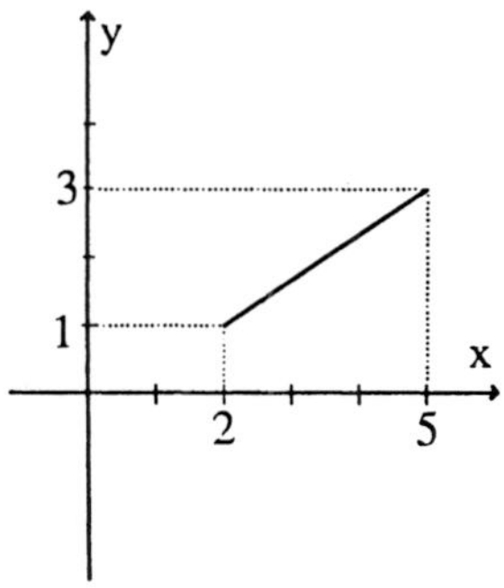

b)

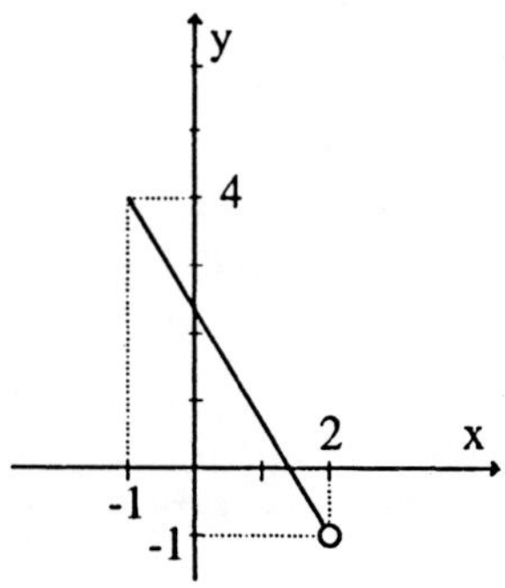

c)

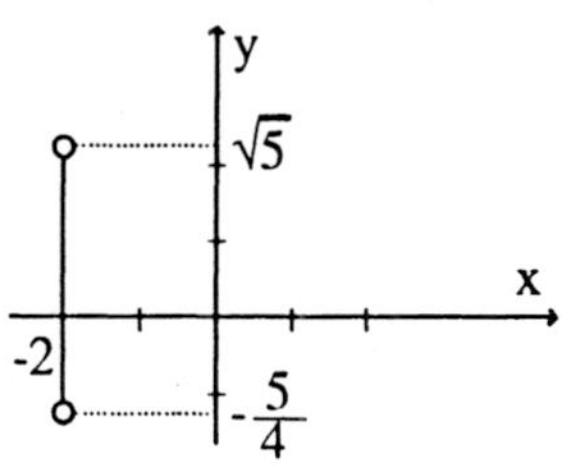

d)

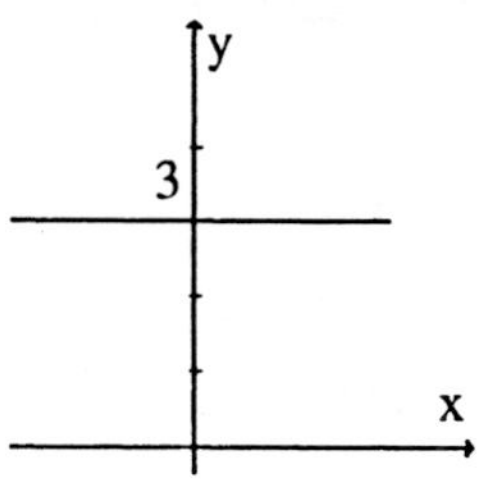

e)

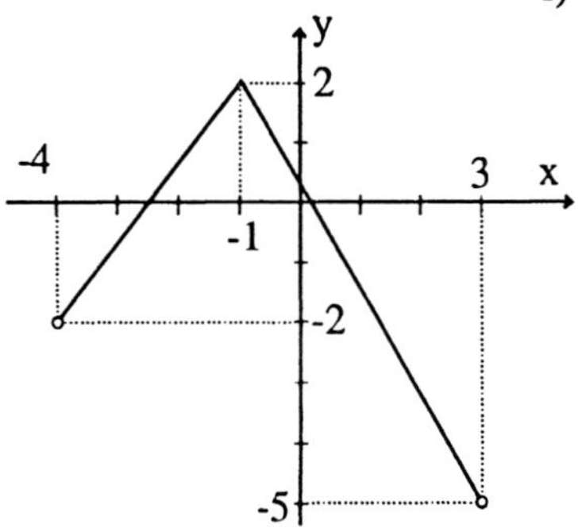

f)

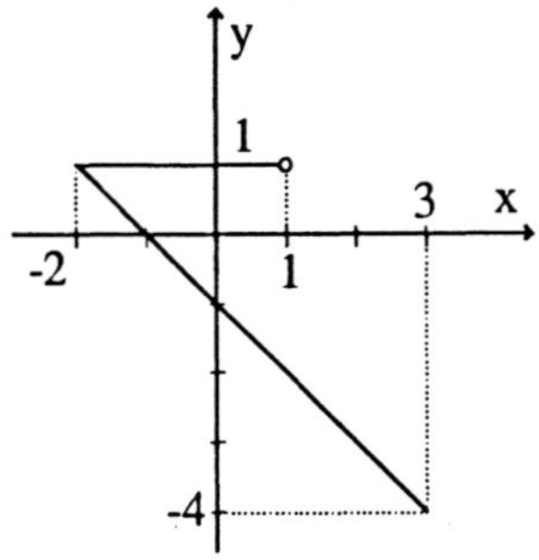

g)

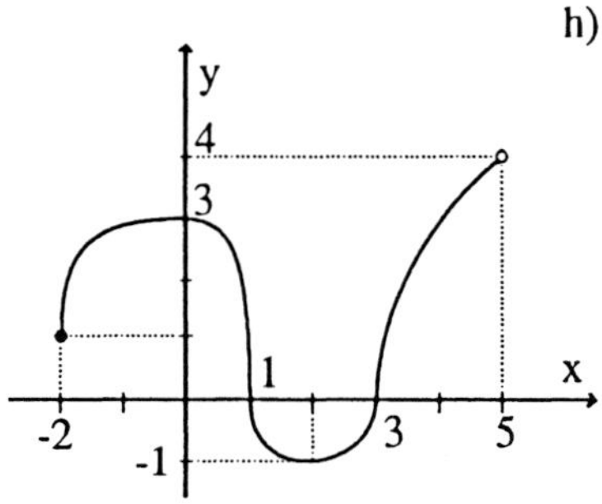

h)

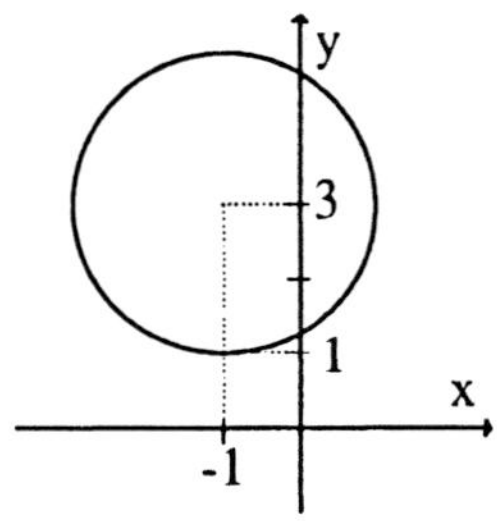

12 Uma circunferência λ de centro C (5,1) passa pelo ponto P (0,–11). Considere a relação R sobre **R** definida por x R y $\Leftrightarrow$ (x,y) $\in \lambda$. Determine o domínio D e o conjunto-imagem Im de R.

✓ **Faça também os Exercícios de Fixação 25 → 39**

B - Aplicação (Função)

Definição

Chama-se **aplicação f de A em B** à relação R de A em B que a **todo** elemento x $\in$ A faz corresponder **um único** elemento y $\in$ B.

Nomenclatura

A = D_f = domínio da aplicação f
B = CD_f = contra-domínio da aplicação f
Im_f = conjunto-imagem de f = $\{y \in B \mid (\exists x), x \in A \text{ tal que } (x,y) \in f\}$

Observações:

*1ª) Quando CD_f é um subconjunto de **R**, o que geralmente ocorre, a aplicação f é chamada de **função**.*

2ª) Uma aplicação (ou função) f está perfeitamente definida quando são dados D_f, CD_f e a lei de correspondência y=f(x).

3ª) Quando uma função vier definida apenas pela sua lei de correspondência y=f(x), devem ser obedecidas as duas convenções seguintes:

*a) o **domínio** da função y=f(x) é o conjunto de todo $x \in$ **R** tal que as operações indicadas em f(x) tenham resultado em **R**.*
*b) o **contra-domínio** é CD=**R**.*

*4ª) Neste estudo de funções, A e B serão sempre subconjuntos de **R**.*

*5ª) Uma função f:A → A será chamada de **função sobre A**.*

6ª) Nas funções, o conjunto de partida é sempre igual do domínio, isto é, todo elemento do conjunto de partida é antecedente de algum par ordenado da função.

Exemplo:

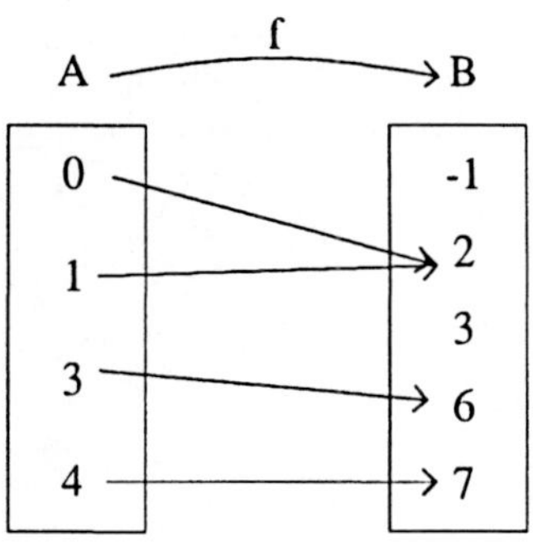

A relação f:A → B do diagrama é uma função pois de **todo** elemento $x \in A$ parte uma, e somente uma, flecha para $y \in B$, ou seja, todo $x \in A$ tem **uma única** imagem $y \in B$.

***Note bem**: função é um caso especial de relação.*

Contra-Exemplo:

A relação R:A → B do diagrama seguinte **não é uma função** por dois motivos:

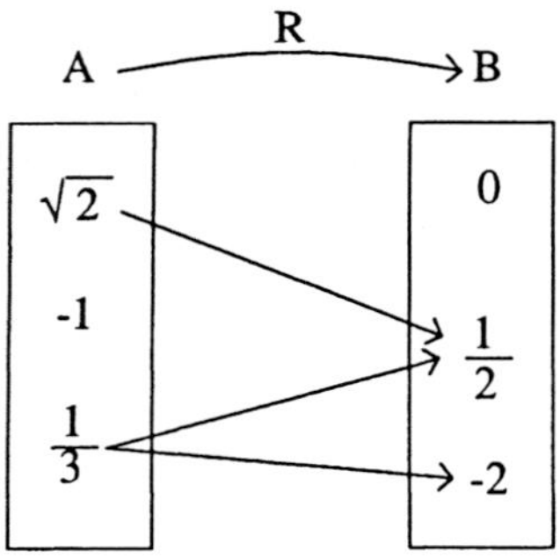

a) o elemento $x = -1 \in A$ **não tem** imagem em B.

b) o elemento $x = \frac{1}{3} \in A$ tem duas imagens $y = \frac{1}{2}$ e $y = -2$, ou seja, tem mais que uma imagem em B.

C - Funções injetoras, sobrejetoras e bijetoras

C.1 - Função injetora

Definição

Uma função f:A → B é injetora se, e somente se, para quaisquer elementos

$$x_1, x_2 \in A, x_1 \neq x_2 \Rightarrow f(x_1) \neq f(x_2).$$

(antecedentes distintos) ⇒ (imagens distintas)

Observações

a) $f(x_1)$ é a imagem do antecedente $x_1 \in A$ e $f(x_2)$ é a imagem de $x_2 \in A$.

*b) uma função f é injetora quando todas as suas **imagens são exclusivas**, ou seja, cada imagem $y \in B$ é correspondente de **um único** antecedente $x \in A$.*

Exemplo

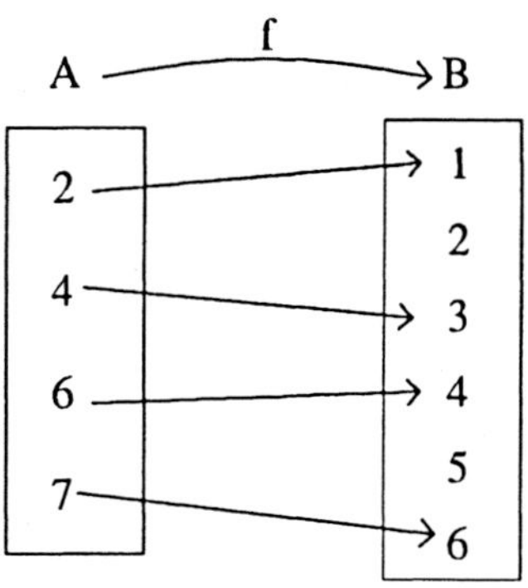

Esta função f:A → B é injetora pois cada uma de suas imagens (1,3,4,6) é **exclusiva** de seu respectivo antecedente (2,4,6,7).

Contra-Exemplo:

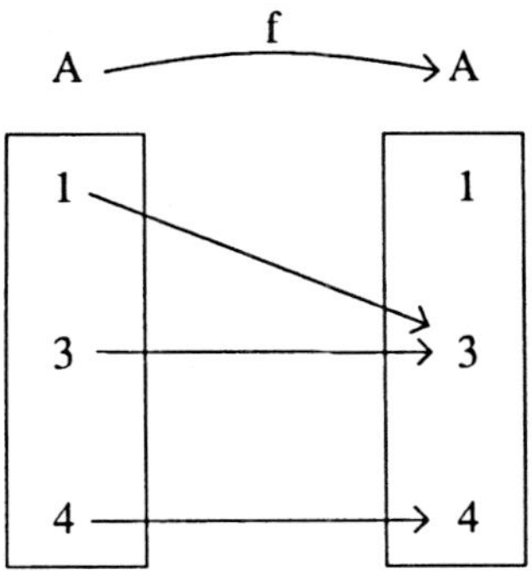

Esta função f sobre A não é injetora pois a imagem y=3 ∈ B é de dois antecedentes (x=1 e x=3) e, portanto, não é **exclusiva**. Note que este caso não satisfaz à definição de função injetora:

$$x_1 \neq x_2 \Rightarrow f(x_1) \neq f(x_2)$$

$$1 \neq 3 \Rightarrow 3 \neq 3 \text{ (falso)}$$

C.2 - Função sobrejetora

Definição

Uma função $f: A \rightarrow B$ é sobrejetora se, e somente se, para qualquer elemento $y \in B, \exists\, x \in A \mid f(x) = y$.

Note bem: pela definição temos que todo elemento $y \in B$ é imagem de algum $x \in A$ e, portanto, o contra-domínio da função f, $CD_f = B$, é igual ao conjunto-imagem Im_f.

Exemplo:

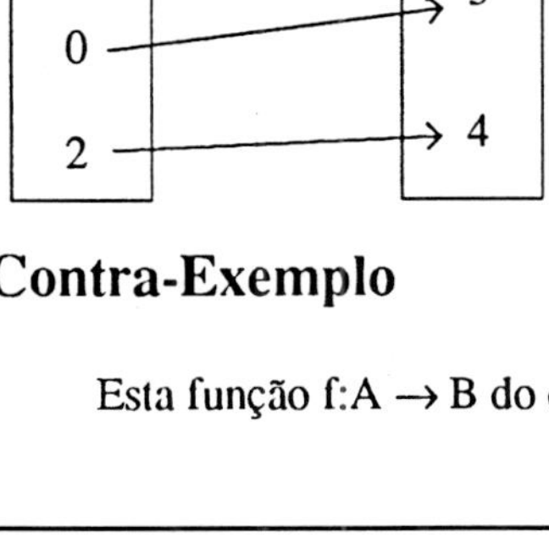

Esta função $f: A \rightarrow B$ é sobrejetora pois $Im_f = CD_f = \{\frac{1}{2}, 3, 4\} = B$. Note que todo elemento $y \in B$ é correspondente de algum $x \in A$.

Contra-Exemplo

Esta função $f: A \rightarrow B$ do diagrama seguinte não é sobrejetora pois

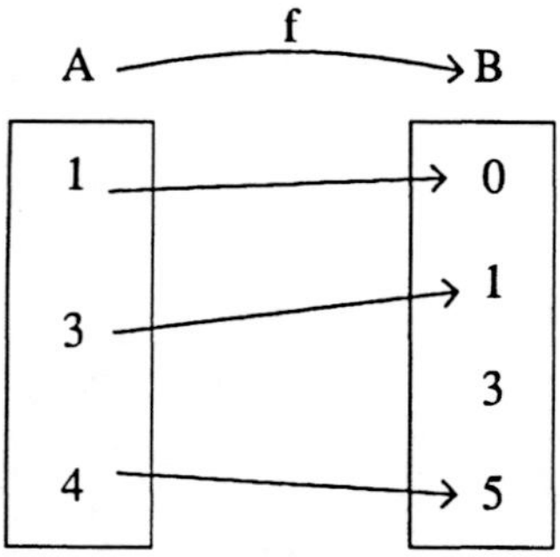

$CD_f = B = \{0, 1, 3, 5\}$

$Im_f = \{0, 1, 5\}$ e, portanto, $CD_f \neq Im_f$. Note que quando a função não é sobrejetora, existe pelo menos um elemento $y \in B$ que não é correspondente (imagem) de nenhum $x \in A$: neste caso é o elemento $3 \in B$.

C.3 - Função bijetora

Definição

Uma função $f\!:\!A \to B$ é bijetora quando é injetora e sobrejetora.

Exemplo:

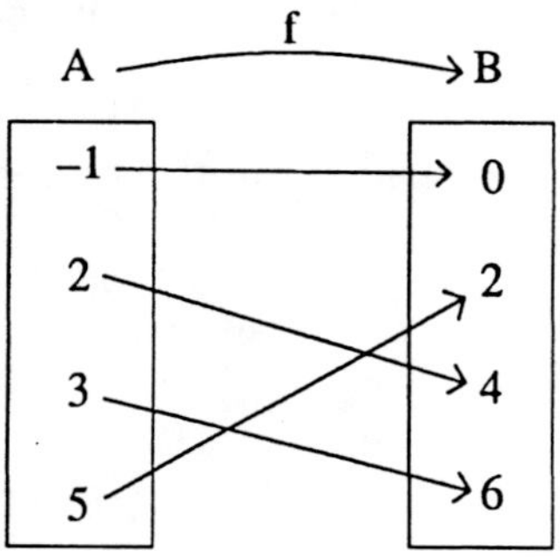

Esta função é bijetora pois é injetora (imagens exclusivas) e, ao mesmo tempo, sobrejetora (CD = Im).

Contra-Exemplo:

a)

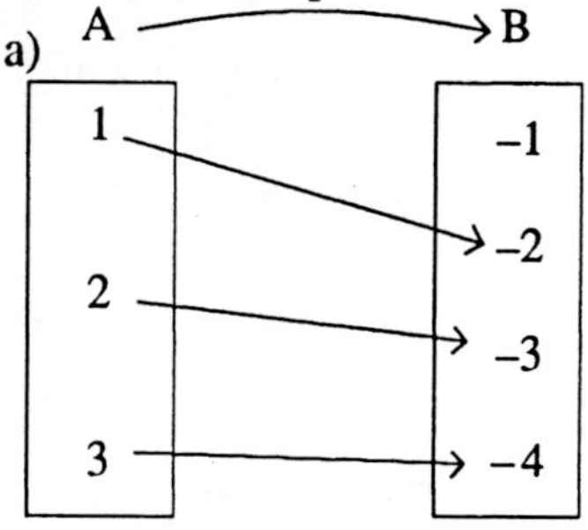

Esta função não é bijetora, pois não é sobrejetora (CD $\neq$ Im).

b)

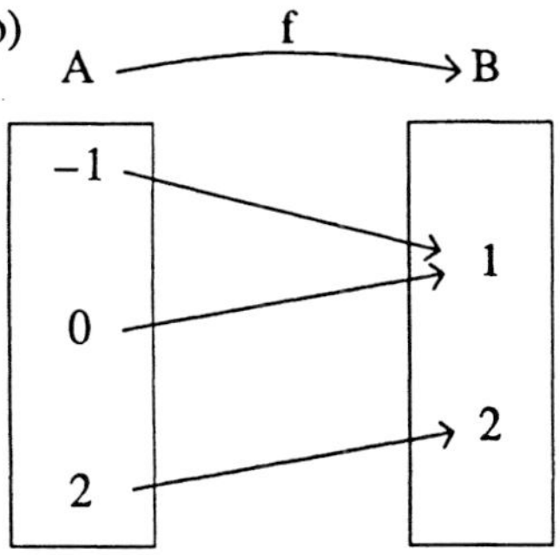

Esta função não é bijetora pois não é injetora (há imagem não exclusiva).

c)

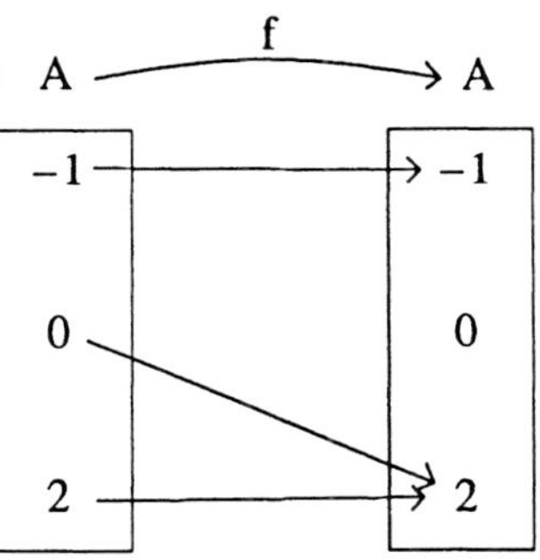

Esta função não é bijetora pois não é injetora nem sobrejetora.

Resumo

Função Injetora ⇔ Imagens exclusivas

Função Sobrejetora ⇔ Im = CD

Função Bijetora ⇔ Injetora e Sobrejetora

13 Classifique as relações dadas a seguir, de acordo com o código:

R - se for uma relação que não é função.
F - se for uma função não injetora e não sobrejetora.
FI - se for uma função injetora que não é sobrejetora.
FS - se for uma função sobrejetora que não é injetora.
FB - se for uma função bijetora.

a)

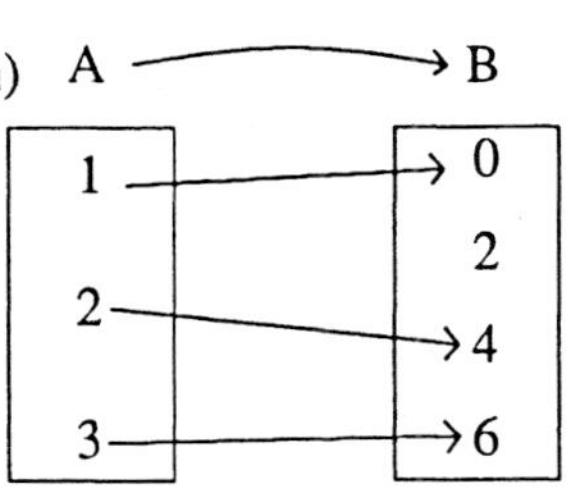

b)

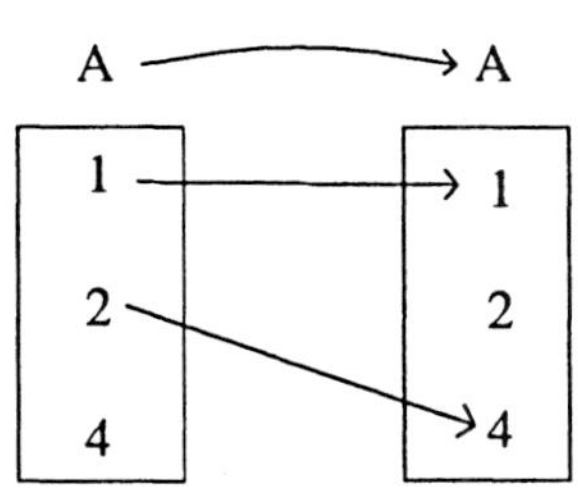

c)

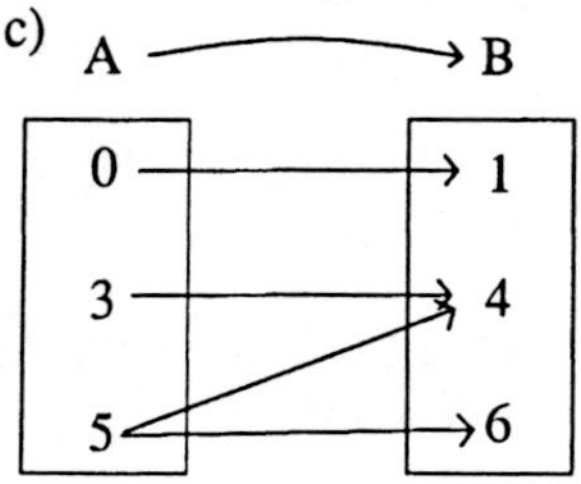
A B
0 3 5
1 4 6

d)

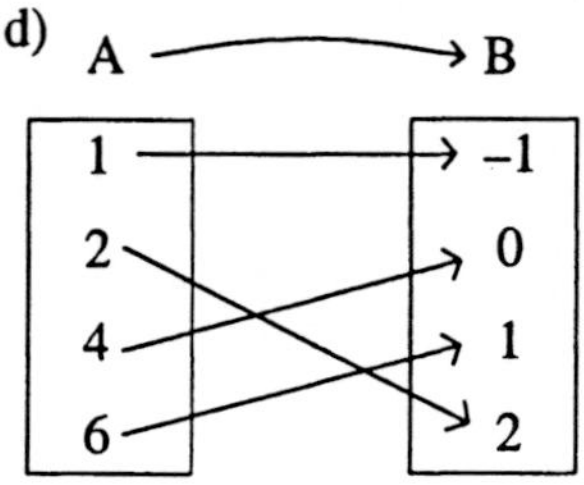
A B
1 2 4 6
–1 0 1 2

e)

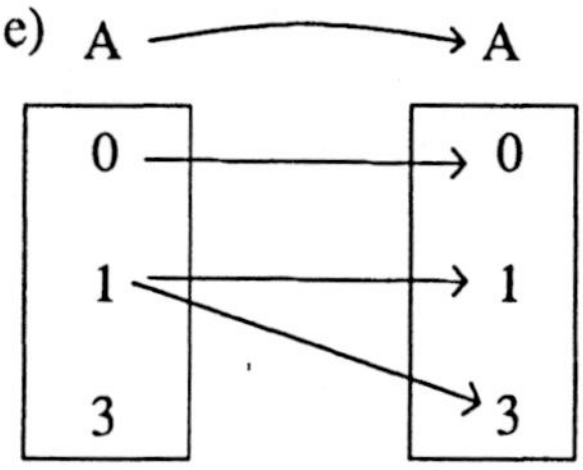
A A
0 1 3
0 1 3

f)

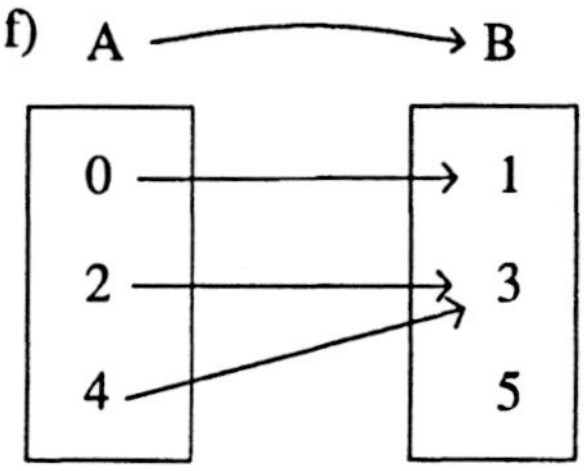
A B
0 2 4
1 3 5

g)

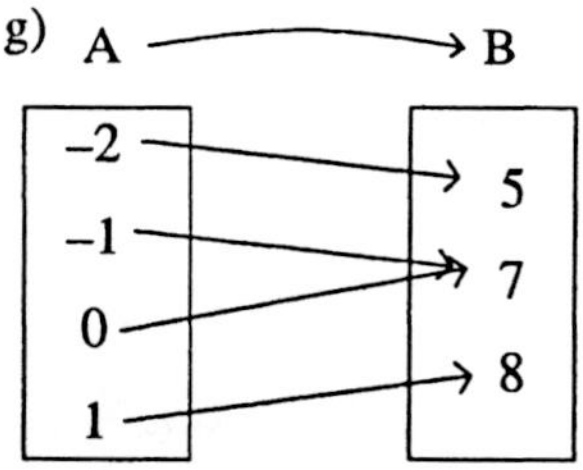
A B
–2 –1 0 1
5 7 8

h)

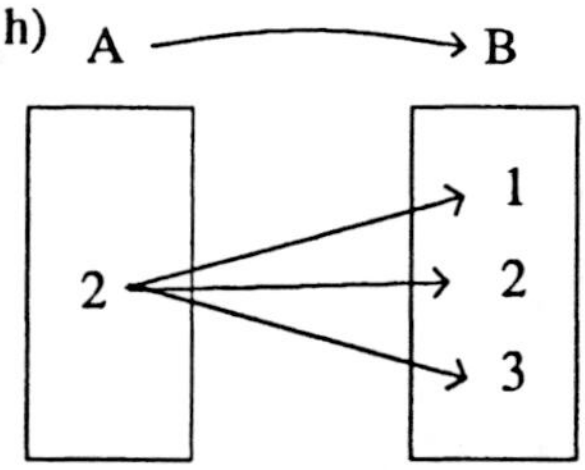
A B
2
1 2 3

i)

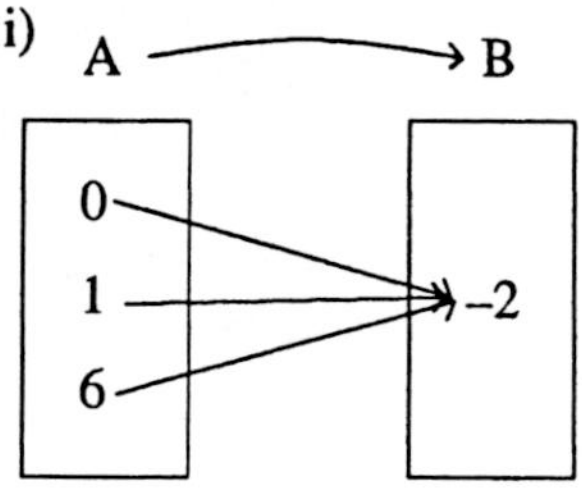
A B
0 1 6
–2

j)

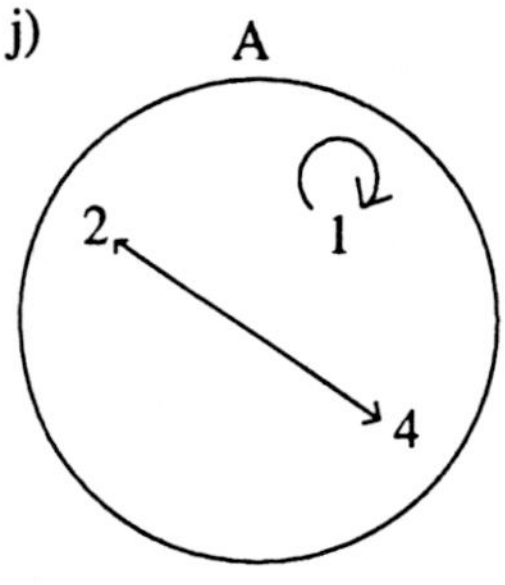
A
2 1 4

k)

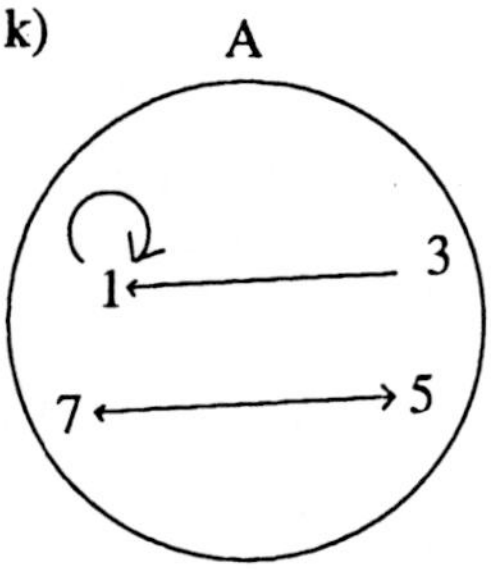
A
1 3 7 5

l)

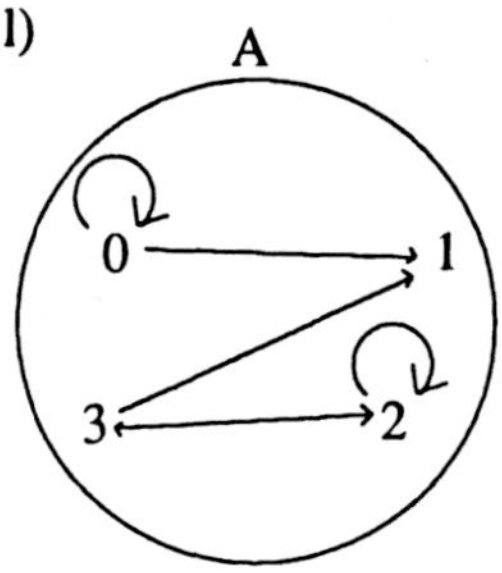
A
0 1 3 2

14 Usando o mesmo código do exercício anterior, classifique as seguintes relações R:A $\rightarrow$ B dadas por enumeração, sabendo que A = {2, 3, 5} e B = {1, 4, 7}

a) R_1: A $\rightarrow$ B = {(2, 1), (3, 4), (5, 4)}
b) R_2: A $\rightarrow$ B = {(2, 4), (5, 4), (5, 7)}
c) R_3: A $\rightarrow$ B = {(2, 7), (3, 4), (5, 1)}
d) R_4: A $\rightarrow$ B = {(2, 7), (3, 1), (5, 4), (5, 1)}

15 Usando o mesmo código do exercício 13, classifique as seguintes relações R:A $\rightarrow$ B dadas graficamente:

a) A={–2, –1, 1, 2} e B={–2, –1, 0, 1, 2}

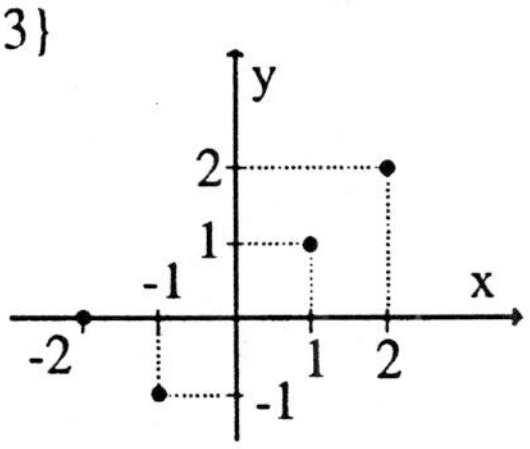

b) A={–1, 0, 1, 2} e B={–2, –1, 0, 1, 2, 3}

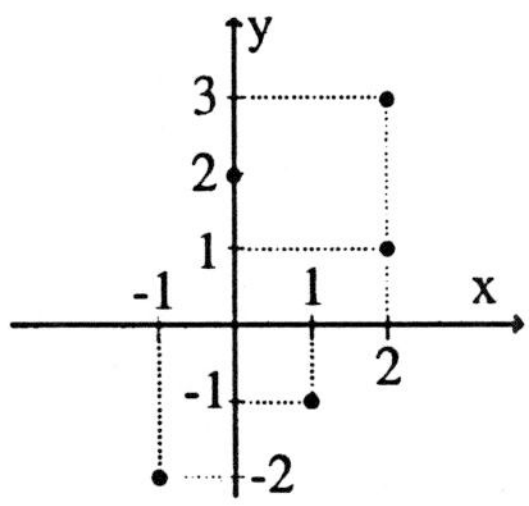

c) A={–1, 0, 1, 2} e B={–1, 1, 2}

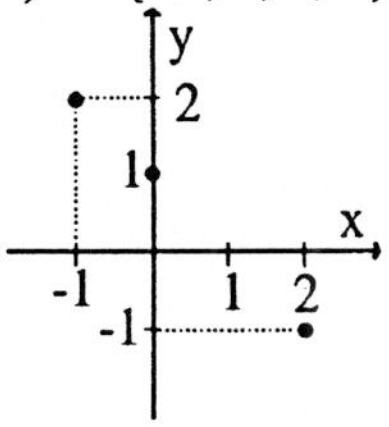

d) A={–2, –1, 0, 1, 2} e B={–2, 0, 1, 2}

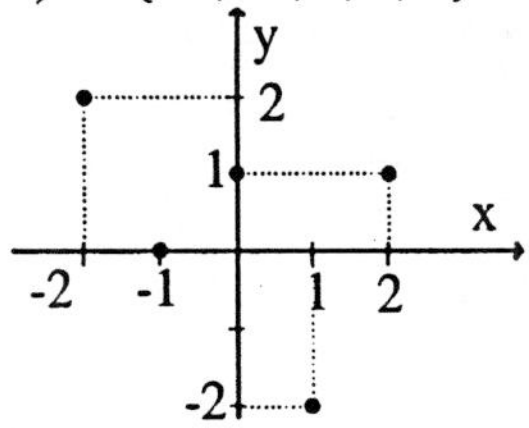

e) R sobre A, sendo A={–2, –1, 0, 1, 2}

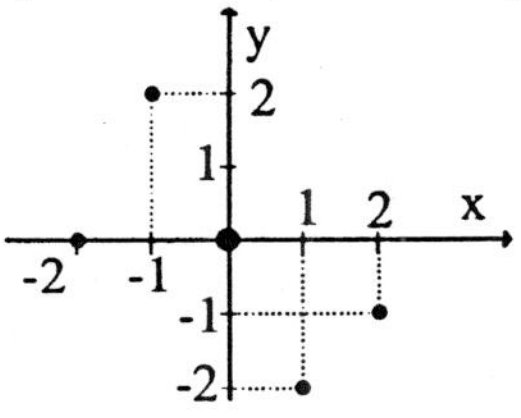

f) A={–2, –1, 0, 2} e B={–2, 0, 2, 3}

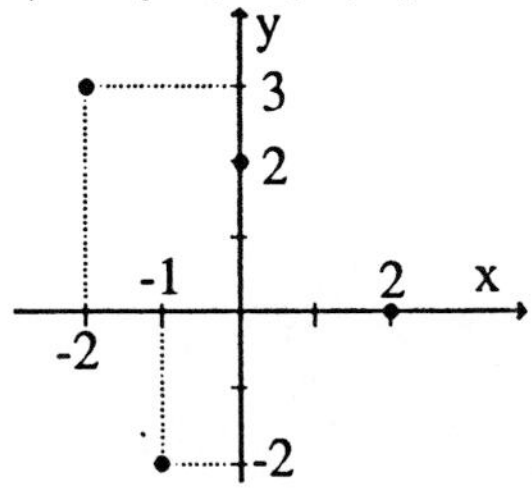

g) A=[–3, 2] e B=[4, 4]

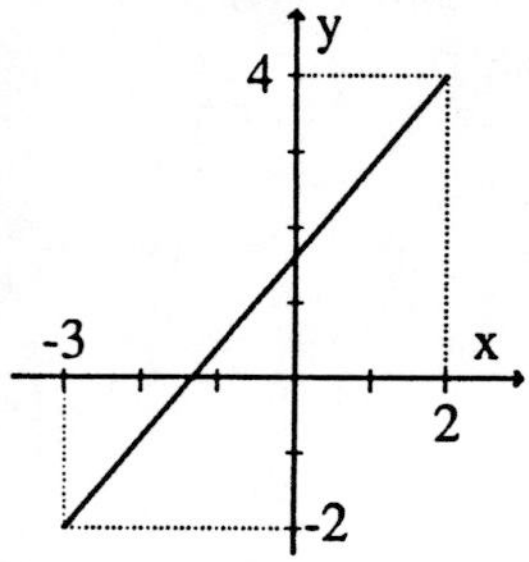

h) A=[–3, 3] e B=[–1, 3]

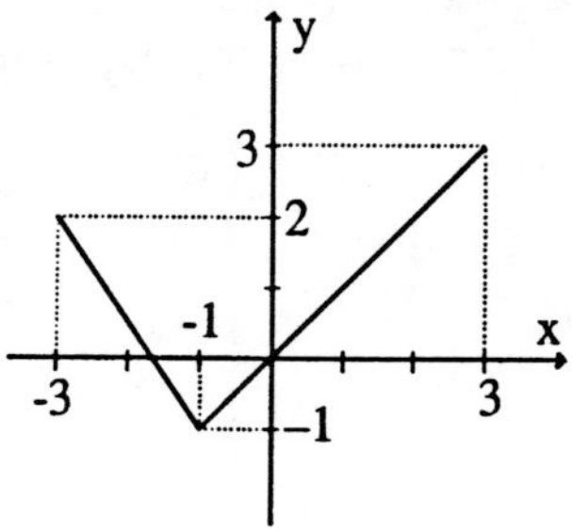

i) R sobre A, sendo A=[–1, 4]

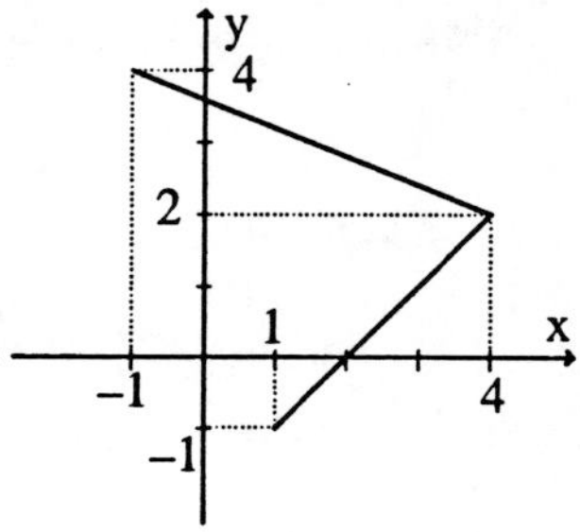

j) A=[– 4, 3] e B=[–1, 3]

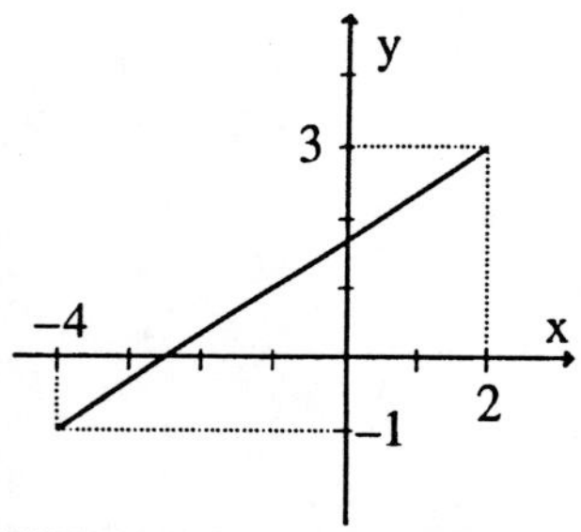

k) A=[– 2, 4] e B=[–2, 2]

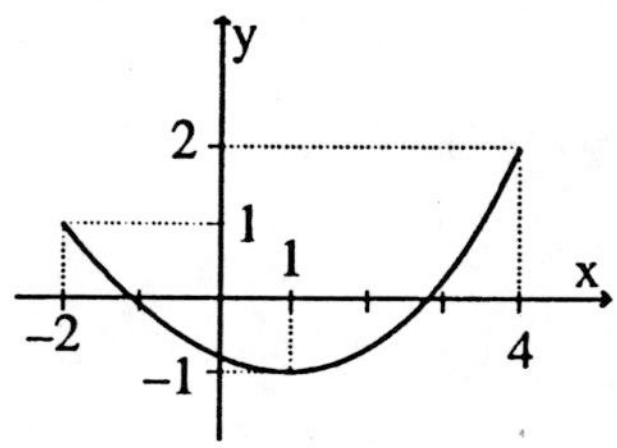

16 Conhecendo a lei de correspondência da função y=f(x) e o valor do antecedente x, determine, em cada caso, a imagem y. Observe o exemplo:

lei: $f(x) = 2x + 3$; par: $(5, y)$

$x = 5 \Rightarrow y = f(5) = 2 . 5 + 3 = 13$
portanto, a imagem procurada é $y = f(5) = 13$ e determina o par ordenado $(5, 13)$

a) lei: $f(x) = x^2 - 4$

pares: $(3, y), (0, y), (2, y), (-2, y), (-1, y)$

b) lei: $x R y \Leftrightarrow y = 6 - 2x$

pares: $(4, y), (-3, y), (0, y), (3, y), (\frac{1}{2}, y)$

c) lei: $f(x) = 3x$

pares: $(-2, y), (0, y), (\frac{5}{6}, y), (1, y)$

d) lei: $x R y \Leftrightarrow y = 2^x$

pares: $(3, y), (0, y), (1, y), (-1, y), (-2, y)$

e) lei: $g(x) = 4$

pares: $(1, y), (-2, y), (0, y), (\frac{1}{4}, y)$

observação: $g(x) = 4$ é o mesmo que $g(x) = 4x^0$

f) lei: $x R y \Leftrightarrow y = \frac{4x-1}{6+3x}$

pares: $(1, y), (0, y), (\frac{1}{4}, y), (-2, y), (-\frac{1}{6}, y)$

g) lei: $h(x) = |x-1|$

pares: $(3, y), (1, y), (-2, y), (0, y), (\frac{1}{2}, y)$

h) lei: $x \, R \, y \Leftrightarrow y = \sqrt{5-x}$

pares: $(1, y), (0, y), (6, y), (5, y), (-4, y)$

17 Complete, em cada caso, os pares ordenados seguintes, determinando o valor do antecedente x :

a) lei: $x \, R \, y \Leftrightarrow y = x^2$
pares: $(x, 9), (x, 0), (x, -4), (x, 2)$

b) lei: $f(x) = 9 - 5x$
pares: $(x, -1), (x, 0), (x, 9)$

c) lei: $x \, R \, y \Leftrightarrow y = \dfrac{x-2}{2x+3}$

pares: $(x, 0), (x, 4), (x, -\frac{2}{3}), (x, \frac{1}{2})$

d) lei: $f(x) = 6x^2 + 7x + 2$

pares: $(x, 5), (x, 0)$

18 Em cada uma das funções seguintes, determine os valores dos antecedentes x que têm imagem y=0, ou seja, determine os pares da forma (x, 0).

a) $x \, R \, y \Leftrightarrow y = 4x + 12$
b) $f(x) = x^2 - x - 2$
c) $f(x) = x^3$
d) $x \, R \, y \Leftrightarrow y = -2x$
e) $f(x) = 2$
f) $x \, R \, y \Leftrightarrow y = 3^x$
g) $x \, R \, y \Leftrightarrow y = |6 - 3x|$
h) $f(x) = \sqrt[3]{1-x^2}$

19 Após ler a observação (3ª) (a) da página 15, determine o domínio das seguintes funções dadas apenas pela sua lei de correspondência (*observe o modelo do item a*):

a) $f(x) = \dfrac{1}{10-5x}$

Condição de existência (CE): denominador $\neq 0 \Leftrightarrow 10 - 5x \neq 0 \Leftrightarrow 10 \neq 5x \Leftrightarrow x \neq 2$
Portanto, o domínio de f é $D = \{x \in \mathbf{R} \mid x \neq 2\} = \mathbf{R} - \{2\}$

b) $f(x) = \dfrac{1}{x}$
c) $x \, R \, y \Leftrightarrow y = \sqrt{x}$
d) $f(x) = \sqrt[3]{x}$
e) $x \, R \, y \Leftrightarrow y = 5x + 7$
f) $x \, R \, y \Leftrightarrow y = \dfrac{1}{\sqrt[4]{x}}$
g) $f(x) = 2x^2 - 3x + 5$
h) $f(x) = x^3$
i) $f(x) = |x|$
j) $x \, R \, y \Leftrightarrow y = 2^x$
k) $x \, R \, y \Leftrightarrow y = \dfrac{x^2-9}{x^2-x-6}$
l) $x \, R \, y \Leftrightarrow y = \sqrt{x-7}$
m) $f(x) = \dfrac{1}{\sqrt{x+2}}$

✓ **Faça também os Exercícios de Fixação 40 → 54**

D – Interceptos de uma função dada graficamente

Interceptos de uma função são os pontos de intersecção da curva que representa graficamente essa função com os eixos coordenados (0x e 0y).

D.1 – Intersecção com o y (x=0)

É um par da forma (0, b) pois corresponde a um ponto P da curva y=f(x) que tem abscissa x=0 e que, portanto, pertence ao eixo das ordenadas (0y).

D.2 – Raízes ou zeros reais da função (y=0)

Raízes ou zeros reais da função y=f(x) são os valores de x que têm imagem y=0 (ou f(x)=0) e, portanto, determinam pontos pertencentes ao eixo das abscissas (0x) que são da forma (a, 0).

Graficamente teremos:

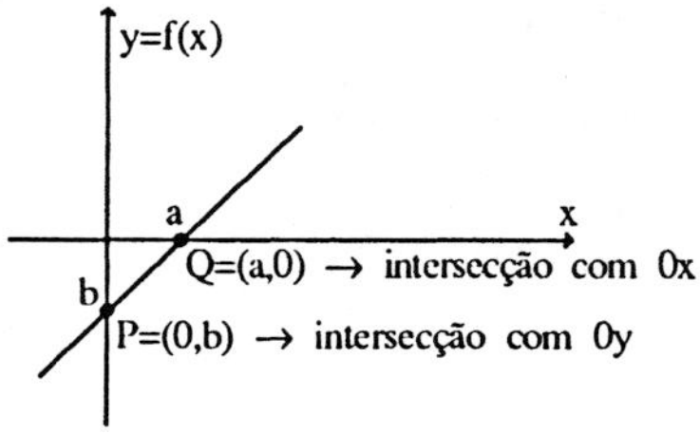

*Observação: no gráfico de uma **função** o ponto P=(0, b), intersecção com 0y, é único.*

Resumo

x= 0 ⇔ intersecção com 0y.

y= 0 ⇔ intersecção com 0x (raízes reais da função)

E – Variação de sinal de uma função

Fazer a variação de sinal da função y=f(x) significa determinar os valores de $x \in D_f$ para os quais $y > 0$, $y = 0$ e $y < 0$.

Exemplo

variação de sinal da função y=f(x)

$$\begin{cases} x < -2 \Leftrightarrow y < 0 \\ x = -2 \Leftrightarrow y = 0 \\ x > -2 \Leftrightarrow y > 0 \end{cases}$$

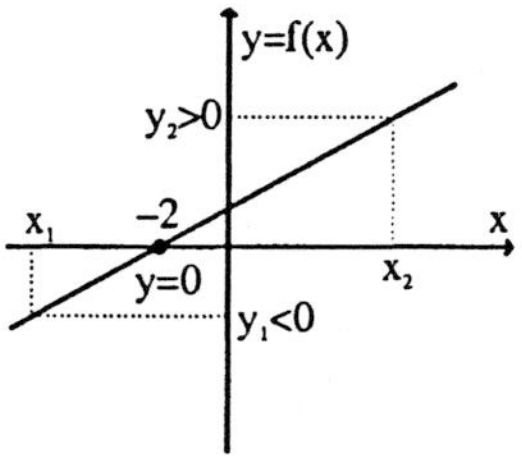

F – Função par ou Função ímpar

F.1 – Função par

Definição

Uma função f:A→ B é par se, e somente se, f(a) = f(–a) para qualquer $a \in A$.

Observação: se uma função f é par e (a, b) ∈ f então (– a, b) ∈ f. Como (a, b) e (– a, b) são pontos simétricos em relação ao eixo das ordenadas, concluímos: toda função par tem como representação gráfica uma curva simétrica em relação ao eixo das ordenadas (0y).

Exemplo

A função sobre **R** $f(x) = x^2$ é par pois:

$$\left.\begin{array}{l} f(a) = a^2 \\ f(-a) = (-a)^2 = a^2 \end{array}\right\} \Rightarrow f(a) = f(-a), \forall a \in \mathbf{R}$$

(antecedentes simétricos) ⇒ (imagens iguais)

Observe o gráfico dessa função:

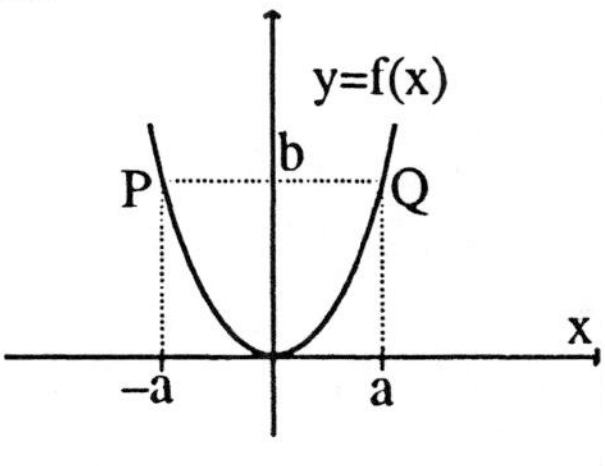

Os pontos P e Q são simétricos em relação ao eixo das ordenadas.

F.2 – Função ímpar

Definição

Uma função f:A → B é ímpar se, e somente se, f(a) = –f(–a) para qualquer $a \in A$.

Observação: se uma função f é ímpar e (a, b) ∈ f então (– a, – b) ∈ f. Como (a, b) e (– a, – b) são pontos simétricos em relação à origem (0) do plano cartesiano, concluimos toda função ímpar tem como representação gráfica uma curva simétrica em relação à origem (0) do plano cartesiano.

Exemplo

A função sobre R $f(x) = x^3$ é ímpar pois:

$$\left.\begin{array}{l} f(a)=a^3 \\ f(-a)=(-a)^3=-a^3 \end{array}\right\} \Rightarrow f(a)=-f(-a), \forall a \in \mathbf{R}$$

(antecedentes simétricos) $\Rightarrow$ (imagens simétricas)

Observe o gráfico dessa função:

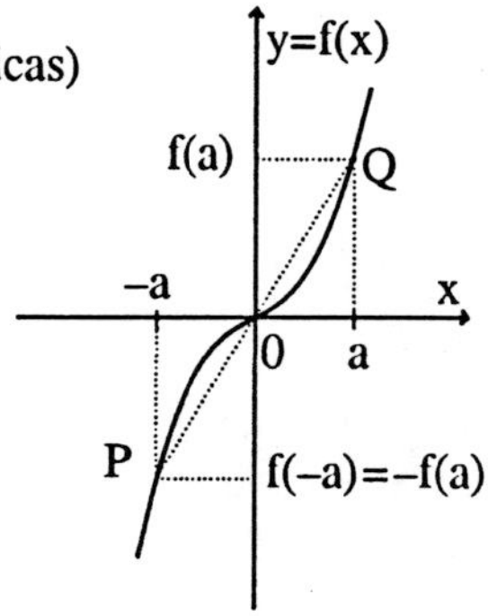

Os pontos P e Q são simétricos em relação à origem.

Resumo

Função par $\Leftrightarrow$ $f(a)=f(-a)$, $\forall a \in D_f$

Função ímpar $\Leftrightarrow$ $f(a)=-f(-a)$, $\forall a \in D_f$

G – Função crescente ou decrescente

G.1 – Função crescente

Definição

Seja uma função y=f(x) definida no domínio D_f e seja A um subconjunto de D_f. Nessas condições, dizemos que a função y=f(x) é **crescente** no conjunto A se, e somente se, para quaisquer $x_1, x_2 \in A$

$$x_1 < x_2 \Leftrightarrow f(x_1) < f(x_2)$$

Exemplo

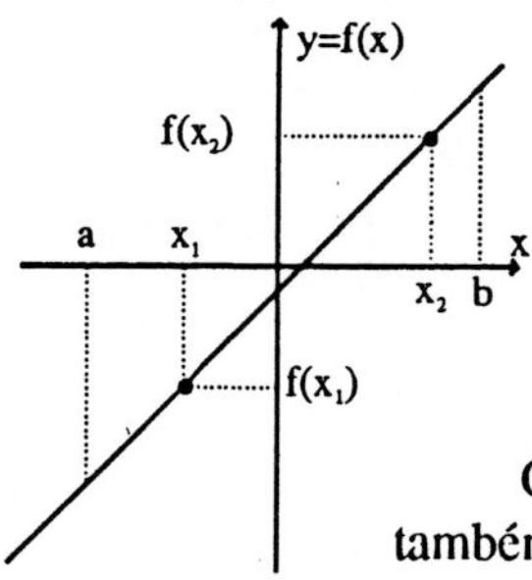

No exemplo ao lado sabe-se que A = [a, b] e $A \subset D_f$:

Função crescente $x_1 < x_2 \Leftrightarrow f(x_1) < f(x_2)$ mantém o sentido da desigualdade

Observe que, neste gráfico, quando x cresce então y também cresce (da esquerda para a direita é uma "subida").

G.2 – Função decrescente

Definição

Uma função y=f(x) é **decrescente** no conjunto A ($A \subset D_f$) se, e somente se, para quaisquer $x_1, x_2 \in A$

$$x_1 < x_2 \Leftrightarrow f(x_1) > f(x_2)$$

Exemplo

Seja o intervalo A=[a, b] tal que $A \subset D_f$

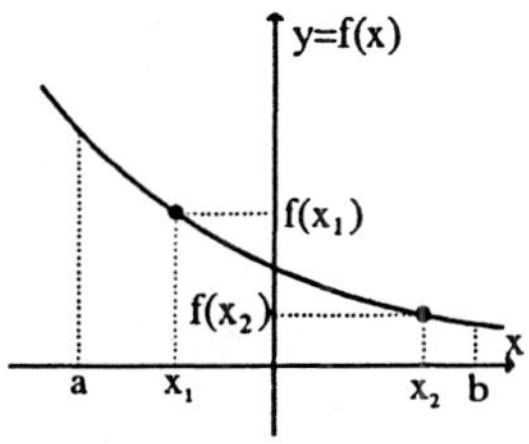

> Função decrescente
>
> $x_1 < x_2 \Leftrightarrow f(x_1) > f(x_2)$
>
> inverte o sentido da desigualdade

Observe que, neste gráfico, quando x cresce então y decresce (da esquerda para a direita é uma "descida").

20 Fazer, em cada caso, a variação de sinal analítica das seguintes funções definidas graficamente:

a)

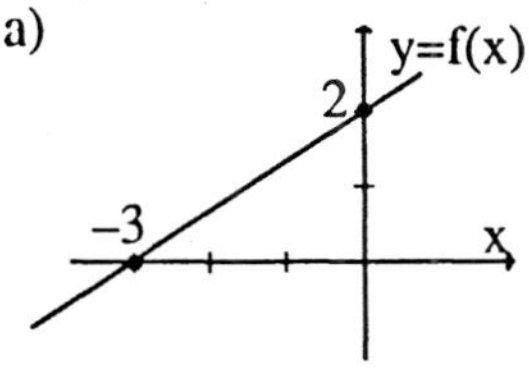

b)

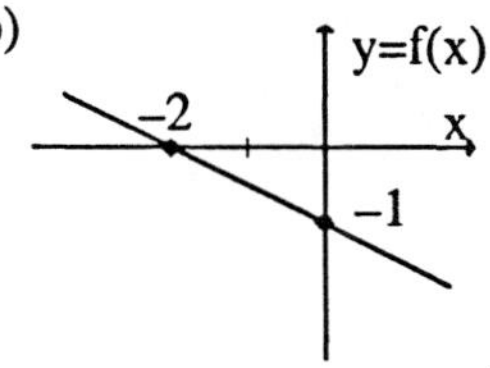

c)

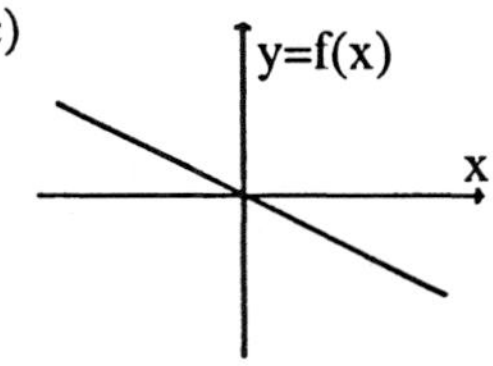

d)

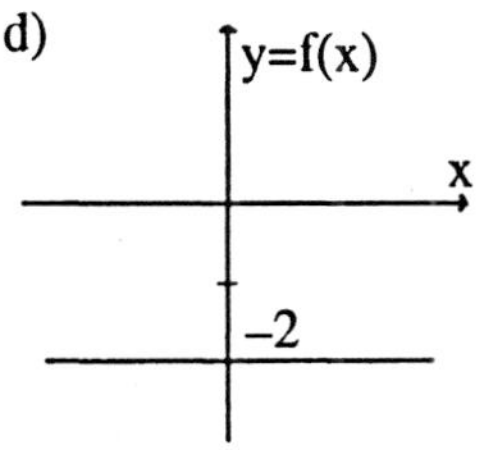

e)

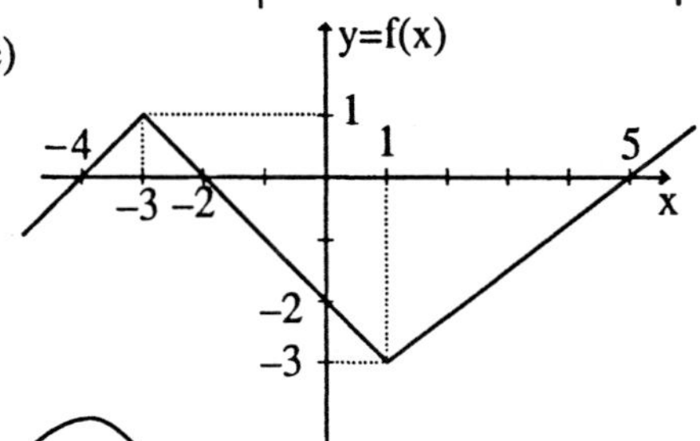

f)

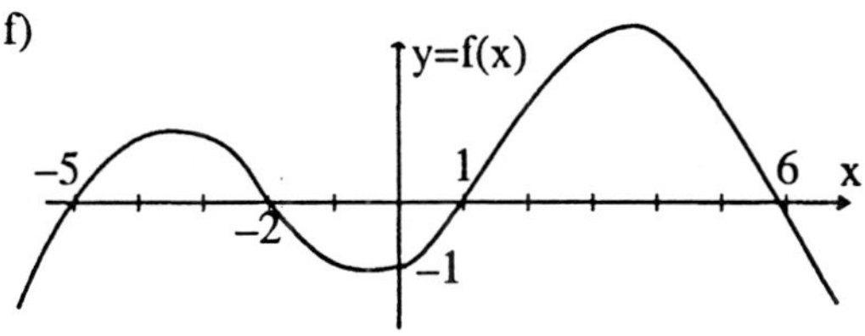

21 Observando os gráficos do exercício anterior, determine os interceptos de cada função (intersecções com 0x e 0y).

22 Fazer a variação de sinal gráfica de cada uma das seguintes funções:

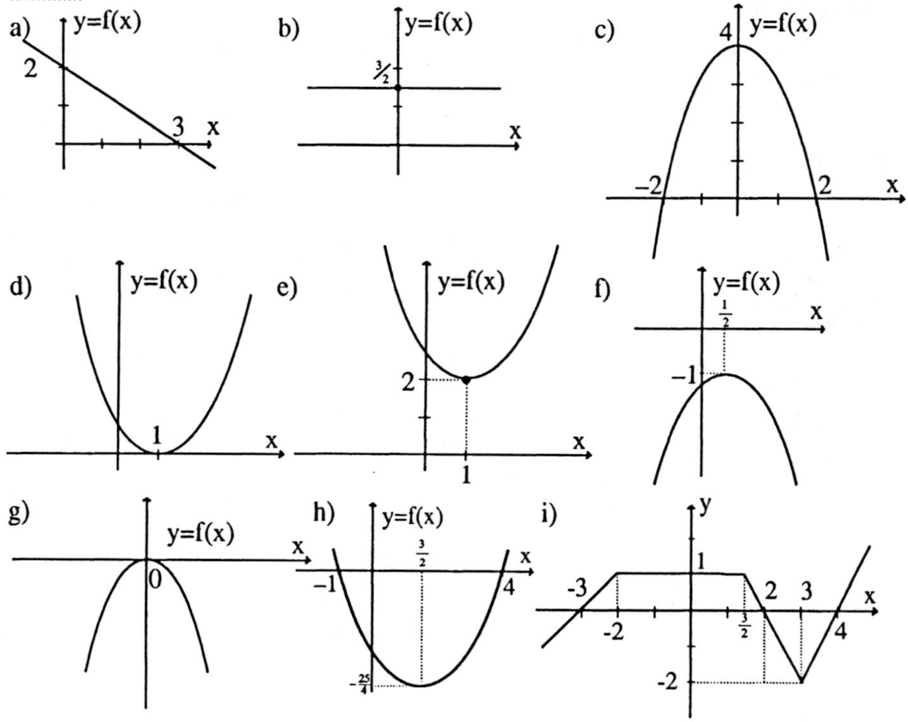

23 Observando os gráficos do exercício anterior, determine, em cada caso, os intervalos de $x \in \mathbf{R}$ tais que a função y=f(x) é crescente, decrescente ou constante.

24 Classifique cada uma das funções seguintes de acordo com o código:

P= função par; I= função ímpar; F= função que não é par nem ímpar

a) $y=3x$ b) $f(x)= x^4$ c) $f(x) = 2x + 1$ d) $y= x^2 - 4$

e) $y = x^2 - 3x$ f) $f(x) = -2x^3$ g) $y = |x|$ h) $y=x^5$

i) $y= -2$ j) $f(x) = |x - 1|$ k) $f(x) = |3 - x^2|$ l) $y= -x$

m) $f(x) = \dfrac{1}{x}$ n) $f(x) = \dfrac{1}{|x|}$

✓ **Faça também os Exercícios de Fixação 55 → 63**

Exercícios de fixação

25 Se A e B são coincidentes, determine A nos casos:

a) A (–1, b) e B (–1, 3) b) A (2a – 1, b) e B (a, 2b + 1)
c) A $(a^2 - a, a + 6)$ e B $(4 - a, a^2)$

26 Identifique cada ponto com o par ordenado correspondente nos casos:

a) 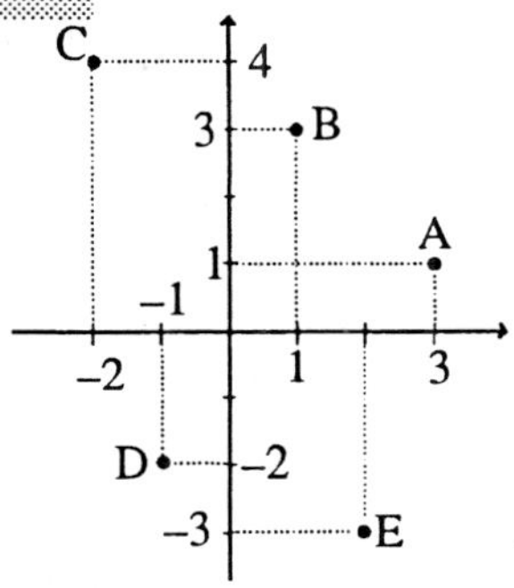

b) 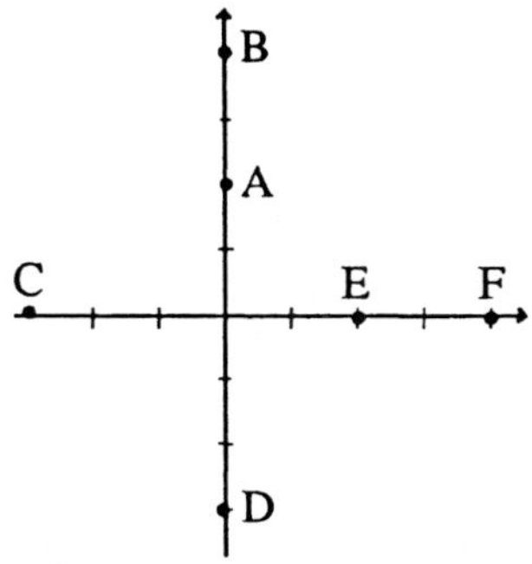

27 Representar no plano cartesiano, os pontos P (x, y) do plano que satisfazem a condição dada, nos casos:

a) $x = 2$ b) $y = 3$ c) $x = -3$ d) $y = -2$ e) $y = 0$
f) $x = 0$ g) $x = y$ h) $y = -x$ i) $x \geq 2$ j) $y < 1$
k) $1 < x \leq 4$ l) $1 \leq y < 3$ m) $x = 2 \vee y = 3$ n) $x = 2 \wedge y = 3$

28 Representar no plano cartesiano o produto cartesiano A×B e também B×A nos casos:

a) A = { 1, 2, 3, 4 } e B = { 1, 2 } b) A = [1, 4] e B = [1, 2[

29 Se (0, 3), (5, 3) e (5, 7) pertencem a A^2 e A^2 tem 16 elementos, determine A

30 Dada a relação R = {(– 1, 1), (1, 1), (2, 4), (3, 9)} de A = {– 1, 0, 1, 2, 3} em B = {1, 3, 4, 6, 8, 9}, que é definida por: $xRy \Leftrightarrow y = x^2$, ou ainda por: $R = \{(x, y) \in A \times B \mid y = x^2\}$, classificar com V (verdadeira) ou F (falsa) as sentenças:

a) $(1, -1) \in R$ b) $(3, 9) \in R$ c) $(0, 0) \in R$ d) 2R4
e) $4 \not R\, 2$ f) – 2R4 g) A é o conjunto de partida de R
h) B é o conjunto de chegada de R i) A é o domínio de R
j) B é o contra – domínio de R k) { – 1, 1, 2, 3} é o domínio de R
l) { 1, 4, 9} é o contra-domínio de R m) { 1, 4, 9} é o conjunto-imagem de R

31 Dados os conjuntos $A = \{-2, -1, 0, 1\}$ e $B = \{-3, -2, -1, 0, 1\}$ e a relação S de A em B definida por: $S = \{(x, y) \in A \times B \mid x < y\}$, pede-se:

a) determinar S, por enumeração de seus elementos
b) o domínio D de S
c) o conjunto-imagem Im de S

32 Determinar o domínio D e o conjunto-imagem Im da relação R nos casos:

a) $R = \{(1, 5), (2, 6), (3, 7), (4, 8)\}$
b) $R = \{(1, 3), (2, 3), (3, 3), (4, 3), (5, 3)\}$
c) $R = \{(4, 1), (4, 2), (4, 3), (4, 4)\}$

33 Determinar D e Im da relação R de A em B nos casos:

a)
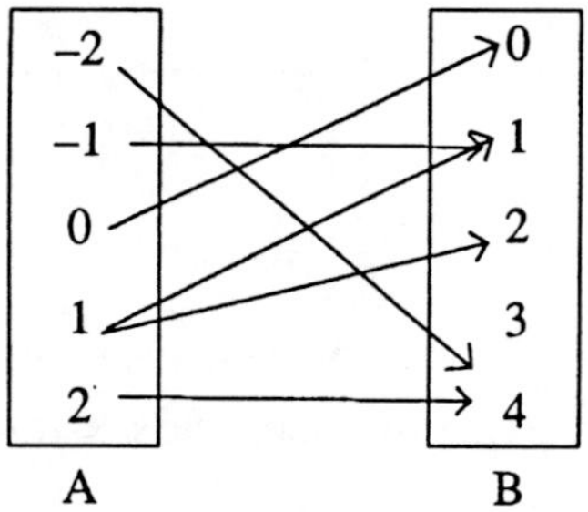

b)
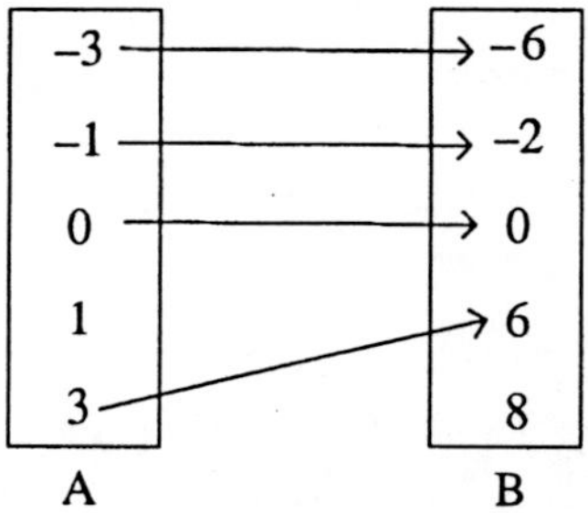

34 Determinar o domínio D e o conjunto-imagem Im da relação binária representada no plano cartesiano nos casos:

a)
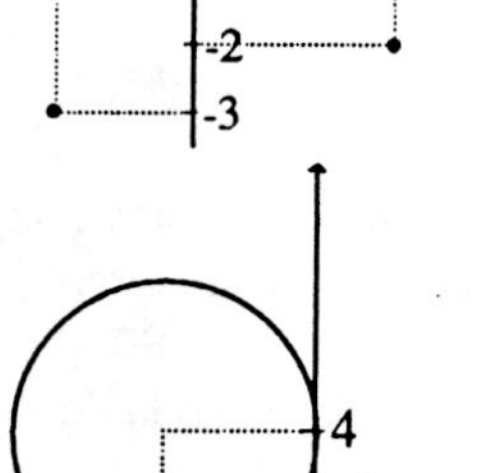

b)
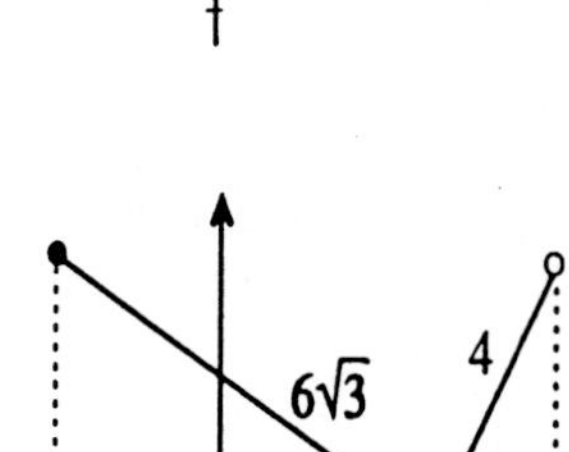

c)
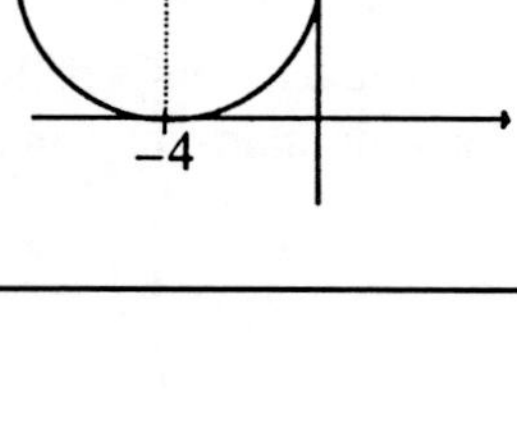

d)
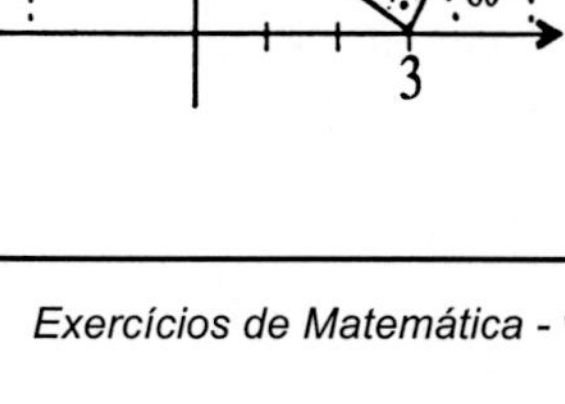

e)

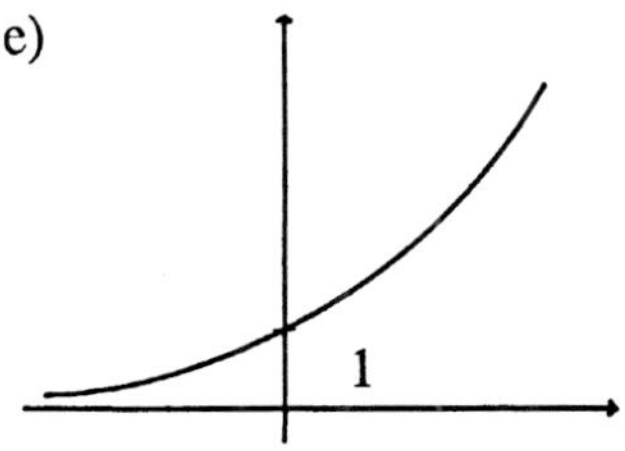

f)

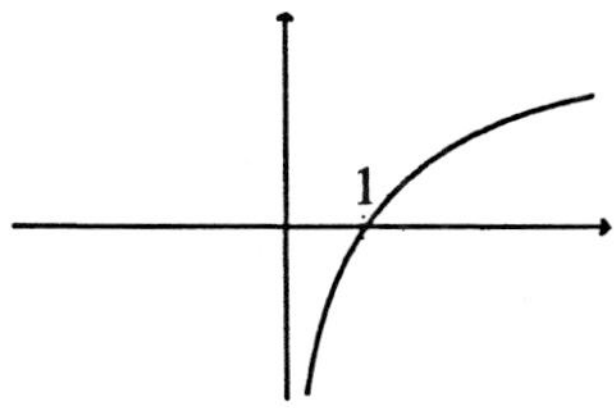

35 Dados os conjuntos $A = \{-1, 0, 1, 2, 3\}$ e $B = \{0, 1, 2, 3, 4, 5\}$ e a relação R de A em B definida por $xRy \Leftrightarrow y = 2^x$, pede-se:

a) a relação R, por enumeração

b) o gráfico cartesiano de R

c) o domínio e o conjunto-imagem de R

36 Dado o conjunto $A = \{-2, -1, 2, 3\}$ e a relação S em A definida por $S = \{(x, y) \in A^2 \mid x^2 = y^2\}$, pede-se:

a) a relação S, por enumeração

b) a representação de S por meio de flechas

c) o gráfico cartesiano de S

d) os elementos a de A tais que se (a, b) e (a, c) pertencem a S, então b = c

37 Determinar o domínio e o conjunto-imagem da relação R de $A = \{-1, 0, 1, 2, 3\}$ em $B = \{0, 1, 2, 3, 4, 5\}$ nos casos:

a) $xRy \Leftrightarrow y = x^2$

b) $xRy \Leftrightarrow y = 3^x$

c) $xRy \Leftrightarrow x^2 - y^2 = 0$

d) $xRy \Leftrightarrow y = |x|$

38 Dados os conjuntos $A = [2, 4]$ e $B = [1, 5]$ e a relação R de A em B definida por $R = \{(x, y) \in A \times B \mid x = y\}$, pede-se:

a) representar A×B e R no mesmo plano cartesiano

b) o domínio e o conjunto-imagem de R

39 Dados os conjuntos $A = \{-4, -1, 2, 3, 4\}$ e $B = [-4, 4]$ e a relação R de A em B, definida por $xRy \Leftrightarrow y = x$, pede-se:

a) representar graficamente $A \times B$ e R (no mesmo plano cartesiano)

b) escrever R por enumeração

c) escrever o domínio e a imagem de R

40 Classificar com V ou F, respectivamente, conforme o diagrama represente ou não uma função de A em B, os itens:

a)
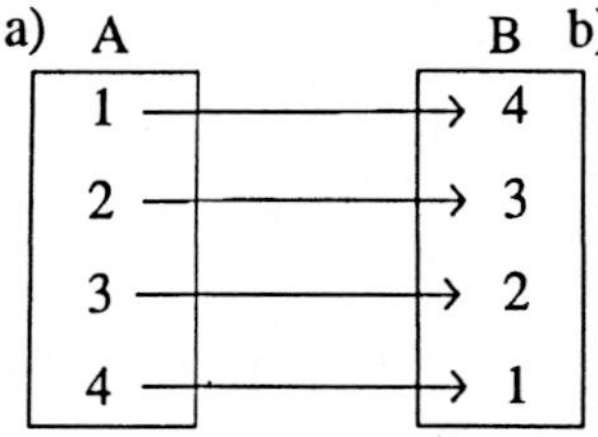

b)
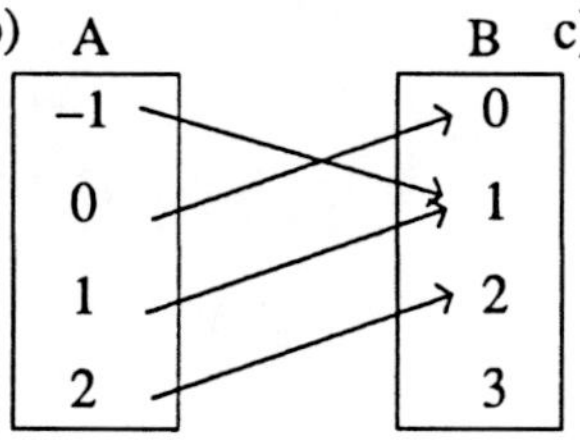

c)
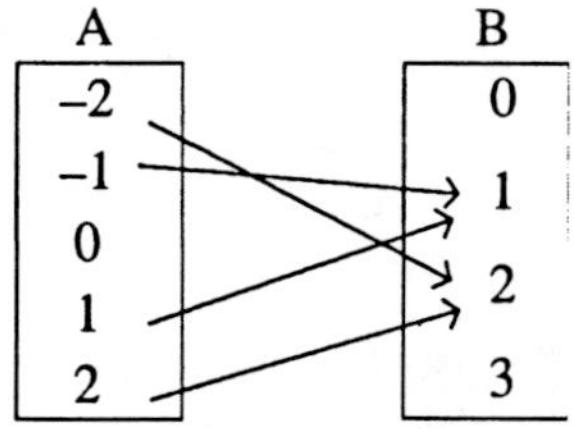

d)
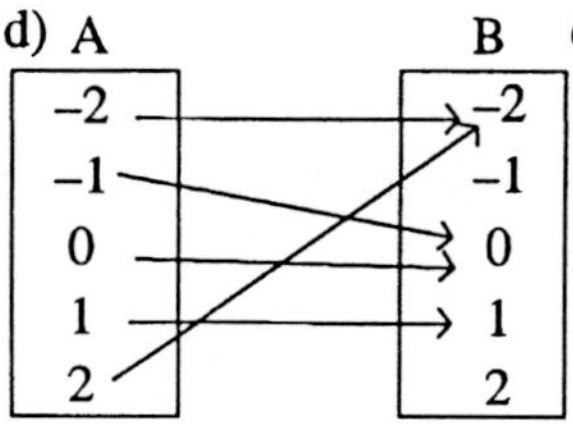

e)
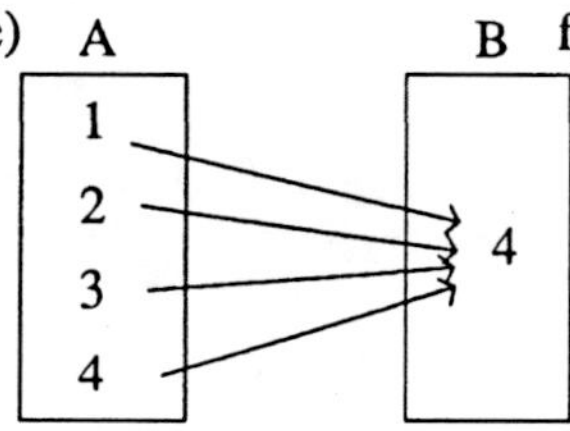

f)
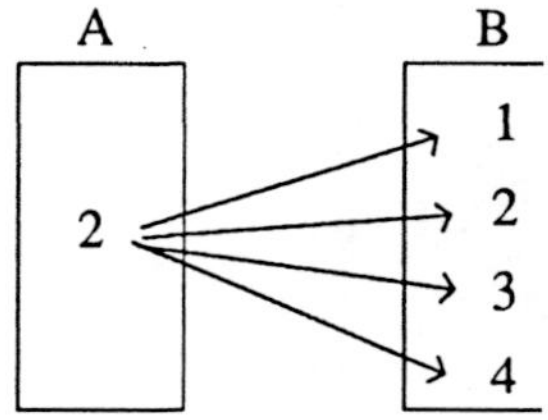

41 Classifique as relações dadas a seguir, usando o mesmo código do exercício 13.

a)
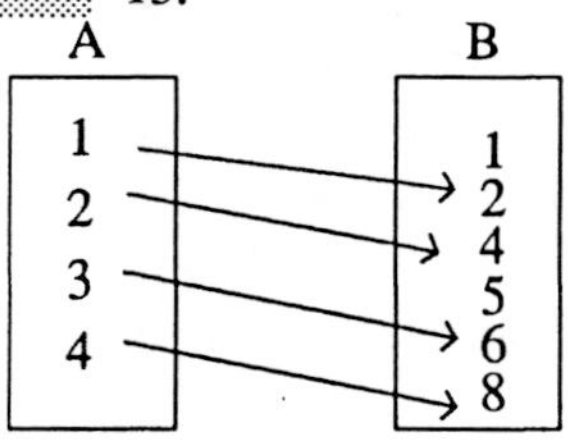

b)
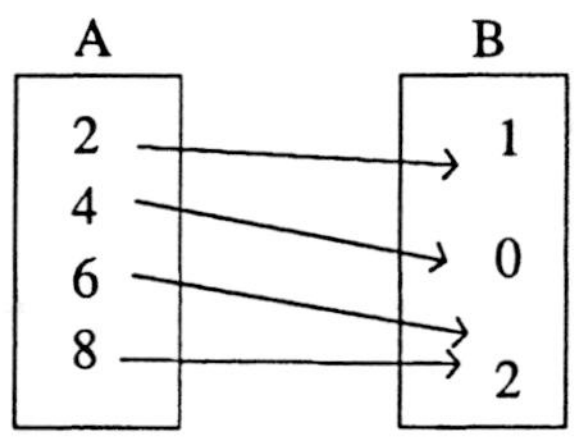

c)
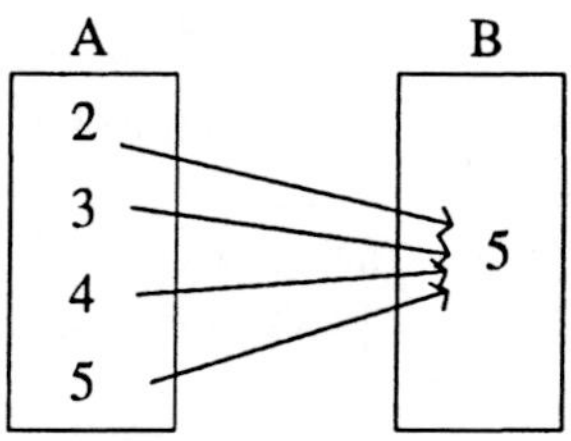

d)
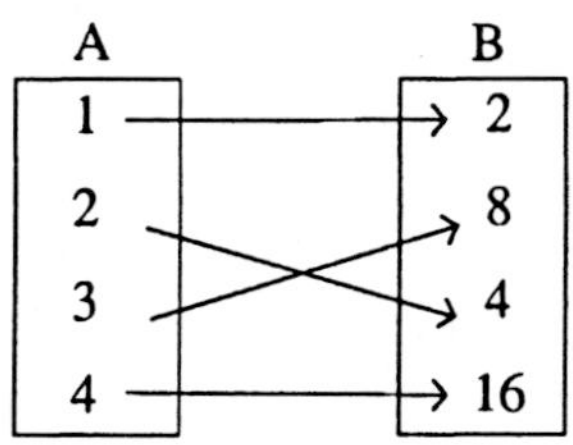

42 Em cada caso seguinte temos uma relação binária sobre A. Dizer se a relação é uma função e, se for, classifique-a.

a) A

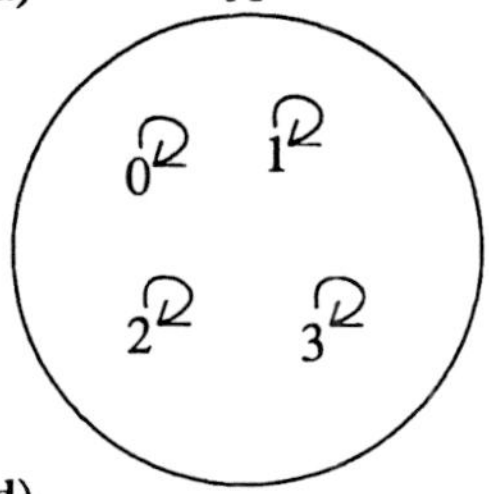

b) A

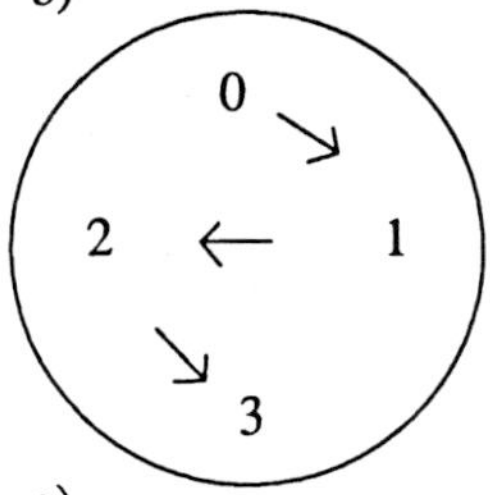

c) A

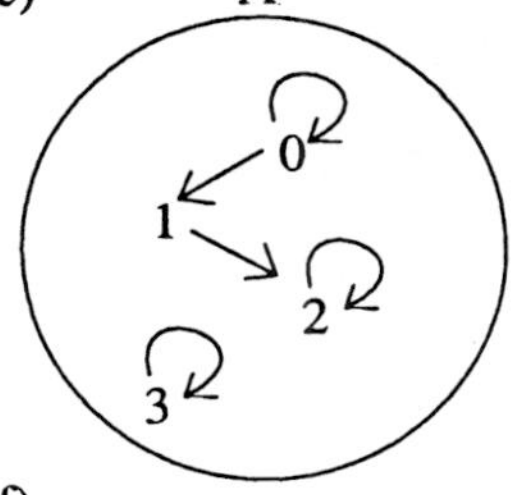

d) A

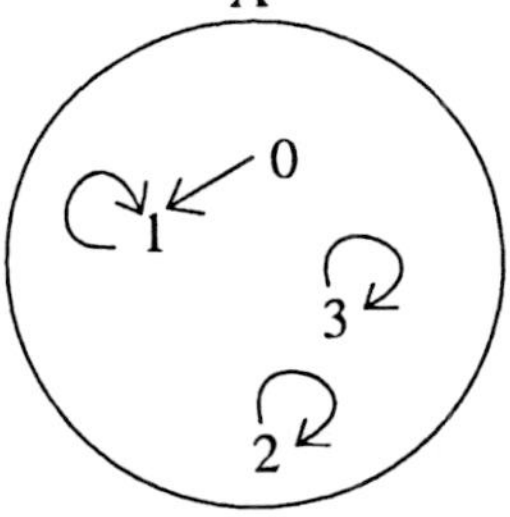

e) A

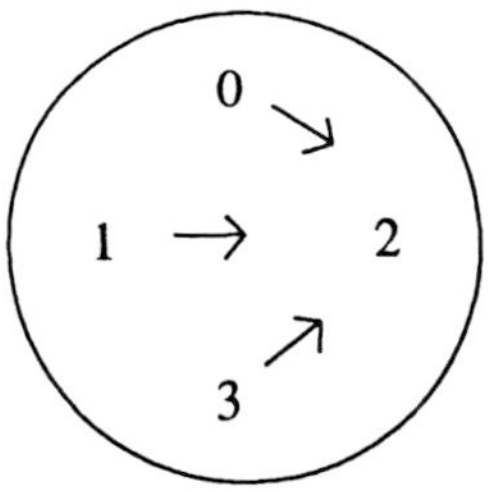

f) A

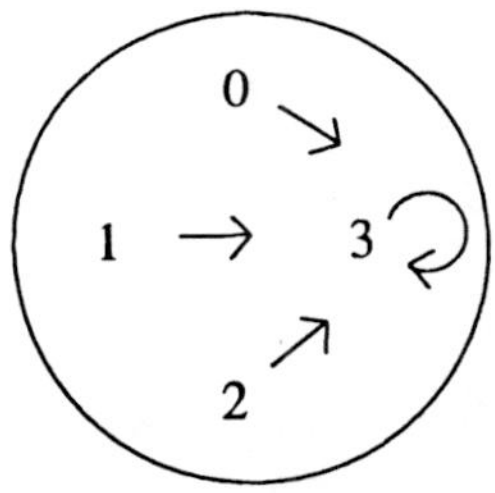

43 Dados os conjuntos A = { 0, 1, 2, 3 } e B = { 1, 2, 3, 4 } e, em cada item, uma relação de A em B, dizer se a relação é uma função e, se for, classifique-a.

a) R = {(0, 1), (1, 2), (1, 3), (2, 3)}
b) R = {(0, 2), (1, 1), (2, 4), (3, 3)}
c) R = {(0, 2), (1, 2), (2, 3) }
d) R = {(0, 1), (1, 2), (2, 3), (3, 1)}
e) R = {(0, 4), (1, 2), (2, 3), (3, 1)}

44 Em cada item seguinte está sendo dada uma relação R de A em B, onde A e B também estão sendo dados. Dizer se R é função e, se for, classifique-a

a) A = { – 1, 0, 1, 2, 3 };
B = { 0, 1, 2, 3, 4, 5 }

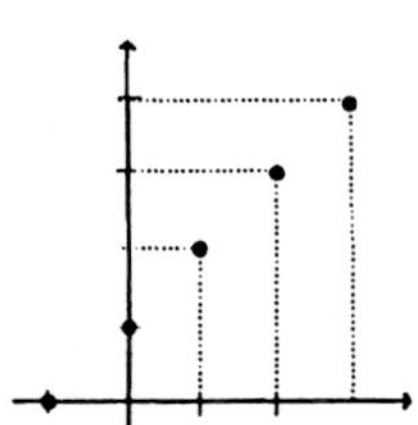

b) A = { – 3, – 2, – 1, 1, 2, 3, 4 };
B = { 1, 2, 3, 4 }

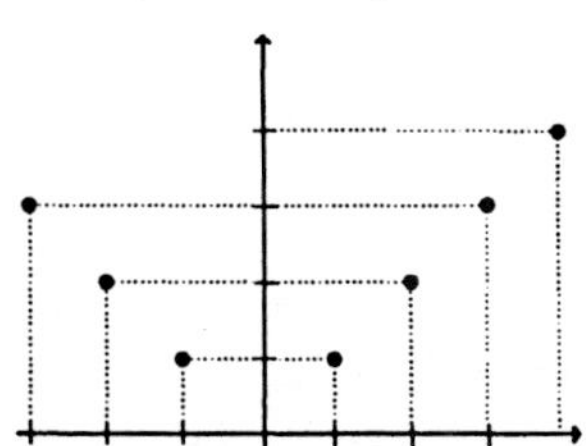

c) Gráfico do item a
A = { – 1, 0, 1, 2, 3, 4 }
B = { 0, 1, 2, 3, 4, 5 }

d) Gráfico do item b
A = { – 3, – 2, – 1, 0, 1, 2, 3, 4 }
B = { 0, 1, 2, 3, 4 }

e) A = B = { – 1, 0, 1, 2, 3 }

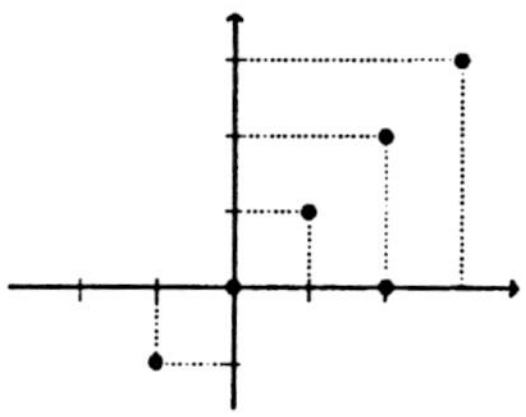

f) A = B = **R**

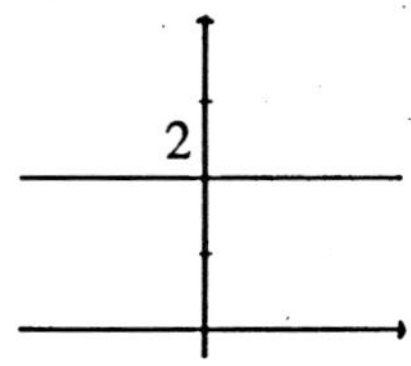

g) A = B = **R**

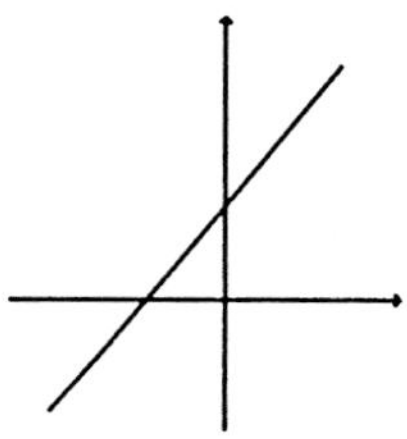

h) A = [– 2, ∞ [
B = [– 1, ∞ [

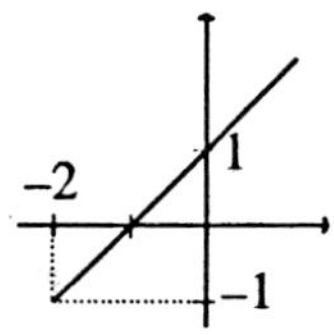

i) Gráfico do item h
A = [– 2, ∞ [
B = **R**

j) Gráfico do item h
A = B = **R**

k) A = B = **R**

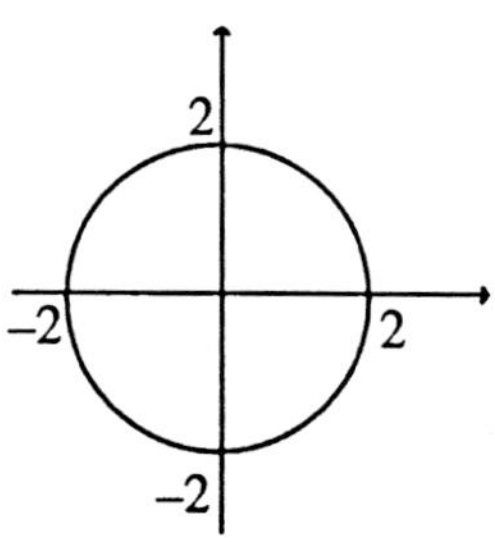

l) A = **R**
B = [– 1, ∞ [

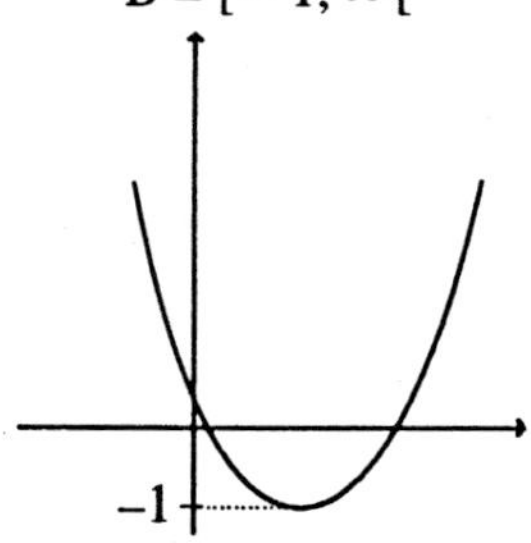

m) Gráfico do item k
A = B = [– 2, 2]

n) Gráfico do item l
A = B = **R**

45 Dada uma função f de A em B, para indicarmos que (x, y) ∈ f usamos a notação y = f (x) que é lida assim: "y é igual a f de x". Considere agora a função f de A = {0, 1, 2, 3} em B = {0, 1, 2, 3, 4, 5} seguinte: f = {(0, 2), (1, 3), (2, 4), (3, 5)}. Determine f (0), f (1), f (2), f (3) e f (5)

46 Considere a função f de A em B dada pelo diagrama de flechas. Determine f(– 2), f (1), f (3) e f (2)

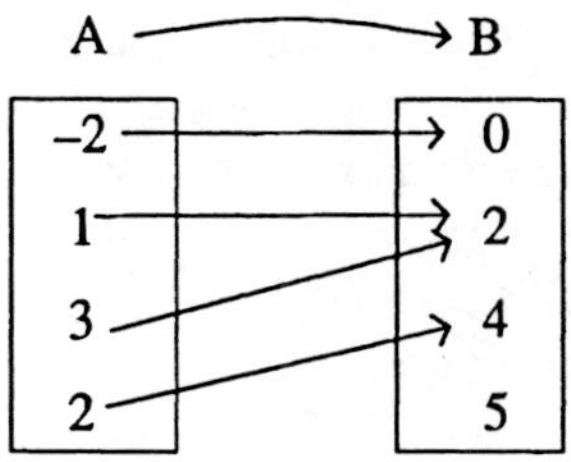

47 Em cada item é dada a representação cartesiana de uma função f. Determine os f (x) pedidos.

a)

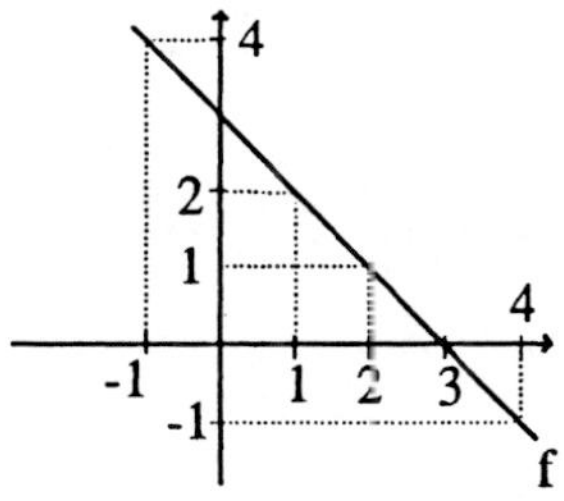

f (– 1), f (0), f (1), f (2), f (3), f (4)

b)

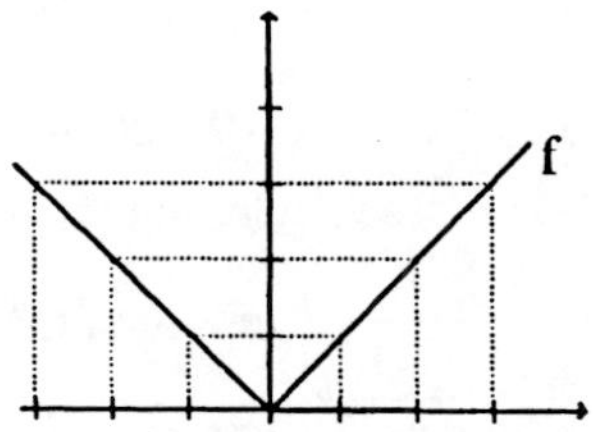

f(– 3), f(– 2), f(– 1), f (0), f (1), f (2), f (3)

c)

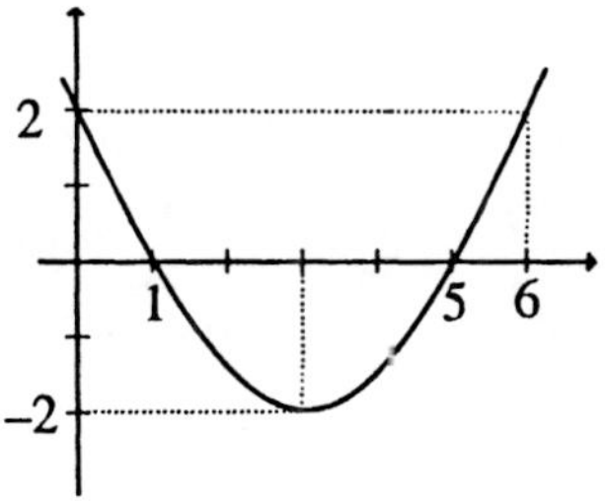

f (0), f (1), f (3), f (5), f (6)

d)

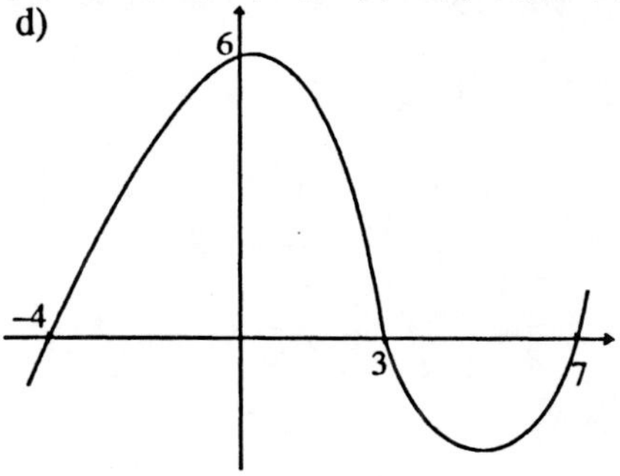

f (– 4), f (0), f (3), f (7)

48 Considere a aplicação f de A em B dada pelo diagrama de flechas. Determine x nos casos:

a) f (x) = – 2
b) f (x) = – 1
c) f (x) = 0
d) f (x) = 1
e) f (x) = 2

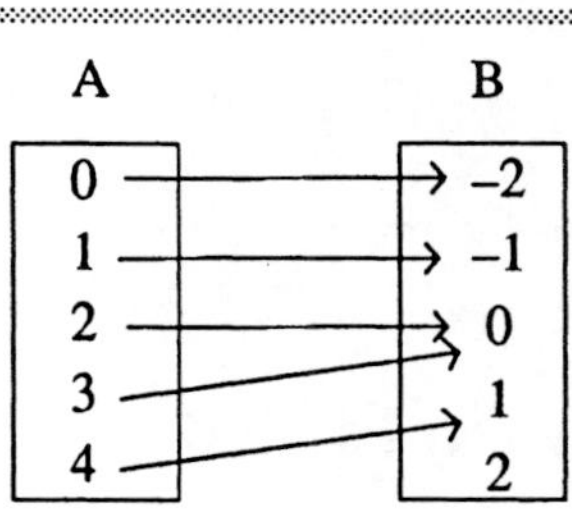

49 O gráfico dado é a representação cartesiana de uma função f de **R** em **R**, determine x nos casos:

a) f (x) = – 2
b) f (x) = 0
c) f (x) = 3
d) f (x) = – 3

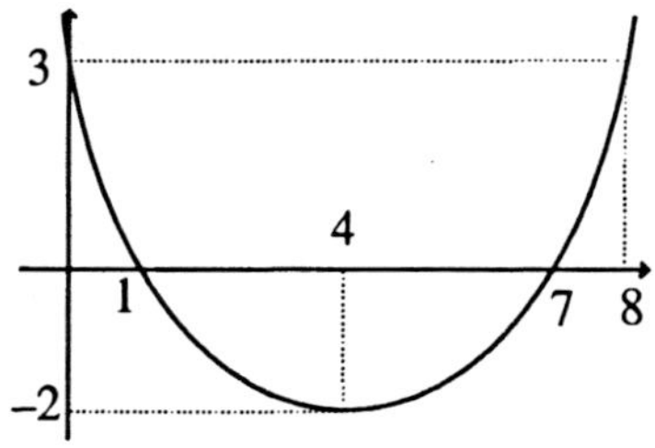

50 Em cada item seguinte é dada uma função pela lei de correspondência.

a) $f(x) = 2x - 1$, determine $f(-3)$, $f(0)$, $f(3)$ e $f(\frac{1}{2})$
b) $f(x) = 2x^2 + 3x - 9$, determine $f(-4)$, $f(-3)$, $f(1)$, $f(0)$, $f(-\frac{3}{2})$, $f(2)$
c) $f(x) = x^2 - 9$, determine $f(-3)$, $f(-2)$, $f(-1)$, $f(0)$, $f(1)$, $f(2)$ e $f(3)$
d) $f(x) = \frac{x+1}{x-1}$, determine $f(3)$, $f(2)$, $f(1)$, $f(0)$ e $f(-1)$
e) $f(x) = \sqrt{x-2}$, determine $f(11)$, $f(10)$, $f(6)$, $f(3)$, $f(2)$ e $f(0)$

51 Dada a função f de **R** em **R** definida por $f(x) = x^2 - 2x - 3$, determine x nos casos:

a) f (x) = 0 b) f (x) = – 4 c) f (x) = 5

52 Dada a função f sobre **R** definida por y = f (x) = 2x – 4, determine o par (x, y) de f nos casos:

a) x = 1 b) x = 2 c) x = 4 d) x = 10 e) y = 0
f) y = – 4 g) y = 10 h) y = – 2

53 Dada a função $f(x) = 2x^3 + x^2 - 5x + 2$ de **R** em **R**, determine:

a) f (0) b) x de modo que f (x) = 0

54 Determine o domínio da função f nos casos:

a) $f(x) = 2x - 1$ b) $f(x) = 2x^2 - 3x - 1$ c) $f(x) = x^3 - 7$
d) $f(x) = \sqrt{x-3}$ e) $f(x) = \sqrt{4-x}$ f) $f(x) = \sqrt{x+5}$
g) $f(x) = \frac{3}{x-1}$ h) $f(x) = \frac{5}{x^2-4}$ i) $f(x) = \frac{x-1}{2x^2+7x-15}$

55 Determinar os interceptos, intersecções com os eixos coordenados, da função f, nos casos:

a) $y = 2x - 8$ b) $f(x) = 6 - 3x$ c) $y = 2x^2 - 2x - 12$

d) $f(x) = \dfrac{x-8}{x+2}$ e) $f(x) = 2x^2 + 3x + 2$ f) $y = 2x^3 - 3x^2 - 5x + 6$

56 Determinar as raízes reais (ou zeros) da função f nos casos:

a) $f(x) = 2x + 8$ b) $y = 2x^2 - 8x$ c) $y = \dfrac{x^2 - 9}{2x + 6}$ d) $f(x) = x^5 - x^3 - 8x^2 + 8$

57 Fazer a variação do sinal da função f, dado o seu gráfico cartesiano, nos casos: (Dar como resposta um esquema gráfico e a forma analítica)

a)

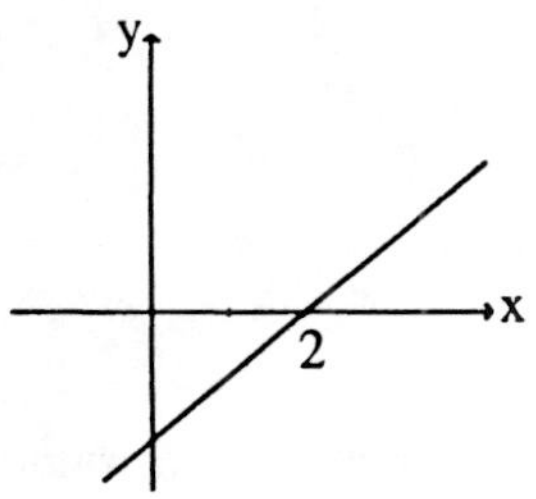

b)

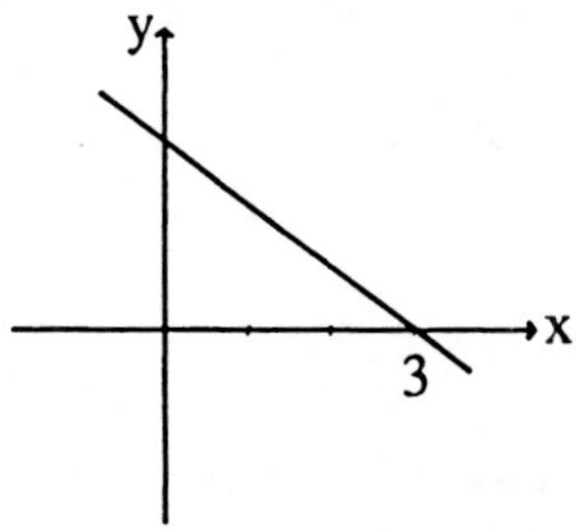

c)

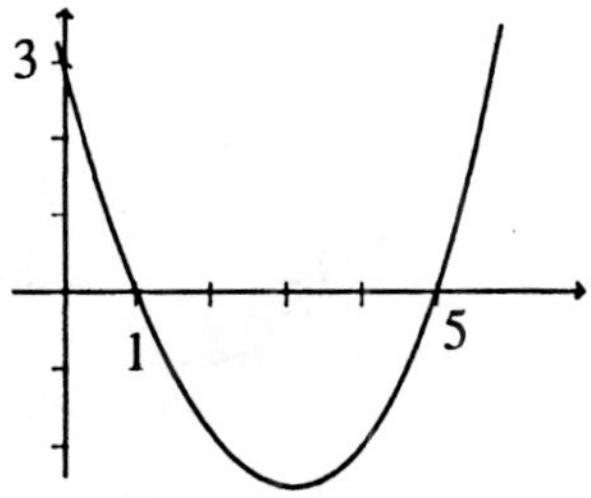

d)

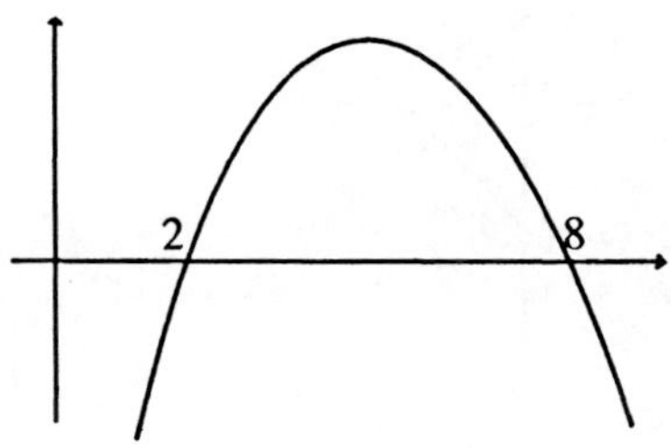

e)

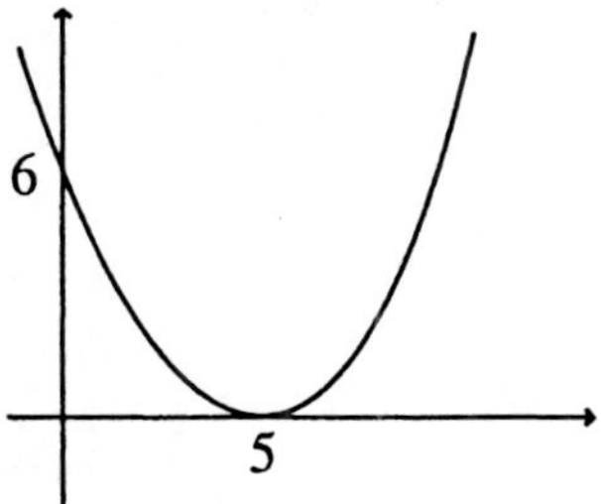

f)

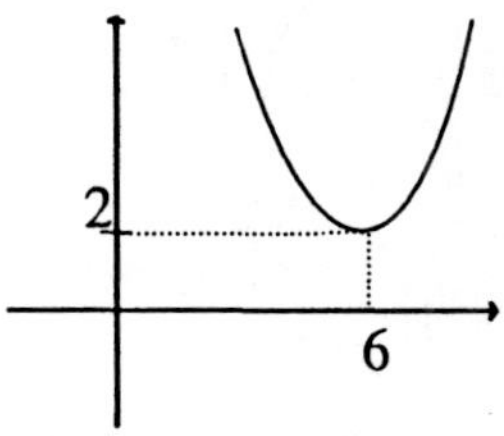

g)

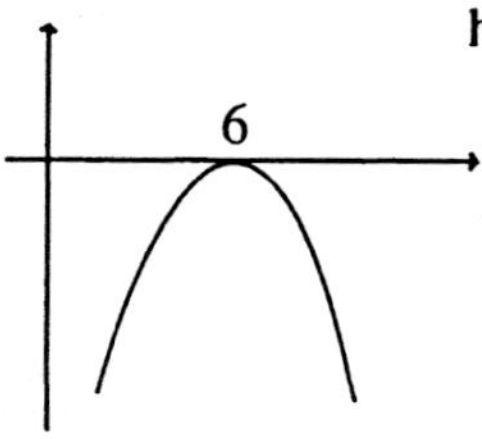

h)

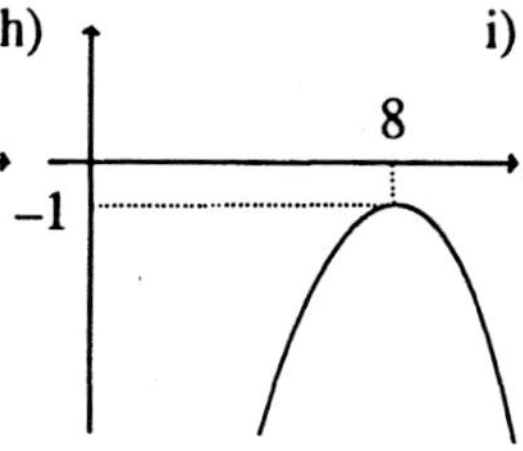

i)

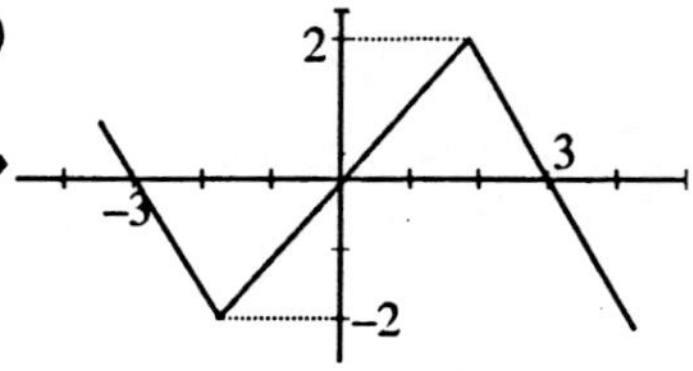

j)

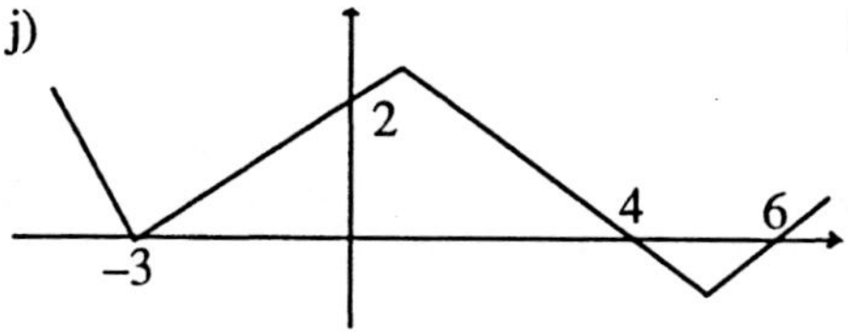

k)

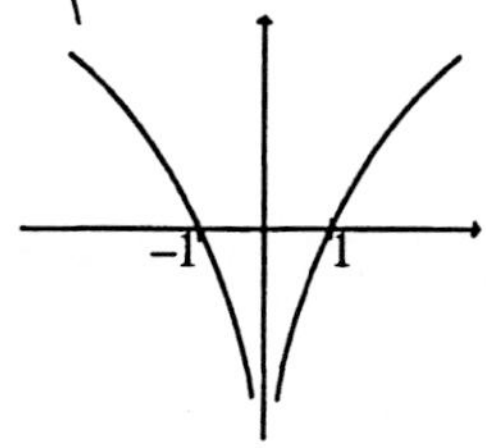

l)

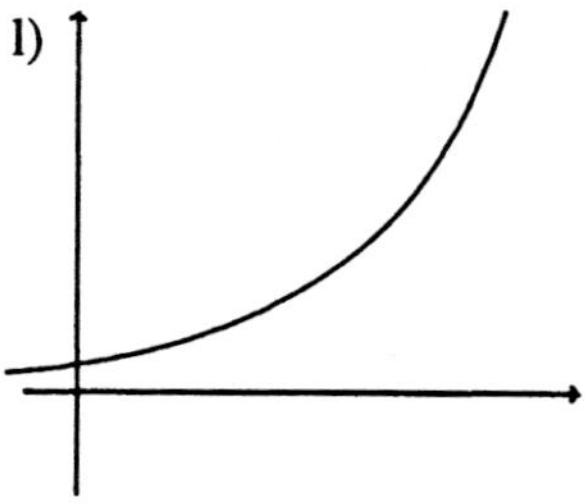

m)

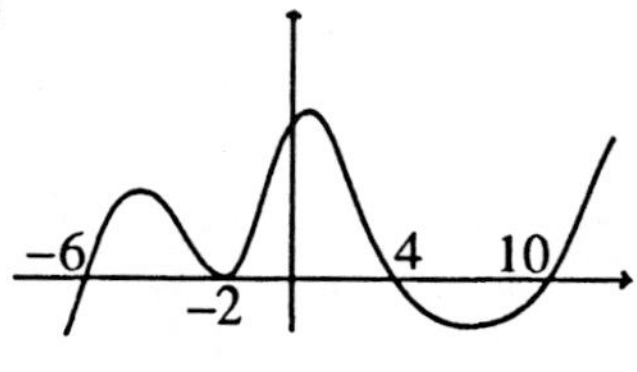

58 Dado o gráfico cartesiano da função f, determine o conjunto S dos valores de x de modo que $f(x) \geq 0$ ($y \geq 0$), nos casos:

a)

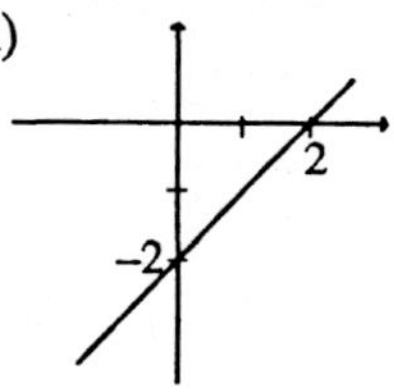

b)

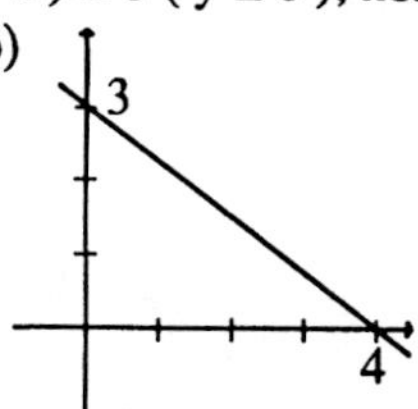

c)

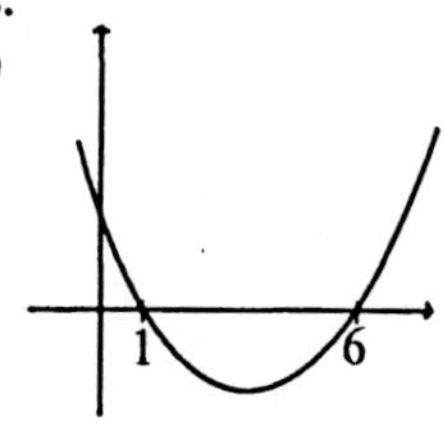

d)

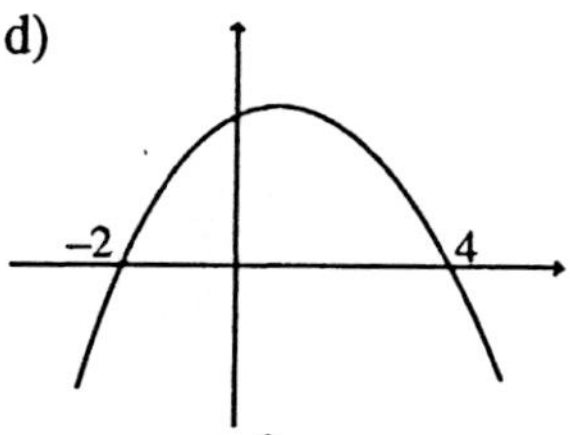

e)

f)

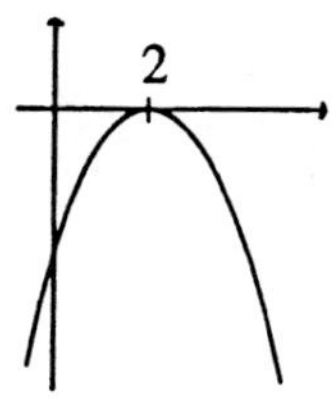

g)

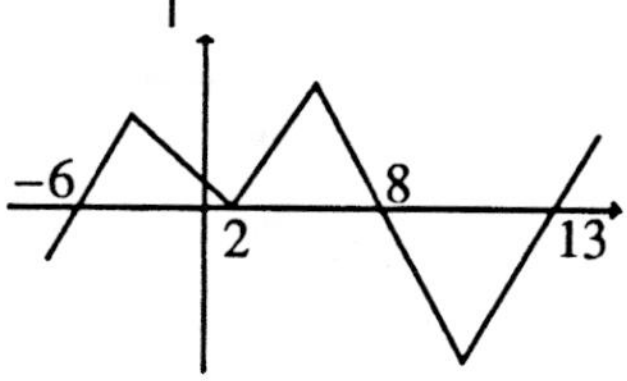

59 Considere as funções do exercício anterior e determine o conjunto S dos valores de x de modo que f (x) < 0 (y < 0).

60 Classifique cada uma das funções seguintes de acordo com o código do exercício 24:

a) $y = 2x^4 - 3x^2 - 1$ b) $y = 2x^3 - 3x$ c) $y = x$ d) $y = -x$

e) $y = 2x + 1$ f) $y = 2x^2 - 3x - 2$ g) $y = \dfrac{x}{x^2+1}$ h) $y = \dfrac{1}{x^2+1}$

61 Dar o intervalo onde f é crescente, onde f é decrescente e onde f é constante nos casos:

a)
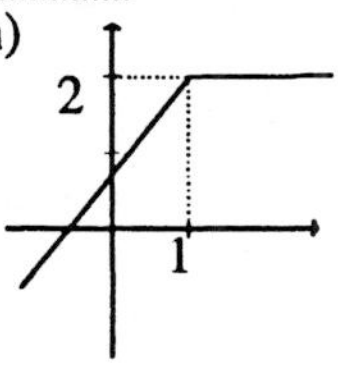

b)
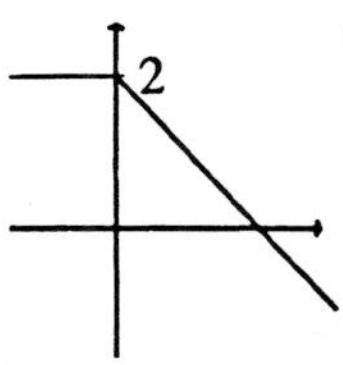

c)
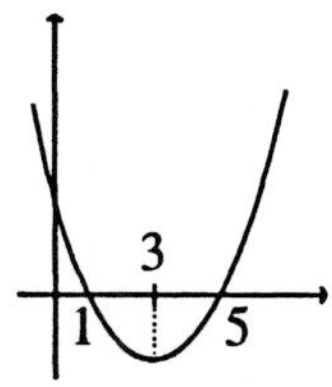

d)
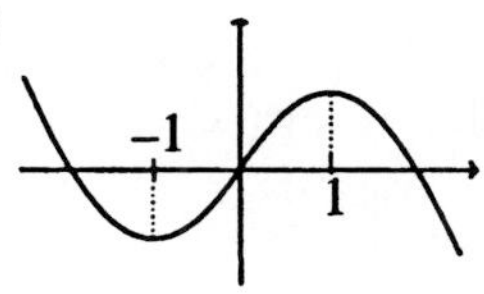

62 Dada a função $f(x) = 2x^2 - 3x + 1$, determine

a) f (0) b) f (1) c) f (3) d) f (k) e) f (– k)
f) f (k + 1) g) f (– x) h) f (2x) i) f (x + 1) j) f (x – 1)
k) f (x + k)

63 Determinar f (x) em cada caso:

a) $f(-x) = 2x^4 - 3x^2 - 2$
b) $f(-x) = 2x^2 - 3x - 4$
c) $f(2x) = 4x^2 - 6x + 2$
d) $f(3x) = 18x^2 - 12x - 7$
e) $f(2x) = 3x^2 - x - 1$
f) $f(x+1) = 3x^2 + 4x - 2$
g) $f(x-1) = 2x^3 - 9x^2 + 14x - 14$

Exercícios Suplementares

64 Sejam os conjuntos E = { 3, 4, 5, 7, 8} e F = { 1, 4, 6, 9, 10} e a relação $R = \{ (x, y) \in E \times F \mid x \text{ divide } y \}$ pede-se:

a) fazer um "diagrama de flechas" de R
b) representar R através de uma "tabela de dupla entrada"
c) escrever R por enumeração
d) representar graficamente (no mesmo plano cartesiano) E×F e a relação R
e) escrever por enumeração o conjunto de partida, o contra-domínio, o domínio e a imagem da relação R

65 Sejam o conjunto $A = \{-3, -2, -1, 0, 1, 2, 3\}$ e a relação R em A definida por $xRy \Leftrightarrow x + |y| = 3$. Nessas condições, faça o que está pedido nos itens do exercício anterior, substituindo E e F por A.

66 São dados os conjuntos

$A = \{-2, -1, 0, 1, 2, 3\}$ $\quad$ $B = \{-5, -3, -1, 1, 3\}$

$C = \{-3, -\frac{5}{2}, -2, -\frac{3}{2}, -1, -\frac{1}{2}, 0\}$ $\quad$ $E = \{-2, 0, 2\}$

$F = \{-2, -1, 0, 1, \sqrt{2}, 9\}$ $\quad$ $G = \{0, 1, 2, 3\}$

Fazer o diagrama de flexas, dar o domínio e imagem das seguintes relações:

a) $R_1 = \{(x, y) \in A \times B \mid y = x - 2\}$

b) $R_2 = \{(x, y) \in A \times C \mid x + 2y + 2 = 0\}$ $\quad$ c) $R_3 = \{(x, y) \in A \times E \mid y = x\}$

d) $R_4 = \{(x, y) \in A \times F \mid x = y^2\}$ $\quad$ e) $R_5 = \{(x, y) \in A \times G \mid x > y\}$

f) $R_6 = \{(x, y) \in G^2 \mid y = 2\}$ $(G^2 = G \times G)$

67 Sendo $A = \{-1, 0, 1, 2\}$, representar graficamente, dar domínio e imagem das seguintes relações:

a) $R = \{(x, f(x)) \in A \times \mathbf{R} \mid f(x) = x^2 - 2x\}$

b) $R = \{(x, f(x)) \in A \times \mathbf{R}^* \mid f(x) = x^3\}$

c) $R = \{(x, f(x)) \in A \times \mathbf{R}^*_+ \mid f(x) = 2^x\}$

d) $R = \{(x, f(x)) \in A \times \mathbf{R}_+ \mid f(x) = |x|\}$

68 Representar no plano cartesiano a relação S sobre **R**, nos casos:

a) $S = \{(x, y) \in \mathbf{R}^2 \mid y^2 = x^2\}$ $\quad$ b) $xSy \Leftrightarrow x^2 > y^2$

c) $xSy \Leftrightarrow x^3 + x^2y = y^3 + xy^2$

69 Definição: Seja R uma relação binária de A em B. Chama-se **relação inversa** (ou recíproca) de R à relação $R^{-1} = \{(y, x) \in B \times A \mid (x, y) \in R\}$

De acordo com a definição acima, determine R^{-1}, por enumeração, e também o domínio e o conjunto-imagem de R e R^{-1} nos casos:

a) $R = \{(0, 0), (1, 1), (2, 4), (3, 9), (4, 16)\}$

b) $R = \{(2, 3), (3, 2), (4, 1), (5, 0), (6, -1)\}$

c) $R = \{(-1, 1), (-1, 2), (-1, 3), (-1, 4)\}$

70 Determinar por enumeração, e representar graficamente no mesmo plano cartesiano, R e R^{-1} nos casos:

a) $A = \{-3, -1, 0, 1, 2\}$, $B = \{0, 1, 2, 3, 4\}$ e $R = \{(x, y) \in A \times B \mid y = x^2\}$

b) $A = \{1, 2, 3, 4, 5, 6\}$ e $R = \{(x, y) \in A^2 \mid y = 2x\}$

c) $R = \{(x, y) \in \mathbf{R}^2 \mid x = 2\}$

d) $R = \{(x, y) \in \mathbf{R}^2 \mid y^2 = 4\}$

71 Considere as seguintes definições:
Uma relação R em um conjunto A é chamada

I) Reflexiva, se x R x para todo x de A.
II) Simétrica, se y R x sempre que x R y.
III) Transitiva, se x R z sempre que x R y e y R z.

Dado o conjunto $A = \{ 1, 2, 3, 4, 5 \}$, classificar em reflexiva, simétrica e transitiva a relação R em A nos casos:

a) $x R y \Leftrightarrow y = x$ b) $x R y \Leftrightarrow y > x$
c) $x R y \Leftrightarrow x \mid y$ d) $x R y \Leftrightarrow \text{mdc}(x, y) = \text{mmc}(x, y)$

72 Representar no plano cartesiano a relação T sobre **R**, nos casos:

a) $x T y \Leftrightarrow x^2 - 2x = xy - 2y$ b) $x T y \Leftrightarrow x^2y^2 + 4 = x^2 + 4y^2$
c) $x T y \Leftrightarrow x^2y - 4x^2 + 2xy + 8x - xy^2 + 2y^2 - 8y = 0$

73 Representar graficamente as seguintes relações sobre **R**:

a) $x R y \Leftrightarrow x^2 + y^2 = 4$ b) $x R y \Leftrightarrow x^2 + y^2 < 9$ c) $x R y \Leftrightarrow x^2 + y^2 \leq 16$
d) $x R y \Leftrightarrow x^2 + y^2 > 1$ e) $x R y \Leftrightarrow x^2 + y^2 = 2$ f) $x R y \Leftrightarrow x^2 + y^2 \geq 2$

74 Representar no plano cartesiano a relação R sobre **R** definida por:
$R = \{ (x, y) \in \mathbf{R}^2 \mid x^3 + y^3 + x^2y + xy^2 \geq 4(x + y) \}$

75 Se $f(x + 1) = 2x^3 + 7x^2 + 5x - 8$, determine:
a) $f(x)$ b) $f(x - 1)$

76 Simplificar a expressão $\dfrac{f(x) - f(k)}{x - k}$, com $x \neq k$, nos casos:

a) $f(x) = x + 3$ b) $f(x) = ax + b$
c) $f(x) = 2x^2 - 3x - 1$ d) $f(x) = ax^2 + bx + c$

77 Se g, h, l e j são funções definidas em **R** e g e h são funções pares e l e j são funções ímpares, dizer se f é função par ou função ímpar nos casos:

a) $f(x) = g(-x)$ b) $f(x) = l(-x)$ c) $f(x) = g(x) + h(x)$
d) $f(x) = l(x) + j(x)$ e) $f(x) = g(x) - h(x)$ f) $f(x) = l(x) - j(x)$
g) $f(x) = g(x) \cdot h(x)$ h) $f(x) = l(x) \cdot j(x)$ i) $f(x) = g(x) \cdot l(x)$
j) $f(x) = l(x) \cdot h(x)$

78 Sendo h uma função de **R** em **R**, dizer se f é função par ou função ímpar nos casos:

a) $f(x) = h(x) + h(-x)$ b) $f(x) = h(x) - h(-x)$

79 Mostre que uma função f definida em um intervalo simétrico $[-a, a]$, $a > 0$, pode ser dada pela soma de uma função par com uma função ímpar.

Capítulo 2

Algumas Funções Elementares

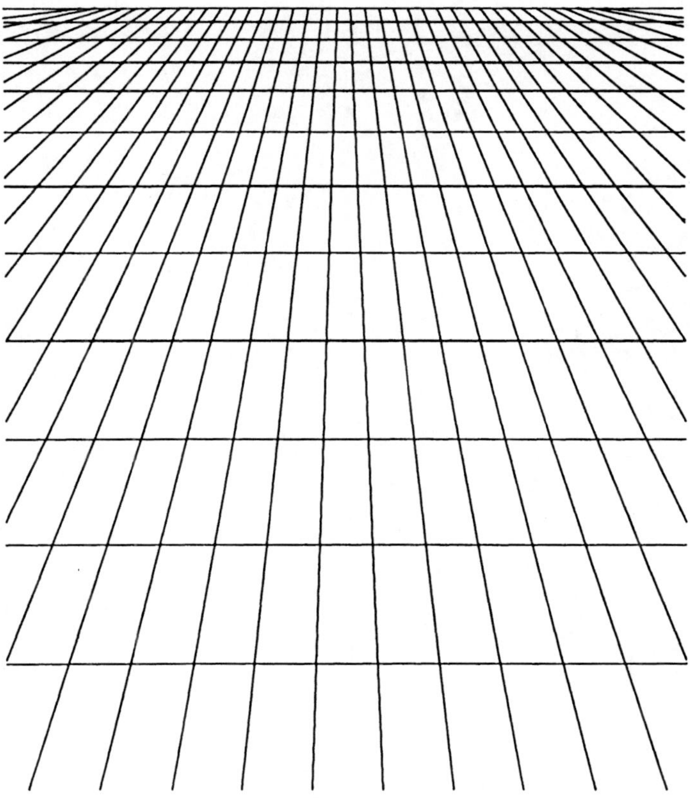

A - Função Polinomial do 1º Grau

(função afim)

Definição

É toda função f : **R** → **R** definida por uma lei da forma f (x) = ax + b com a, b ∈ R | a ≠ 0.

Exemplos

f (x) = x – 3	f (x) = 2x + 4	y = – 3x – 1
f (x) = 4x	y = – x	

A.1 - Gráfico da Função do 1º Grau

Demonstra-se que o gráfico da função do 1º grau é uma reta que **não** é paralela a Ox (não é "horizontal") e também não é paralela a Oy (não é "vertical").

*Note bem: Se a representação gráfica de uma relação R é uma reta vertical então R **não é função** pois um antecedente x terá infinitas imagens y.*

a) **Raiz da função f (x) = ax + b (a ≠ 0)**

x é raiz ⇔ f (x) = 0 ⇔ ax + b = 0 ⇔ $x = -\frac{b}{a}$ é a raiz da função e determina o ponto $P = (-\frac{b}{a}, 0)$ de intersecção com o eixo das abscissas.

b) **Intersecção com Oy**

x = 0 ⇒ y = f (0) = a · 0 + b = b portanto a curva intercepta Oy no ponto Q = (0, b)

c) **Gráfico**

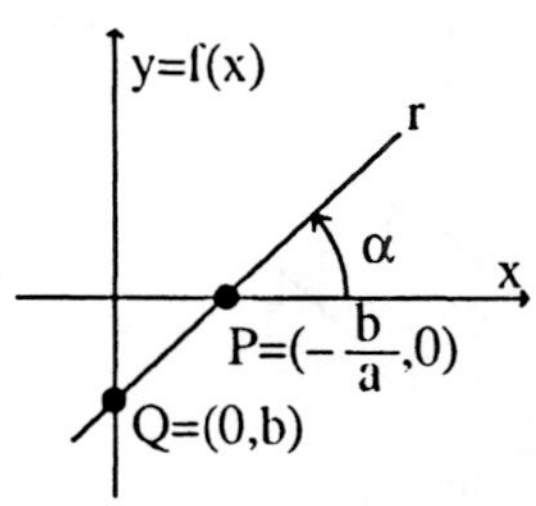

Nomenclatura

α = inclinação da reta r
a = tgα = coeficiente angular da função f
b = coeficiente linear da função f

Observações:

1ª) Para a função do primeiro grau f (x) = ax + b, demonstra-se que:
a > 0 ⇔ f (x) é crescente (0° < α < 90°)
a < 0 ⇔ f (x) é decrescente (90° < α < 180°)

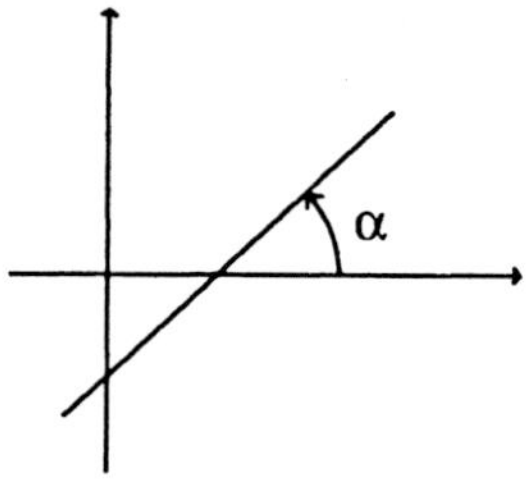

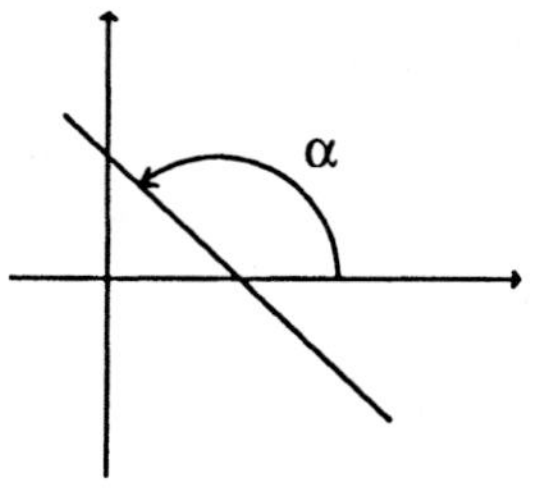

0° < α < 90° ⇔ f é crescente *90° < α < 180° ⇔ f é decrescente*

2ª) Quando b = 0, a reta r passa pela origem.
3ª) $D_f = \mathbf{R}$
$CD_f = \mathbf{R}$
$Im_f = \mathbf{R}$
*4ª) Toda função do 1º grau é bijetora de **R** em **R**.*
5ª) Para se fazer o gráfico desta função, basta determinar dois pontos (pares ordenados) distintos quaisquer da reta r. É mais freqüente, entretanto, determinarmos os seus interceptos $(-\frac{b}{a}, 0)$ *e (0, b).*

B - Função Linear

Definição

É toda função da forma f (x) = ax (a ≠0) de **R** em **R** e é, portanto, um caso particular da função polinomial do 1º grau quando b = 0.

B.1 - Gráfico

É uma reta passando pela origem pois x = 0 ⇔ f (0) = a · 0 = 0 e, portanto, os interceptos coincidem no ponto P = (0, 0).

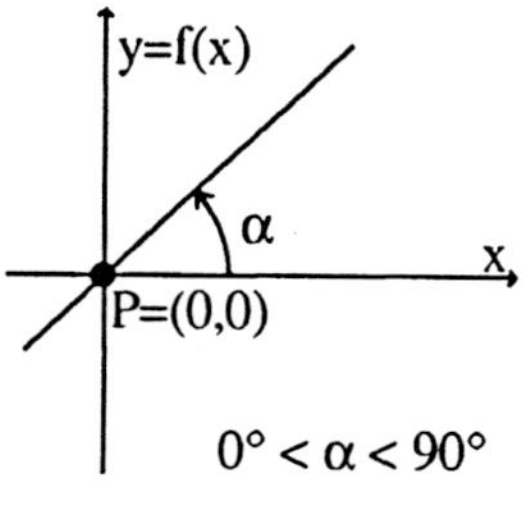

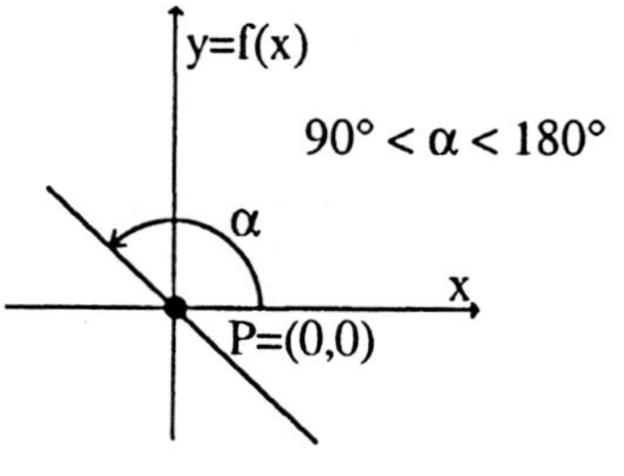

a > 0 ⇔ f (x) crescente a < 0 ⇔ f (x) decrescente

C - Função Identidade

Definição

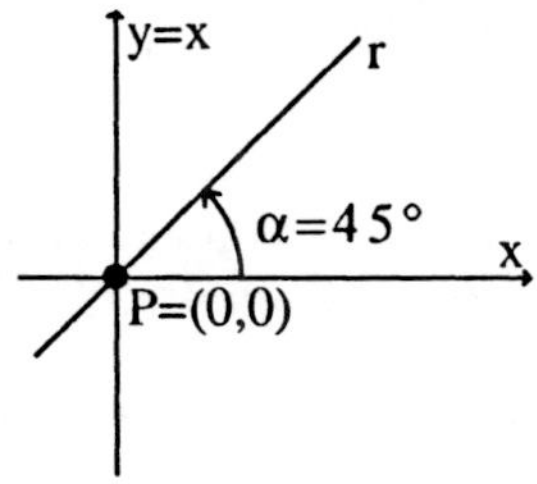

É a função f (x) = x de **R** em **R**.

A função identidade é um caso particular da função afim quando fazemos a = 1 e b = 0. O seu gráfico é uma reta passando pela origem e com inclinação $\alpha = 45°$, portanto, contém as bissetrizes dos quadrantes I e III. A função identidade é, também, um caso particular de função linear.

D - Função Constante

Definição

É toda função f (x) = c de **R** em **R** onde c é uma **constante real qualquer.**

*Observação: o contra-domínio B desta função pode ser qualquer subconjunto de **R** tal que $\{c\} \subset B$.*

D.1 - Gráfico

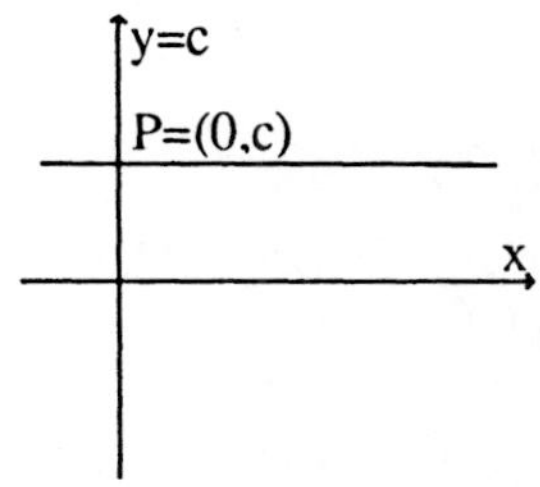

O seu gráfico é uma reta horizontal (paralela a Ox) passando pelo ponto (0, c), ou seja, é uma reta com inclinação $\alpha = 0°$.

Observações:

*(1^a) A função constante é obtida da função afim fazendo-se a = 0 e, portanto, **não** é classificada como função polinomial do 1° grau.*

*(2^a) Com domínio D = **R** e contra-domínio CD = {c} a função constante f (x) = c é sobrejetora mas não é injetora (imagem não exclusiva).*

Exercícios

80 Fazer o gráfico cartesiano e a variação de sinal gráfica das funções y = f (x) sobre **R** seguintes:

a) $y = x - 2$ b) $y = -x - 3$ c) $f(x) = 2x + 5$
d) $f(x) = 1 - 3x$ e) $y = x$ f) $f(x) = -x$
g) $f(x) = 2x$ h) $y = -5x$ i) $f(x) = 3$
j) $f(x) = -2$ k) $y = 0$

81 Fazer o gráfico cartesiano e a variação de sinal gráfica da função y = ax + b sabendo que:

a) $a > 0$ b) $a < 0$

82 Observando os resultados do exercício anterior, elabore uma "regra geral" para a variação de sinal da função do 1º grau $y = ax + b$, isto é, determine o sinal de y em função do sinal de **a** quando x percorre o eixo das abscissas (conjunto dos números reais).

83 Determinar a função do 1º grau cujo gráfico é uma reta passando pelos pontos (2, 5) e (0, – 1).

84 Determinar a função do 1º grau cujo gráfico é

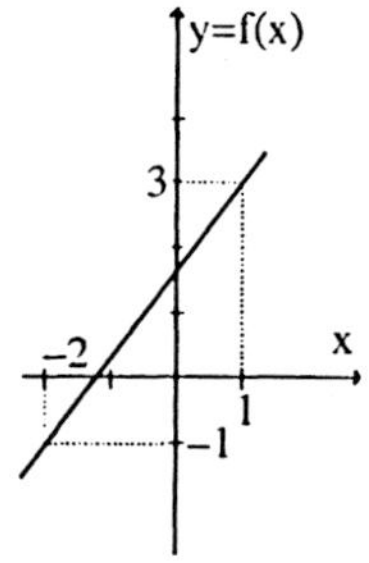

85 Fazer a variação de sinal das seguintes funções:

a) $f(x) = 6 - 2x$ b) $f(x) = (6 - 2x)^{10}$ c) $y = x + 5$
d) $f(x) = (x + 5)^{13}$ e) $y = (-x - 1)^5$ f) $y = 6x$
g) $f(x) = (3 + 2x)^4$ h) $f(x) = -x$ i) $y = (-3x)^9$

86 Determine, em cada caso, os valores de $x \in \mathbf{R}$ para os quais $y > 0$:

a) $y = x + 2$ b) $y = 4 - x$ c) $y = x$
d) $y = 3$ e) $y = -2$ f) $y = (-x + 6)^6$

87 Determine, em cada caso, os valores de $x \in \mathbf{R}$ para os quais $f(x) \leq 0$:

a) $f(x) = 1 - x$ b) $f(x) = 5 + 2x$ c) $f(x) = (5 + 2x)^{10}$
d) $f(x) = -4x$ e) $f(x) = 6$ f) $f(x) = -7$

88 Fazer o gráfico cartesiano e achar o conjunto–imagem da função f de A em **R** nos casos:

a) $f(x) = 2x - 2$, $A = [-1, 3]$ b) $f(x) = x + 2$, $A = [-1, 3[$
c) $f(x) = -2x + 1$, $A =]-2, 1]$

✓ **Faça também os Exercícios de Fixação 98 → 120**

E - Função Polinomial do 2º Grau
(Função Quadrática)

Definição

É toda função $f: \mathbf{R} \rightarrow \mathbf{R}$ definida por uma lei da forma $f(x) = ax^2 + bx + c$ onde $a, b, c \in \mathbf{R}$ e $a \neq 0$.

Observações:
1ª) O contra-domínio B desta função pode ser qualquer subconjunto de ***R*** *tal que* $Im \subset B$ *(Im é o conjunto-imagem da função f)*
2ª) Na função do 2º grau, temos:
ax^2 *= termo quadrático ou termo do 2º grau de f*
bx *= termo linear ou termo do 1º grau de f*
c *= termo independente ou termo de grau zero de f*

E.1 - Gráfico da Função do 2º Grau

O gráfico da função polinomial do 2º grau é uma parábola.

a) **Concavidade da parábola**

O coeficiente a da função do 2º grau determina qual é o sentido da concavidade da parábola. Demonstra-se que:

$a > 0 \Leftrightarrow$ concavidade voltada para cima
$a < 0 \Leftrightarrow$ concavidade voltada para baixo

b) **Raízes da função quadrática**

Como sabemos x é raiz $\Leftrightarrow f(x) = 0 \Leftrightarrow ax^2 + bx + c = 0$ e, portanto, dependendo do valor do discriminante ($\Delta = b^2 - 4ac$) podemos ter três casos:

1º) $\Delta > 0 \Leftrightarrow$ 2 raízes reais distintas ($x_1, x_2, \in \mathbf{R}$ e $x_1 \neq x_2$)

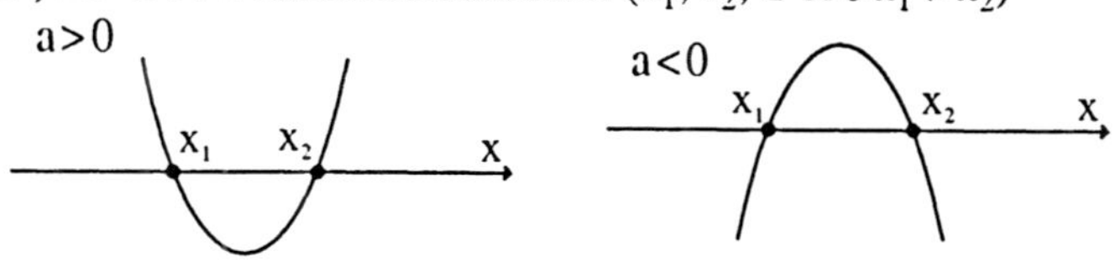

2º) $\Delta = 0 \Leftrightarrow$ 2 raízes reais iguais ($x_1, x_2 \in \mathbf{R}$ e $x_1 = x_2$)

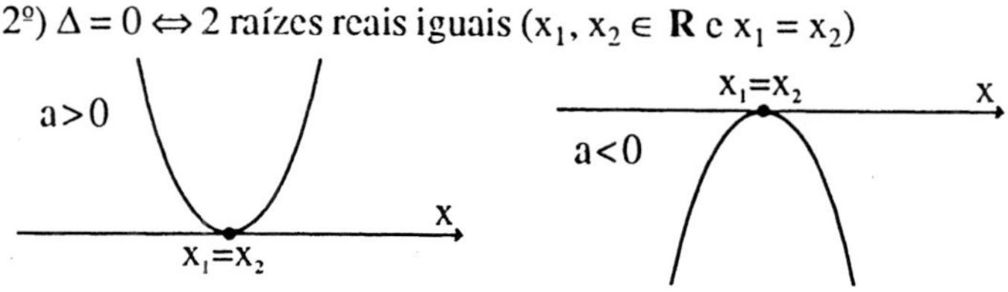

3º) $\Delta < 0 \Leftrightarrow$ não há raízes reais (a parábola não intercepta o eixo Ox)

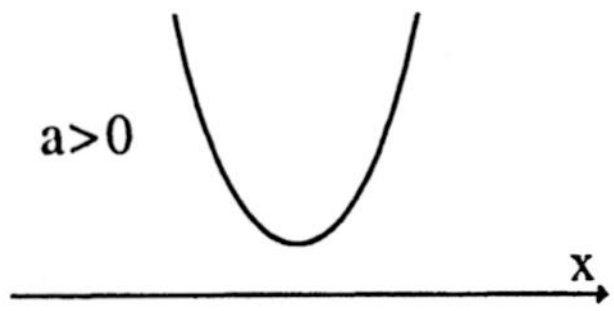

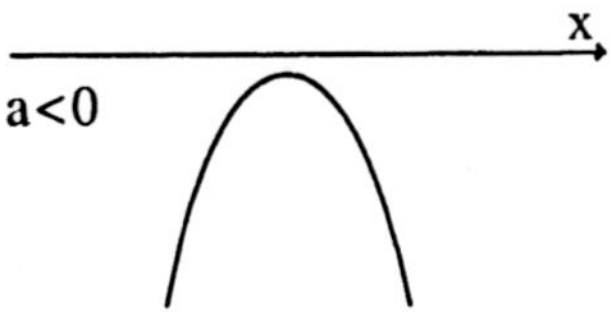

c) **Vértice da parábola**

O vértice de uma parábola é o ponto de menor ordenada (mínimo) quando $a > 0$ ou é o ponto de maior ordenada (máximo) quando $a < 0$. Demonstra-se que as coordenadas do vértice da parábola que representa graficamente a função $y = ax^2 + bx + c$ são

$$x_v = \frac{-b}{2a} \quad \text{e} \quad y_v = \frac{-\Delta}{4a}$$

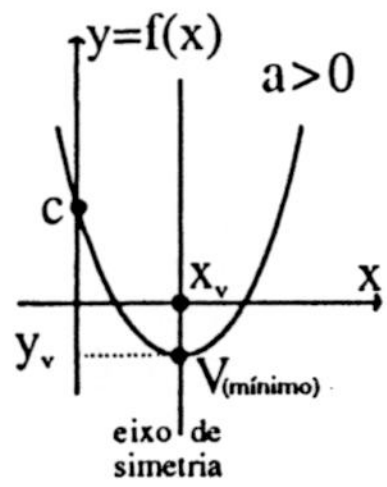

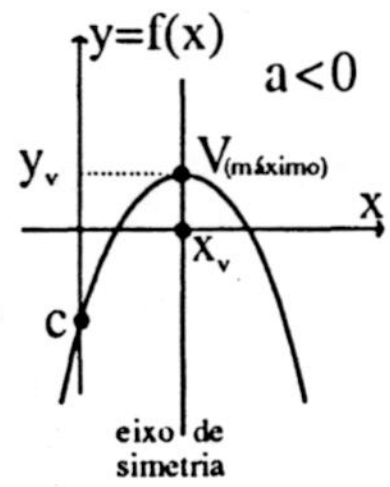

Observações:

1ª) O eixo de simetria da parábola é uma reta vertical (paralela a 0y) passando pelo vértice.

2ª) Se o ponto $P = (x_v - m, n)$ pertence à parábola então o ponto $Q = (x_v + m, n)$ também pertence.

3ª) Com relação ao conjunto-imagem da função quadrática podemos ter dois casos:

$a > 0 \Rightarrow Im = \{y \in \mathbf{R} \mid y \geq y_v\}$

$a < 0 \Rightarrow Im = \{y \in \mathbf{R} \mid y \leq y_v\}$

4ª) A função $f(x) = ax^2 + bx + c$ de $D = \mathbf{R}$ em $CD = Im_f$ é sobrejetora mas não é injetora.

d) **Intersecção com Oy**

A intersecção da parábola com 0y ocorre quando $x = 0$, portanto, temos:

$f(x) = ax^2 + bx + c$

$x = 0 \Rightarrow y = f(0) = c \Rightarrow P = (0, c)$

Conclusão

O termo independente de x na função do 2º grau (c) é a ordenada do ponto P em que a parábola intercepta o eixo das ordenadas.

89 Nas funções y = f (x) sobre **R** seguintes, faça o gráfico cartesiano de f e sua variação de sinal.

Observação: para fazer o gráfico, determine as raízes, o vértice, f (0) e, se necessário, mais dois pontos eqüidistantes do eixo de simetria:

a) $y = x^2 - 5x + 6$ b) $y = -x^2 + 2x - 2$ c) $f(x) = x^2 - 6x + 9$
d) $y = 2x^2 + 3$ e) $f(x) = -x^2 - 4x - 4$ f) $f(x) = -x^2 + 2x + 8$

90 Observando os resultados do exercício anterior, elabore uma **regra geral** para a variação de sinal da função quadrática $y = ax^2 + bx + c$ em função de Δ e de **a**, quando **x** percorre o eixo das abscissas (conjunto dos números reais).

91 Ache as raízes (quando houver) e, a seguir, faça a variação de sinal das seguintes funções quadráticas: (*utilize a regra obtida no exercício anterior*)

a) $y = -x^2 + x + 2$ b) $y = -2x^2 + x - 3$ c) $f(x) = -x^2 + 2x - 1$
d) $f(x) = 9x^2 - 6x + 1$ e) $y = 1 - x^2$ f) $f(x) = x^2 - 3x + 4$
g) $y = -4x^2$ h) $f(x) = x^2 + 3x$

92 Observando os gráficos das funções do exercício nº 89, determine, em cada caso, o conjunto-imagem (Im) da função.

93 Neste exercício, em cada item, são dados: a lei y = f (x), o domínio D e o contra-domínio é sempre CD = **R**. Faça o gráfico de cada função e, a seguir, determine o seu conjunto-imagem.

a) $f(x) = x^2 - 2x$
$D = \{x \in \mathbf{R} \mid -1 \le x \le 1\}$

b) $f(x) = x^2 - 2x$
$D = \{x \in \mathbf{R} \mid x < 1\}$

c) $f(x) = x^2 - 2x$
$D = [\,0, 3\,[$

d) $f(x) = x^2 - 2x$
$D = \{x \in \mathbf{R} \mid x \ne 1\}$

e) $f(x) = 4 - x^2$
$D =]\,-1, 3\,]$

f) $f(x) = 4 - x^2$
$D = [\,-3, -1\,[$

g) $f(x) = 4 - x^2$
$D =]\,-2, 2\,]$

h) $f(x) = 4 - x^2$
$D = \{x \in \mathbf{R} \mid x \ne 1\}$

94 Em cada uma das funções y = f (x) sobre **R** seguintes, determine os valores de $x \in \mathbf{R}$ tais que $y > 0$:

a) $y = x^2 - 5x + 4$ b) $y = x^2 + 4x + 4$ c) $y = -4x^2 + 4x - 1$
d) $y = x^2 - x + 5$ e) $y = -x^2 + x + 6$ f) $y = -x^2 + x - 1$

95 Considerando as mesmas funções do exercício anterior, determine os valores de $x \in \mathbf{R}$ tais que $y \leq 0$.

96 Faça a variação de sinal das seguintes funções $y = f(x)$ sobre **R**:

a) $f(x) = (x^2 - 25)^{13}$ b) $f(x) = (x^2 - 25)^{14}$

c) $f(x) = (x - 7x^2)^3$ d) $f(x) = (-x^2 + 3x - 4)^{12}$

97 Faça um "quadro de sinais" e, a seguir, a variação de sinal das seguintes funções $y = f(x)$: (*observe o modelo do item (a)*)

a) $y = \underbrace{(3-x)}_{y_1} \cdot \underbrace{(x^2-4)}_{y_2}$

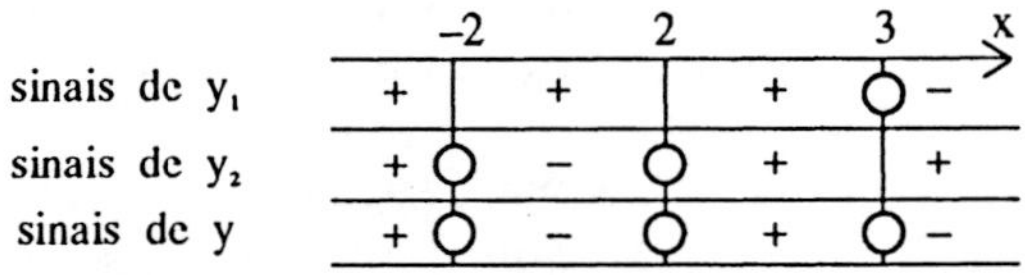

y é o produto das funções y_1 e y_2

resposta:

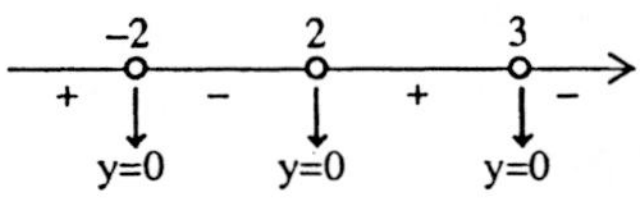

b) $y = \dfrac{x^2 - x - 12}{-x^2 + 5x}$ c) $y = \dfrac{2x+3}{5x}$ d) $y = \dfrac{(x^2-4x+4)(x+1)}{-x^2+x-2}$

e) $y = (x^2 + 6x)(x^2 + 3)(-x^2 - x - 4)(12 - 6x)$ f) $y = (x^2 - 64)^{10} \cdot (5 - 10x)^3$

✓ Faça também os Exercícios de Fixação 121 → 138

Exercícios de Fixação

98 Dizer qual o coeficiente angular e qual o coeficiente linear das seguintes funções:

a) $y = 2x + 3$ b) $f(x) = -3x + 4$ c) $y = \dfrac{1}{2}x - 1$

d) $y = 7x$ e) $y = -4x$ f) $f(x) = \dfrac{2x-5}{3}$

99 Dada a função $f(x) = 2x - 3$, ache os pares ordenados desta função de modo que:

a) $x = 1$ b) $x = -2$ c) $x = \frac{1}{2}$ d) $x = \frac{3}{2}$ e) $y = 7$

f) $f(x) = 2$ g) $y = -3$ h) $f(x) = 1$

100 Ache os interceptos das seguintes funções

a) $y = 2x - 4$ b) $f(x) = 3x - 2$ c) $y = 7x + 5$

101 Em cada caso é dado um elemento da função f. Ache o coeficiente angular desta função

a) $f(x) = ax + 7$, $(-1, 4) \in f$ b) $f(x) = ax$, $(3, -6) \in f$

c) $f(x) = ax - 4$, $(-3, 8) \in f$

102 Ache o coeficiente linear da função f nos casos:

a) $f(x) = 2x + b$, $(-3, 7) \in f$ b) $f(x) = -3x + b$, $(2, -2) \in f$

c) $f(x) = 5x + b$, $(-1, -9) \in f$

103 Determine a expressão que define a função afim f nos casos:

a) $(1, 2) \in f$, $(-1, -4) \in f$ b) $(1, 5) \in f$, $(3, 1) \in f$

104 Determine a expressão que define a função linear f nos casos:

a) $(-1, -2) \in f$ b) $(2, -2) \in f$ c) $(3, 2) \in f$

105 Se os pares $(1, 1)$ e $(-1, 7)$ são elementos de uma função afim, determine o coeficiente angular **a** e o coeficiente linear **b** desta função.

106 Lembrando que $\text{tg } 30° = \frac{\sqrt{3}}{3}$, $\text{tg } 45° = 1$, $\text{tg } 60° = \sqrt{3}$, $\text{tg } 120° = -\sqrt{3}$, $\text{tg } 135° = -1$ e $\text{tg } 150° = -\frac{\sqrt{3}}{3}$, determine o coeficiente angular e o linear da função f dado o seu gráfico nos casos:

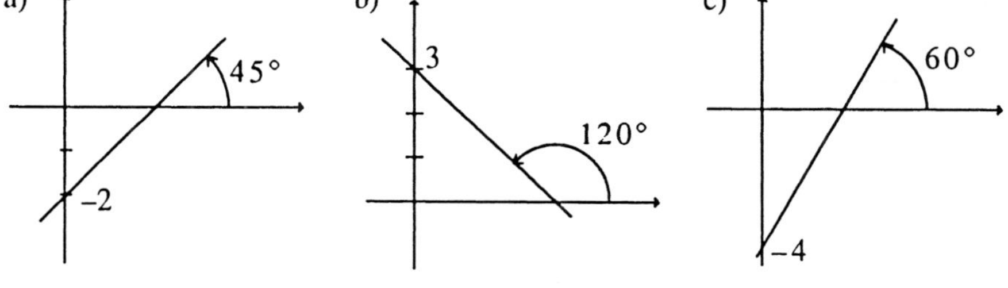

d)

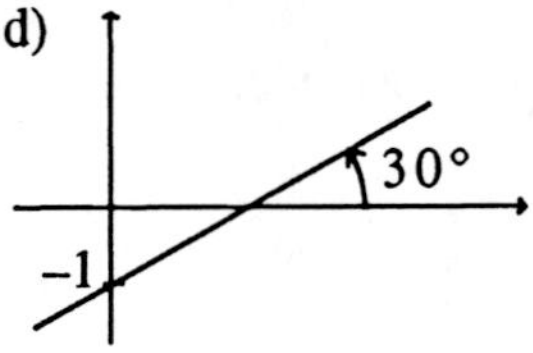

e)

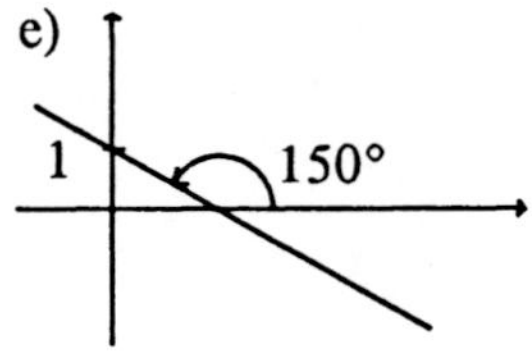

f)

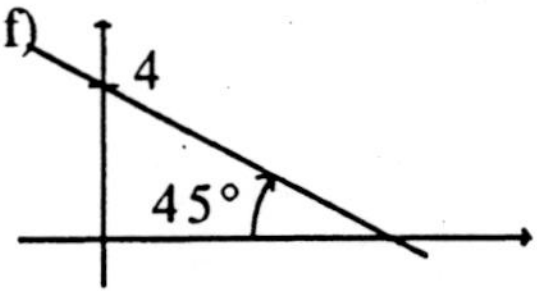

107 Em cada caso abaixo é dado o gráfico de uma função afim f (x) = ax + b. Determine o sinal do coeficiente angular **a** e o sinal do coeficiente linear **b** nos casos:

a)

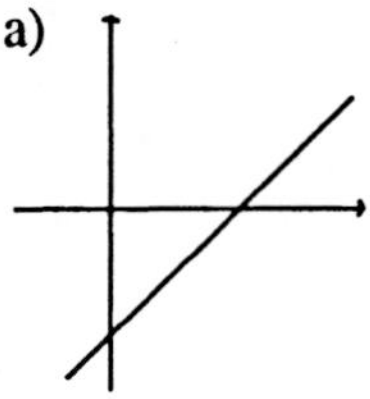

b)

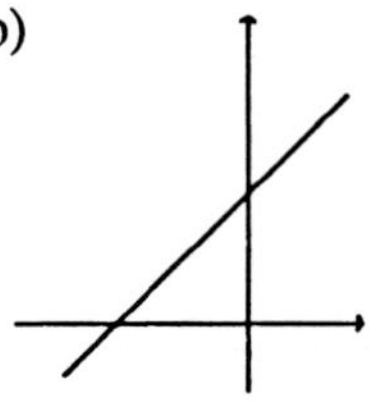

c)

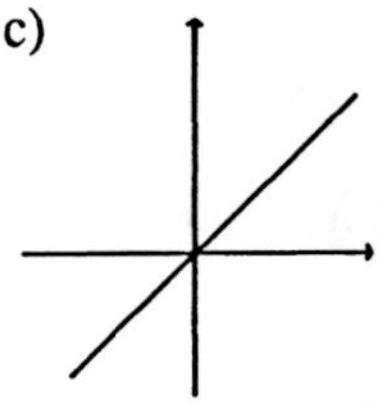

d)

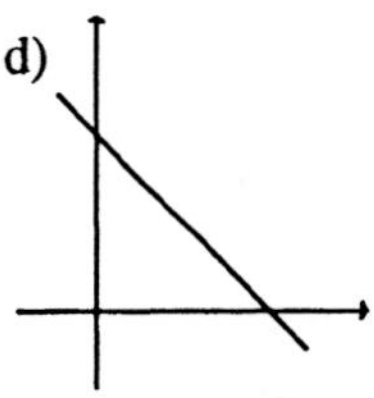

e)

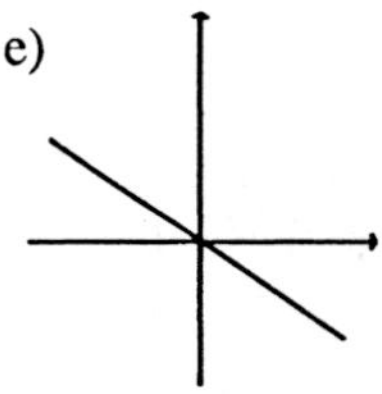

f)

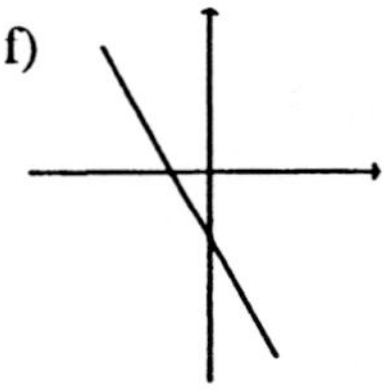

108 Determinar a função do 1º grau (função afim) dado o seu gráfico cartesiano nos casos:

a)

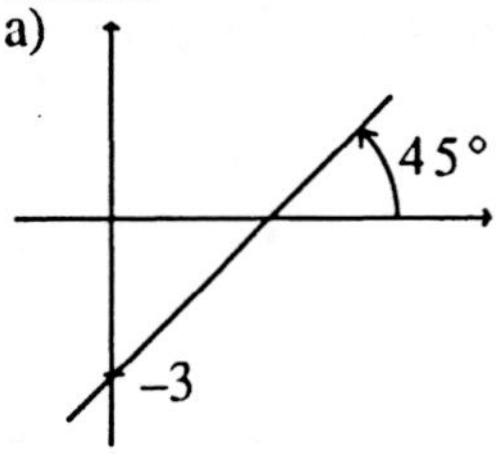

b)

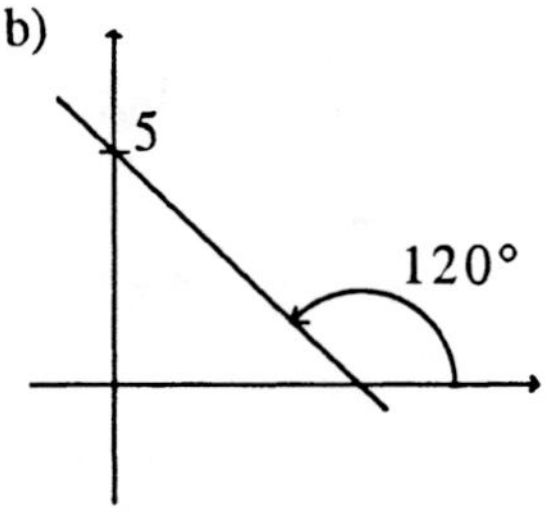

c)

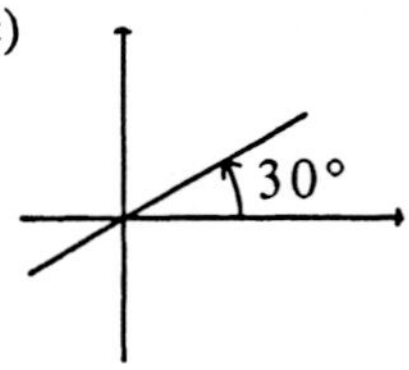

d)

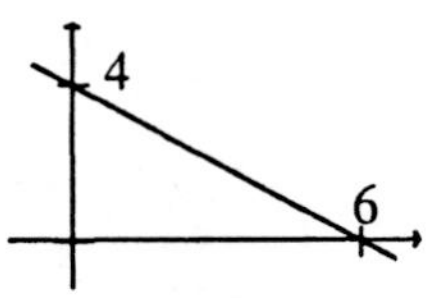

e)

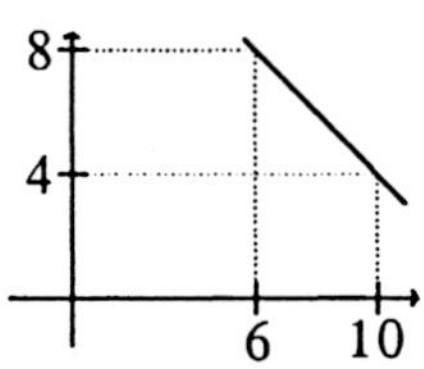

109 Fazer o gráfico cartesiano, através dos interceptos, e estudar a variação de sinal das seguintes funções:

a) $f(x) = 2x - 4$ b) $f(x) = x + 3$ c) $f(x) = -2x + 4$
d) $y = -x - 2$ e) $y = 2x - 3$ g) $f(x) = -3x - 4$

110 Fazer o gráfico cartesiano e estudar as variações dos sinais das seguintes funções lineares:

a) $f(x) = 2x$ b) $f(x) = -3x$ c) $f(x) = x$ d) $y = -\frac{2}{3}x$

111 Num mesmo plano cartesiano fazer o gráfico das seguintes funções $f_1(x) = \frac{1}{3}x$, $f_2(x) = \frac{1}{2}x$, $f_3(x) = x$, $f_4(x) = 2x$, $f_4(x) = 3x$, $f_5(x) = -3x$, $f_6(x) = -2x$ e $f_7(x) = -x$

112 Num mesmo plano cartesiano fazer o gráfico das funções $f_1(x) = x - 3$, $f_2(x) = x - 2$, $f_3(x) = x$, $f_4(x) = x + 1$ e $f_5(x) = x + 3$

113 Num mesmo plano cartesiano fazer o gráfico de $f(x) = 2x + 6$, $g(x) = -2x + 6$, $h(x) = 2x - 6$ e $l(x) = -2x - 6$

114 Dada a função $f(x) = x - 2$, fazer num mesmo plano cartesiano o gráfico de f e o gráfico da função g, nos casos:

a) $g(x) = f(x) + 3$ b) $g(x) = f(x) - 1$ c) $g(x) = -f(x)$
d) $g(x) = 2 \cdot f(x)$ e) $g(x) = -2f(x)$ f) $g(x) = f(-x)$
g) $g(x) = f(x + 1)$ h) $g(x) = f(x - 2)$

115 Fazer um esquema gráfico que mostre a variação de sinal da função y = f (x) nos casos:

a) $f(x) = 2x - 6$ b) $y = -3x + 6$ c) $y = x - 5$
d) $f(x) = 9 + 3x$ e) $y = \frac{1}{2} - 2x$ f) $y = -2x$
g) $y = 7x$ h) $f(x) = -3$ i) $y = 2$

116 Fazer a variação de sinal das seguintes funções:

a) $f(x) = 5x - 10$ b) $f(x) = -3x + 9$ c) $y = (2x - 10)^5$
d) $y = (-2x - 7)^{10}$ e) $f(x) = -10(3x - 12)^7$ f) $y = -100(7x - 14)^{22}$

117 Determine o conjunto S dos valores de x de modo que $f(x) \geq 0$ nos casos:

a) $f(x) = 3x - 6$ b) $y = -2x - 8$ c) $f(x) = 2x + 10$
d) $f(x) = -5x + 15$ e) $y = -3x$ f) $f(x) = 5x$

118 Determine o conjunto S dos valores de x de modo que $f(x) < 0$ nos casos:

a) $f(x) = 2x - 3$ b) $y = -2x + 5$ c) $f(x) = (-2x - 4)^{10}$
d) $f(x) = (3x - 9)^{13}$ e) $f(x) = -10(6 - x)^{12}$ f) $f(x) = -133(-x + 7)^{27}$

119 Fazer o gráfico cartesiano e achar o conjunto-imagem da função f de A em **R** nos casos:

a) $f(x) = 2x + 2$, $A = [-2, 1]$ b) $f(x) = -x + 2$, $A = [-3, 4[$
c) $f(x) = -2x$, $A =]-2, 1]$ d) $f(x) = 3$, $A =]-2, 3[$

120 Fazer o gráfico cartesiano e dizer qual foi o domínio considerado para que a função f tivesse o conjunto–imagem dado, em cada caso:

a) $f(x) = x + 3$, $Im = [-1, 4]$
b) $f(x) = -2x + 4$, $Im =]-2, 4]$
c) $f(x) = -3x$, $Im = [-3, 6[$

121 Dada a função $f(x) = x^2 - 2x - 3$, ache os elementos de f de modo que:

a) $x = -2$ b) $x = 4$ c) $x = -1$ d) $x = 3$
e) $f(x) = 0$ f) $f(x) = 12$ g) $f(x) = -4$ h) $f(x) = -5$

122 Em cada caso é dada uma função f do 2º grau. Dizer se a concavidade está voltada para cima ou para baixo e achar os pontos de f que estão nos eixos coordenados (interceptos de f).

a) $f(x) = x^2 + x - 6$ b) $y = 2x^2 + 7x - 4$ c) $f(x) = -x^2 + 2x + 15$
d) $f(x) = x^2 - 9$ e) $y = -6x^2 + 2x$ f) $f(x) = x^2 - 6x + 9$
g) $y = -x^2 + 4x - 4$ h) $y = 2x^2 - 3x + 2$

123 Dados três elementos de $f(x) = ax^2 + bx + c$, determine f nos casos:

a) $\{(\frac{1}{2}, 0), (-2, 0), (0, 2)\} \subset f$
b) $\{(3, 0), (0, -9), (2, -1)\} \subset f$
c) $\{(0, 9), (-3, 0), (3, 0)\} \subset f$
d) $\{(0, 1), (1, 2), (2, 7)\} \subset f$

124 Dado o gráfico cartesiano da função $f(x) = ax^2 + bx + c$, determine f nos casos:

a)
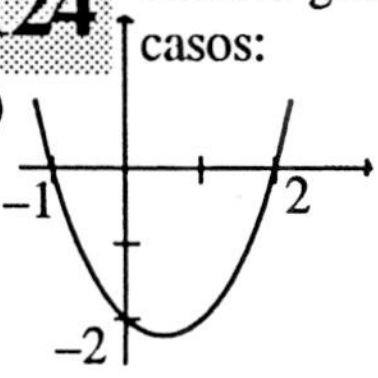

b)
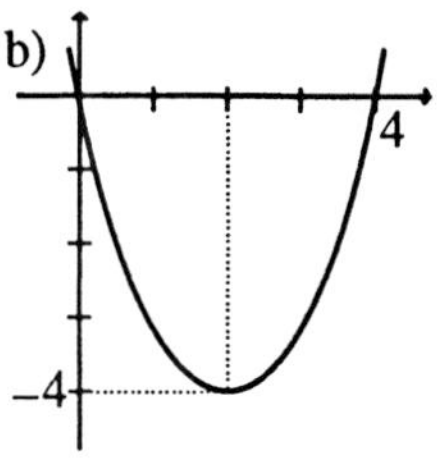

c)
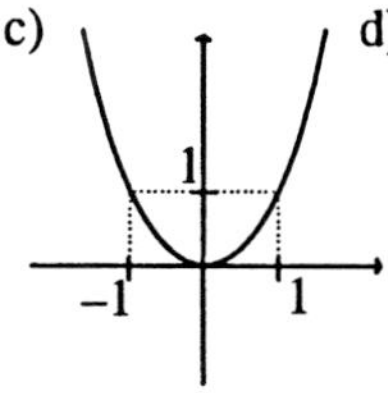

d)
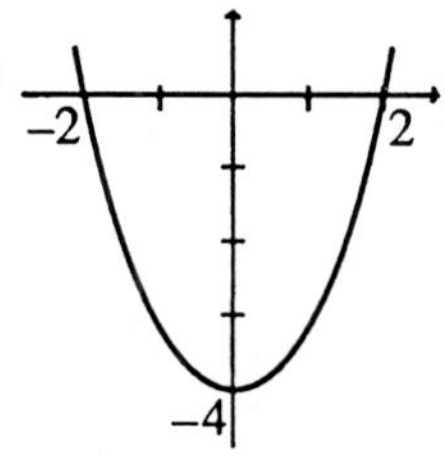

125 Dada a função $f(x) = x^2 - 2x - 8$ determine:

a) O ponto onde f corta o eixo das ordenadas ($x = 0$)
b) Os pontos onde f corta o eixo das abscissas ($y = 0$)
c) O vértice da parábola
d) O valor máximo ou mínimo
e) O esboço do gráfico de f
f) Os valores de x de modo que $f(x) > 0$
g) Os valores de x de modo que $f(x) < 0$
h) O conjunto–imagem de f

126 Em cada ítem é dado o gráfico cartesiano de uma função do 2º grau $f(x) = ax^2 + bx + c$. Determine os sinais de a, b, c e Δ.

a)
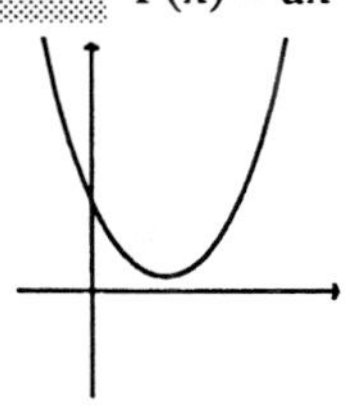

b)
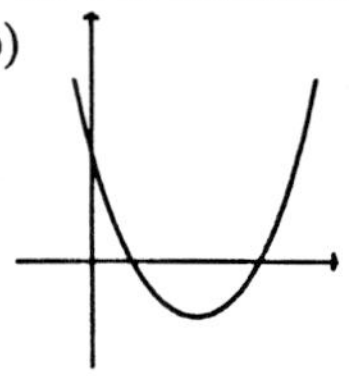

c)
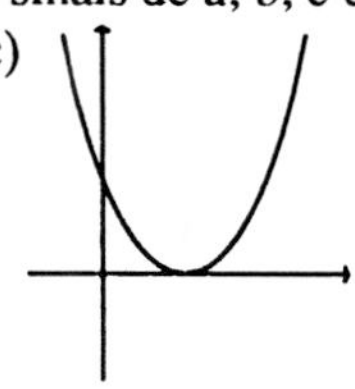

d)
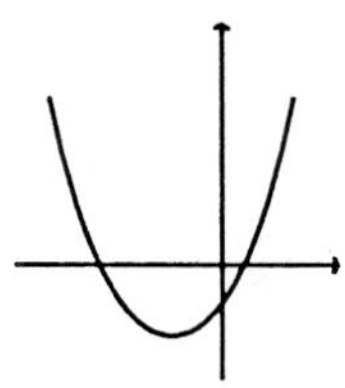

e)
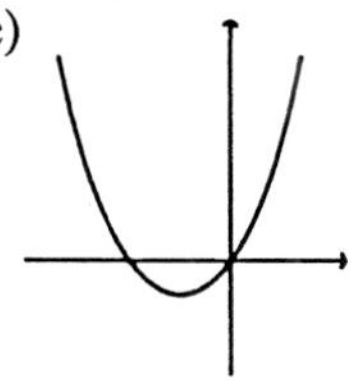

f)
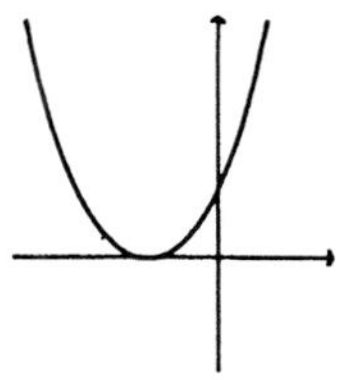

g)
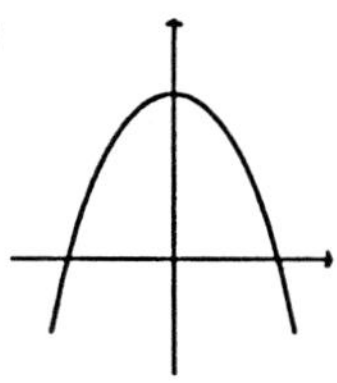

h)
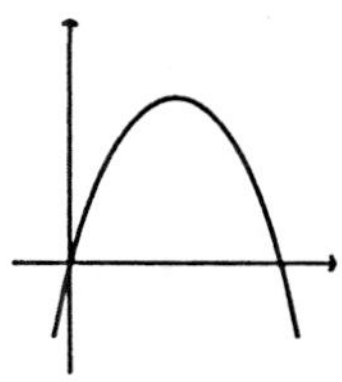

i)
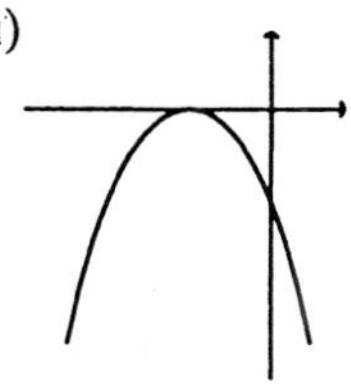

j)
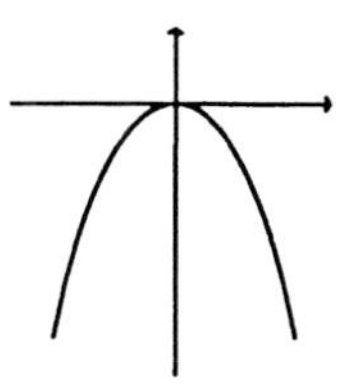

k)
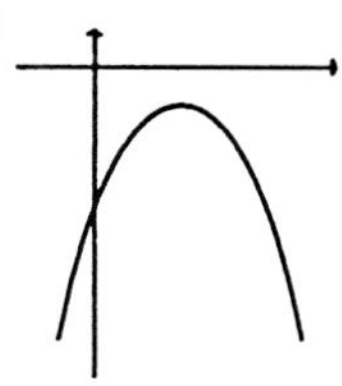

l)
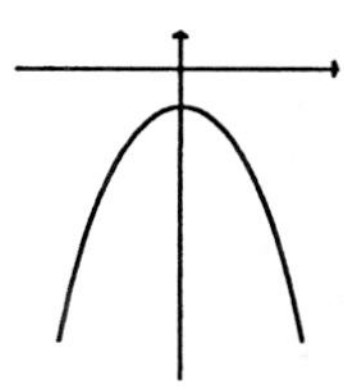

127 Fazer o gráfico cartesiano, estudar a variação de sinal e dar o conjunto-imagem das seguintes funções

a) $y = x^2 - 6x + 5$ b) $y = -x^2 + 2x + 3$ c) $y = 2x^2 - 4x$
d) $y = -2x^2 + 2$ e) $y = x^2 - 4x + 4$ f) $y = -x^2 + 2x - 1$
g) $y = x^2 + 4x + 5$ h) $y = -x^2 + 4x - 5$

128 Fazer um esquema gráfico que mostre a variação de sinal da função y = (x) nos casos:

a) $f(x) = 2x^2 + x - 6$ b) $y = -2x^2 + 10x - 12$ c) $y = 9x^2 - 6x + 1$
d) $y = -25x^2 - 40x - 16$ e) $y = x^2 - 12$ f) $y = -x^2 + 16$
g) $y = x^2 + 4x + 6$ h) $y = -x^2 + 5x - 7$ i) $y = -x^2 - 9$
j) $y = 7x^2 - 5x$

129 Fazer a variação de sinal das seguintes funções:

a) $y = 2x^2 - 8x - 10$ b) $y = -3x^2 + 3x + 18$ c) $f(x) = 2x^2 - 3x$
d) $f(x) = -x^2 + 25$ e) $y = 4x^2 + 12x + 9$ f) $y = -9x^2 + 12x - 4$
g) $f(x) = -x^2 - 5x - 8$ h) $y = x^2 - x + 1$

130 Fazer a variação de sinal da função f nos casos:

a) $y = (2x^2 - 8)^5$ b) $y = (-3x^2 - 6x)^{10}$
c) $y = 100(-2x^2 - 5x + 3)^{13}$ d) $y = -17(-2x^2 + 11x + 6)^{20}$
e) $y = -21(-x^2 + 4x - 5)^{17}$ f) $y = -27(-x^2 + 3x - 4)^{22}$

131 Dar o valor máximo (Vmáx.) ou mínimo (Vmín.) e o conjunto-imagem (Im) da função f nos casos:

a) $y = 2x^2 - 4x - 1$ b) $y = -3x^2 - 6x + 1$ c) $y = 4x^2 - 12x + 9$
d) $y = 2x^2 - 8x$ e) $y = -2x^2 + 8$ f) $y = 2x^2 - 4x + 4$
g) $y = -2x^2 + 3x - 2$ h) $y = 4x^2 + 7$

132 Num mesmo plano cartesiano fazer o gráfico de $f(x) = x^2 - 4x + 3$ e de g (x) em cada caso:

a) $g(x) = -f(x)$ b) $g(x) = 2f(x)$ c) $g(x) = f(x) + 2$
d) $g(x) = f(x) - 2$ e) $g(x) = f(-x)$ f) $g(x) = f(x - 1)$
g) $g(x) = f(x + 3)$

133 Determinar o conjunto S dos valores de x de modo que $f(x) \geq 0$ nos casos:

a) $y = 2x^2 + x - 15$ b) $f(x) = -x^2 - 2x + 3$ c) $y = 25x^2 - 30x + 9$
d) $y = -9x^2 + 36x - 36$ e) $y = 2x^2 - 3x + 3$ f) $y = -3x^2 + 2x - 1$

134 Determinar o conjunto S dos valores de x de modo que f (x) < 0 nos casos:

a) $y = x^2 + 6x - 7$ b) $f(x) = -2x^2 + 7x$ c) $y = -4x^2 + 24x - 36$
d) $f(x) = 16x^2 - 8x + 1$ e) $y = 2x^2 - x + 1$ f) $f(x) = -x^2 + x - 2$

135 Faça o gráfico cartesiano e ache o conjunto-imagem da função f de A em **R** nos casos

a) $f(x) = x^2 - 6x + 5$, $A = [\,0, 5\,]$ b) $f(x) = -x^2 + 4x$, $A = [\,1, +\infty\,[$

136 Fazer o gráfico cartesiano e dizer qual o mais amplo domínio considerado para que a função f tenha o conjunto-imagem dado, em cada caso:

a) $f(x) = x^2 - 4$, $Im = [\,-3, 5\,]$ b) $f(x) = -x^2 + 2x + 3$, $Im = [\,3, -\infty\,[$

137 Estudar a variação de sinal das seguintes funções:

a) $y = (x^2 - 9)(2x^2 - 4x)(x^2 - 3x + 5)$ b) $y = 5(2x - 8)(-3x^2 + 9x)(x^2 - 4x - 5)$
c) $y = (4x^2 - 4x + 1)(-x^2 + x - 1)(4 - 6x)$

d) $y = \dfrac{-2x(1 - x^2)(2x^2 - 2x)}{(-2x + 10)(x^2 - 4x - 5)}$ e) $y = \dfrac{x^7(x^2 - 2x + 1)^9}{(x - 7x^2)^4 \cdot (x^2 - x - 20)^6}$

138 Determinar o conjunto S dos valores de x de modo que f (x) ≥ 0 nos casos:

a) $y = (2x - 4)(x^2 - 3x + 2)$ b) $y = (-x^2 + 25)(-x^2 + 5x - 7)(7 - x)$
c) $y = (x^2 - 3x)^{10}(-x^2 - 15)^{13}(-2x + 8)^5$

d) $y = \dfrac{x^3 + x^2 + x}{9x^2 - 25}$ e) $y = \dfrac{1 - x + x^2 - x^3}{8 + x}$ f) $y = \dfrac{4x^2 + 12x + 9}{9x^2 - 12x + 4} - 1$

g) $y = \dfrac{25x - 47}{10x - 15} - \dfrac{3}{6x^2 - x - 12} - \dfrac{3}{3x + 4}$ h) $y = \dfrac{2 - x}{x^3 + x^2} - \dfrac{1 - 2x}{x^3 - 3x^2}$

Exercícios Suplementares

139 Representar graficamente, dar o domínio e a imagem das seguintes relações binárias sobre **R** (isto é, de **R** em **R**).

a) $x\,R\,y \Leftrightarrow y = x - 2$ b) $x\,R\,y \Leftrightarrow x + 2y + 2 = 0$ c) $x\,R\,y \Leftrightarrow y = x$

140 Representar graficamente as seguintes relações sobre **R**

a) $x R y \Leftrightarrow y > x - 2$ b) $x R y \Leftrightarrow x + 2y + 2 \leq 0$ c) $x R y \Leftrightarrow y \leq x$

141 Sejam os conjuntos $A = [-3, 6]$ e $B = [-2, 4]$. Representar graficamente (num mesmo plano cartesiano) A x B e a relação R, em cada caso; escrever, também, o domínio e a imagem de cada relação:

a) $R = \{(x, y) \in A \times B \mid y = x - 3\}$ b) $R = \{(x, y) \in A \times B \mid y = x\}$
c) $R = \{(x, y) \in A \times B \mid 3y - 2x = 0\}$ d) $R = \{(x, y) \in A \times B \mid y = 2\}$
e) $R = \{(x, y) \in A \times B \mid x + 3y - 6 = 0$

142 Seja a relação $R = \{(x, y) \in B \times A \mid y = 3x - 1\}$ onde $A = \{-4, -1, 2, 3, 4\}$ e $B = [-4, 4]$. Nessas condições, pede-se:

a) representar graficamente $B \times A$ e R (no mesmo plano cartesiano);
b) escrever R por enumeração;
c) escrever domínio e imagem de R.

143 Representar num mesmo plano cartesiano os gráficos das funções f e g e determinar analiticamente as coordenadas do ponto de interseção dessas retas, em cada caso:

a) (f) $y = x - 2$
(g) $y = -x + 4$

b) (f) $y = 1 - x$
(g) $y = 3x + 5$

c) (f) $y = 2x - 1$
(g) $y = 4 + 2x$

d) (f) $2x - y + 4 = 0$
(g) $3x - \frac{3}{2}y + 6 = 0$ *(funções dadas na forma implícita)*

144 Fazer um esquema gráfico que mostre a variação de sinal da função $y = f(x)$ nos casos:

a) $y = x^2 + 6$ b) $y = -x^2 - 1$ c) $y = x^2 - 9$
d) $y = 3x^2$ e) $y = 2 - x^2$ f) $y = 5x - 3x^2$
g) $y = x^2 + x - 12$ h) $y = -x^2 + 25x - 24$ i) $y = x^2 - 4x - 77$
j) $y = (5 - 10x)^{22}$ k) $y = (5 - 10x)^{31}$ l) $y = (2x)^{46}$
m) $y = (-x)^5$ n) $y = (x^2 - 2x + 1)^9$

o) $y = \dfrac{2 - x^2}{(5 - 3x)(x - x^2)}$ p) $y = \dfrac{(-x^2 + x + 6)(x^2 + x)(-x - 1)}{x(x^2 - 4)}$

q) $y = \dfrac{-x^3 + x^2 + 2x}{(2x + 1)^5}$ r) $y = (x^3 - 6x^2 + 11x - 6)^7$

Capítulo 3

Inequações

A – Desigualdades

Para podermos resolver inequações, precisamos, inicialmente, estudar as propriedades das desigualdades. Antes disso, entretanto, apresentamos os **axiomas de corpo** (já estudados no Volume 1 desta coleção) e os **axiomas de ordem**: esses axiomas são usados nas demonstrações das propriedades das desigualdades que aparecem ao final deste capítulo.

A.1 – Axiomas de Corpo

A1– Propriedade comutativa da adição: $a + b = b + a$

A2– Propriedade associativa da adição: $(a + b) + c = a + (b + c)$

A3– Propriedade comutativa da multiplicação: $ab = ba$

A4– Propriedade associativa da multiplicação: $(ab)\,c = a\,(bc)$

A5– Existência do elemento neutro para a adição:
Existe um número real que se indica por 0 tal que: $0 + a = a + 0 = a$

A6– Existência do elemento neutro para a multiplicação:
Existe um número real que se indica por 1, diferente de 0, tal que:
$1 \cdot a = a \cdot 1 = a$

A7– Existência do oposto (ou inverso aditivo):
Para cada número real a, existe um número real, que se indica por $-a$, tal que $a + (-a) = (-a) + a = 0$, onde o número 0 é o mesmo do A5.

A8– Existência do recíproco (ou inverso multiplicativo):
Para cada número real $a \neq 0$, existe um número real, que se indica por $\frac{1}{a}$ (ou por a^{-1}) tal que: $a \cdot \frac{1}{a} = \frac{1}{a} \cdot a = 1$

A9– Propriedade distributiva: $a\,(b+c) = ab + ac$

A.2 – Axiomas de Ordem

Os três axiomas seguintes são chamados ***axiomas de ordem*** e conceituam a ordenação entre os números reais, isto é, estes axiomas nos permitem estudar as desigualdades para, então, podermos dizer se um número real é maior, é igual ou é menor que outro. Esses axiomas são estabelecidos a partir do conceito primitivo de ***número real positivo***.

Seja $\mathbf{R}_+^*$ o conjunto dos número positivos que satisfazem aos seguintes axiomas:

A10 – Se a e b pertencem a $\mathbf{R}_+^*$, então a + b e ab também pertencem a $\mathbf{R}_+^*$.

$$\{a,b\} \subset \mathbf{R}_+^* \Rightarrow (a+b) \in \mathbf{R}_+^* \wedge (ab) \in \mathbf{R}_+^*.$$

A11 – Para todo número real $a \neq 0$, ou $a \in \mathbf{R}^*_+$ ou $-a \in \mathbf{R}^*_+$, um caso excluindo o outro.

A12 – $0 \notin \mathbf{R}_+^*$

Podemos agora definir a > b (**a** é maior que **b**), a < b (**a** é menor que **b**), a ≥ b (**a** é maior ou igual a **b**) e a ≤ b (**a** é menor ou igual a **b**) da seguinte forma:

1º) $a > b \Leftrightarrow (a-b) \in \mathbf{R}_+^*$
2º) $a < b \Leftrightarrow b > a$
3º) $a \geq b \Leftrightarrow a > b \vee a = b$
4º) $a \leq b \Leftrightarrow b \geq a$

Observações

1º) Note que se $x > 0$, então $x - 0 = x \in \mathbf{R}^*_+$. Então:

$$x > 0 \Leftrightarrow x \text{ é positivo}$$

2º) Se $x < 0$ dizemos que x é negativo.
Isto ocorre quando $-x$ é positivo pois:
$x < 0 \Leftrightarrow 0 > x \Leftrightarrow 0 - x = -x$ *é positivo.*

$$x < 0 \Leftrightarrow x \text{ é negativo}$$

3º) Quando temos simultaneamente $x < y$ e $y < z$, freqüentemente usamos para indicar este fato a representação $x < y < z$. Isto é:

$$x < y \wedge y < z \Leftrightarrow x < y < z$$

As propriedades das desigualdades, por mais simples que pareçam, são conseqüências de A10, A11 e A12, axiomas de ordem. As mais importantes, enunciaremos a seguir:

P1 – Propriedade da tricotomia

Se a e b são números reais quaisquer, então é válida uma e somente uma das relações:

$$a < b \text{ ou } a = b \text{ ou } a > b.$$

Note que qualquer que seja o real a, então:

$$a < 0 \text{ ou } a = 0 \text{ ou } a > 0.$$

Ou ainda: Qualquer que seja o real a, ou **a é negativo** ou **a é zero** ou **a é positivo.**

P2 – Propriedade transitiva

$a < b \wedge b < c \Rightarrow a < c$

P3 – $a < b \Rightarrow a + c < b + c$

P4 – $a < b \wedge c > 0 \Rightarrow ac < bc$

P5 – $a \neq 0 \Rightarrow a^2 > 0$

P6 – $1 > 0$

P7 – $a < b \wedge c < 0 \Rightarrow ac > bc$

P8 – $-1 < 0$

P9 – $a < b \Rightarrow -a > -b$

P10 – $ab > 0 \Rightarrow (a > 0 \wedge b > 0) \text{ ou } (a < 0 \wedge b < 0)$

P11 – $a < c \wedge b < d \Rightarrow a + b < c + d$

P12 – $a < c \wedge b > d \Rightarrow a - b < c - d$

P13 – $a > 0 \Rightarrow \frac{1}{a} > 0$

P14 – $a < 0 \Rightarrow \frac{1}{a} < 0$

P15 – $0 < a < b \Rightarrow 0 < \frac{1}{b} < \frac{1}{a}$

P16 – $a > 1 \Rightarrow a^2 > a$

P17 – $0 < a < 1 \Rightarrow a^2 < a$

P18 – $0 \leq a < c \wedge 0 \leq b < d \Rightarrow ab < cd$

P19 – $0 \leq a < b \Rightarrow a^2 < b^2$

P20 – $a \geq 0, b \geq 0 \wedge a^2 < b^2 \Rightarrow a < b$

P21 – $a \in R \Rightarrow a^2 \geq 0$

P22 – $a \in R, b \in R \wedge a^2 + b^2 = 0 \Rightarrow a = 0 \wedge b = 0$

P23 – $a \in R, b \in R \wedge ab \neq 0 \Rightarrow a^2 + b^2 > 0$

Estas propriedades estão demonstradas no final deste capítulo.

B – Inequações

Chamamos de inequação na incógnita x a desigualdades da forma

$f(x) > g(x)$

$f(x) \geq g(x)$

$f(x) < g(x)$

$f(x) \leq g(x)$ onde $f(x)$ e $g(x)$ são funções reais quaisquer.

Resolver uma inequação significa determinar os valores de $x \in \mathbf{R}$ que tornam verdadeira a desigualdade, ou seja, determinar o seu conjunto-solução (conjunto-verdade).

B.1 – Resolução de inequações

Para resolver os diversos tipos de inequações devemos considerar, principalmente, as três propriedades das desigualdades seguintes:

1ª) Se somarmos um mesmo número real a ambos os membros de uma desigualdade verdadeira então o sentido da desigualdade não se altera (propriedade P3).

Exemplo

Sendo $a, b, m \in \mathbf{R}$, temos

$$a > b \Leftrightarrow a + m > b + m$$

mantém o sentido da desigualdade

2ª) Se multiplicarmos ambos os membros de uma desigualdade verdadeira por um número real **positivo** então o sentido da desigualdade não se altera (propriedade P4)

Exemplo

Sendo $a, b, m \in \mathbf{R}$ e $m > 0$, temos:

$$a > b \Leftrightarrow m.a > m.b$$

mantém o sentido da desigualdade

3ª) Se multiplicarmos ambos os membros de uma desigualdade verdadeira por um número real **negativo** então o sentido da desigualdade fica invertido (propriedade P7).

Exemplos

a) Sendo $a, b, m \in \mathbf{R}$ e $m < 0$, temos:

$$a > b \Leftrightarrow m \,.\, a < m \,.\, b$$

inverte o sentido da desigualdade

b) $2 < 5$ e, multiplicando os dois membros, por (-3), temos:
$(-3) \cdot 2 > (-3) \cdot 5$
$-6 > -15$ o que mostra que o sentido da desigualdade fica invertido

C – Inequação do 1º Grau

Chama-se inequação do 1º grau a toda inequação redutível às formas:

$ax + b > 0$
$ax + b \geq 0$
$ax + b < 0$
$ax + b \leq 0$ onde $a, b \in \mathbf{R}$ e $a \neq 0$.

C.1 – Resolução

Para resolver uma inequação do 1º grau basta **isolar o x** usando as propriedades das desigualdades.

Exemplo

Resolver a inequação seguinte no conjunto- universo $\mathbf{U} = \mathbf{R}$.

$$\begin{aligned} 3x - 4 &\geq 5x + 2 \\ 3x - 5x &\geq 2 + 4 \\ -2x &\geq 6 \\ x &\leq \frac{6}{-2} \\ x &\leq -3 \end{aligned}$$

Portanto o conjunto – solução desta inequação é

$$S = \{x \in \mathbf{R} \mid x \leq -3\}$$

Observação: quando não vier expresso, o conjunto-universo da inequação $f(x) > g(x)$ será $U = D_f \cap D_g$ onde D_f e D_g são os domínios das funções $f(x)$ e $g(x)$.

Exercícios

145 Resolver as seguintes inequações do 1º grau

a) $5x + 50 < 4x + 56$

b) $18x + 4 \geq 34x - 4$

c) $7(x - 3) \geq 9(x + 1) - 38$

d) $\frac{4 + x}{8} - \frac{x}{24} \leq \frac{1}{3}$

e) $\frac{1}{2} - \frac{2x - 7}{21} > \frac{x - 15}{4} - \frac{3x}{14}$

146 Sendo S_1 e S_2 os conjuntos-solução das inequações

1) $4x - 3 \geq 6x - 11$ e 2) $\frac{x+3}{2} - \frac{2x+1}{3} < \frac{x+5}{3}$ determine os conjuntos

a) $A = S_1 \cap S_2$ b) $B = S_1 \cup S_2$

✓ Faça também o Exercício de Fixação 161

D – Inequação do 2º Grau

Chama-se inequação do 2º grau a toda inequação redutível às formas

$$ax^2 + bx + c < 0$$
$$ax^2 + bx + c \leq 0$$
$$ax^2 + bx + c > 0$$
$$ax^2 + bx + c \geq 0 \text{ onde } a, b, c \in \mathbf{R} \text{ e } a \neq 0.$$

D.1 – Resolução

Para resolver uma inequação do 2º grau devemos fazer a **variação de sinal gráfica** da função dada.

Exemplo

Resolver a inequação do 2º grau seguinte $\underbrace{x^2 - x - 2}_{y} \geq 0 \quad (y \geq 0)$

1º) Determinamos as raízes da função $y = x^2 - x - 2$:
$x^2 - x - 2 = 0 \Rightarrow (x - 2)(x + 1) = 0 \Rightarrow x_1 = 2$ e $x_2 = -1$

2º) Fazemos a variação de sinal de $y = f(x)$:

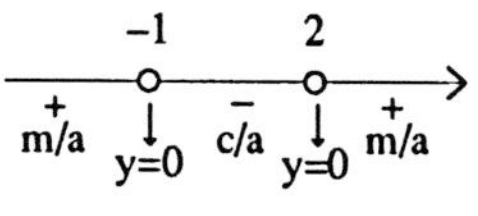

3º) Finalmente, determinamos os valores de $x \in \mathbf{R} \mid y \geq 0$:

$$S = \{x \in \mathbf{R} \mid x \leq -1 \vee x \geq 2\}$$

147 Resolver as seguintes inequações do 2º grau:

a) $x^2 + 2x - 8 < 0$
b) $x^2 - 1 \leq 0$
c) $-2x^2 + 3x \geq 0$
d) $x^2 - 10x + 25 \leq 0$
e) $x^2 + x + 1 \geq 0$
f) $2x^2 - 3x - 2 > 0$
g) $-4x^2 + 20x - 25 > 0$
h) $x^2 - 8x + 16 > 0$
i) $x^2 + 9 \geq 0$
j) $-3x^2 \leq 0$
k) $-x^2 - 169 \geq 0$
l) $x^2 - 2 < 0$

148 Resolver a inequação $\frac{x(x-1)}{3}-\frac{2(x-1)}{4}-\frac{x(x+1)}{6}<\frac{1-x^2}{2}+\frac{x^2+3}{4}$

149 Sendo S_1 e S_2 os conjuntos-solução das inequações

1) $3x - x^2 \geq 0$ e 2) $x^2 - 4 > 0$, determine os conjuntos:

a) $A = S_1 \cap S_2$ b) $B = S_2 - S_1$

✓ Faça também os Exercícios de Fixação 162 → 164

E - Inequação - Produto e Inequação - Divisão

São inequações das formas

$$f(x) \cdot g(x) < 0 \text{ (produto)} \quad \text{ou} \quad \frac{f(x)}{g(x)} < 0 \text{ (divisão)}$$

onde f (x) e g (x) são funções reais dadas. É evidente que, nas desigualdades, podem aparecer os símbolos: <, ≤, > ou ≥.

E.1 - Resolução

Para resolver uma inequação-produto (ou divisão), fazemos um **quadro de sinais** com as variações de sinal das funções dadas.

Exemplo

Resolver a inequação-divisão seguinte:

$$\frac{2-x}{9-x^2} \leq 0$$

1º) Fazemos as variações de sinal das funções $y_1 = 2 - x$ (numerador) e $y_2 = 9 - x^2$ (denominador)

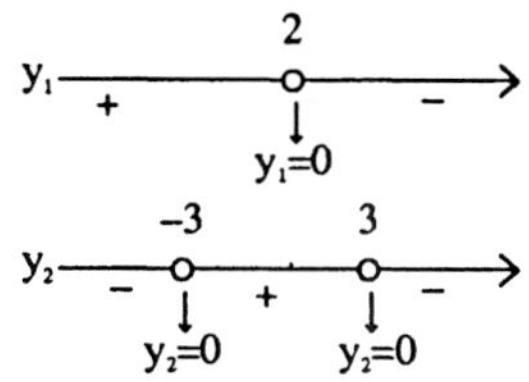

2º) A seguir, fazemos um **quadro de sinais** com as variações de sinal de y_1, y_2 e $y_1 : y_2$.

		−3		2		3	
y_1	+		+	o	−		−
y_2	−	o	+		+	o	−
$y_1 : y_2$	−	∄	+	o	−	∄	+

3º) Finalmente, determinamos os valores de $x \in \mathbf{R}$ tais que $\frac{y_1}{y_2} \le 0$:

$$S = \{x \in \mathbf{R} \mid x < -3 \lor 2 \le x < 3\}$$

150 Resolver as inequações:

a) $(3x - 1)(2x^2 - x - 21) \le 0$

b) $(x^2 - 3x + 2)(x^2 + 3x + 2) < 0$

c) $\dfrac{-2x}{x^2 - 4x + 5} < 0$

d) $(x^2 - 4)(x^2 - x + 2) \ge 0$

e) $\dfrac{2x^2 - 5x - 3}{2x^2 - 5x + 2} \le 0$

f) $-5x(-2x^2 + 3x + 5)(x^2 - 1)(25 - 4x^2) \ge 0$

g) $\dfrac{-7}{-2x^2 + x + 28} \ge 0$

h) $\dfrac{(2x - 1)(x^2 - 9)(x^2 + 2)}{2x^2 - 6x - 8} \le 0$

151 Resolver as inequações:

a) $(3x - 5)^8 > 0$

b) $(2x - 6)^9 < 0$

c) $(2x^2 - 9x + 7)^{10} \le 0$

d) $(3x^2 - 4x + 2)^7 < 0$

e) $9x^6 (2x - 1)^8 (3x^2 - 8x - 3)^{10} > 0$

152 Resolver as inequações seguintes, fatorando-as antes:

a) $2x^3 - 8x < 0$

b) $x^4 - 1 \le 0$

c) $x^3 + 64 > 0$

d) $x^4 - 4x^2 \le 0$

e) $x^5 - 12x^3 > 0$

f) $x^4 - 5x^2 + 4 \le 0$

✓ Faça também os Exercícios de Fixação 165 → 169

F – Inequação Fracionária

É toda inequação em que pelo menos um dos membros é uma expressão algébrica fracionária, ou seja, tem variável no denominador.

F.1 – Resolução

Para resolver uma inequação fracionária temos que simplificá-la e transformá-la numa inequação-divisão.

Exemplo

Resolver a seguinte inequação fracionária

$$\frac{x+2}{x} \geq 2$$

1º) Transformarmos a inequação dada numa inequação-divisão

$$\frac{x+2}{x} \geq 2 \Rightarrow \frac{x+2}{x} - 2 \geq 0 \Rightarrow \frac{x+2-2x}{x} \geq 0 \Rightarrow \frac{-x+2}{x} \geq 0$$

2º) Fazemos um quadro de sinais e resolvemos a inequação-divisão

		0		2	
y_1	+		+	o	−
y_2	−	o	+		+
$y_1 : y_2$	−	∄	+	o	−

3º) Finalmente, determinamos os valores de x tais que y ≥ 0

$$S = \{x \in \mathbf{R} \mid 0 < x \leq 2\}$$

Observação importante*: nas inequações fracionárias* ***não se pode eliminar o denominador*** *como acontecia nas equações fracionárias. Observe a mesma inequação anterior resolvida de modo* ***incorreto****.*

$$\frac{x+2}{x} \geq 2 \Rightarrow \frac{x+2}{x} \geq \frac{2x}{x} \Rightarrow \textbf{errado} \Rightarrow x+2 \geq 2x \Rightarrow x-2x \geq -2 \Rightarrow$$

$\Rightarrow -x \geq -2 \Rightarrow x \leq 2$ *que é um resultado errado como podemos observar comparando com a resolução anterior.*

O erro ocorreu ao eliminarmos o denominador multiplicando ambos os membros por x e mantendo o sentido da desigualdade; podem ocorrer os seguintes casos:

$x > 0 \Leftrightarrow$ *manter o sentido da desigualdade*

$x < 0 \Leftrightarrow$ *inverter o sentido da desigualdade*

153 Resolver as inequações:

a) $\dfrac{x+3}{x-3} \le -1$ b) $\dfrac{3x-7}{x-2} \ge 3$ c) $\dfrac{x-1}{x+1} - \dfrac{x+1}{x-1} \le \dfrac{x^2-5}{x^2-1} - 2$

d) $\dfrac{x^2-2x+1}{x^2-1} \le 1$ e) $\dfrac{x+3}{x-2} - \dfrac{x^3-x^2-7x}{x^2-3x+2} \ge \dfrac{x+1}{x-1} - \dfrac{x-1}{x-2}$

f) $\dfrac{5(x-2)^2}{x^2-5x+6} \le 3$

✓ Faça também os Exercícios de Fixação 170 e 171

G – Sistema de inequações

É um conjunto de inequações que devem ser resolvidas individualmente e cujo conjunto-solução é a intersecção dos conjuntos-solução das inequações dadas.

Exemplo

Resolver o sistema de inequações

$$\begin{cases} x^2-2x-3 \ge 0 \\ 2x-5 < 1+5x \end{cases}$$

1º) Resolvemos cada uma das inequações dadas

1) $x^2 - 2x - 3 \ge 0 \Rightarrow$

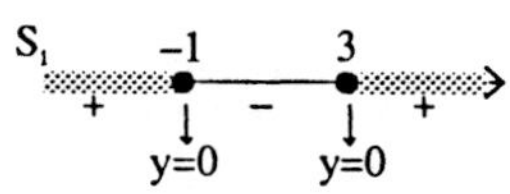

2) $2x - 5 < 1 + 5x$

$2x - 5x < 1 + 5$

$-3x < 6$

$x > -2$

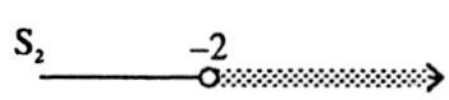

2º) Fazemos a intersecção dos conjuntos S_1 e S_2

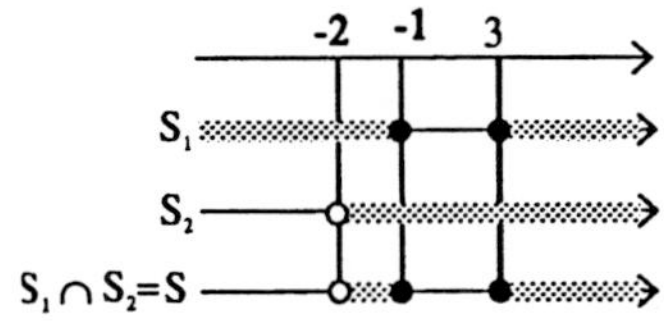

$$S = \{x \in \mathbf{R} \mid -2 < x \leq -1 \vee x \geq 3\}$$

Observação: é importante notar que o ***quadro de sinais*** *(inequação-produto e divisão) é diferente da* ***intersecção de conjuntos*** *que usamos nos sistemas de inequações.*

154 Resolver os seguintes sistemas de inequações:

a) $\begin{cases} 6-2x>0 \\ 3x+6 \geq 0 \end{cases}$

b) $\begin{cases} x^2-x-6<0 \\ -x^2+4x \geq 0 \end{cases}$

c) $\begin{cases} x^2+4x+3>0 \\ 5(x+1)+7 \geq 18x-2(5x-3) \end{cases}$

d) $\begin{cases} x^2 \geq 3 \\ 3-2(4-3x) \leq 10x \\ x-5>2x^2-3(x^2-x+2) \end{cases}$

e) $\begin{cases} 2x-6 \leq 0 \\ (3x-5)(x^2+2x-3) \geq 0 \\ \dfrac{3x^2+4x-15}{x^2+x-12} \leq 0 \end{cases}$

155 Lembrando que $\boxed{g(x)<f(x)<h(x)} \Leftrightarrow \boxed{\begin{matrix} f(x)<h(x) \\ \wedge \\ f(x)>g(x) \end{matrix}}$ resolver as seguintes duplas desigualdades: *(Observe o modelo do item a)*

a) $-2 \leq 3x+1 \leq 7$

1ª Resolução

$$-2 \le 3x+1 \le 7 \Rightarrow \begin{cases} 3x+1 \le 7 \\ \wedge \\ 3x+1 \ge -2 \end{cases} \Rightarrow \begin{cases} x \le 2 \ (S_1) \\ \wedge \\ x \ge -1 \ (S_2) \end{cases} \Rightarrow S = S_1 \cap S_2 \Rightarrow$$

$$\Rightarrow S = \{x \in \mathbf{R} \mid -1 \le x \le 2\}$$

2ª Resolução:

$-2 \le 3x + 1 \le 7$ somando (– 1) aos três membros da desigualdade, obtemos:

$-3 \le 3x \le 6$ e, dividindo por 3: $\frac{-3}{3} \le \frac{3x}{3} \le \frac{6}{3} \Rightarrow -1 \le x \le 2$

Portanto: $S = \{x \in \mathbf{R} \mid -1 \le x \le 2\}$

Observação: *nem sempre é possível usar este método da 2ª resolução.*

b) $3 > \frac{15-x}{4} > \frac{5}{2}$

c) $1 \le \frac{x-1}{2} + \frac{5}{4} < \frac{13}{12}$

d) $2(x-1) \le 5 - 3(4-5x) \le 2x + 7$

e) $-2 \le x^2 - 4x + 1 < 6$

f) $-1 \le \frac{2x-1}{3x-1} \le 3$

g) $-1 \le \frac{x^2 - 7x + 10}{x-5} \le 2$

156 As funções a seguir, são dadas apenas pelas suas leis de correspondência e, como se convenciona, os seus domínios são, sempre, subconjuntos de **R**. Determine, em cada caso, o domínio da função dada:

a) $f(x) = \sqrt{x+2}$

b) $f(x) = \sqrt[4]{x^2 + x - 2}$

c) $f(x) = \sqrt[3]{3-2x}$

d) $y = \frac{1}{64 - x^2}$

e) $y = \frac{1}{\sqrt[6]{64 - x^2}}$

f) $f(x) = \frac{\sqrt{x}}{\sqrt[5]{3-6x}}$

g) $y = \frac{\sqrt[4]{2x+12}}{\sqrt{4-x}}$

h) $y = \sqrt[10]{\frac{x-2}{x^2 - 4x + 3}}$

i) $f(x) = \sqrt{(x^2 - 5x)(1 - x^2)}$

j) $f(x) = \sqrt{x^2 - 5x} + \sqrt[8]{1 - x^2}$

✓ Faça também os Exercícios de Fixação 172 → 175

H - Inequações Irracionais

Inequação irracional é aquela que tem, em pelo menos um dos membros, uma expressão irracional. Vamos discutir os seguintes tipos:

1º) $\sqrt{f(x)} > \sqrt{g(x)}$ (ou $\geq$)

2º) $\sqrt{f(x)} < g(x)$ (ou $\leq$)

3º) $\sqrt{f(x)} > g(x)$ (ou $\geq$)

A propriedade mais importante para a resolução destas inequações é a seguinte:

Se α e β são números reais com $\alpha \geq 0$ e $\beta \geq 0$, então:

$$\boxed{\alpha \leq \beta \Leftrightarrow \alpha^2 \leq \beta^2}$$

1º) $\sqrt{f(x)} > \sqrt{g(x)} \Leftrightarrow f(x) > g(x) \geq 0$

Exemplo

$$\sqrt{3x-5} > \sqrt{7-x} \Leftrightarrow 3x-5 > 7-x \geq 0 \Leftrightarrow$$

$$\begin{cases} 3x-5 > 7-x \\ 7-x \geq 0 \end{cases} \Leftrightarrow \begin{cases} 4x > 12 \\ -x \geq -7 \end{cases} \Leftrightarrow \begin{cases} x > 3 \\ x \leq 7 \end{cases} \Leftrightarrow 3 < x \leq 7$$

$$S = \{x \in \mathbf{R} \mid 3 < x \leq 7\}$$

2º) $\sqrt{f(x)} < g(x) \Leftrightarrow \begin{cases} f(x) \geq 0 \\ g(x) > 0 \\ f(x) < [g(x)]^2 \end{cases}$

Exemplo

$$\sqrt{x-5} < 7-x \Leftrightarrow \begin{cases} x-5 \geq 0 \\ 7-x > 0 \\ x-5 < (7-x)^2 \end{cases}$$

$$\begin{cases} x \geq 5 \\ x < 7 \\ x^2 - 15x + > 0 \end{cases} \Leftrightarrow \begin{cases} x \geq 5 \Rightarrow S_1 = \{x \in \mathbf{R} | x \geq 5\} \\ x < 7 \Rightarrow S_2 = \{x \in \mathbf{R} | x < 7\} \\ x < 6 \vee x > 9 \Rightarrow S_3 = \{x \in \mathbf{R} | x < 6 \vee x > 9\} \end{cases}$$

$$\Rightarrow S_1 \cap S_2 \cap S_3 = S = \{x \in \mathbf{R} \mid 5 \leq x < 6\}$$

3º) $\sqrt{f(x)} > g(x) \Leftrightarrow \begin{cases} g(x) < 0 \\ f(x) \geq 0 \end{cases}$ ou $\begin{cases} g(x) \geq 0 \\ f(x) > [g(x)]^2 \end{cases}$

Exemplo

$$\sqrt{5-x} > x+1 \Leftrightarrow \begin{cases} 5-x \geq 0 \\ x+1 < 0 \end{cases} \text{ ou } \begin{cases} x+1 \geq 0 \\ 5-x > (x+1)^2 \end{cases} \Leftrightarrow$$

$$\Leftrightarrow \begin{cases} x \leq 5 \\ x < -1 \end{cases} \text{ ou } \begin{cases} x \geq -1 \\ x^2 + 3x - 4 < 0 \end{cases} \Leftrightarrow \begin{cases} x \leq 5 \\ x < -1 \end{cases} \text{ ou } \begin{cases} x \geq -1 \\ -4 < x < 1 \end{cases} \Leftrightarrow$$

$\Leftrightarrow x < -1$ ou $-1 \leq x < 1 \Leftrightarrow x < 1$

$$S = \{x \in \mathbf{R} \mid x < 1\}$$

157 Resolver as inequações:

a) $\sqrt{2x-1} > \sqrt{x+1}$

b) $\sqrt{x^2+1} > \sqrt{4x-2}$

c) $\sqrt{2-x} < \sqrt{x^2-4}$

d) $\sqrt{8-x} \leq \sqrt{x^2-3x}$

e) $\sqrt{2x^2-2x+11} > \sqrt{x^2+2x-3}$

f) $\sqrt{x^2-2x+8} \leq \sqrt{-x^2+4x+3}$

158 Resolver

a) $\sqrt{x-3} > 2$

b) $\sqrt{2x-1} \geq 5$

c) $\sqrt{x^2-3x} \geq 2$

d) $\sqrt{2x^3-7x^2+2x+3} > -1$

e) $\sqrt{2x-4} < 2$

f) $\sqrt{3x+1} \leq 7$

g) $\sqrt{x^2-x-2} < 2$

h) $\sqrt{7x-x^2} \leq -2$

159 Resolver as inequações:

a) $\sqrt{2x-1} < 2-x$

b) $\sqrt{1-3x} \leq 3+x$

c) $\sqrt{2x-3} < x-1$

d) $\sqrt{x^2-4x} \leq x-3$

160 Resolver as inequações:

a) $\sqrt{2x-3} > x-3$ b) $\sqrt{1-3x} \geq x+3$

c) $\sqrt{2x^2+2x} > x-3$ d) $\sqrt{6-4x} \geq 2x-3$

✓ Faça também os Exercícios de Fixação 176 → 178

Exercícios de Fixação

161 Resolver as seguintes inequações:

a) $2x - 3 < x - 7$ b) $3x + 1 \leq 15 - 4x$ c) $2x - 8 > 4x + 16$

d) $x^2 - 7x - 1 \geq 1 - 5x + x^2$ e) $2(3x - 1) - 3(2x - 3) \leq 2(x + 1) - 7$

f) $14 + (x - 2) - [6 - (6x - 12)] > x$

g) $(2x - 3)(4x - 1) \leq 4(2x + 3)(x - 1) - 3$

h) $(x - 2)^2 - x(x - 1) \geq 1 - 2x$

i) $3(x + 1)(x - 1) - 2(x + 1)(x^2 - x + 1) < 3(x - 2)^2 - 2x^3 + x - 1$

162 Resolver as inequações:

a) $x^2 + 4x - 5 \geq 0$ b) $3x^2 - 20x - 7 < 0$ c) $-3x^2 - 4x + 4 < 0$

d) $-6x^2 + x + 1 \geq 0$ e) $-2x^2 + x - 1 < 0$ f) $3x^2 - 4x + 3 < 0$

g) $-3x^2 - 8x + 3 \geq 0$ h) $2x^2 - 7x - 15 \geq 0$ i) $x^2 + 6x + 9 \geq 0$

j) $-2x^2 + 3x - 2 \geq 0$

163 Resolver as seguintes inequações:

a) $2x^2 - 50 < 0$ b) $x^2 + 7x > 0$ c) $-2x^2 + 8x \leq 0$

d) $-3x^2 + 75 < 0$ e) $3x^2 - 5x \leq 0$ f) $-2x^2 - 8 < 0$

g) $5x^2 > 0$ h) $\dfrac{2x^2}{3} < 0$ i) $4x^2 - 1 \geq 0$

j) $-3x^2 - 18x \leq 0$ k) $-x^2 \geq 0$ l) $x^2 + 5 > 0$

m) $-3x^2 - 36 > 0$ n) $-7x^2 < 0$ o) $5x^2 + 4x < 0$

p) $3x^2 + 1 < 0$

164 Resolver as inequações:

a) $(3x - 1)^2 - (x + 1)(x - 1) - (x - 1)^2 > (2x - 1)^2 - (x + 1)^2 + 6x$

b) $(x-1)^3-(x-1)(x^2+x+1) \le 2(x-3)(x-2)-3(x^2+2)$

c) $\frac{x-2}{3}-\frac{2x^2-3x}{2}-\frac{2x+1}{5} \ge \frac{x^2+2}{3}-\frac{3x+2}{2}$

165 Resolver as inequações:

a) $(2x^2+3x-2)(x^2-5x+4) \le 0$
b) $(2x^2+3x-2)(3x^2-5x-2) > 0$
c) $7(2x-1)(x^2+1)(x^2+3) < 0$
d) $2x(x^2-4)(4x^2+x+1) > 0$
e) $3x(4x^2-9)(2x^2-x-6) \ge 0$
f) $(-3x+4)(x^2-16)(2x-x^2) < 0$

166 Resolver as inequações:

a) $(3x^2-10x+3)^7 \le 0$
b) $(8x^2-4x+1)^{13} > 0$
c) $(x^2-3x-7)^6 \ge 0$
d) $(x^2+x+1)^4 > 0$
e) $3x^8(3-2x)^5(2x^2+7x-15)^3(2x^2+10x)^7 \le 0$
f) $6x^7(1-5x)^6(x^2-2)^3(3-4x^2)^7(x-2-x^2)^4(2x^2+2\sqrt{2}\,x-\sqrt{3}x-\sqrt{6})^5 \le 0$

167 Resolver

a) $\frac{4x^2-20x+25}{3x^2-7x-6} \ge 0$
b) $\frac{2x+5}{9-x^2} \le 0$
c) $\frac{x^2-6}{12x-6x^2} < 0$

d) $\frac{2x^2+3x-2}{(3x-1)(x^2+x)(x^2-x+1)} \ge 0$
e) $\frac{(2x^2-3x-9)(3x^2-8x+4)}{(6+x-2x^2)(x^2-4x)} \ge 0$

f) $\frac{(4-2x)^4(x^2+2x-3)^7(x^2+2x)^8}{(x^2+x-6)^3(1-x^2)^5} \le 0$

g) $\frac{(-2x^2-1)^7(-x^2+x-7)^8(x^2-2x+1)^5}{(x^2-x)^7(x^2-4x+4)^3} < 0$

168 Resolver as inequações:

a) $x^4-16 \le 0$
b) $x^3-8 > 0$
c) $x^8-1 \ge 0$
d) $x^5-8x^2 < 0$
e) $x^8+16x^5 \ge 0$
f) $x^4-8x^2-9 < 0$
g) $x^4-6x^2-16 > 0$
h) $x^6+7x^3-8 > 0$
i) $x^6-x^3-2 \le 0$
j) $x^{12}+2x^6-3 \ge 0$
k) $7x^3(x^4-1)(2x^3-3x^2+x)(x^2+2x-3) \ge 0$

169 Resolver as inequações:

a) $x^3 - 2x^2 - x + 2 < 0$ b) $x^3 - 3x^2 - 9x + 27 > 0$ c) $x^3 - 6x^2 + 12x - 8 > 0$
d) $x^5 - 4x^3 + 8x^2 - 32 > 0$ e) $2x^4 - 3x^3 - 16x + 24 \geq 0$
f) $x^3 - 3x^2 + 2 < 0$ g) $3x\,(2x^5 - x^4 - 2x + 1)\,(6x^3 - 2x^2 + 3x - 1) \leq 0$

170 Resolver

a) $\frac{3x+1}{x+1} - \frac{4x-1}{x+2} \leq \frac{5x-1}{2x+2} + \frac{x-1}{2x+4}$

b) $\frac{x+1}{x-2} - \frac{x+3}{x^3+x^2-6x} - \frac{x+1}{x+3} \geq \frac{2x+3}{x^2-2x}$ c) $\frac{2x+1}{2x-1} \geq 1$

d) $\frac{2x+3}{3x-2} \geq -7$ e) $\frac{2x^2-3x-1}{x^2-3x+2} \leq 2$ f) $\frac{2x^2-4x-8}{x^2-2x-3} \leq 2$

171 Resolver as inequações:

a) $\dfrac{\dfrac{2x^2-5x+2}{x^2-4x+3}}{2x^2-7x-4} \leq 0$ b) $\dfrac{\dfrac{2x^3-x^2-8x+4}{2x^2-3x-2}}{1-3x+3x^2-x^3} \leq 0$

c) $\frac{x-3}{2-x} : \frac{3x-1}{x+3} \geq 0$ d) $\frac{x^2-4}{x^2-3x+2} : \frac{x^2+5x+6}{x^2+2x-3} \geq 0$

172 Resolver os seguintes sistemas de inequações:

a) $\begin{cases} \frac{3x+5}{7} + \frac{10-3x}{5} > \frac{2x+7}{3} - \frac{148}{21} \\ \frac{7x}{3} - \frac{11(x+1)}{6} > \frac{3x-1}{3} - \frac{13-x}{2} \end{cases}$ b) $\begin{cases} x^2 - 4x + 3 < 0 \\ 2x - 4 < 0 \end{cases}$

c) $\begin{cases} 2x^2 + 2 < 5x \\ x^2 \geq x \end{cases}$ d) $\begin{cases} x^2 < 9 \\ x^2 > 7 \end{cases}$

e) $\begin{cases} (2x-1)^6 > 0 \\ \dfrac{16x+7}{6} + 3 - 2x \geq \dfrac{11x-8}{4} - \dfrac{2x+5}{6} \\ 3x^2 > -2x \\ 3x - 4 \leq x^2 \end{cases}$

f) $\begin{cases} \dfrac{x+3}{x-2} < 1 \\ \dfrac{2x+3}{3x-2} < 2 \end{cases}$

173 Resolver as seguintes inequações:

a) $-2 < x + 1 \leq 3$

b) $-3 \leq 3x - 4 < 11$

c) $2x + 3 \leq 4x - 1 \leq x + 8$

d) $1 > 6x - 4(2x - 1) - 3 \geq -5$

e) $-2(4 - x) \leq 3x + 1 < 1 - 2(1 + 3x) + 10x$

f) $3x + 2(x + 2) < 2x - 4(x + 3) < 4 - 3(1 - x)$

g) $4 - x \leq \dfrac{2x+7}{3} < \dfrac{x+16}{4}$

h) $2 < x^2 - x \leq 6$

i) $-3 < 2x^2 - 7x < 15$

j) $-3 \leq \dfrac{2x-1}{x+3} \leq 2$

k) $-2 \leq \dfrac{x^2+1}{x^2-1} < 1$

174 Resolver as inequações:

a) $4x^4 - 25x^2 + 36 \geq 0$ b) $6x^4 - 5x^2 + 1 < 0$ c) $8x^6 + 19x^3 - 27 \leq 0$

175 Determine o domínio das seguintes funções:

a) $f(x) = \sqrt{x^2 - 4}$

b) $f(x) = \dfrac{2x-1}{\sqrt{x^2 - 3x - 10}}$

c) $f(x) = \sqrt[4]{\dfrac{x-1}{x^2 - 4x}}$

d) $f(x) = \sqrt{(x+2)(x-3)}$

e) $f(x) = \sqrt{x+2} \cdot \sqrt{x-3}$

f) $f(x) = \sqrt{2x^3 - 3x^2 - 23x + 12}$

176 Resolver as inequações irracionais:

a) $\sqrt{3x-2} > 1$ b) $\sqrt{\dfrac{x+3}{4-x}} \geq 2$ c) $\sqrt{2x+1} < 5$ d) $\sqrt{\dfrac{2x-1}{3x-2}} \leq 3$

177 Resolver as inequações:

a) $\sqrt{2x+10} < 3x-5$

b) $\sqrt{2x^2+7x-4} < 2x+8$

c) $\sqrt{x^2-3x-10} < 8-x$

d) $\sqrt{x^2-x-12} < x$

e) $\sqrt{x^2-2x-3} > 3x+3$

f) $\sqrt{x^2-4x} > x-3$

g) $\sqrt{3x^2-22x} > 2x-7$

h) $\sqrt{x^2-5x+6} \le x+4$

i) $\sqrt{2x^2+7x+50} \ge x-3$

j) $\sqrt{x^2+x-2} \ge 2x+4$

178 Resolver

a) $\sqrt{x+1} - \sqrt{x-2} \le 1$

b) $\sqrt{x+3} - \sqrt{x-4} \ge 2$

c) $\sqrt{x-1} + \sqrt{x+2} \le 1$

d) $\sqrt{3x+1} + \sqrt{x-4} < \sqrt{4x+5}$

e) $2\sqrt{x+1} - \sqrt{x-1} \ge 2\sqrt{x-3}$

f) $\sqrt{x-3} + \sqrt{1-x} > \sqrt{8x-5}$

g) $\sqrt{17-4x} + \sqrt{x-5} \le \sqrt{13x+1}$

Exercícios Suplementares

179 Resolver as inequações:

a) $(2x^2-6x)(x^2+2x)(x^2-x-6) \le 0$

b) $(5-x)(x^2-2x+1)(-x^2+3x-3)(2-x^2) < 0$

c) $(2-x)(2x+4)(4-x^2)(4x^2-12x+9) > 0$

d) $(x-1)(x^2-1)(x^3-1)(x^4-1) \le 0$

e) $(16-x^2)(x^2+4)(x^2+x+1)(x^2-x-3) \le 0$

f) $(x^2-4)(x^2-4x+4)(x^2-6x+8)(x^2+4x+4) < 0$

g) $(2x^2-x-5)(x^2-9)(x^2-3x) \le 0$

h) $(3x-2)(x-3)^3(x+1)^3(x+2)^4 < 0$

i) $(2x^8-2x^5)(x^3+1)(x^2-2x+1)(x^2+2x+1) \le 0$

180

a) $\dfrac{x^2-5x-6}{x^2-12x+35} > 0$

b) $\dfrac{x^2-4x-2}{9-x^2} < 0$

c) $\dfrac{x^4+x^2+1}{x^2-4x-5} \le 0$

d) $\dfrac{x^4-2x^2-8}{x^2+x-1} < 0$

e) $\dfrac{(x^4-4)(27-x^3)}{x^4-13x^2+36} \le 0$

f) $\dfrac{(x^3-8)(x^4-16)(x^2-2x)}{x^4-3x^2-4} \ge 0$

181 Resolver as seguintes inequações:

a) $x^3 - 2x^2 + 2x - 4 \ge 0$

b) $x^3 + 3x^2 + 3x + 1 \le 0$

c) $x^5 - x^3 - x^2 + 1 \le 0$

d) $x^5 - 2x^3 + x^2 - 2 < 0$

e) $x^3 - 6x + 4 \ge 0$

f) $x^3 - 4x^2 + 5x - 2 \ge 0$

g) $4x^7 (x^4 - 2x^3 - 8x + 16)^5 (x^6 - 4x^4 - 16x^2 + 64)^3 (x^2 - 4x + 4)^4 \ge 0$

h) $\dfrac{(2x^3+x^2-5x+2)(x^4+x^3-3x^2-x+2)}{(x^3-6x^2+11x-6)(x^3+x^2-4x-4)} \le 0$

i) $\dfrac{(x^4+3x^2-4)^7(x^4+3x^3+x^2-3x-2)^5}{(x^6-x^4-x^2+1)^3(x^4-x^3-x+1)} \ge 0$

182 Resolver as inequações:

a) $\dfrac{3x-2}{2x-3} < 3$

b) $\dfrac{7x-4}{x+2} \ge 1$

c) $\dfrac{1}{x} < \dfrac{1}{3}$

d) $\dfrac{2x^2+8x-4}{x^2+9x+8} > 2$

e) $\dfrac{1}{x+1} + \dfrac{2}{x+3} > \dfrac{3}{x+2}$

f) $\dfrac{x+1}{x-2} > \dfrac{3}{x-2} - \dfrac{1}{2}$

g) $\dfrac{2}{x-1} - \dfrac{1}{x+1} > 3$

h) $\dfrac{1}{3x-2-x^2} > \dfrac{3}{7x-4-3x^2}$

i) $\dfrac{x-1}{x+1} - \dfrac{x+1}{x-1} + \dfrac{2x+4}{x+2} + \dfrac{3x+2}{x^2+3x+2} \le 0$

j) $\dfrac{x^2+3}{x^2-1} - \dfrac{x+1}{x^2-3x+2} \ge \dfrac{1-x}{x^2-x-2}$

183 Resolver as inequações:

a) $\dfrac{\dfrac{9-x^2}{x^3-3x^2-3x+9}}{\dfrac{x^2-4x+4}{x^5-4x^3+x^2-4}} \geq 0$

b) $\dfrac{\dfrac{x-4}{x^2-4}}{\dfrac{x^2-1}{x^3-8}} : \dfrac{\dfrac{2x-1}{x^2-9}}{\dfrac{x^3-27}{x^2-5x}} \geq 0$

184 Resolver os seguintes sistemas:

a) $\begin{cases} 3-\dfrac{3-7x}{10}+\dfrac{x+1}{2}>4-\dfrac{7-3x}{2} \\ 7(3x-6)+4(17-x)>11-5(x-3) \end{cases}$

b) $\begin{cases} \dfrac{2x-11}{4}+\dfrac{19-2x}{2}<2x \\ \dfrac{2x+15}{9}>\dfrac{1}{5}(x-1)+\dfrac{x}{3} \end{cases}$

c) $\begin{cases} (2x+3)(2x+1)(x-1)<0 \\ \left(x^2+2x-15\right)\left(-2x^2-x+1\right)>0 \end{cases}$

d) $\begin{cases} \left(x^2+12x+35\right)\left(-4x^2+4x+3\right)\geq 0 \\ \left(x^2-2x-8\right)(2x-1)\geq 0 \end{cases}$

e) $\begin{cases} \dfrac{x+3}{3-x}<2 \\ x^3<16x \\ 4\geq x^2 \end{cases}$

f) $\begin{cases} \dfrac{(x+2)\left(x^2-3x+8\right)}{x^2-9}\leq 0 \\ \dfrac{1-x^2}{x^2+2x-8}\geq 0 \end{cases}$

g) $\begin{cases} \dfrac{(x-1)^3\left(x^2-4\right)^2\left(x^2-9\right)^3\left(x^2+1\right)}{(1-3x)\left(x^2-x-6\right)\left(x^2-3x+16\right)}<0 \\ \dfrac{2x^2+x-16}{x^2+x}<1 \end{cases}$

185 Resolver os sistemas:

a) $4x - 2 < x^2 + 1 < 4x + 6$

b) $\dfrac{5x-7}{x-5} < 4 - \dfrac{x}{5-x} + \dfrac{3x}{x^2-25} < 4$

c) $2 \le \dfrac{9-4x^2}{3-2x} \le 8$

d) $6 \le \dfrac{x^3+2x^2-3x}{x+3} \le 12$

e) $-3 \le \dfrac{1-x-x^2-2x^3}{x^2+x+1} \le 4$

f) $-5 < 27x^3 + 27x^2 - 27x < 27$

186 Resolver as inequações:

a) $8x^4 + 10x^2 - 3 \le 0$

b) $4x^4 - 7x^2 + 3 \ge 0$

c) $4x^8 - 5x^4 + 1 \ge 0$

187 Resolver os sistemas:

a) $\begin{cases} (6-3x)^{11} \ge 0 \\ 3x^2 + x + 1 \ge 4x^2 + 3x + 1 \\ 1 < x^2 \\ x^2 - 4x + 8 \le 0 \end{cases}$

b) $\begin{cases} x^2 - 4 \ge 0 \\ x^2 - 2x \le 0 \\ -3x^2 < 0 \end{cases}$

c) $\begin{cases} \dfrac{3x-1}{x^2-9} \le 0 \\ \dfrac{x-3}{x-2} \le 0 \end{cases}$

d) $\begin{cases} \dfrac{2x-1}{3x-2} \le \dfrac{x+1}{2} \\ 3x^2 - 7x + 2 \le 0 \\ 3x^3 - 2x^2 - 3x + 2 \ge 0 \end{cases}$

e) $\begin{cases} \dfrac{1}{x} \le \dfrac{2x}{1-x} \\ \sqrt{2+3x-9x^2} \ge 0 \\ 4x^3 - 8x^2 + x + 3 \ge 0 \end{cases}$

f) $\begin{cases} 2x - 5 \ge 0 \\ 4x^2 - 20x + 25 > 0 \\ \dfrac{3x^2-10x+3}{x^2-6x+9} > 0 \\ \sqrt[3]{2x^2 - x - 21} \le 0 \end{cases}$

g) $\begin{cases} \sqrt{x-3}\,.\sqrt[3]{x+1} > 0 \\ \dfrac{x-3}{x-4} < \dfrac{x+1}{3} \\ \dfrac{\sqrt[3]{x^2-6x}}{\sqrt{-x^2+6x-5}} < 0 \end{cases}$ h) $\begin{cases} \sqrt{-2x^2+3x-1}\,.\sqrt{x^3-2x^2-x+2} \geq 0 \\ \sqrt{\left(-2x^2+3x-1\right)\left(x^3-2x^2-x+2\right)} \geq 0 \end{cases}$

i) $\begin{cases} \dfrac{\left(x^2-5x+4\right)^3}{(x-3)(x-2)} \leq 0 \\ -1 \leq -x^2+2x-1 \end{cases}$ j) $\begin{cases} \dfrac{4}{x^2-3x} + \dfrac{5}{x-3} \leq \dfrac{5}{x} \\ 0 \leq x^2+2x \leq 8 \end{cases}$

k) $\begin{cases} 2x^2-x \leq x^2-x+3 \leq 8+3x \\ \dfrac{x+2}{x-1} \leq \dfrac{x-2}{x+1} \end{cases}$

188 Achar o domínio das seguintes funções:

a) $f(x) = \sqrt[4]{\dfrac{x^2-6x-16}{x^2-12x+11}} + \dfrac{2}{\sqrt[3]{x^2-49}}$

b) $f(x) = \sqrt{\dfrac{x^2-1}{3x-7-8x^2}} + \sqrt{4x^2-1}$

c) $f(x) = \sqrt[12]{\dfrac{x^3-2x^2+x-2}{x^2-4x+3}} + \sqrt{3x-5}$

189 Resolver as inequações irracionais:

a) $\sqrt{x+6} > \sqrt{x-1} + \sqrt{2x-5}$

b) $\sqrt{x-2} - \sqrt{x+3} - 2\sqrt{x} \geq 0$

c) $\sqrt{2\sqrt{7}+x} - \sqrt{2\sqrt{7}-x} > \sqrt[4]{28}$

d) $\dfrac{2}{x} - \dfrac{1}{2} > \sqrt{\dfrac{4}{x^2} - \dfrac{3}{4}}$

f) $\dfrac{x-4}{\sqrt{x}+2} < x-8$

g) $\sqrt{\dfrac{2x-1}{x+2}}-\sqrt{\dfrac{x+2}{2x-1}}\geq\dfrac{7}{12}$

190 Resolver as inequações:

a) $(x+5)(x-2)+3\sqrt{x(x+3)}>0$

b) $\sqrt{x^2-3x+5}+x^2\leq 3x+7$

c) $2x^2-\sqrt{(x-3)(2x-7)}<13x+9$

d) $\sqrt{2x+\sqrt{6x^2+1}}<x+1$

e) $(1+x^2)\sqrt{x^2+1}>x^2-1$

f) $\sqrt[3]{x+5}+2>\sqrt[3]{x-3}$

g) $\sqrt[3]{1+\sqrt{x}}<2-\sqrt[3]{1-\sqrt{x}}$

h) $\sqrt[4]{x-2}+\sqrt[4]{6-x}\geq\sqrt{2}$

i) $\sqrt{4-4x^3+x^6}>x-\sqrt[3]{2}$

j) $\sqrt{x^4-2x^2+1}>1-x$

191 Resolver as inequações:

a) $\sqrt{3x^2+5x+7}-\sqrt{3x^2+5x+2}>1$

b) $\dfrac{4}{\sqrt{2-x}}-\sqrt{2-x}<2$

c) $(x-3)\sqrt{x^2-4}\leq x^2-9$

d) $\dfrac{6x}{x-2}-\sqrt{\dfrac{12x}{x-2}}-2\cdot\sqrt[4]{\dfrac{12x}{x-2}}>0$

e) $\dfrac{2}{2+\sqrt{4-x^2}}+\dfrac{1}{2-\sqrt{4-x^2}}>\dfrac{1}{x}$

f) $\dfrac{\sqrt{x^2-16}}{\sqrt{x-3}}+\sqrt{x-3}>\dfrac{5}{\sqrt{x-3}}$

g) $\sqrt{x^2+3x+4}+\sqrt{x+1}>-3$

h) $\sqrt{x^2-3x+2}-\sqrt{x^2-x+1}<1$

192 Resolver as equações:

a) $\sqrt{x+5-4\sqrt{x+1}}+\sqrt{x+2-2\sqrt{x+1}}=1$

b) $\sqrt{x-2\sqrt{x-1}}+\sqrt{x+3-4\sqrt{x-1}}=1$

c) $\sqrt{x+2+2\sqrt{x+1}}+\sqrt{x+2-2\sqrt{x+1}}=2$

I– Demonstrações das Propriedades das Desigualdades

P1) Propriedade da Tricotomia

Se a e b são números reais quaisquer, então é válida uma e somente uma das relações:

$$a < b, a = b \text{ ou } a > b$$

Demonstração: Estudemos a diferença $x = a - b$

Note que se $x = 0$ então $a - b = 0$ e também $b - a = 0$, ou seja, $a = b$. E como $0 \notin \mathbf{R}^*_+$ (A12) temos que $(a - b) \notin \mathbf{R}^*_+$ e $(b - a) \notin \mathbf{R}^*_+$, isto é: não ocorre $a > b$ nem $b < a$.

Note agora que se $x \neq 0$, então $x \in \mathbf{R}^*_+$ ou $-x \in \mathbf{R}^*_+$, ou seja, $(a - b) \in \mathbf{R}^*_+$ ou $-(a - b) = (b - a) \in \mathbf{R}^*_+$, isto é: $a > b$ ou $b > a$.

Ou ainda: $a > b$ ou $a < b$.

Então se verifica uma e apenas uma das relações:

$a < b$, $a = b$ ou $a > b$

Nota: Qualquer que seja o real a, temos: $a < 0 \vee a = 0 \vee a > 0$

Isto é: a é negativo ou a é zero ou a é positivo

P2) Propriedade transitiva

$$a < b \wedge b < c \Rightarrow a < c$$

Demonstração:

$a < b \Leftrightarrow b - a > 0$ (definição)

$b < c \Leftrightarrow c - b > 0$ (definição)

De acordo com A10 temos que:

$(b - a) + (c - b) > 0$, donde tiramos que $c - a > 0$, isto é:

$c > a$, ou seja, $a < c$

Então: $a < b \wedge b < c \Rightarrow a < c$

Obs.: Note que fica provado também que: $x > y \wedge y > z \Rightarrow x > z$

P3) $a < b \Rightarrow a + c < b + c$

Demonstração:
$a < b \Rightarrow b > a \Rightarrow b - a > 0 \Rightarrow (b - a) + c - c > 0 \Rightarrow$
$b + c - a - c > 0 \Rightarrow (b + c) - (a + c) > 0 \Rightarrow b + c > a + c \Rightarrow a + c < b + c$
Então: $a < b \Rightarrow a + c < b + c$
Da mesma forma obtemos: $a > b \Rightarrow a + c > b + c$

P4) $a < b \wedge c > 0 \Rightarrow ac < bc$

Demonstração:
$a < b \Rightarrow b - a > 0$. De acordo com o A10:
$b - a > 0 \wedge c > 0 \Rightarrow (b - a)\, c > 0 \Rightarrow bc - ac > 0 \Rightarrow ac < bc$
Então:
$a < b \wedge c > 0 \Rightarrow ac < bc$
Obs.: Note que fica provado também que: $x > y \wedge z > 0 \Rightarrow xz > yz$

P5) $a \neq 0 \Rightarrow a^2 > 0$

Demonstração:
Vamos considerar dois casos:
1º) $a > 0$
De acordo com a P4 temos:
$a > 0 \wedge a > 0 \Rightarrow a.a > a.0 \Rightarrow a^2 > 0$
2º) $a < 0 \Rightarrow 0 - a > 0 \Rightarrow -a > 0$
De acordo com a P4 temos:
$-a > 0 \wedge -a > 0 \Rightarrow (-a)(-a) > (-a).0 \Rightarrow a^2 > 0$
Então: $a \neq 0 \Rightarrow a^2 > 0$

P6) $1 > 0$

Demonstração:
De acordo com P5 e lembrando que $1 \neq 0$
$1 \neq 0 \Rightarrow 1^2 > 0 \Rightarrow 1 > 0$
Então: $1 > 0$

P7) $a < b \wedge c < 0 \Rightarrow ac > bc$

Demonstração:
$a < b \wedge c < 0 \Rightarrow b - a > 0 \wedge 0 - c > 0 \Rightarrow b - a > 0 \wedge -c > 0$
Agora, de acordo com P4 podemos afirmar que:
$b - a > 0 \wedge -c > 0 \Rightarrow -c\,(b - a) > 0 \Rightarrow ac - bc > 0 \Rightarrow ac > bc$

Então: $a < b \wedge c < 0 \Rightarrow ac > bc$

Obs.: Note que fica provado também que: $x > y \wedge z < 0 \Rightarrow xz < yz$

P8) $-1 < 0$

Demonstração:

Sabemos de P6 que $1 > 0$.

$1 > 0 \Rightarrow 0 < 1$. Agora, de acordo com P3, somando (-1) aos membros da desigualdade obtemos:

$0 < 1 \Rightarrow 0 + (-1) < 1 + (-1) \Rightarrow -1 < 0$

Então: $-1 < 0$

P9) $a < b \Rightarrow -a > -b$

Demonstração:

De acordo com P7 e P8 obtemos:

$a < b \wedge -1 < 0 \Rightarrow a(-1) > b(-1) \Rightarrow -a > -b$

Então: $a < b \Rightarrow -a > -b$

Note também que: $a < 0 \Rightarrow -1(a) > -1(0) \Rightarrow -a > 0$

Obs.: Fica provado ainda que: $x > y \Rightarrow -x < -y$

P10) $ab > 0 \Rightarrow (a > 0 \wedge b > 0)$ ou $(a < 0 \wedge b < 0)$

Demonstração:

De $ab > 0$ obtemos que $a \neq 0$ e $b \neq 0$. Então, pela tricotomia: $a > 0 \vee a < 0$ (o mesmo ocorrendo com b). Analisemos essas duas possibilidades:

1º) $a > 0$

Vejamos o que ocorre com b quando $a > 0$:

$b < 0 \wedge a > 0 \Rightarrow ab < 0$. O que contradiz a hipótese $(ab > 0)$. Então não pode ocorrer $b < 0$ quando $a > 0$. Logo, quando $a > 0$ devemos ter $b > 0$.

2º) $a < 0$

Vejamos o que ocorre com b quando $a < 0$:

$b > 0 \wedge a < 0 \Rightarrow ab < 0$. O que contradiz a hipótese $(ab > 0)$. Então não pode ocorrer $b > 0$ quando $a < 0$. Logo, quando $a < 0$ devemos ter $b < 0$. Logo, quando $a < 0$ devemos ter $b < 0$.

Então: $ab > 0 \Rightarrow (a > 0 \wedge b > 0) \vee (a < 0 \wedge b < 0)$

P11) $a < c \wedge b < d \Rightarrow a + b < c + d$

Demonstração:

De $a < c$ e $b < d$ obtemos que $c - a > 0$ e $d - b > 0$, donde, de acordo com A10 tiramos que:

$c - a + d - b > 0 \Rightarrow c + d - (a + b) > 0 \Rightarrow c + d > a + b \Rightarrow a + b < c + d.$
Então: $a < c \wedge b < d \Rightarrow a + b < c + d$
Obs.: Fica provado também que $w > y \wedge x > z \Rightarrow w + x > y + z$

P12) $a < c \wedge b > d \Rightarrow a - b < c - d$

Demonstração:
Como no caso anterior:
$a < c \wedge b > d \Rightarrow c - a > 0 \quad b - d > 0 \Rightarrow c - a + b - d > 0 \Rightarrow$
$\Rightarrow c - d - (a - b) > 0 \Rightarrow c - d > a - b \Rightarrow a - b < c - d$
Então: $a < c \wedge b > d \Rightarrow a - b < c - d$

Obs.: Fica provado também que: $w > y \wedge x < z \Rightarrow w - x > y - z$

P13) $a > 0 \Rightarrow \frac{1}{a} > 0$

Demonstração:

De acordo com (P6) $1 > 0 \wedge$ (A8) $a.\frac{1}{a} = 1, a \neq 0$, temos:

$1 > 0 \Rightarrow a.\frac{1}{a} > 0$. Agora, de P10, tiramos:

$a.\frac{1}{a} > 0 \Rightarrow (a > 0 \wedge \frac{1}{a} > 0) \vee (a < 0 \wedge \frac{1}{a} < 0).$

Mas como da hipótese, $a > 0$, devemos ter: $\frac{1}{a} > 0$ também.

então: $a > 0 \Rightarrow \frac{1}{a} > 0$

P14) $a < 0 \Rightarrow \frac{1}{a} < 0$

Demonstração:
De acordo com P5 e P13, temos:

$a \neq 0 \Rightarrow a^2 > 0$ e $a^2 > 0 \Rightarrow \frac{1}{a^2} > 0.$

Agora, de P4, obtemos: $a < 0$ (hip.) $\wedge \frac{1}{a^2} > 0 \Rightarrow a \cdot \frac{1}{a^2} < 0 \Rightarrow \frac{1}{a} < 0.$

Então: $a < 0 \Rightarrow \frac{1}{a} < 0.$

P15) $0 < a < b \Rightarrow 0 < \frac{1}{b} < \frac{1}{a}$

Demonstração: $0 < a < b \overset{P2}{\Rightarrow} a > 0 \wedge b > 0 \overset{P4}{\Rightarrow} ab > 0 \overset{P13}{\Rightarrow} \frac{1}{ab} > 0.$

Agora: $0 < a < b \wedge \frac{1}{ab} > 0 \overset{P2,P4}{\Rightarrow} 0 < a \cdot \frac{1}{ab} < b \cdot \frac{1}{ab} \Rightarrow 0 < \frac{1}{b} < \frac{1}{a}$

Então: $0 < a < b \Rightarrow 0 < \frac{1}{b} < \frac{1}{a}$

P16) $a > 1 \Rightarrow a^2 > a$

Demonstração:

$a > 1$ (hip.) $\wedge$ $1 > 0$ (P6) $\overset{P2}{\Rightarrow} a > 0.$

Agora: $a > 1 \wedge a > 0 \overset{P4}{\Rightarrow} a \cdot a > 1 \cdot a \Rightarrow a^2 > a$

Então: $a > 1 \Rightarrow a^2 > a$

P17) $0 < a < 1 \Rightarrow a^2 < a$

Demonstração: $o < a < 1 \Rightarrow 0 < a \wedge a < 1 \Rightarrow a < 1 \wedge a > 0.$

$a < 1 \wedge a > 0 \overset{P4}{\Rightarrow} a \cdot a < 1 \cdot a \Rightarrow a^2 < a$

Então: $0 < a < 1 \Rightarrow a^2 < a$

P18) $0 \le a < c \wedge 0 \le b < d \Rightarrow ab < cd$

Demonstração : $0 \le b < d \Rightarrow (b = 0 \vee b > 0)$

1º) $(b = 0 \wedge 0 \le a < c) \Rightarrow 0 = ab = bc \Rightarrow 0 \le ab \le bc$

2º) $(b > 0 \wedge 0 \le a < c) \Rightarrow 0 \le ab < bc$

(1º) e (2º) $\Rightarrow ab \le bc$ (I)

Agora: $0 \le a < c \Rightarrow c > 0.$

$0 \le b < d \Rightarrow b < d.$

$b < d \wedge c > 0 \Rightarrow bc < cd$ (II)

(I) e (II) $\Rightarrow ab < cd$

Então: $0 \le a < c \wedge 0 \le b < d \Rightarrow ab < cd$

P 19) $0 \le a < b \Rightarrow a^2 < b^2$

Demonstração: $0 \le a < b \wedge 0 \le a < b \overset{P18}{\Rightarrow} a \cdot a < b \cdot b \Rightarrow a^2 < b^2$

P20) $a \geq 0, b \geq 0 \wedge a^2 < b^2 \Rightarrow a < b$

Demonstração:

Note que se $a \geq 0 \wedge b = 0$, então:

$a^2 \geq 0 \wedge b^2 = 0 \Rightarrow a^2 \geq b^2$. O que é um absurdo contra a hipótese.

Então precisamos analisar dois casos:$(a = 0 \wedge b > 0)$ e $(a > 0 \wedge b > 0)$

1º) $a = 0 \wedge b > 0 \Rightarrow a < b$. O que queríamos demonstrar

2º) $a > 0 \wedge b > 0$

Temos, da tricotomia, que: $a = b \vee a < b \vee a > b$.

$a = b \Rightarrow a^2 = b^2$ (o que contradiz a hipótese)

$a > b \Rightarrow b < a \overset{P18}{\Rightarrow} b^2 < a^2 \Rightarrow a^2 > b^2$ (o que também contradiz a hipótese).

Logo, como não ocorre $a = b$ nem $a > b$, deve ocorrer: $a < b$

Então: $a \geq 0, b \geq 0 \wedge a^2 < b^2 \Rightarrow a < b$

P21) $a \in \mathbf{R} \Rightarrow a^2 \geq 0$

Demonstração:

1º) $a \neq 0 \Rightarrow a^2 > 0$ (P5)

2º) $a = 0 \Rightarrow a \cdot a = 0 \cdot a \Rightarrow a^2 = 0$

(1º) e (2º) $\Rightarrow a^2 \geq 0$

Então: $a \in \mathbf{R} \Rightarrow a^2 \geq 0$

P22) $a \in \mathbf{R}, b \in \mathbf{R}$ e $a^2 + b^2 = 0 \Rightarrow a = 0 \wedge b = 0$

Demonstração:

Vejamos se pode ocorrer $a \neq 0 \wedge b \neq 0$:

De acordo com P5, obtemos:

$a \neq 0 \wedge b \neq 0 \Rightarrow a^2 > 0 \wedge b^2 > 0$. E de A10 obtemos:

$a^2 + b^2 > 0$ (o que contradiz a hipótese). Então: $a = 0 \vee b = 0$

Vejamos o que ocorre se um deles for zero. O a por exemplo:

$a = 0 \Rightarrow 0^2 + b^2 = 0 \Rightarrow b^2 = 0 \Rightarrow b = 0$

Logo, se um for zero o outro também será.

Então: $a \in \mathbf{R}, b \in \mathbf{R} \wedge a^2 + b^2 = 0 \Rightarrow a = 0 \wedge b = 0$

P23) $a \in \mathbf{R}, b \in \mathbf{R} \wedge ab \neq 0 \Rightarrow a^2 + b^2 > 0$

Demonstração:

Note que; $a = 0 \vee b = 0 \Rightarrow ab = 0$ (o que contradiz a hipótese). Então devemos ter $a \neq 0 \wedge b \neq 0$.

Como: $(a \neq 0 \Rightarrow a^2 > 0) \wedge (b \neq 0 \Rightarrow b^2 > 0)$, então, de acordo com A10, temos: $a^2 + b^2 > 0$.

Então: $a \in \mathbf{R}, b \in \mathbf{R} \wedge ab \neq 0 \Rightarrow a^2 + b^2 > 0$

Capítulo 4

Composição de Funções
Função Inversa

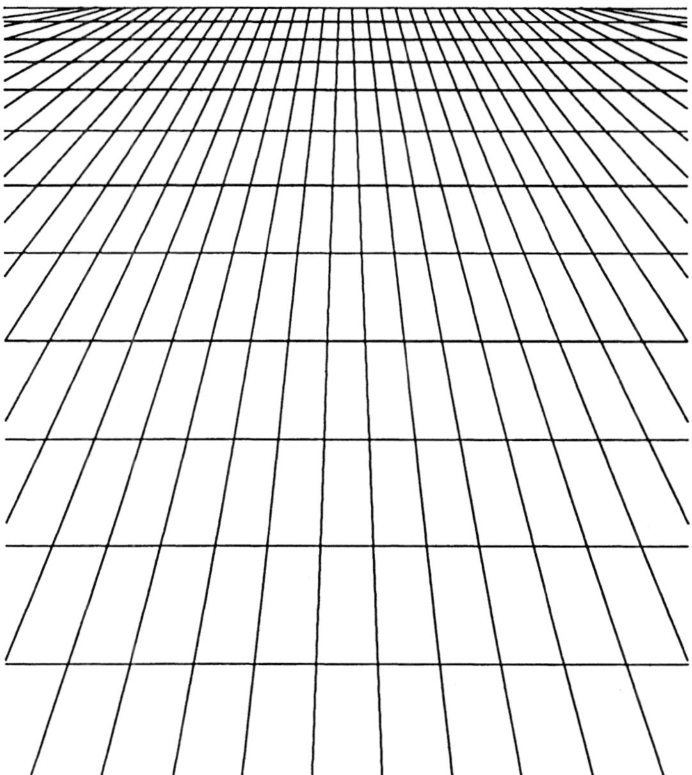

A - Composição de funções

Dadas as funções f : A $\rightarrow$ B e g : B $\rightarrow$ C, chama-se função composta de f e g, à função

$$(gof)(x) = g[f(x)] \text{ de A em C.}$$

Observe os esquemas:

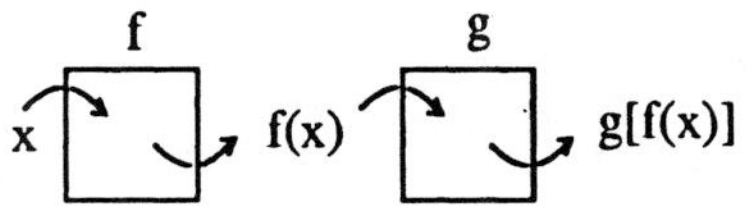

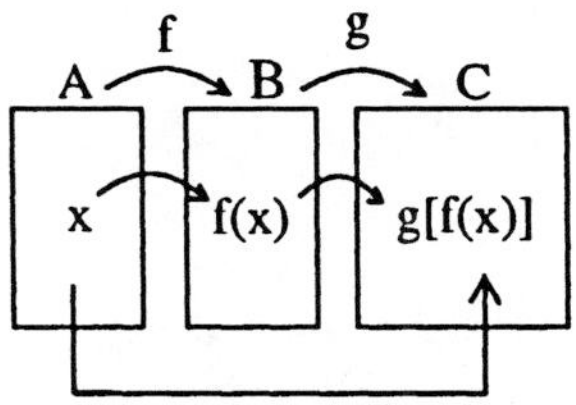

(gof)(x)=g[f(x)]

Note bem: *na composição (gof) (x) a primeira função usada é f e a segunda é g.*

Analogamente, essa composição de funções pode ser feita em outra ordem. Dadas as funções g : D $\rightarrow$ E e f : E $\rightarrow$ F, a sua composta será:

$$(fog)(x) = f[g(x)] \text{ de D em F}$$

Observe:

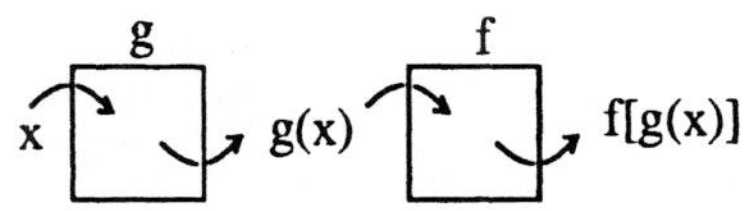

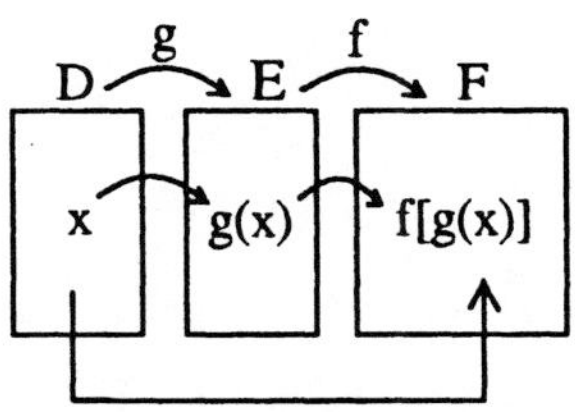

(fog)(x)=f[g(x)]

Observações:

1ª) Note que, no 1º caso apresentado, o contra-domínio B da 1ª função (f) é igual ao domínio da 2ª função (g)

2^a) Se $f: A \rightarrow B$ e $g: B \rightarrow A$ então é possível definir (gof) (x) de A em A e também (fog) (x) de B em B.

3^a) A composição de funções não é comutativa, ou seja, (fog) (x) e (gof) (x) são, geralmente, diferentes.

4^a) Dadas as leis das funções f (x) e g (x), quando o domínio da função (gof) (x) não vier definido, ele será

$$Dgof = \{x \in D_f \mid f(x) \in D_g\}$$

5^a) Satisfeitas as condições de existência, temos (fog) oh = fo (goh) = fogoh, isto é, vale a propriedade associativa na composição de funções.

Exemplos

Dadas as funções $f(x) = 2x + 3$ e $g(x) = x^2 - 5x$, vamos determinar as funções compostas fog(x) e gof(x).

a) $fog(x) = f[g(x)]$
$f(x) = 2x + 3$
$f[g(x)] = 2 \cdot [g(x)] + 3$
$f[g(x)] = 2 \cdot [x^2 - 5x] + 3 = 2x^2 - 10x + 3$
e, portanto: $fog(x) = 2x^2 - 10x + 3$

b) $gof(x) = g[f(x)]$
$g(x) = x^2 - 5x$
$g[f(x)] = [f(x)]^2 - 5.[f(x)]$
$g[f(x)] = [2x + 3]^2 - 5.[2x + 3]$
$g[f(x)] = 4x^2 + 12x + 9 - 10x - 15$
e, portanto: $gof(x) = 4x^2 + 2x - 6$

Exercícios

193 No diagrama de flechas seguinte são dadas as funções $f: A \rightarrow B$ e $g: B \rightarrow C$

Determine, em cada caso, o que se pede:

a) f (1)
b) g (4)
c) (gof) (1) = g [f (1)]
d) (gof) (– 1)
e) (gof) (2)
f) (gof) (3)

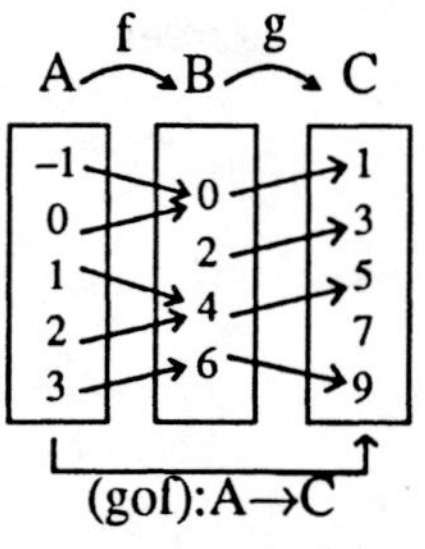

194 Dadas as funções sobre **R** $f(x) = 3x - 1$ e $g(x) = 2x^2 + 5$, determine:

a) f (2)
b) g [f (2)]
c) g (1)
d) f [g (1)]
e) f [g (0)]
f) (gof) (– 1)

195 Dadas as leis das funções $f(x) = 3 - x$ e $g(x) = \sqrt{x}$, determine:

a) $f(2)$ b) $g[f(2)]$ c) $g(9)$ d) $(fog)(9)$
e) $(gof)(-1)$ f) $(fog)(-1)$ g) $f(7)$ h) $(gof)(7)$

196 Dada a função $f(x) = 5x - 2$, determine:

a) $f(3)$ b) $f(a)$ c) $f(3a)$ d) $f(3a + 1)$
e) $f(2x)$ f) $f(2x + 7)$ g) $f(a^2 + 2a + 1)$ h) $f(x^2 - 5x - 5)$

197 Dada a função $f(x) = -2x^2 + 4x + 1$, determine:

a) $f(-3)$ b) $f(m)$ c) $f(-2m)$ d) $f(2m - 1)$ e) $f(-3x)$
f) $f(2 + 3x)$

198 Dada a função $f(x) = \dfrac{7x-1}{1+2x}$, determine (supor satisfeitas as condições de existência):

a) $f(2a)$ b) $f(1 - 3a)$ c) $f(x + 1)$ d) $f\left(\dfrac{3x+2}{5-x}\right)$

199 Dadas as funções sobre **R** $f(x) = 2 - 3x$ e $g(x) = x^2 - 2x + 2$, determine as leis das seguintes funções compostas:

a) fog b) gof c) fof
d) gog e) fogof f) gofof

200 Determine, em cada caso, a lei da função composta (gof) (x) (supor satisfeitas todas as condições de existência):

a) $f(x) = 2x$ e $g(x) = 3x^2 - 4x + 5$ b) $f(x) = 1 - x$ e $g(x) = 6x - 2$
c) $f(x) = x + 2$ e $g(x) = 3x^2 - 4x + 5$ d) $f(x) = x^2 - 1$ e $g(x) = 6x - 2$
e) $f(x) = 3x^2 - 4x + 5$ e $g(x) = -3x$
f) $f(x) = 3x^2 - 4x + 5$ e $g(x) = 6x - 2$
g) $f(x) = x^2 - 1$ e $g(x) = 2x^2 - 5x$ h) $f(x) = 2x - 3$ e $g(x) = \dfrac{3x-1}{1-4x}$
i) $f(x) = \dfrac{x+2}{3-3x}$ e $g(x) = \dfrac{3x-1}{1-4x}$ j) $f(x) = 2x - 3$ e $g(x) = \sqrt{6x-2}$

201 Sendo $f(x)=\dfrac{x+1}{x-1}$, determine as leis das funções:

a) $f[f(x)]$ b) $f\{f[f(x)]\}$

✓ Faça também os Exercícios de Fixação 223 → 231

202 Dadas as funções $f(x) = x^2$ e $g(x)=\sqrt{x}$, determine a lei, o domínio e o conjunto–imagem das funções:

a) $(gof)(x)$ b) $(fog)(x)$

203 Determine as leis de $(gof)(x)$, $(fog)(x)$ e seus respectivos domínios, sendo $f(x) = -x^2 + x - 1$ e $g(x)=\sqrt{x+3}$

204 Determine a lei e o domínio da função $(gof)(x)$ sendo $f(x)=\dfrac{2x+1}{1-3x}$ e $g(x)=\dfrac{x+2}{x-4}$

205 Determine, em cada caso, a função f (x), sabendo que:

a) $f(1-2x) = -6x - 2$ b) $f(x+1) = x^2 + 2x - 2$

206 Determine, em cada caso, a lei da função f (x), sabendo que:

a) $(fog)(x) = 6x + 4$ e $g(x) = 2x + 1$
b) $(fog)(x) = x^2 - 7x + 9$ e $g(x) = 3 - x$
c) $(fog)(x)=\dfrac{14x-4}{10-5x}$ e $g(x)=\dfrac{2x+3}{x-1}$

207 Determine, em cada caso, a lei da função g (x), sabendo que:

a) $(fog)(x) = 15x - 10$ e $f(x) = 3x - 4$
b) $(fog)(x) = x^2 + x - 2$ e $f(x) = x^2 - 3x$
c) $(fog)(x) = 2x^2 + 7x + 7$ e $f(x) = 2x^2 - x + 1$

208 as funções $f(x) = \dfrac{x-2}{2x+1}$ com domínio $A = \{x \in \mathbf{R} \mid x \neq -\dfrac{1}{2}\}$ e $(fog)(x) = \dfrac{x-3}{4-3x}$ com domínio $B = \mathbf{R} - \left\{2, \dfrac{4}{3}\right\}$. Nessas condições, determine a lei da função g (x) bem como o seu domínio.

✓ Faça também os Exercícios de Fixação 232 → 235

209 Considere as funções f e g de **R** em **R** definidas por

$$f(x) = \begin{cases} 3x-4 & \text{se } x \geq 3 \\ x+3 & \text{se } x < 3 \end{cases} \quad \text{e} \quad g(x) = 2x - 9.$$

Determinar a lei que define fog.

210 Sejam f e g funções em **R** definidas por

$$f(x) = \begin{cases} x^2 - 3x + 7 & \text{se } x > 2 \\ 3x-2 & \text{se } x \leq 2 \end{cases} \quad \text{e} \quad g(x) = 3x - 4.$$

Determinar a lei que define fog.

211 Sejam f e g funções reais definidas por

$$f(x) = 3x - 4 \quad \text{e} \quad g(x) = \begin{cases} 2x^2 - 3x - 1 & \text{se } x \geq 5 \\ 4x-2 & \text{se } x < 5 \end{cases}.$$

Determinar a lei que define fog.

212 Dadas as funções f e g, reais, definidas por

$$f(x) = 4x - 7 \quad \text{e} \quad g(x) = \begin{cases} 2x^2 - 7x - 3 & \text{se } x \leq 1 \\ 3x+1 & \text{se } x > 1 \end{cases}.$$

Determinar as leis que definem fog e gof.

✓ Faça também os Exercícios de Fixação 236 → 238

B – Função Inversa

Definição

Dada uma função bijetora $f = \{(x, y) \in A \times B \mid y = f(x)\}$, chama-se **inversa de f** à função $f^{-1} = \{(y, x) \in B \times A \mid (x, y) \in f\}$

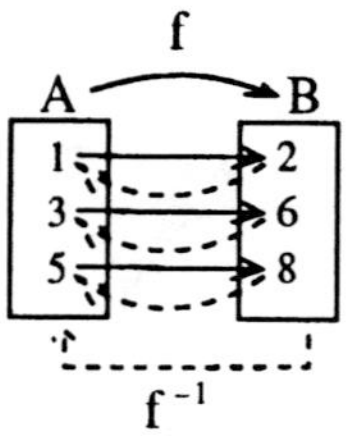

Observe o exemplo:

$f : A \rightarrow B = \{(1, 2), (3, 6), (5, 8)\}$
$f^{-1} : B \rightarrow A = \{(2, 1), (6, 3), (8, 5)\}$

Note que a função inversa f^{-1} troca a ordem dos elementos dos pares ordenados de f

$$(a, b) \in f \Leftrightarrow (b, a) \in f^{-1}$$

B.1 – Condição de existência da inversa de f

A) f não é injetora ⇒ f não admite inversa

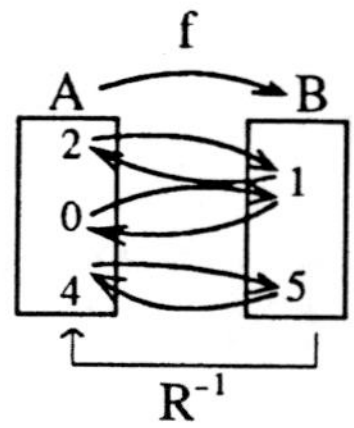

No diagrama dado, a função f não é injetora (1 é uma imagem não exclusiva) e, portanto, a sua relação inversa R^{-1} não é função (o antecedente 1 tem duas imagens).

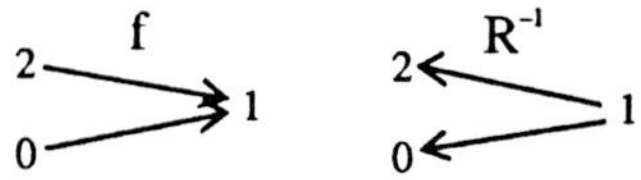

Para que f admita inversa é necessário que seja injetora.

B) f não é sobrejetora ⇒ f não admite inversa

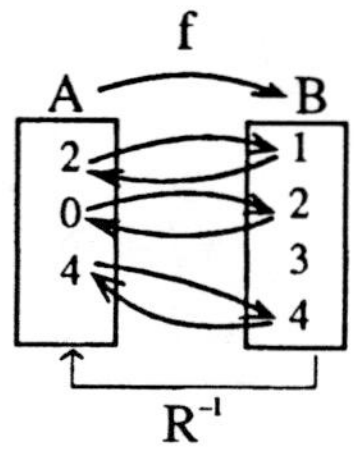

A função f não é sobrejetora ($3 \in B$ não é correspondente de nenhum $x \in A$) e, portanto, a sua relação inversa R^{-1} não é função (não sai flecha de $3 \in B$). Para que f admita inversa é necessário que seja sobrejetora.

C) Conclusão:

> Uma função $f : A \rightarrow B$ só admite inversa se for bijetora.

B.2 – Observações sobre a função inversa

1ª) O domínio A da função f é igual ao conjunto-imagem da função f^{-1} e o conjunto-imagem B de f é igual ao domínio de f^{-1}

2ª) $(f^{-1})^{-1} = f$

3ª) Como sabemos $(a, b) \in f \Leftrightarrow (b, a) \in f^{-1}$ e, por isso, os gráficos das funções $y = f(x)$ e $y = f^{-1}(x)$ são simétricos em relação à reta que contém as bissetrizes dos quadrantes ímpares (y = x). Observe o exemplo:

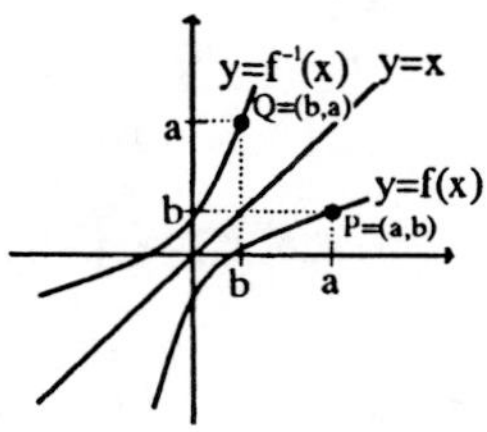

4ª) A composição de duas funções inversas resulta sempre na função identidade. Dadas as funções $f : A \to B$ e $f^{-1} : B \to A$, temos:
$(f^{-1} o f)(x) = x, \forall x \in A$
$(f o f^{-1})(x) = x, \forall x \in B$

5ª) Dadas as funções bijetoras
$f : A \to B$, $g : B \to C$ e $g o f : A \to C$, então $(g o f)^{-1} = f^{-1} o\, g^{-1}$

Exemplo:

Vamos determinar a lei de correspondência $y = f^{-1}(x)$, inversa da função $f(x) = 3x - 4$, bijetora de R em R.

Temos:
$f(x) = 3x - 4$, ou seja,
$y = 3x - 4$.

Efetuamos a troca $x \leftrightarrow y$:
$x = 3y - 4$

e, a seguir, isolamos y:
$3y = x + 4$

$y = \dfrac{x+4}{3}$ que é a função inversa de f, portanto:

$$f^{-1}(x) = \frac{x+4}{3}$$

Note, por exemplo, que:
$f(4) = 3.4 - 4 = 8 \quad \Rightarrow (4, 8) \in f$

e que $f^{-1}(8) = \dfrac{8+4}{3} = 4 \Rightarrow (8, 4) \in f^{-1}$

213 Verifique, em cada caso, se a função f : A → B é bijetora e, a seguir, determine a sua inversa **por enumeração:**

a)

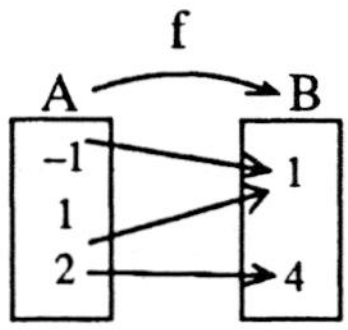

b)

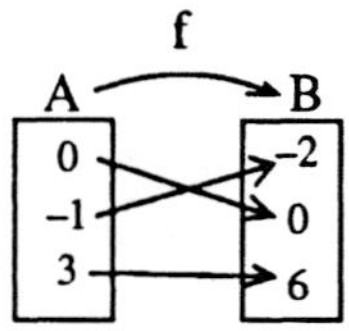

c) $f = \{(x, y) \in A \times B \mid y = x + 1\}$ sendo $A = \{0, 1, 2\}$ e $B = \{0, 1, 2, 3\}$

d) $f : A \to B = \{(x, y) \mid y = x^2\}$ sendo $A = \{-3, -1, 2\}$ e $B = \{1, 4, 9\}$

e) $f : A \to B = \{(x, y) \mid y = |x|\}$ sendo $A = \{-4, -2, -1, 4\}$ e $B = \{1, 2, 3, 4\}$

f) $f = \{(x, y) \in A \times B \mid y = 2^x\}$ sendo $A = \{-1, 0, 1, 2\}$ e $B = \{\frac{1}{2}, 1, 2, 4\}$

214 Sabendo que são bijetoras, determine as leis $y = f^{-1}(x)$ das inversas das funções $y = f(x)$ seguintes:

a) $f(x) = x + 5$ sobre **R**

b) $f(x) = 2x$ sobre **R**

c) $f(x) = 4 - 3x$ sobre **R**

d) $f(x) = x^3$ sobre **R**

e) $f(x) = \sqrt[5]{x}$ sobre **R**

f) $f(x) = x^2$ sobre $\mathbf{R}_+$

g) $f(x) = x^4$ de $\mathbf{R}_-$ em $\mathbf{R}_+$

h) $f(x) = \sqrt{x}$ sobre $\mathbf{R}_+$

i) $f(x) = \dfrac{3x+1}{2x-5}$ de $A = R - \left\{\dfrac{5}{2}\right\}$ em $B = R - \left\{\dfrac{3}{2}\right\}$

215 Dada a função $f(x) = 2x^3 + 1$ sobre **R**, determine a sua inversa $y = f^{-1}(x)$

216 Usando as funções f e f^{-1} do exercício anterior, determine as composições dessas duas funções:

a) $(f o f^{-1})(x)$

b) $(f^{-1} o f)(x)$

217 Dadas as funções sobre **R** $f(x) = 3x^5 - 1$ e $g(x) = 5 - 2x$, determine as leis das funções:

a) $y = f^{-1}(x)$

b) $y = g^{-1}(x)$

c) $y = (g o f)(x)$

d) $y = (g o f)^{-1}(x)$

e) $y = (f^{-1} o g^{-1})(x)$

218 Dada a função $f(x) = \dfrac{x+1}{x-1}$ sobre $A = \mathbf{R} - \{1\}$ que é bijetora, determine:

a) $f^{-1}(x)$

b) $f[f(x)]$

c) $f\{f[f(x)]\}$

d) $f(f(f \ldots f(f(x)) \ldots))$ onde a função f aparece n vezes.

219 Supondo que as funções y = f (x) seguintes sejam bijetoras de A em B, determine, em cada caso, o valor de $m \in B$ de modo que $f^{-1}(m) = 3$ sabendo que $3 \in A$.

Obs.: 3 é imagem de m pela função $y = f^{-1}(x)$.

a) $f(x) = 6 - 2x$ b) $f(x) = x^2 + 1$

c) $f(x) = \dfrac{x+1}{x-1}$ d) $f(x) = \sqrt{x^2 - x - 2}$

✓ Faça também os Exercícios de Fixação 239 → 245

220 Nas funções $f: A \rightarrow B$ seguintes, determine o domínio $A = \{x \in \mathbf{R} \mid x \geq a\}$ onde **a** é o menor possível, de modo que elas se tornem **injetoras:**

a) $f(x) = x^2 - 2x - 8$ b) $f(x) = 5 - x^2$ c) $f(x) = -x^2 + 2x - 2$

221 Determine o contra-domínio B das funções $f: A \rightarrow B$ do exercício anterior de modo que elas se tornem bijetoras.

Observação: lembre-se que elas já são injetoras no domínio D = A determinado em cada item do exercício 220

222 As funções y = f (x) seguintes são bijetoras de A em B. Determine, em cada caso, a lei da função inversa $y = f^{-1}(x)$ de B em A.

a) $f(x) = -x^2$ de $A = \{x \in \mathbf{R} \mid x \geq 0\}$ em $B = \{y \in \mathbf{R} \mid y \leq 0\}$
b) $f(x) = -x^2$ de $A = \{x \in \mathbf{R} \mid x \leq 0\}$ em $B = \{y \in \mathbf{R} \mid y \leq 0\}$
c) $f(x) = (x-2)^2$ de $A = \{x \in \mathbf{R} \mid x \geq 2\}$ em $B = \{y \in \mathbf{R} \mid y \geq 0\}$
d) $f(x) = -(x-1)^2$ de $A = \{x \in \mathbf{R} \mid x \leq 1\}$ em $B = \{y \in \mathbf{R} \mid y \leq 0\}$
e) $f(x) = -x^2 - 2$ de $A = \{x \in \mathbf{R} \mid x \geq 0\}$ em $B = \{y \in \mathbf{R} \mid y \leq -2\}$
f) $f(x) = 4x^2 - 4x + 1$ de $A = \{x \in \mathbf{R} \mid x \geq \frac{1}{2}\}$ em $B = \{y \in \mathbf{R} \mid y \geq 0\}$
g) $f(x) = x^2 - 2x - 8$ de $A = \{x \in \mathbf{R} \mid x \leq 1\}$ em $B = \{y \in \mathbf{R} \mid y \geq -9\}$
h) $f(x) = 5 - x^2$ de $A = \{x \in \mathbf{R} \mid x \geq 0\}$ em $B = \{y \in \mathbf{R} \mid y \leq 5\}$
i) $f(x) = -x^2 + 2x - 2$ de $A = \{x \in \mathbf{R} \mid x \leq 1\}$ em $B = \{y \in \mathbf{R} \mid y \leq -1\}$

✓ Faça também os Exercícios de Fixação 246 → 250

Exercícios de Fixação

223 Dadas as funções f de A em B, g de B em C e gof que é de A em C, indicadas no diagrama abaixo, determine:

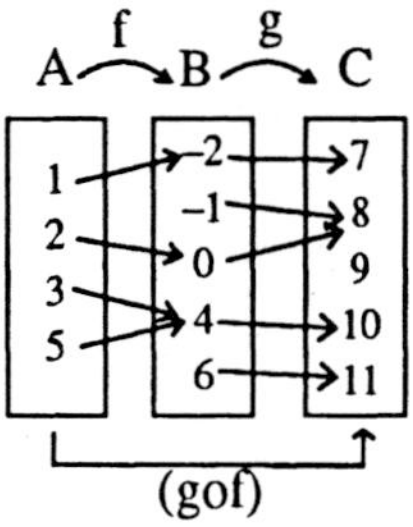

a) f (1) b) f (3) c) f (5) d) g (– 2) e) g (– 1)
f) g (6) g) (gof) (1) h) (gof) (2) i) (gof) (3) j) f (6)
k) (gof) (– 1) l) (gof) (6)

224 Levando em conta as funções dadas no exercício anterior, determine x nos casos:

a) f (x) = 0 b) f (x) = 4 c) f (x) = 6 d) g (x) = 7 e) g (x) = 8
f) g (x) = 11 g) (gof) (x) = 7 h) (gof) (x) = 10 i) (gof) (x) = 11

225 Dada a função $f(x) = 2x^2 - 3x - 2$ sobre **R**, determine:

a) f (0) b) f (2) c) $f(-\frac{1}{2})$ d) f (3) e) f (– x)
f) f (x + 2) g) f (x – 1) h) f (2x – 3)

226 Dadas as funções reais $f(x) = 2x - 1$, $g(x) = 3x + 2$ e $h(x) = x^2 - 3x$, determine:

a) f (g (x)) b) f (h (x)) c) g (h (x)) d) g (f (x)) e) h (f (x))
f) h (g (x)) g) f (f (x)) h) g (g (x)) i) h (h (x))

227 Dadas as funções reais $f(x) = 3x + 4$ e $g(x) = 2x^2 - 3x - 1$ determine:

a) (fog) (x) b) (gof) (x) c) (fof) (x) d) (gog) (x)

228 Dadas as funções $f(x) = 3x - 2$, $g(x) = 2x + 5$ e $h(x) = x^2 - 3x - 1$, determinar as leis das funções compostas seguintes:

a) fo (goh) b) (fog) oh c) fohog d) gofoh

e) hogof f) gohof g) fofof h) gogog
i) hohof

229 Dadas as funções $f(x)=\dfrac{2x-1}{x+1}$ e $g(x)=\dfrac{x-1}{3x+2}$, supondo satisfeitas as condições de existência, determinar as leis das seguintes funções:
a) fog b) gof c) fof d) gog

230 Dadas as funções $f(x)=\dfrac{x+2}{x-3}$ e $g(x) = 2x + 1$, determine a lei de fog e os domínios de f, g e fog

231 Dadas as funções $f(x)=\dfrac{2x-1}{x-2}$ e $g(x)=\dfrac{x+1}{x+2}$ determine as leis e os domínios das funções fog e gof.

232 Determinar a função f (x) nos casos:

a) $f(x-2) = 2x - 11$
b) $f(2x-1) = 4x^2 - 10x - 1$
c) $f(3-2x) = -8x^2 + 28x - 25$
d) $f(-3x) = -27x^3 - 18x^2 + 6x - 1$
e) $f\left(\dfrac{x-1}{2x+1}\right)=\dfrac{-4x-5}{5x+1}$

233 Determine a lei de f (x) nos casos:

a) $(fog)(x) = 18x^2 - 33x + 13$ e $g(x) = 3x - 2$
b) $(fog)(x) = x^3 + 4x^2 + 3x - 9$ e $g(x) = x + 2$
c) $(fog)(x)=\dfrac{8-x}{3x+1}$ e $g(x)=\dfrac{x-3}{2x-1}$

234 Dadas as funções $f(x) = 2x^2 - 11x + 18$ e $g(x)=\sqrt{x-3}$ determine a lei e o domínio de (gof) (x)

235 Dadas as funções $f(x) = 2x + 1$ e $g(x)=\sqrt{x^2-9}$ determine a lei e o domínio de
a) (fog) (x) b) (gof) (x)

236 Sejam f e g funções reais definidas por:

$$f(x) = 2x - 3 \text{ e } g(x) = \begin{cases} 2x^2 - x - 1 \text{ se } x \geq -2 \\ 3x - 1 \text{ se } x < -2 \end{cases}$$

Determinar a lei que define (fog) (x).

237 Sejam f e g funções sobre **R** definidas por:

$$f(x) = \begin{cases} 2x^2 - 3x - 1 \text{ se } x \geq 1 \\ 3x - 1 \text{ se } x < 1 \end{cases} \text{ e } g(x) = 3x - 5$$

Determinar a lei que define (fog) (x).

238 Dadas as funções f e g definidas por:

$$f(x) = 2x - 3 \text{ e } g(x) = \begin{cases} 3x^2 - 2x - 5, \text{ se } x \geq 5 \\ x^2 - 2x, \text{ se } x < 5 \end{cases}$$

determinar a lei que define

a) (fog) (x)   b) (gof) (x)

239 Em cada caso é dado o gráfico cartesiano da função f. Dizer se ela admite função inversa ou não. *(Obs: CD=**R**)*

a) 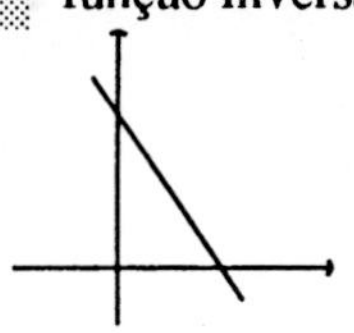

b) 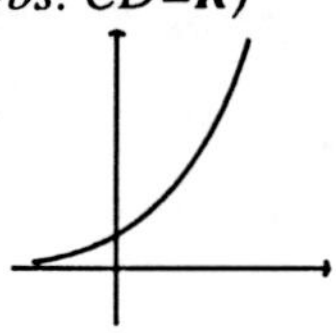

c) 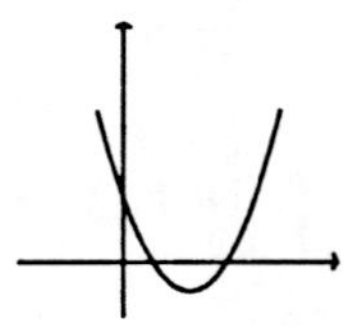

d) 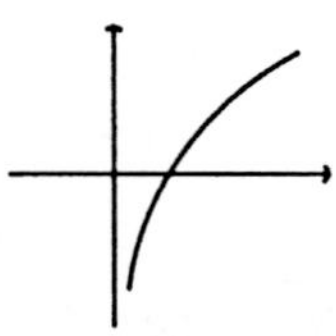

e) 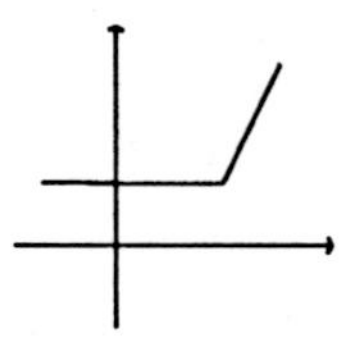

f) 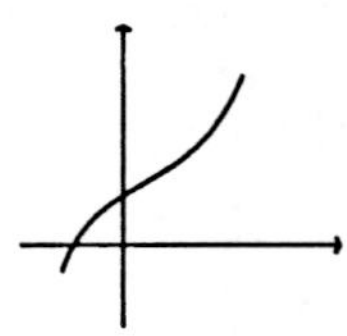

240 Dada a função f de A em B, se f for bijetora determine f^{-1}, por enumeração, o domínio e o conjunto–imagem de f^{-1}

a) A = {1, 2, 3}, B = {0, 5, 4}
   f = {(1, 0), (2, 5), (3, 5)}

b) A = {0, 1, 3}, B = {− 1, 2, 4}
   f = {(0, 2), (1, 4), (3, − 1)}

c) A = {− 1, 0, 1, 2}, B = {1, 2, 3, 4} e f (x) = x + 2

241 Em cada caso abaixo é dada uma função f, bijetora. Determine o domínio e a imagem de f^{-1}

a) $f = \{(0, -1), (3, 2), (4, 3), (7, 6)\}$

b) $f = \{(0, 1), (1, 2), (2, 4), (3, 8)\}$

c) $f = \{(2, 1), (4, 2), (8, 3), (16, 4)\}$

242 Em cada caso é dado o gráfico cartesiano de uma função bijetora f. Determinar o domínio e o conjunto-imagem da função inversa de f.

a)

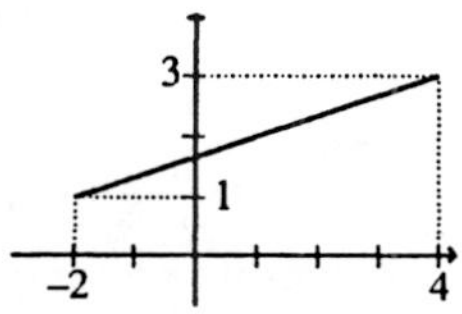

b)

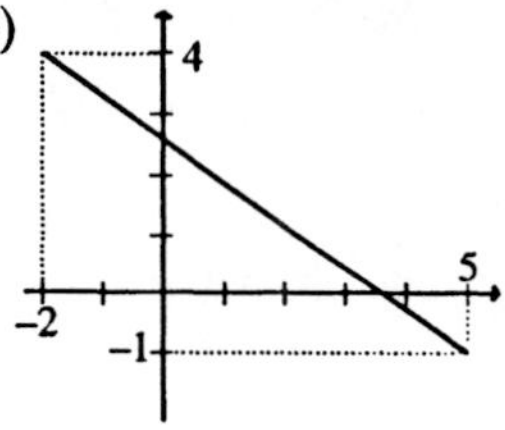

c)

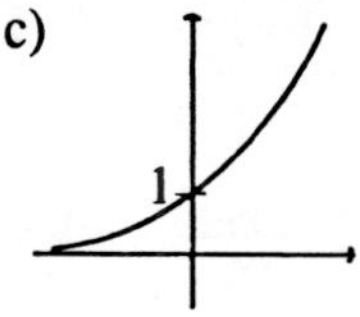

d)

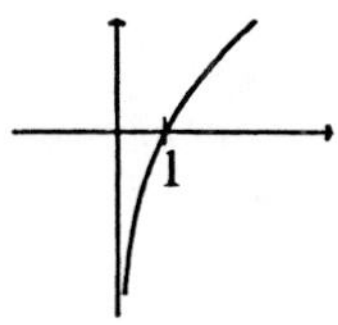

243 Dada a função $y = f(x)$ bijetora, determine a lei que define $y = f^{-1}(x)$, função inversa de f.

a) $y = x - 3$ em $\mathbf{R}$

b) $y = 3x + 5$ em $\mathbf{R}$

c) $y = \frac{1}{2}x + \frac{7}{3}$ em $\mathbf{R}$

d) $y = \frac{1}{4}x^2$ em $\mathbf{R}_+$

e) $y = \sqrt[3]{x}$ em $\mathbf{R}$

f) $y = x^2 + 1$ em $\mathbf{R}_+$

244 Dada a função f bijetora, determine a lei da função f^{-1} e também o seu domínio e o seu conjunto-imagem.

a) $f(x) = \frac{1}{x}$

b) $f(x) = \frac{x-3}{x+2}$

c) $f(x) = \frac{2x-3}{x+2}$

d) $f(x) = \frac{4-3x}{x+1}$

245 Dadas as funções reais $f(x) = 2x - 3$ e $g(x) = 3x + 5$ determine as leis que definem

a) $f^{-1}(x)$

b) $g^{-1}(x)$

c) $(fog)^{-1}(x)$

d) $(g^{-1} o f^{-1})(x)$

e) $(fof)^{-1}(x)$

f) $(f^{-1} o f^{-1})(x)$

246 Dada a função f de **R** em B, determine k para que f seja sobrejetora nos casos:

a) $f(x) = x^2 - 4x$ e $B = \{y \in \mathbf{R} \mid y \geq k\}$
b) $f(x) = -x^2 + 2x + 3$ e $B = \{y \in \mathbf{R} \mid y \leq k\}$
c) $f(x) = 2x^2 - 4x + 6$ e $B = \{y \in \mathbf{R} \mid y \geq k\}$

247 Dada a função f de A em **R**, determine o menor valor de k para que f seja injetora nos casos:
a) $f(x) = x^2 - 4x + 7$, $A = \{x \in \mathbf{R} \mid x \geq k\}$
b) $f(x) = -2x^2 - 5x - 1$, $A = \{x \in \mathbf{R} \mid x \geq k\}$

248 Dada a função $f(x) = 2x^2 - 4x - 16$ de $A = \{x \in \mathbf{R} \mid x \geq k\}$ em $B = \{y \in \mathbf{R} \mid y \geq l\}$, determinar o valor de l e o maior valor de k para que f seja bijetora.

249 Se f é uma função injetora, de A em B, dizemos que f é uma injeção de A em B. Dados os conjuntos $A = \{1, 2, 3\}$ e $B = \{0, 1, 2, 3\}$, quantas são as injeções de A em B?

250 Dados $A = \{-1, 2, 4\}$ e $B = \{0, 1\}$, quantas são as sobrejeções de A em B?

Exercícios Suplementares

251 As funções reais f e g são definidas por:

$$f(x) = 2x - 1 \text{ e } g(x) = \begin{cases} 2x^2 - 3x - 1 \text{ se } x \leq -5 \\ 3x + 2 \text{ se } -5 < x < 5 \\ x^2 + 2x \text{ se } x \geq 5 \end{cases}$$

Determine as leis que definem fog e gof.

252 Sejam as funções reais definidas por $f(x) = \begin{cases} 2x^2 - 3x \text{ se } x \leq -3 \\ 2x - 3 \text{ se } x > -3 \end{cases}$ e

$g(x) = \begin{cases} x^2 - 4 \text{ se } x > 2 \\ x + 3 \text{ se } x \leq 2 \end{cases}$. Determinar a lei que define (fog) (x)

253 Se $f\left(\frac{2x-1}{2-x}\right)=\frac{x-3}{2x+4}$, determine a lei que define f (x).

254 Dadas as leis que definem f e fog, determinar a lei de g:

$f(x)=\frac{x-1}{2x}$ e $f(x)=-x+3$

255 Dada a função $f(x)=\sqrt[3]{1-x^3}$, determine

a) $f^{-1}(x)$ b) (fofof) (x)

256 Dada a função f, determine a lei que define a função inversa de f nos casos:

a) $f(x)=\sqrt[3]{x}-1$ b) $f(x)=\frac{3}{x^3+1}$ c) $f(x)=\frac{2x-1}{x+2}$

257 Dada a função $f(x)=\frac{5x+3}{2x-5}$, determine a lei que define

a) $f^{-1}(x)$ b) (fofofofof) (x)

258 Sejam f uma função de A em B, g uma função de B em C e h uma função de C em D. Mostre que

a) (hog) of = ho (gof)
b) Se f e g são sobrejetoras, então gof de A em C é sobrejetora.
c) Se f e g são injetoras, então gof de A em C é injetora.

259 Se f é uma função de A em B e f^{-1} é a relação inversa, de f, de B em A, mostre que se f é bijetora, então f^{-1} é função e reciprocamente.

260 Seja f uma função bijetora de A em B, I_A a função identidade sobre A e I_B a função identidade sobre B, mostre que:

a) $f^{-1} \circ f = I_A$
b) $f \circ f^{-1} = I_B$

261 Se f é uma bijeção de A em B e g é uma bijeção de B em C, mostre que: $(gof)^{-1} = f^{-1} \circ g^{-1}$

Capítulo 5

Módulo de um Número Real

A – Função definida por várias propriedades

Uma função f pode ser definida por propriedades diferentes em intervalos disjuntos dois a dois e contidos no domínio D da função f.

$$f(x)=\begin{cases} f_1(x),\ x\in D_1 \\ f_2(x),\ x\in D_2 \\ \vdots \\ f_n(x),\ x\in D_n \end{cases}$$

sendo $D_1 \cup D_2 \cup D_3 \cup D_4 \cup ..... D_n = D$

Exemplos:

1º) Esboçar o gráfico da função f : **R** → **R** definida por:

$$f(x)=\begin{cases} -x+3\ ,\ x<2 \\ x-1\ ,\ x\geq 2 \end{cases}$$

Resolução

Para isso, devemos fazer o gráfico da função $y=-x+3$ para todo $x \in \mathbf{R} \mid x<2$ (isto é, à esquerda dos pontos de abscissa x = 2) e, em seguida, fazer o gráfico de y = x – 1 para $x \in \mathbf{R} \mid x \geq 2$ (isto é, à direita dos pontos de abscissa x = 2).

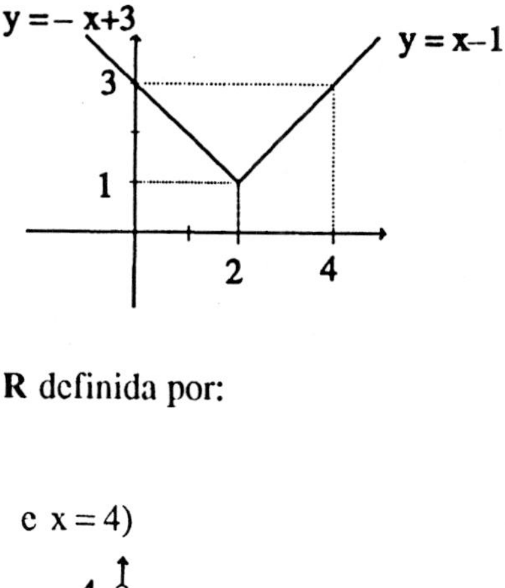

2º) Esboçar o gráfico da função f : **R**→ **R** definida por:

$$f(x)=\begin{cases} x+4\ ,\ x<0 & \text{(à esquerda de } x=0) \\ x^2-4x+3\ ,\ 0\leq x<4 & \text{(entre } x=0 \text{ e } x=4) \\ x-3\ ,\ x\geq 4 & \text{(à direita de } x=4) \end{cases}$$

Resolução:

Vamos fazer os gráficos das funções y = x + 4, $y=x^2-4x+3$ e y = x – 3 e, para cada intervalo, considerar o gráfico correspondente.

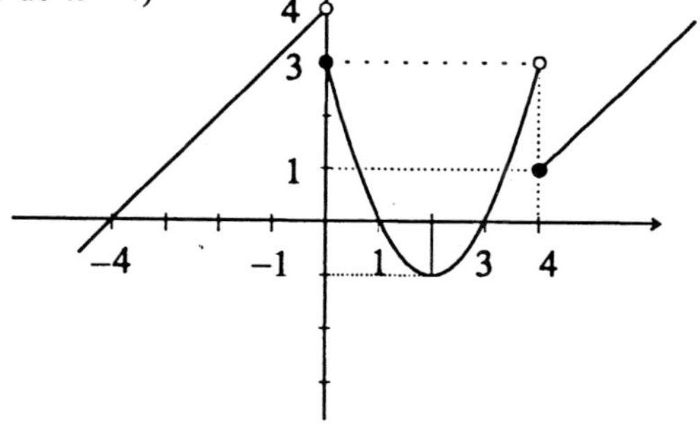

Observação*: note que os pontos (0, 4) e (4, 3) não pertencem ao gráfico de f e os pontos (0, 3) e (4, 1) pertencem.*

3º) Dada a função real f definida por

$$f(x)=\begin{cases} x^2+2x, & x<1 \\ x^2-6x+8, & x\geq 1, \end{cases}$$

determinar os valores de x para os quais f (x) = 3.

Resolução: Achemos os valores de x que satisfazem às condições:

$$\begin{cases} x^2+2x=3 \\ x<1 \end{cases} \quad \text{ou} \quad \begin{cases} x^2-6x+8=3 \\ x\geq 1 \end{cases}$$

$$x^2+2x-3=0 \qquad\qquad x^2-6x+5=0$$

$$(x+3)(x-1)=0 \quad \text{ou} \quad (x-1)(x-5)=0$$

$$x=-3 \vee x=1,\ x<1 \qquad\qquad x=1 \vee x=5,\ x\geq 1$$

$$\boxed{x=-3} \qquad\qquad \boxed{x=1 \vee x=5}$$

Resposta: –3, 1 e 5

Exercícios

262 Esboçar o gráfico da função f nos casos:

a) $f(x)=\begin{cases} -x-1, & x\leq 1 \\ x-3, & x\geq 1 \end{cases}$

b) $f(x)=\begin{cases} x+2, & x<2 \\ -x+4, & x\geq 2 \end{cases}$

c) $f(x)=\begin{cases} 2x+6, & x<-2 \\ 2, & -2\leq x<3 \\ -2x+8, & x\geq 3 \end{cases}$

d) $f(x)=\begin{cases} 3x+3, & x<0 \\ x^2-2x, & 0\leq x<3 \\ 4, & x\geq 3 \end{cases}$

263 Sendo f uma função de **R** em **R** definida por:

$$f(x)=\begin{cases} 2x-7, & x<-5 \\ -4, & -5\leq x<-1 \\ x^2-7, & -1\leq x\leq 2 \\ 2x^2-3x-1, & x>2 \end{cases}$$, determinar:

a) f (3) b) f(– 6) c) f (1) d) f (–3) e) f (–5)
f) f (–1) g) f (2)

264 Considere a função real f definida por

$$f(x)=\begin{cases} \frac{1}{2}x+2, & x\leq 3 \\ -\frac{2}{3}x+21, & x>3 \end{cases}$$, ache os valores de x para os quais f (x) = 3

265 Dada a função f de **R** em **R**

$$f(x)=\begin{cases} 9, & x<-3 \\ 2x-3, & -3\leq x<5 \\ -3x+25, & x\geq 5 \end{cases}$$, determine x de modo que f (x) = 7

✓ Faça também os Exercícios de Fixação 287 → 289

B – Módulo de um número real

B.1- Definição

O módulo de um número real (indica-se $|x|$) é igual a ele próprio se for positivo ou nulo (igual a zero) e é igual ao oposto dele se for negativo.

Em símbolos, temos:

$$\begin{cases} |x|=x \text{ se } x\geq 0 \\ |x|=-x \text{ se } x<0 \end{cases}$$

ou, escrevendo de forma mais simples:

$$|x| = \begin{cases} x, & x \geq 0 \\ -x, & x < 0 \end{cases}$$

Exemplos

$|7| = 7$, $|\sqrt{3}| = \sqrt{3}$, $|0| = 0$, $|-7| = -(-7) = 7$,

$|-\pi| = -(-\pi) = \pi$, $|\sqrt{3} - 1| = \sqrt{3} - 1$,

$|\sqrt{3} - 2| = -(\sqrt{3} - 2) = 2 - \sqrt{3}$,

$\left|-(2\sqrt{2} - 3)\right| = -(2\sqrt{2} - 3) = 3 - 2\sqrt{2}$

Observação: Como – 0 = 0, note que também podemos definir:

$$|x| = \begin{cases} x, & x > 0 \\ -x, & x \leq 0 \end{cases} \quad ou \quad |x| = \begin{cases} x, & x \geq 0 \\ -x, & x \leq 0 \end{cases}$$

B.2 – Interpretação geométrica

Considerando o eixo dos números reais, $|x|$ representa a distância entre x e 0.

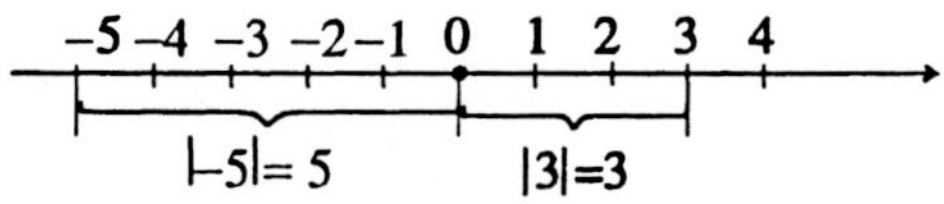

Da mesma forma:

$|x - 2|$ representa a distância entre x e 2

$|x - 4|$ representa a distância entre x e 4

$|x + 3| = |x - (-3)|$ representa a distância entre x e (–3)

Observação: Quando falamos em distância entre dois números estamos falando na distância entre os pontos que os representam sobre o eixo real.

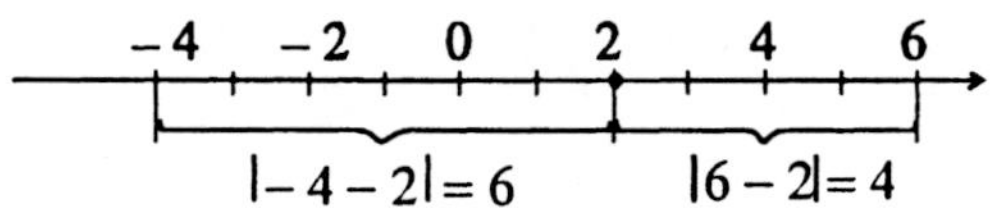

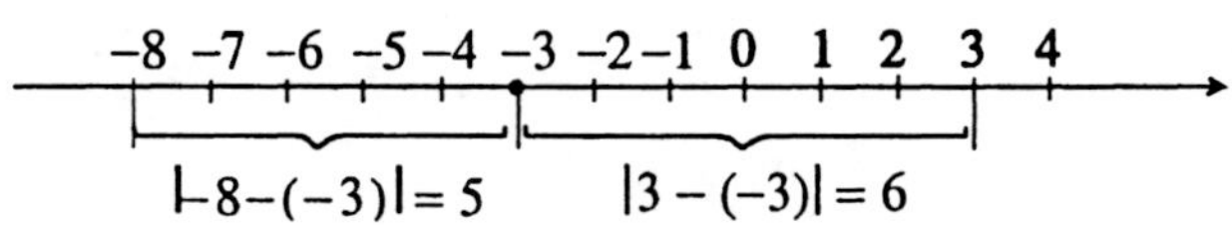

266 Calcule os seguintes módulos:

a) $|11|$ b) $|0|$ c) $|-9|$ d) $|\sqrt{5}-2|$ e) $|3-\pi|$

f) $|-(\sqrt{7}-2)|$ g) $|-(\sqrt{7}-3)|$ h) $\left|\sqrt{3}-\frac{\pi}{2}\right|$

267 Ache os módulos nos intervalos dados, nos casos:

a) $|x^2+1|, x \in R$ b) $|x-2|, x \geq 2$

c) $|2x-5|, x \geq 9$ d) $|3x-15|, x=5$

e) $|x-1|, x<1$ f) $|3x-6|, x<1$

g) $|3x-12|, x \leq 4$ h) $|-2x+10|, x \geq 5$

268 Determine os módulos:

a) $|x^2-9|, -3 < x < 3$ b) $|x^2-4|, -2 \leq x \leq 2$

c) $|x^2-3x|, x \leq 0 \vee x \geq 3$ d) $|2x^2+8x|, x \leq -4$

e) $|x^2-3x+4|, \forall x \in R$ f) $|-2x^2+x-1|, x \geq -30$

g) $|x^2-x-6|, -2 \leq x \leq 3$ h) $|8-2x-x^2|, -4 \leq x \leq 2$

✓ **Faça também os Exercícios de Fixação 290 → 292**

B.3 – Propriedades do módulo de um número real

P1) $|x|=0 \Leftrightarrow x=0$

P2) $|x \geq 0, \forall x \in \mathbf{R}|$

P3) $|-x|=|x|$

P4) $|x-y|=|y-x|$

P5) $-|x| \leq x \leq |x|$

P6) $x \leq |x|$

P7) $|x|^2 = x^2$

P8) $\sqrt{x^2} = |x|$

P9) $|x.y| = |x|.|y|$

P10) $\left|\dfrac{1}{x}\right| = \dfrac{1}{|x|},\ x \neq 0$

P11) $\left|\dfrac{x}{y}\right| = \dfrac{|x|}{|y|},\ y \neq 0$

P12) $a > 0, |x| = a \Leftrightarrow x = -a \vee x = a$

P13) $|x| = |y| \Leftrightarrow x = -y \vee x = y$

P14) $a > 0, |x| < a \Leftrightarrow -a < x < a$

P15) $a > 0, |x| > a \Leftrightarrow x < -a \vee x > a$

P16) Desigualdade triangular: $|x+y| \leq |x| + |y|$

P17) $|x-y| \leq |x| + |y|$

P18) $|x-y| \geq |x| - |y|$

P19) $|x-y| \geq \big||x| - |y|\big|$

P20) $|x+y+z| \leq |x| + |y| + |z|$

Observação: Estas propriedades são, usualmente, demonstradas em cursos de 3º grau. Caso tenha interesse, o leitor poderá encontrar estas demonstrações no final deste capítulo.

C – Função modular

C.1 – Definição

Chama-se função modular à função f de **R** em **R** que a cada $x \in R$ associa o seu módulo.

Indicamos $f(x) = |x|$

Note que f (x) = x é o mesmo que $f(x) = \begin{cases} x, & x \geq 0 \\ -x, & x < 0 \end{cases}$

O gráfico de $f(x)=|x|$ é a união dos gráficos de $y = x$ para $x \geq 0$ com $y = -x$ para $x < 0$.

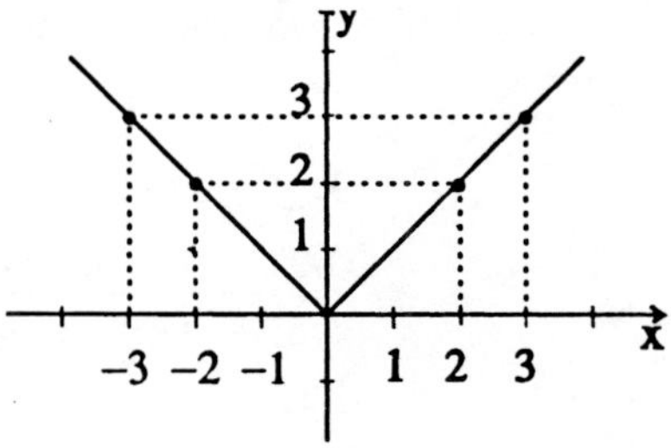

Uma função que envolve módulo pode ser definida sem o auxílio de módulo, como mostram os exemplos seguintes:

1) $f(x)=|x| \Leftrightarrow f(x)=\begin{cases} x, & x \geq 0 \\ -x, & x < 0 \end{cases}$

2) $f(x)=|x-2| \Leftrightarrow f(x) = \begin{cases} x-2, & x-2 \geq 0 \\ -(x-2), & x-2 < 0 \end{cases} \Rightarrow f(x)=\begin{cases} x-2, & x \geq 2 \\ -x+2, & x < 2 \end{cases}$

3) $f(x) = |x^2-9| \Leftrightarrow f(x) = \begin{cases} x^2-9, & x^2-9 \geq 0 \\ -x^2+9, & x^2-9 < 0 \end{cases} \Rightarrow f(x)=\begin{cases} x^2-9, & x \leq -3 \vee x \geq 3 \\ -x^2+9, & -3 < x < 3 \end{cases}$

4) $f(x)=|2x^2-x+1| \Leftrightarrow f(x) = 2x^2-x+1, \forall x \in \mathbf{R}$, pois $2x^2-x+1 \geq 0, \forall x \in \mathbf{R}$

5) $f(x) = |3x-2|+|x+3|+|x-5|$

Como: $|3x-2|=\begin{cases} 3x-2, & x \geq \frac{2}{3} \\ -3x+2, & x < \frac{2}{3} \end{cases}$, $|x+3|=\begin{cases} x+3, & x \geq -3 \\ -x-3, & x < -3 \end{cases}$ e

$|x-5|=\begin{cases} x-5, & x \geq 5 \\ -x+5, & x < 5 \end{cases}$, temos:

$$f(x)=\begin{cases} -5x+4, & x < -3 \\ -3x+10, & -3 \leq x < \frac{2}{3} \\ 3x+6, & \frac{2}{3} \leq x < 5 \\ 5x-4, & x \geq 5 \end{cases}$$

Um dispositivo prático para estudar os módulos nos vários intervalos é o seguinte:

	$x < -3$	$-3 < x < \frac{2}{3}$	$\frac{2}{3} < x < 5$	$x > 5$
$|3x-2|$	$-3x+2$	$-3x+2$	$3x-2$	$3x-2$
$|x+3|$	$-x-3$	$x+3$	$x+3$	$x+3$
$|x-5|$	$-x+5$	$-x+5$	$-x+5$	$x-5$
$f(x)$	$-5x+4$	$-3x+10$	$3x+6$	$5x-4$

269 Definir a função f de **R** em **R**, sem usar módulo, nos casos:

a) $f(x)=|x-5|$ b) $f(x)=|2x+6|$ c) $f(x)=|-2x+10|$

d) $f(x)=|x^2-16|$ e) $f(x)=|9-x^2|$ f) $f(x)=|x^2-3x-10|$

270 Definir a função f de **R** em **R**, eliminando o módulo, nos casos:

a) $f(x)=|x^2-6x+9|$ b) $f(x)=|x^2-3x+5|$

c) $f(x)=|-x^2+3x-3|$ d) $f(x)=|-x^2+10x-25|$

271 Definir novamente a função $f(x)=|2x+6|+|x-2|+6x-9$ de **R** em **R** sem o auxílio de módulos.

✓ Faça também os Exercícios de Fixação 293 e 294

C.2 – Gráfico de $f(x)=|g(x)|$

Podemos fazer o gráfico de $f(x)=|g(x)|$ de dois modos:

1º Modo: Unimos os gráficos de y = g(x), quando g(x) ≥ 0, com o de y = –g(x), quando g(x) < 0.

2º Modo: Fazemos o gráfico de y = g(x) e para obter o gráfico de f tomamos os pontos de y = g(x) nos quais y ≥ 0 e os simétricos dos pontos de y = g(x) nos quais y < 0, em relação ao eixo das abscissas, isto é, rebatemos para cima os pontos de y = g(x) que estão abaixo do eixo das abscissas.

Exemplo:

Esbocemos o gráfico de $f(x)=|x-2|$

1º Modo:

$$f(x) = |x-2| \Rightarrow f(x) = \begin{cases} x-2, x \geq 2 \\ -x+2, x < 2 \end{cases}$$

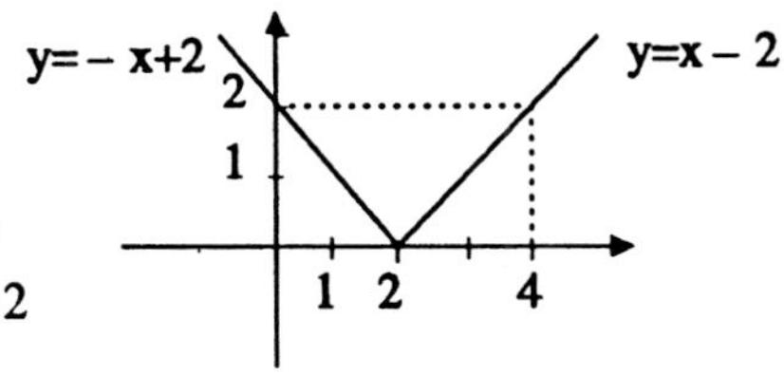

Vamos unir os gráficos de y = x – 2 quando x ≥ 2 com o de y = –x + 2, quando x < 2.

2º Modo:

Vamos fazer o gráfico de y = x – 2 e depois considerar os pontos que estão acima e rebater os que estão abaixo do eixo das abscissas.

Seguindo este mesmo raciocínio, podemos obter os gráficos de muitos tipos de funções envolvendo módulos.

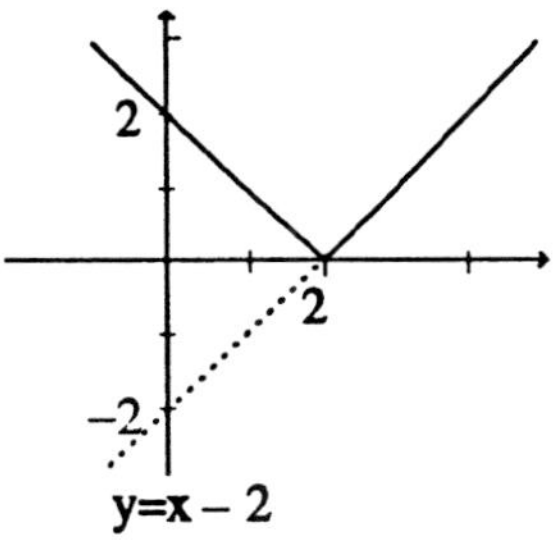

272 Esboçar o gráfico da função f nos casos:

a) $f(x) = |x-2|$ b) $f(x) = |-x+2|$

c) $f(x) = |-2x+6|$ d) $f(x) = |2x-4|-2$

e) $f(x) = -|-2x-4|$ f) $f(x) = -|x-3|+3$

273 Esboçar o gráfico da função f nos casos:

a) $f(x) = ||2x-4|-2|$ b) $f(x) = |||x-2|-3|-2|$

c) $f(x) = |x^2-4x|$ d) $f(x) = ||x^2-4|-3|$

274 Esboçar o gráfico da função f de **R** em **R** nos casos:

a) $f(x)=|x-2|+2x-4$ b) $f(x)=|2x+4|+|x-1|$ c) $f(x)=x^2+6|x|+5$

✓ Faça também os Exercícios de Fixação 295 → 300

D – Equações Modulares

Para resolver equações modulares devemos sempre estar atentos às seguintes propriedades:

I) $|x|=0 \Leftrightarrow x=0$

II) $a>0, |x|=a \Leftrightarrow x=-a \vee x=-a$

III) $|x|=|y| \Leftrightarrow x=-y \vee x=y$

IV) $|x|^2=x^2$

Exemplo

Resolver as seguintes equações:

a) $|3x-15|=0 \Leftrightarrow 3x-15=0 \Leftrightarrow x=5$ e $S=\{5\}$

b) $|2x-1|=7$

1º Modo (é o melhor)

$|2x-1|=7 \Leftrightarrow 2x-1=-7 \vee 2x-1=7 \Leftrightarrow x=-3 \vee x=4$

2º Modo

$|2x-1|=7 \Leftrightarrow |2x-1|^2=7^2 \Leftrightarrow (2x-1)^2=49 \Leftrightarrow$

$4x^2-4x-48=0 \Leftrightarrow x^2-x-12=0 \Leftrightarrow (x-4)(x+3)=0 \Leftrightarrow$

$\Leftrightarrow x=4 \vee x=-3$

$S=\{4,-3\}$

c) $|3x-7|=|2x-13| \Rightarrow$

$3x-7=2x-13 \vee 3x-7=-2x+13 \Rightarrow x=-6 \vee x=4$

$S=\{-6,4\}$

d) $|2x+11|=-7 \Rightarrow S=\varnothing$ pois $|2x+11| \geq 0, \forall x \in \mathbf{R}$

e) $|2x-9|=3x-6$

Note que se $3x-6<0$, isto é, $x<2$, a equação não tem solução, portanto, deve valer a condição:

$3x-6 \geq 0 \Rightarrow x \geq 2$

Assim sendo, temos:

$2x-9=3x-6 \vee 2x-9=-3x+6 \Rightarrow \quad x=-3 \vee x=3$

mas como $x \geq 2 \Rightarrow x=3$ e $S=\{3\}$

f) $|2x-4|+|x+3|=7$

Em primeiro lugar vamos estudar a expressão $f(x)=|2x-4|+|x+3|$

	-3	2	
$\|2x-4\|$	$-2x+4$	$-2x+4$	$2x-4$
$\|x+3\|$	$-x-3$	$x+3$	$x+3$
$f(x)$	$-3x+1$	$-x+7$	$3x-1$

Então, como $f(x)=\begin{cases}-3x+1, & x<-3\\ -x+7, & -3\leq x<2\\ 3x-1, & x\geq 2\end{cases}$, obtemos:

$$\begin{cases}x<-3\\ -3x+1=7\end{cases} \text{ ou } \begin{cases}-3\leq x<2\\ -x+7=7\end{cases} \text{ ou } \begin{cases}x\geq 2\\ 3x-1=7\end{cases} \Rightarrow$$

$$\begin{cases}x<-3\\ x=-2 \text{ (não serve)}\end{cases} \quad \text{ou} \quad \begin{cases}-3\leq x<2\\ x=0 \text{ (serve)}\end{cases} \quad \text{ou} \quad \begin{cases}x\geq 2\\ x=\frac{8}{3} \text{ (serve)}\end{cases}$$

$$S=\left\{0, \frac{8}{3}\right\}$$

g) $|x-2|=\sqrt{2x+11} \Leftrightarrow |x-2|^2=\left(\sqrt{2x+11}\right)^2 \Leftrightarrow$

$(x-2)^2=2x+11 \Leftrightarrow x^2-4x+4=2x+11 \Leftrightarrow$

$x^2-6x-7=0 \Leftrightarrow (x-7)(x+1)=0 \Leftrightarrow x=7 \vee x=-1$

$S=\{-1, 7\}$

ATENÇÃO: Note que não é necessária a condição de existência para a raiz quadrada de 2x+11 pois este radicando é igual a $(x-2)^2$ e, por isso, é sempre maior ou igual a zero.

275 Resolver as seguintes equações:

a) $|2x-5|=7$ b) $|x-4|=0$ c) $|7x-5|=-6$

d) $|3x-4|=8$ e) $|x^2-9|=0$ f) $|x^2-17|=8$

g) $|4x-1|=|x-10|$ h) $|2x-5|=|2x-7|$

i) $|x^2-2x-5|=|2x-5|$ j) $|x^2-6x-2|=|x^2+2x+4|$

276 Resolver as equações:

a) $|x-4|=2x-5$ b) $|2x-3|=3x-7$ c) $|2x-5|=x-4$

d) $|2x-7|=x-2$ e) $|2x-4|=2x-8$ f) $|x-2|=4-2x$

277 Resolver:

a) $|x|^2+2|x|-15=0$ b) $2|x|^2+9x-5=0$

c) $3x^2-11|x|-4=0$ d) $3x^2+14|x|+15=0$

e) $2(2x-1)^2-9|2x-1|+9=0$ f) $4x^2-12x-26+2|2x-3|=0$

278 Resolver as equações:

a) $|x+4|+|2x-6|=10$ b) $|2x-3|+|2x+4|=15$

c) $|x+6|+|x-4|=10$ d) $2|2x-4|-3|x+3|=13$

e) $|x^2-9|+|x-5|=8$

✓ **Faça também os Exercícios de Fixação 301 → 304**

E – Inequações Modulares

Inequações modulares são aquelas nas quais aparecem módulos de expressões que têm variáveis.

Para resolvermos inequações modulares usamos principalmente, as seguintes propriedades:

I) $a>0, |x|<a \Leftrightarrow -a<x<a$

II) $a>0, |x|>a \Leftrightarrow x<-a \vee x>a$

III) $a>0, b>0, a<b \Leftrightarrow a^2<b^2$

De acordo com a interpretação geométrica de $|x|$ temos:

$a>0, |x|<a \Leftrightarrow$ A distância entre x e 0 é menor que a

$a>0, |x|>a \Leftrightarrow$ A distância entre x e 0 é maior que a

Desta forma, sendo a > 0, temos:

$|x| = a \Leftrightarrow$ … $\Leftrightarrow x = -a \vee x = a$

$|x| < a \Leftrightarrow$ … $\Leftrightarrow -a < x < a$

$|x| > a \Leftrightarrow$ … $\Leftrightarrow x < -a \vee x > a$

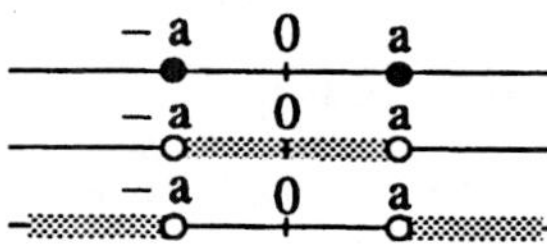

Obs.: Nessas propriedades (I, II e III), < e > podem ser substituídos respectivamente por ≤ e ≥ .

Exemplos:

a) $|2x-1|<7$

1º modo (usando a propriedade I)

$|2x-1|<7 \Leftrightarrow -7 < 2x-1 < 7 \Leftrightarrow -6 < 2x < 8 \Leftrightarrow -3 < x < 4$

2º modo (usando a propriedade III)

$|2x-1|<7 \Leftrightarrow |2x-1|^2<49 \Leftrightarrow (2x-1)^2<49 \Leftrightarrow$

$\Leftrightarrow 4x^2-4x+1<49 \Leftrightarrow 4x^2-4x-48<0 \Leftrightarrow$

$\Leftrightarrow x^2-x-12<0 \Leftrightarrow (x-4)(x+3)<0 \Leftrightarrow -3<x<4$

Então: $S=\{x \in R \mid -3<x<4\}$

Note que, neste caso, o 1º modo é mais vantajoso

b) $|5x-7|<-2 \Leftrightarrow S=\varnothing$ pois $|5x-7|\geq 0, \forall x \in \mathbf{R}$

c) $|3x-12|\leq 0 \Leftrightarrow 3x-12=0 \Leftrightarrow x=4 \Leftrightarrow S=\{4\}$

d) $|2x-3|>5$

1º modo (Usando a propriedade II)

$|2x-3|>5 \Leftrightarrow 2x-3<-5 \vee 2x-3>5 \Leftrightarrow$

$\Leftrightarrow x<-1 \vee x>4$

2ºmodo (Usando a propriedade III)

$|2x-3|>5 \Leftrightarrow |2x-3|^2>25 \Rightarrow (2x-3)^2>25 \Leftrightarrow$

$\Leftrightarrow 4x^2-12x+9>25 \Leftrightarrow 4x^2-12x-16>0 \Leftrightarrow$

$\Leftrightarrow x^2-3x-4>0 \Leftrightarrow (x-4)(x+1)>0 \Leftrightarrow x<-1 \vee x>4$

Então: $S=\{x\in R \mid x<-1 \vee x>4\}$

e) $|3x-5|>-3 \Rightarrow S=R$ pois $|3x-5|\geq 0, \forall x \in \mathbf{R}$

f) $|x^2-4x-36|\leq 24 \Leftrightarrow -24\leq x^2-4x-36\leq 24 \Leftrightarrow$

$\Leftrightarrow x^2-4x-36\geq -24 \wedge x^2-4x-36\leq 24 \Leftrightarrow$

$\Leftrightarrow x^2-4x-12\geq 0 \wedge x^2-4x-60\leq 0 \Leftrightarrow$

$\Leftrightarrow (x+2)(x-6)\geq 0 \wedge (x+6)(x-10)\leq 0 \Leftrightarrow$

$\Leftrightarrow x\leq -2 \vee x\geq 6 \wedge -6\leq x\leq 10$

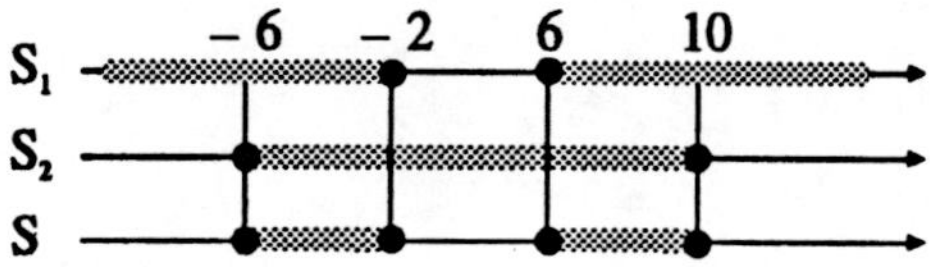

$S=\{x\in R \mid -6\leq x\leq -2 \vee 6\leq x\leq 10\}$

g) $3 \leq |2x-5| < 11 \Leftrightarrow$

$|2x-5| \geq 3 \wedge |2x-5| < 11 \Leftrightarrow$

1º) $2x-5 \leq -3 \vee 2x-5 \geq 3$

$x \leq 1 \vee x \geq 4 \Rightarrow S_1 = \{x \in R \mid x \leq 1 \vee x \geq 4\}$

2º) $-11 < 2x-5 < 11 \Leftrightarrow -6 < 2x < 16 \Leftrightarrow -3 < x < 8 \Rightarrow$

$S_2 = \{x \in \mathbf{R} \mid -3 < x < 8\}$

$S = S_1 \cap S_2 = \{x \in \mathbf{R} \mid -3 < x \leq 1 \vee 4 \leq x < 8\}$

h) $2|x|^2 - 7|x| + 3 \leq 0$

$|x| = y \Leftrightarrow$

$$2y^2 - 7y + 3 \leq 0 \Leftrightarrow \frac{1}{2} \leq y \leq 3 \Leftrightarrow \frac{1}{2} \leq |x| \leq 3 \Rightarrow$$

$$\Leftrightarrow |x| \geq \frac{1}{2} \wedge |x| \leq 3$$

1º) $|x| \geq \frac{1}{2} \Leftrightarrow x \leq -\frac{1}{2} \vee x \geq \frac{1}{2}$

2º) $|x| \leq 3 \Leftrightarrow -3 \leq x \leq 3$

$$S = \left\{x \in \mathbf{R} \mid -3 \leq x \leq -\frac{1}{2} \vee \frac{1}{2} \leq x \leq 3\right\}$$

i) $|x-2| + |x+3| \geq 7$

Vamos eliminar os módulos da expressão

$f(x) = |x-2| + |x+3|$

	(x < −3)	−3 ··· 2	(x > 2)
$\|x-2\|$	$-x+2$	$-x+2$	$x-2$
$\|x+3\|$	$-x-3$	$x+3$	$x+3$
f(x)	$-2x-1$	5	$2x+1$

Vamos agora resolver uma inequação para cada intervalo e fazer a união das soluções obtidas

1º) $x < -3 \Rightarrow -2x-1 \geq 7 \Leftrightarrow x \leq 4 \Rightarrow x \leq -4$

2º) $-3 \leq x < 2 \Rightarrow 5 \geq 7 \Rightarrow \nexists x$

3º) $x \geq 2 \Rightarrow 2x+1 \geq 7 \Leftrightarrow x \geq 3$

$S = \{x \in \mathbf{R} \mid x \leq -4 \vee x \geq 3\}$

279 Resolver as seguintes inequações:

a) $|x| < 5$ b) $|x| > 6$ c) $|x| \le 4$

d) $|x| \ge 7$ e) $|x| < -3$ f) $|x| > -9$

g) $|x| \le 0$ h) $|3x+1| < 5$ i) $|2x-1| > 11$

j) $|3x-5| \le 7$ k) $|5x-1| \ge 9$ l) $|3x-1| \le -2$

m) $|5x-3| \ge -1$ n) $|2x-10| \le 0$ o) $|4x-12| > 12$

280 Resolver as seguintes inequações:

a) $3 < |2x-3| \le 9$ b) $2 \le |5-x| < 6$

c) $|x|^2 - |x| - 12 < 0$ d) $3|x|^2 + 16|x| + 16 < 0$

e) $3|x|^2 + 16x + 16 < 0$ f) $2x^2 - 3|x| - 9 > 0$

g) $2x^2 - 11|x| + 14 \ge 0$ h) $3x^2 - 17|x| + 10 \le 0$

✔ **Faça também os Exercícios de Fixação 305 e 306**

281 Resolver:

a) $|x^2 - 7x - 1| \le 7$ b) $|x^2 - 6x - 4| \ge 12$

c) $\sqrt{|2x-5|^2} \le 3$ d) $\sqrt{(3x-5)^2} > 13$

e) $\sqrt{4x^2 - 28x + 49} < 11$ f) $3 < \sqrt{9x^2 - 24x + 16} < 7$

282 Resolver as seguintes inequações

a) $||x| - 5| < 7$ b) $||x| + 3| \ge 7$

c) $||3x+4| - 7| > 2$ d) $|8 - |2x-1|| \le 9$

283 Resolver as Inequações:

a) $\left|\dfrac{3x-4}{x+2}\right| \le 5$ b) $\left|\dfrac{3x-7}{4x-3}\right| > 3$

✓ Faça também os Exercícios de Fixação 307 → 309

284 Resolver as inequações:

a) $6|2x-1|^2-17|2x-1|+5<0$

b) $2(x-5)^2-11|x-5|+9\geq 0$

c) $(2x-1)^2-12|1-2x|+27\leq 0$

d) $3x^2-12x-20|x-2|+37>0$

e) $6x^2-18x-13\sqrt{9-12x+4x^2}+31\leq 0$

285 Resolver:

a) $|2x-8|+|3x+2|\leq 2x+15$

b) $2|2x+3|-3|x-4|\geq x-1$

286 Resolver as inequações:

a) $|x+4|<2x-5$

b) $|3x-1|\geq x+3$

c) $|2x-1|<x-5$

d) $|7-3x|\leq 2x+4$

✓ Faça também os Exercícios de Fixação 310 e 311

Exercícios de Fixação

287 Construa o gráfico da função real f nos casos:

a) $f(x)=\begin{cases}-2x-4, & x<-1\\ x-1, & x\geq -1\end{cases}$

b) $f(x)=\begin{cases}2x+6, & x\leq -2\\ 2, & -2<x<3\\ x-1, & x\geq 3\end{cases}$

c) $f(x)=\begin{cases}-2, & x\leq -1\\ 2x, & -1<x\leq 1\\ 2, & x>1\end{cases}$

d) $f(x)=\begin{cases}4, & x<-2\\ -\frac{3}{2}x, & -2\leq x<2\\ -2, & x\geq 2\end{cases}$

e) $f(x)=\begin{cases}-2x-6, & x<-2\\ -x^2+4, & -2\leq x<1\\ 2, & x\geq 1\end{cases}$

f) $f(x)=\begin{cases}3x+9, & x<-2\\ x^2-1, & -2\leq x\leq 0 \vee 1<x\leq 2\\ -2, & 0<x\leq 1\\ x^2-8x+16, & x>2\end{cases}$

288 Dada a função f definida por:

$$f(x)=\begin{cases}2x^2-3x-5, & x\leq -3 \vee 0<x\leq 3\\ -2x+7, & -3<x\leq 0\\ -x^2+2x-1, & 3<x\leq 5\\ -2, & x>5\end{cases}$$

determine

a) f(–1) b) f(–4) c) f(0) d) f(2) e) f(6)
f) f(4) g) f(–3) h) f(5) i) f(3) j) f(–2)

289 Considere a função real f definida por:

$$f(x)=\begin{cases}x^2+6x, & x<1\\ x^2-4x-5, & x\geq 1\end{cases}$$

Ache os valores de x para os quais f(x) = 7

290 Classificar com V (verdadeiro) ou F (falso) as sentenças:

a) $|-5|=5$ b) $|\sqrt{3}-2|=\sqrt{3}-2$ c) $|-(\sqrt{7}-3)|=-(\sqrt{7}-3)$

d) $|\sqrt{2}-2|=2-\sqrt{2}$ e) $|a-b|=|b-a|$ f) $|x^2+5|=x^2+5$

g) $|x-2|=|2-x|$ h) $|2x+1|=2x+1$ i) $|2x-3|=|3-2x|$

291 Ache os módulos:

a) $\left|3\sqrt{5}-5\sqrt{3}\right|$ b) $\left|5\sqrt{3}-9\right|$ c) $\left|\sqrt{11}-4\right|$

d) $\left|-x^2-11\right|$ e) $\left|x^2-4x+5\right|$ f) $\left|5-2\sqrt{6}\right|$

292 Ache nos intervalos dados, os módulos:

a) $\left|x^2-16\right|,\ -4<x<4$ b) $\left|2x+8\right|,\ x\geq -4$

c) $\left|x^2-3x+2\right|,\ 1\leq x\leq 2$ d) $\left|x^2-x-12\right|,\ x\leq -3 \vee x\geq 4$

e) $\left|2x^2+6x\right|,\ x\leq -3 \vee x\geq 0$ f) $\left|-x^2+3x+18\right|,\ -3\leq x\leq 6$

293 Expressar sem módulo a função real f nos casos:

a) $f(x)=\left|2x-6\right|$ b) $f(x)=\left|8-2x\right|$

c) $f(x)=\left|-3x-15\right|$ d) $f(x)=\left|x^2-1\right|$

e) $f(x)=\left|x^2+5x\right|$ f) $f(x)=\left|x^2+3x-18\right|$

g) $f(x)=\left|x^2-6x+9\right|$ h) $f(x)=\left|x^2-5x+7\right|$

294 Definir sem o auxílio de módulo a função f nos casos:

a) $f(x)=\left|x+4\right|+\left|x-1\right|+3x-5$

b) $f(x)=\left|x^2-25\right|+\left|x^2-x-6\right|-x^2+x-2$

295 Construa o gráfico da função f nos casos:

a) $f(x)=\left|2x-6\right|$ b) $f(x)=\left|6-2x\right|$

c) $f(x)=\left|x-2\right|-3$ d) $f(x)=\left|2x-8\right|-2$

e) $f(x)=-\left|x+3\right|+3$ f) $f(x)=-\left|x-1\right|+2$

296 Esboçar o gráfico das funções:

a) $y=\left|x^2-1\right|$ b) $y=\left|x^2-4x\right|$

c) $y=\left|-x^2+2x-1\right|$ d) $y=\left|-x^2+2x+3\right|$

297 Esboçar num mesmo sistema cartesiano os gráficos de f, g e h nos casos:

a) $f(x) = |x|$, $g(x) = |2x|$, $h(x) = |3x|$

b) $f(x) = |x-2|$, $g(x) = |x|$, $h(x) = |x+2|$

c) $f(x) = |x|-2$, $g(x) = |x|$, $h(x) = |x|+2$

298 Faça o gráfico de f nos casos:

a) $f(x) = \dfrac{|x|}{x}$ b) $f(x) = \dfrac{|x-1|}{x-1}$ c) $f(x) = \dfrac{|x-2|}{2-x}$

d) $f(x) = \dfrac{|x-3|}{x-3}$ e) $f(x) = \dfrac{|3-x|}{x-3}$ f) $f(x) = \dfrac{x-3}{x-3}$

299 Construa o gráfico de f nos casos:

a) $f(x) = \big||x|-1\big|$ b) $f(x) = \big||x|-2\big|$

c) $f(x) = \big||2x+4|-2\big|$ d) $f(x) = \big|3-|x-3|\big|$

300 Esboçar o gráfico de f nos casos:

a) $f(x) = \big||x^2-4x-5|-5\big|$

b) $f(x) = \big|x^2-4|x|\big|$

c) $f(x) = |x+2|+|x-4|+x-4$

301 Resolver as seguintes equações modulares:

a) $|2x+7|=5$ b) $|3x+4|=5$ c) $|5x-1|=-2$

d) $|5-x|=0$ e) $|7x^2+21x|=0$ f) $|2x^2-1|=49$

g) $|3x-4|=|2x-11|$ h) $|5x-9|=|18-4x|$ i) $|2x^2-3x-24|=|2x^2-7x|$

302 Resolver as equações:

a) $|3x-5|=4x-9$ b) $|3x-5|=2x+10$

c) $|2x-3|=x-9$ d) $|2x-2|=3x+4$

303 Resolver:

a) $|x^2|-3|x|-10=0$ b) $x^2-10|x|+24=0$

c) $2x^2+7|x|+6=0$ d) $2|x^2|+11x+15=0$

e) $3(2x-4)^2-17|2x-4|-6=0$ f) $18x^2-24x-5|3x-2|=4$

304 Resolver as seguintes equações:

a) $|x+1|+|2x-8|=14$ b) $|2x+3|+|x-5|=x+4$

c) $3|x+7|-2|2x-6|=2x-6$ d) $|2x+7|=\sqrt{(x+8)^2}$

e) $|3x-5|=\sqrt{7x^2-21x+43}$

f) $|2x^2-7x+6|+|3x^2-4x-4|+|2x^2+x-10|=0$

305 Em cada caso, represente graficamente no eixo real os intervalos que representam o conjunto-solução da inequação (ou equação) dada:

a) $|x|<2$ b) $|x|=2$ c) $|x|>2$

d) $|x|\geq 7$ e) $|x|\leq 7$ f) $|x|=7$

g) $|x|\leq 0$ h) $|x|>0$ i) $|x|>12$

j) $|x|\geq 0$ k) $|x|<-3$ l) $|x|>-5$

306 Resolver as inequações:

a) $|x|<9$ b) $|x|>8$ c) $|x|\leq 3$

d) $|x|\geq 4$ e) $|x|\leq -2$ f) $|x|\geq -7$

g) $|3x-5|\leq 4$ h) $|2x+7|\geq 5$ i) $|5x-12|<3$

j) $|5x-7|\geq 0$ k) $|6-7x|<8$ l) $|11x-22|\leq 0$

307 Resolver as seguintes inequações:

a) $5 \leq |3x-4| < 8$ b) $3 < |2x-7| \leq 7$

c) $2|x|^2 - 9|x| - 5 < 0$ d) $10x^2 - 9|x| - 9 > 0$

e) $|x^2 - 7x - 13| \leq 5$ f) $|6x^2 + 11x - 6| \geq 4$

308 Resolver:

a) $\sqrt{|2x-3|^2} < 21$ b) $\sqrt{(3x-4)^2} \geq 11$

c) $\sqrt{4x^2 + 28x + 49} > 13$ d) $5 < \sqrt{4x^2 - 20x + 25} \leq 9$

309 Resolver as inequações:

a) $||x| - 3| < 7$ b) $|15 - |x|| \geq 9$ c) $||2x+5| - 8| > 5$

d) $|9 - |x-10|| \leq 5$ e) $\left|\frac{x+5}{x-2}\right| \geq 4$ f) $\left|\frac{5x-2}{2x-3}\right| \leq 3$

310 Resolver as inequações modulares:

a) $2(x+3)^2 - 17|x+3| + 8 < 0$

b) $8x^2 - 56x + 112 - 11\sqrt{4x^2 - 28x + 49} \geq 0$

c) $|3x+6| - |x-6| \geq 2x - 2$

d) $|x+4| + |x+1| - |x-3| \leq x + 2$

311 Resolver:

a) $|2x-5| < x - 2$ b) $|3x-7| \geq 2x - 3$

c) $|2x-7| < -\frac{1}{2}x + 4$ d) $\left|\frac{1}{2}x - 2\right| \leq x - 2$

Exercícios Suplementares

312 Resolver a equação:

$$|9x^2-4|+2|3x^2+4x-4|+3|3x^2-8x+4|=0$$

313 Determine x e y sabendo que:

$$|2x-3y-12|+|x+2y+1|=0$$

314 Resolver as equações

a) $|x|+x^3=0$

b) $(x+1)(|x|-1)=-\frac{1}{2}$

c) $\dfrac{4x-8}{|x-2|}=x$

d) $\dfrac{7x+4}{5}-x=\dfrac{|3x-5|}{2}$

e) $7-4x=|4x-7|$

f) $|3x-5|=5-3x$

g) $|x^2-3x+3|=2$

h) $|2x-x^2+3|=2$

i) $|x^2+x-1|=2x-1$

j) $|x^2-x-3|=-x-1$

k) $2|x^2+2x-5|=x-1$

l) $x^2+3|x|+2=0$

m) $(x+1)^2-2|x+1|+1=0$

n) $x^2+2x-3|x+1|+3=0$

315 Resolver as equações

a) $|x|+|x+1|=1$

b) $|x+1|+|x+2|=2$

c) $|x-1|-|x-2|=1$

d) $|x-2|+|4-x|=3$

e) $|x-1|+|x-2|=1$

f) $|x-2|+|x-3|+|2x-8|=9$

g) $|2x+1|-|3-x|=|x-4|$

h) $|x-1|+|1-2x|=2|x|$

i) $|x|-2|x+1|+3|x+2|=0$

j) $|x+1|-|x|+3|x-1|-2|x-2|=|x+2|$

k) $|x|-2|x+1|+3|x+2|=0$

l) $|x|+2|x+1|-3|x-3|=0$

316 Resolver:

a) $\left|x^2-9\right|+\left|x-2\right|=5$

b) $\left|x^2-1\right|+x+1=0$

c) $\left|x^2-4\right|-\left|9-x^2\right|=5$

d) $\left|x^2-9\right|+\left|x^2-4\right|=5$

e) $\left|x-x^2-1\right|=\left|2x-3-x^2\right|$

f) $\left|x^2+2x\right|-\left|2-x\right|=\left|x^2-x\right|$

g) $\left|\left|3-2x\right|-1\right|=2\left|x\right|$

h) $\dfrac{\left|x^2-4x\right|+3}{x^2+\left|x-5\right|}=1$

317 Resolver as equações:

a) $\left|2x-x^2-3\right|=1$

b) $\left|x^2-1\right|+x+1=0$

c) $\left|x^2-4x+2\right|=\dfrac{5x-4}{3}$

d) $(x+1)\left(\left|x\right|-1\right)=-\dfrac{1}{2}$

e) $\left|x\right|-2\left|x+1\right|+3\left|x+2\right|=0$

318 Resolver o sistema

$$\begin{cases} y-2\left|x\right|+3=0 \\ \left|y\right|+x-3=0 \end{cases}$$

319 Simplificar a expressão:

$$\frac{1}{\sqrt{x+2\sqrt{x-1}}}+\frac{1}{\sqrt{x-2\sqrt{x-1}}},\ 1<x<2$$

320 Resolver as inequações

a) $(1+x)^2 \geq \left|1-x^2\right|$

b) $\left|x^2-6x+8\right| \leq 4-x$

c) $\left|x^2+4x+3\right| > x+3$

d) $\left|x-1-x^2\right| \leq \left|x^2-3x+4\right|$

e) $|x^3-1| \le x^2+x+1$ f) $|x^2-2x-3| < 3x-3$

g) $x^2-|3x+2|+x \ge 0$ h) $x^2+2|x+3|-10 \le 0$

321 Resolver as seguintes inequações:

a) $|x+5| > 11$

b) $|2x-5| < 3$

c) $|3x-1| \ge 5$

d) $|2x-4| \le 1$

e) $|2x-1| < |4x+1|$

f) $|1-3x|-|2x+3| \ge 0$

g) $\left|-\dfrac{5}{x+2}\right| < \left|\dfrac{10}{x-1}\right|$

h) $|1-2x| > 3-x$

322 Resolver as inequações:

a) $|x+8| \le 3x-1$

b) $|4-3x| \ge 2-x$

c) $|2x-3| \ge 2x-3$

d) $|5x^2-2x+1| < 1$

e) $|6x^2-2x+1| \le 1$

f) $|-2x^2+3x+5| > 2$

g) $\left|\dfrac{x+2}{2x-3}\right| < 3$

h) $\left|\dfrac{2x-3}{x^2-1}\right| \ge 2$

i) $\left|\dfrac{x^2-3x+2}{x^2+3x+2}\right| > 1$

323 Resolver as inequações:

a) $\left|\dfrac{x^2-3x-1}{x^2+x+1}\right| \le 3$

b) $\left|\dfrac{x^2-5x+4}{x^2-4}\right| \ge 1$

c) $x^2+2|x|-3 \le 0$

d) $x^2+5|x|-24 > 0$

e) $|x^2-3x-15| < 2x^2-x$

f) $|x^2+x+10| \le 3x^2+7x+2$

g) $|2x^2+x+11| > x^2-5x+6$

h) $|4x^2-9x+6| > -x^2+x-3$

324 Resolver:

a) $\dfrac{|x-3|}{x^2-5x+6} \geq 2$ b) $|x-6| > |x^2-5x+9|$ c) $\dfrac{x^2-7|x|+10}{x^2-6x+9} < 0$

d) $\dfrac{x^2-|x|-12}{x-3} \geq 2x$ e) $|x|+|x-1| < 5$ f) $|x+1|+|x-2| > 5$

g) $|2x+1|-|5x-2| \geq 1$ h) $|3x-1|+|2x-3|-|x+5| < 2$

i) $|x-1|+|2-x| > 3+x$

325 Resolver as inequações:

a) $||2x+1|-5| > 2$ b) $||x-3|+1| \geq 2$ c) $||x-1|+x| < 3$

d) $||x-2|-x+3| < 5$ e) $|2x-|3-x|-2| \leq 4$

f) $\left|\dfrac{x^2-2x+1}{x^2-4x+4}\right| + \left|\dfrac{x-1}{x-2}\right| - 12 < 0$

F – Demonstrações das Propriedades do Módulo

P1) $|x| = 0 \Leftrightarrow x = 0$

Demonstração:

Devemos provar as duas partes:

1º) $|x| = 0 \Rightarrow x = 0$ e

2º) $x = 0 \Rightarrow |x| = 0$. Vejamos:

1º) $|x| = 0 \Rightarrow x = 0$

Sabemos da tricotomia que: $x < 0 \lor x = 0 \lor x > 0$

Vejamos se pode ocorrer $x < 0 \lor x > 0$

$x < 0 \Rightarrow |x| = -x > 0 \Rightarrow |x| > 0$ (absurdo contra a hipótese)

$x > 0 \Rightarrow |x| = x > 0 \Rightarrow |x| > 0$ (absurdo contra a hipótese)

Como não pode ocorrer $x < 0$ nem $x > 0$ devemos ter: $x = 0$

$2^{\underline{o}}$) $x = 0 \Rightarrow |x| = 0$

$x = 0 \Rightarrow |x| = x = 0 \Rightarrow |x| = 0$

Então: $|x| = 0 \Leftrightarrow x = 0$

P2) $|x| \geq 0, \forall x \in \mathbf{R}$

Demonstração:

Lembrando a definição de módulo: $|x| = \begin{cases} x, & x \geq 0 \\ -x, & x < 0 \end{cases}$ obtemos:

$x < 0 \Rightarrow |x| = -x > 0 \Rightarrow |x| \geq 0$

$x \geq 0 \Rightarrow |x| = x \geq 0 \Rightarrow |x| \geq 0$

Então: $|x| \geq 0, \forall x \in \mathbf{R}$

P3) $|-x| = |x|$

Demonstração:

Vamos dividir em três casos: $x < 0$, $x = 0$ e $x > 0$

$1^{\underline{o}}$) $x < 0 \Rightarrow -x > 0$

$$\left.\begin{array}{l} |-x| = -x \text{ pois } -x > 0 \\ |x| = -x \text{ pois } x < 0 \end{array}\right\} \Rightarrow |-x| = |x|$$

$2^{\underline{o}}$) $x = 0 \Rightarrow -x = 0$

$$\left.\begin{array}{l} |-x| = |-0| = |0| = 0 = x \\ |x| = |0| = 0 = x \end{array}\right\} \Rightarrow |-x| = |x|$$

$3^{\underline{o}}$) $x > 0 \Rightarrow -x < 0$

$$\left.\begin{array}{l} |-x| = -(-x) = x \text{ pois } -x < 0 \\ |x| = x \text{ pois } x > 0 \end{array}\right\} \Rightarrow |-x| = |x|$$

Então: $|-x| = |x|$

P4) $|x - y| = |y - x|$

De acordo com P3 temos

$|x - y| = |-(x - y)| = |y - x|$

Então: $|x - y| = |y - x|$

P5) $-|x| \leq x \leq |x|$

Demonstração:

Note que são verdadeiras as afirmações:

$a = b \Rightarrow a \leq b,\ a = b \Rightarrow a \geq b \vee a < b \Rightarrow a \leq b$

Então:

$$\begin{cases} x < 0 \Rightarrow |x| = -x \Rightarrow x = -|x| \Rightarrow x \geq -|x| \\ x < 0 \wedge o < |x| \Rightarrow x < |x| \Rightarrow x \leq |x| \end{cases} \Rightarrow -|x| \leq x \leq |x|$$

$$\begin{cases} x \geq 0 \Rightarrow |x| = x \Rightarrow x = |x| \Rightarrow x \leq |x| \\ x \geq 0 \wedge 0 \geq -|x| \Rightarrow x \geq -|x| \end{cases} \Rightarrow -|x| \leq x \leq |x|$$

Então: $-|x| \leq x \leq |x|$

P6) $x \leq |x|$

Demonstração:

De acordo com P5 ($-|x| \leq x \leq |x|$) podemos afirmar que $x \leq |x|$.

Então: $x \leq |x|$

P7) $|x|^2 = x^2$

Demonstração:

$$|x| = \begin{cases} x,\ x \geq 0 \\ -x,\ x < 0 \end{cases} \Rightarrow |x|^2 = \begin{cases} x^2,\ x \geq 0 \\ (-x)^2,\ x < 0 \end{cases} \Rightarrow$$

$$\Rightarrow |x|^2 = \begin{cases} x^2,\ x \geq 0 \\ x^2,\ x < 0 \end{cases} \Rightarrow |x|^2 = x^2$$

Então: $|x|^2 = x^2$

P8) $\sqrt{x^2} = |x|$

Demonstração:

Da definição de $\sqrt{a}$ sabemos que:

$\sqrt{a} = y \iff y \geq 0 \wedge y^2 = a$. Logo:

$\sqrt{x^2} = |x|$ pois $|x| \geq 0 \wedge |x|^2 = x^2$ (P7)

Então: $\sqrt{x^2} = |x|$

P9) $|x.y| = |x|.|y|$

Demonstração:

Vamos considerar os 4 casos possíveis

1º) $x \geq 0 \wedge y \geq 0 \Rightarrow xy \geq 0 \begin{cases} |xy| = xy \\ |x||y| = x.y \end{cases} \Rightarrow |xy| = |x||y|$

2º) $x \geq 0 \wedge y < 0 \Rightarrow xy \leq 0 \begin{cases} |xy| = -xy \\ |x||y| = x(-y) = -xy \end{cases} \Rightarrow |xy| = |x||y|$

3º) $x < 0 \wedge \ y \geq 0$ Faz-se como o 2º caso

4º) $\left\{ x \geq 0 \wedge y < 0 \Rightarrow xy \leq 0 \begin{cases} |xy| = xy \\ |x||y| = (-x)(-y) = xy \end{cases} \right. \Rightarrow |xy| = |x||y|$

P10) $\left|\dfrac{1}{x}\right| = \dfrac{1}{|x|}, x \neq 0$

Demonstração:

Façamos $\left|\dfrac{1}{x}\right| = y$ e determinemos y:

$$\left|\frac{1}{x}\right| \cdot |x| = y \cdot |x| \overset{P9}{\Rightarrow} \left|\frac{1}{x} \cdot x\right| = y \cdot |x| \ \Rightarrow \ y \cdot |x| = |1| \Rightarrow$$

$$\Rightarrow y|x| = 1 \Rightarrow y = \frac{1}{|x|} \Rightarrow \left|\frac{1}{x}\right| = \frac{1}{|x|}$$

Então: $\left|\dfrac{1}{x}\right| = \dfrac{1}{|x|}$

P11) $\left|\dfrac{x}{y}\right| = \dfrac{|x|}{|y|}, y \neq 0$

Demonstração:

$$\left|\frac{x}{y}\right| = |x.y^{-1}| \overset{P9}{\Rightarrow} \left|\frac{x}{y}\right| = |x|.|y^{-1}| = |x|.\left|\frac{1}{y}\right| \overset{P10}{\Rightarrow} \left|\frac{x}{y}\right| = |x|.\frac{1}{|y|}$$

$\Rightarrow \left|\dfrac{x}{y}\right| = \dfrac{|x|}{|y|}$ Então: $\left|\dfrac{x}{y}\right| = \dfrac{|x|}{|y|}$

P12) $a>0, |x|=a \Leftrightarrow x=-a \vee x=a$

Demonstração:

Lembrando a definição de módulo: $|x|=\begin{cases} x, & x\geq 0 \\ -x, & x<0, \end{cases}$

provemos os dois casos:

1º) $a>0, |x|=a \Rightarrow x=-a \vee x=a$

$$\left.\begin{cases} x\geq 0, |x|=a \Rightarrow x=a \\ x<0, |x|=a \Rightarrow -x=a \Rightarrow x=-a \end{cases}\right. \Rightarrow x=-a \vee x=a$$

2º) $a>0, x=-a \vee x=a \Rightarrow |x|=a$

$$\left.\begin{cases} x=-a \Rightarrow |x|=|-a|=-(-a)=a \Rightarrow |x|=a \\ x=a \Rightarrow |x|=|a|=a \Rightarrow |x|=a \end{cases}\right. \Rightarrow |x|=a$$

Então: $|x|=a \Leftrightarrow x=-a \vee x=a$

Obs: Outro modo: $a>0, |x|=a \Leftrightarrow |x|^2=a^2 \Leftrightarrow x^2=a^2 \Leftrightarrow x^2-a^2=0 \Leftrightarrow$

$\Leftrightarrow (x+a)(x-a)=0 \Leftrightarrow x=-a \vee x=a$

P13) $|x|=|y| \Leftrightarrow x=-y \vee x=y$

Demonstração:

$|x|=|y| \Leftrightarrow |x|^2=|y|^2 \Leftrightarrow x^2=y^2 \Leftrightarrow x^2-y^2=0 \Leftrightarrow$

$\Leftrightarrow (x+y)(x-y)=0 \Leftrightarrow x=-y \vee x=y$

Então: $|x|=|y| \Leftrightarrow x=-y \vee x=y$

P14) $a>0, |x|<a \Leftrightarrow -a<x<a$

Demonstração:

$a>0, |x|<a \Leftrightarrow |x|^2<a^2 \Leftrightarrow x^2<a^2 \Leftrightarrow$

$x^2-a^2<0 \Leftrightarrow (x+a)(x-a)<0 \Leftrightarrow -a<x<a$

Então: $a>0, |x|<a \Leftrightarrow -a<x<a$

P15) $a>0, |x|>a \Leftrightarrow x<-a \vee x>a$

Demonstração:

$a>0, |x|>a \Leftrightarrow |x|^2>a^2 \Leftrightarrow x^2>a^2 \Leftrightarrow$

$x^2 - a^2 > 0 \Leftrightarrow (x+a)(x-a) > 0 \Leftrightarrow x < -a \vee x > a$

Então: $a > 0,\ |x| > 0 \Leftrightarrow x < -a \vee x > a$

P16) Desigualdade triangular $|x+y| \leq |x| + |y|$

Demonstração:

Há várias maneiras de demonstrar essa propriedade.Apresentaremos agora apenas uma:

Vamos considerar dois casos:

1º) $x+y \geq 0$ e

2º) $x+y < 0$

1º caso: $x+y \geq 0 \Leftrightarrow |x+y| = x+y$

Como: $x \leq |x| \wedge y \leq |y| \Rightarrow x+y \leq |x|+|y|$

Agora, de $|x+y| = x+y \wedge x+y \leq |x|+|y|$ obtemos que: $|x+y| \leq |x|+|y|$

2º Caso: $x+y < 0 \Rightarrow -(x+y) > 0 \Rightarrow (-x)+(-y) > 0$

$|x+y| = |-(x+y)| = |(-x)+(-y)|$

De acordo com o 1º caso temos:

$|(-x)+(-y)| \leq |-x|+|-y| = |x|+|y|$

Agora, de $|x+y| = |(-x)+(-y)|$ e

$|(-x)+(-y)| \leq |x|+|y|$ obtemos que $|x+y| \leq |x|+|y|$

Então: $|x+y| \leq |x|+|y|$

P17) $|x-y| \leq |x| + |y|$

Demonstração:

$|x-y| = |x+(-y)|$ e como, por P16,

$|x+(-y)| \leq |x|+|-y| = |x|+|y|$, obtemos: $|x-y| \leq |x|+|y|$

Então: $|x-y| \leq |x|+|y|$

P18) $|x-y| \geq |x| - |y|$

Demonstração:

$|x| = |(x-y)+y| \leq |x-y|+|y| \Leftrightarrow$

$|x| \leq |x-y|+|y| \Rightarrow |x|-|y| \leq |x-y| \Rightarrow$

$\Rightarrow |x-y| \geq |x|-|y|$

Então: $|x-y| \geq |x|-|y|$

P19) $\mathbf{|x-y| \geq \big||x|-|y|\big|}$

Demonstração:

De acordo com P18: $|x-y| \geq |x|-|y| \Rightarrow |x|-|y| \leq |x-y|$

Ainda, de acordo com P4 e P18 temos:

$|x-y| = |y-x| \geq |y|-|x| \Rightarrow |x-y| \geq |y|-|x| \Rightarrow -|x-y| \leq |x|-|y|$

Agora: $-|x-y| \leq |x|-|y| \wedge |x|-|y| \leq |x-y| \Rightarrow$

$\Rightarrow -|x-y| \leq |x|-|y| \leq |x-y|$, donde, de acordo com P14 obtemos:

$\big||x|-|y|\big| \leq |x-y|$.

Então: $|x-y| \geq \big||x|-|y|\big|$

P20) $\mathbf{|x+y+z| \leq |x|+|y|+|z|}$

Demonstração:

$|x+y+z| = |(x+y)+z| \leq |x+y|+|z|$

$\begin{cases} |x+y+z| \leq |x+y|+|z| \\ |x+y| \leq |x|+|y| \end{cases}$, somando membro a membro obtemos:

$|x+y+z|+|x+y| \leq |x+y|+|z|+|x|+|y| \Rightarrow$

$|x+y+z| \leq |x|+|y|+|z|$

Então: $|x+y+z| \leq |x|+|y|+|z|$

Obs: Deve ficar claro que muitas dessas propriedades podem ser demonstradas de outras maneiras.

Capítulo 6

Função Exponencial Equações e Inequações Exponenciais

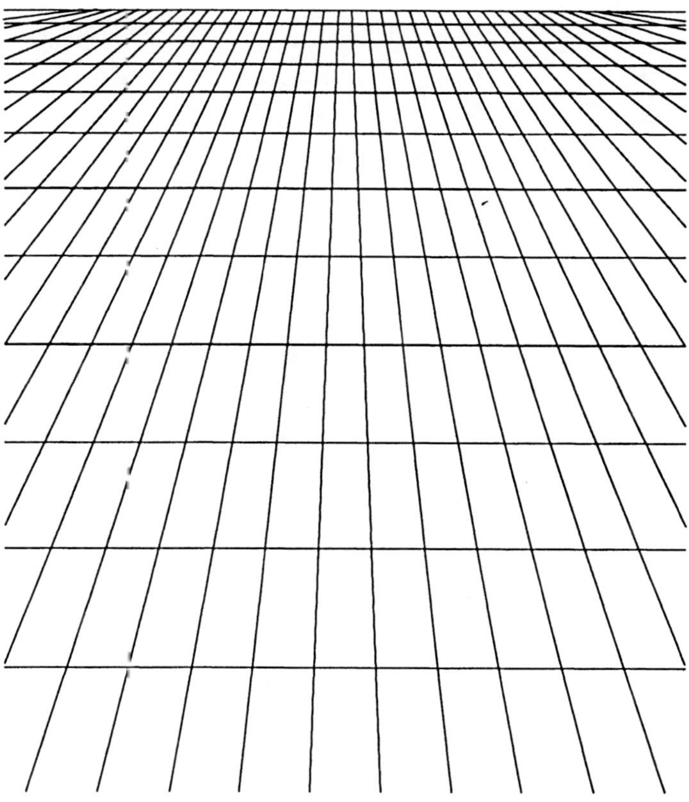

A – Função Exponencial

Definição

É toda função da forma $y = a^x$ com $a \in \mathbf{R} \mid a > 0$ e $a \neq 1$. A função exponencial é bijetora de $\mathbf{R}$ em $\mathbf{R}_+^*$

A.1 – Gráfico da função exponencial

1º caso

$0 < a < 1 \Leftrightarrow$ função decrescente

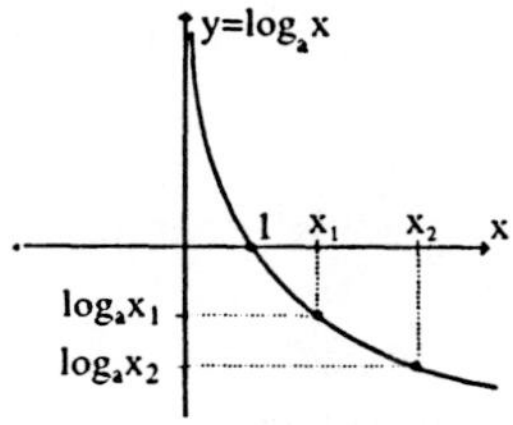

Observando o gráfico desta função ($0 < a < 1$), verificamos que $y = a^x$ é decrescente, ou seja,

$$x_1 < x_2 \Leftrightarrow a^{x_1} > a^{x_2}$$

inverte o sentido da desigualdade

2º caso

$a > 1 \Leftrightarrow$ função crescente

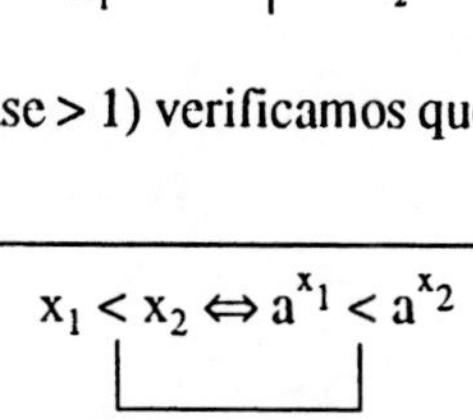

Neste segundo caso (base > 1) verificamos que a função $y = a^x$ é crescente e, portanto,

$$x_1 < x_2 \Leftrightarrow a^{x_1} < a^{x_2}$$

mantém o sentido da desigualdade.

Observações:

1ª) A função exponencial $y = a^x$ não tem raiz e nunca é negativa, ou seja, $\nexists\, x \in \mathbf{R} \mid y \le 0$ e, portanto, é uma função sempre positiva. Lembre-se: $y = a^x > 0$ para $\forall\, x \in \mathbf{R}$

*2ª) A base **a** da função exponencial tem que ser diferente de 0, diferente de 1 e não pode ser negativa. Isso acontece porque funções dos tipo $y = 0^x$, $y = 1^x$ e $y = (-2)^x$ não têm o comportamento normal de uma função exponencial e, por isso, não há interesse em estudá-las.*

3ª) $D_f = \mathbf{R}$ e $Im_f = \mathbf{R}_+^*$

4ª) A curva que representa graficamente a função exponencial $y = a^x$ intercepta o eixo Oy no ponto (0, 1).

Exercícios

326 Classifique as funções seguintes de acordo com o código:

C - São funções exponenciais crescentes
D - São funções exponenciais decrescentes
N - Não são funções exponenciais

a) $y = 5^x$ b) $y = \left(\frac{1}{3}\right)^x$ c) $f(x) = 1^x$ d) $f(x) = \left(\sqrt{2}\right)^x$

e) $f(x) = 0^x$ f) $y = \left(\frac{4}{5}\right)^x$ g) $y = (-4)^x$ h) $f(x) = \left(\frac{\pi}{3}\right)^x$

i) $y = \left(1 - \sqrt{2}\right)^x$ j) $f(x) = \left(2 - \sqrt{3}\right)^x$ k) $f(x) = \left(\frac{11}{10}\right)^x$

l) $f(x) = \left(3 - \sqrt{2}\right)^x$

327 Nas funções y = f (x) seguintes calcule f (– 2), f (– 1), f (0) e f (2):

a) $f(x) = 2^x$ b) $f(x) = \left(\frac{1}{5}\right)^x$ c) $f(x) = \left(\frac{2}{3}\right)^x$ d) $f(x) = \left(\sqrt{2} - 1\right)^x$

e) $f(x) = 3^{-x}$ f) $f(x) = 1 - 2^x$

328 Esboçar o gráfico das seguintes funções exponenciais:

a) $y = 2^x$ b) $y = \left(\frac{1}{2}\right)^x$ c) $y = 3^x$ d) $y = \left(\frac{2}{3}\right)^x$

e) $y = 2^{x+1}$ f) $y = \left(\frac{1}{2}\right)^{x-1}$ g) $y = 2^{-x}$ h) $y = 3^x + 1$

i) $y = 2^x - 2$ j) $y = 1 - 2^x$

Observações: as funções dos itens (e), (f), (g), (h), (i), (j) são translações ou rotações de funções exponenciais.

✓ Faça também os Exercícios de Fixação 343 → 345

B – Equações exponenciais

São equações redutíveis à forma $a^{f(x)} = a^{g(x)}$.

Para resolver equações exponenciais, utiliza-se a seguinte propriedade:

$$a^{x_1} = a^{x_2} \Leftrightarrow x_1 = x_2$$

sendo $a \in \mathbf{R} \mid 1 \neq a > 0$

Tal propriedade é verdadeira pois a função exponencial $y = a^x$ é injetora.

329 Resolver as seguintes equações exponenciais:
Obs.: é dado que $a \in \mathbf{R} \mid 1 \neq a > 0$

a) $2^x = 32$ b) $3^x = \frac{1}{9}$ c) $5^x = 1$ d) $\pi^x = \pi$ e) $a^x = 1$

f) $2^x = -4$ g) $3^x = 0$ h) $a^x = \frac{1}{a}$

330 Resolver as seguintes equações:

a) $8^x = 2$ b) $9^x = \frac{1}{27}$ c) $\left(\frac{1}{25}\right)^x = 125$ d) $3^{2^x} = 6561$

e) $2^{3^x} = \sqrt[9]{2}$ f) $\left(2^3\right)^x = \sqrt{8}$

331 Resolver as seguintes equações:

a) $3^{5-2x} = 9^{2x+1}$ b) $\left(\frac{1}{8}\right)^{x-1} = 64^{1-3x}$ c) $9^{2x+3} = \left(\frac{1}{3}\right)^{4-x}$

d) $\left(\frac{1}{3}\right)^{x-x^2} = 81^3$ e) $7^{6x^2+5x-4} = 1$ f) $\left[\left(\frac{3}{2}\right)^3\right]^{x-2} - \left(\frac{16}{81}\right)^{x-5} = 0$

332 Resolver as equações:

a) $0{,}25^{3x-1} = 0{,}0625^{2-x}$ b) $(0{,}333...)^{x-x^2} = 27^2$

c) $0{,}125^{x+3} = \sqrt{0{,}25^{4x+51-x^2}}$

✓ Faça também os Exercícios de Fixação 346 → 351

333 Resolver as equações:

a) $2^{x+1} + 2^{x+2} - 2^{x+3} = -32$

b) $3^{x-1} - 3^{x-2} + 3^{x+1} - 3^{x+2} = -\dfrac{52}{27}$

c) $7^x + 7^{x-1} = 8^x$

d) $3^{x-2} + 2^{x-3} = 2^{x-1} + 3^{x-3}$

334 Resolver as equações:

a) $2^{2x} - 12.2^x + 32 = 0$ b) $5^{2x} + 5^x - 2 = 0$ c) $3^{2x+1} + 8.3^x - 3 = 0$

d) $2^{x+1} - 2^{3-x} = 6$ e) $16^{1-x} + 16^x = 10$ f) $4^{x^2+2} - 3.2^{x^2+3} = 160$

335 Resolver as equações:

a) $8^x - 7.2^x + 6 = 0$ b) $27^x - 13.9^x + 13.3^{x+1} - 27 = 0$ c) $8^x + 18^x = 2.27^x$

336 Resolver os seguintes sistemas

a) $\begin{cases} 3^x.5^y = 75 \\ 3^y.5^x = 45 \end{cases}$ b) $\begin{cases} 2^x.3^y = 12 \\ 2^y.3^x = 18 \end{cases}$ c) $\begin{cases} 25^{2x} - 25^{2y} = 20 \\ 25^{x+y} = 5\sqrt{5} \end{cases}$

✓ Faça também os Exercícios de Fixação 352 → 356

C – Inequações exponenciais

São inequações redutíveis à forma

$$a^{f(x)} < a^{g(x)} \text{ (ou } \leq) \quad \text{com } a \in \mathbf{R} \mid 1 \neq a > 0$$

C.1 – Resolução

Observando os gráficos das funções exponenciais crescentes e decrescentes da pág. 127 , concluímos as seguintes propriedades que serão utilizadas na resolução das inequações exponenciais:

1º caso

$0 < a < 1 \Leftrightarrow$ inverte o sentido da desigualdade

$a^{f(x)} < a^{g(x)} \Leftrightarrow f(x) > g(x)$

inverte (0 < base < 1)

2º caso

$a > 1 \Leftrightarrow$ mantém o sentido da desigualdade

$a^{f(x)} < a^{g(x)} \Leftrightarrow f(x) < g(x)$

mantém (base > 1)

337 Resolver as inequações exponenciais seguintes:

a) $5^x \le 5^3$

b) $\left(\frac{3}{4}\right)^x < \left(\frac{3}{4}\right)^{-2}$

c) $6 < 6^x$

d) $\left(\sqrt{5}-1\right)^{-4} \ge \left(\sqrt{5}-1\right)^x$

e) $\left(\frac{2}{3}\right)^x < \left(\frac{3}{2}\right)^7$

f) $\left(\sqrt{2}-1\right)^x \ge \left(\frac{1}{\sqrt{2}+1}\right)^2$

338 Resolver as inequações:

a) $7^{3x-1} < 7^{x+1}$

b) $\left(\frac{1}{2}\right)^{x^2+1} \ge \left(\frac{1}{2}\right)^2$

c) $\left(\frac{3}{2}\right)^{2x^2-3x} \le \left(\frac{2}{3}\right)^{-2}$

d) $\left(2\sqrt{2}\right)^{5x-1} \le \left(2\sqrt[3]{4}\right)^{2x-1}$

e) $\left(\frac{1}{4\sqrt[4]{2}}\right)^{x-1} < \left(\frac{2\sqrt[5]{16}}{\sqrt[4]{8}}\right)^{x+1}$

f) $\left(\frac{\pi}{4}\right)^{x^3+3x^2} \le \left(\frac{\pi^4}{256}\right)^{x+3}$

339 Resolver os seguintes sistemas de inequações:

a) $\begin{cases} \left(\frac{1}{9}\right)^{x^2+1} < \left(\frac{1}{3}\right)^{5x} \\ \left(\frac{\pi}{4}\right)^{x} > \left(\frac{\pi}{4}\right)^{5} \end{cases}$

b) $\begin{cases} \left(2^x\right)^7 . 2^5 < \left(\frac{1}{8}\right)^{-1-3x} \\ \left(3^x\right)^{4-x} \geq 1 \end{cases}$

c) $2^{x-5} \leq \frac{1}{4^{1-x}} < 8^{x+1}$

d) $4 > \frac{1}{2^{x^2+3x}} > \frac{1}{16}$

✓ Faça também os Exercícios de Fixação 357 → 360

340 Resolver as inequações:

a) $2^x - 2^{x+1} - 2^{x+2} + 2^{x+3} < 48$
b) $3^{2x-1} - 3^{2x} - 3^{2x+1} + 81.3^{2x-2} > 16$

341 Resolver as inequações:

a) $4.2^{2x} - 9.2^x + 2 > 0$ b) $9^x - 10.3^x + 3^2 \leq 0$

342 Resolver as inequações:

a) $2^{x+4} + 4.2^x > 2^{x+1} + 3^{x+1} + 3^{x+2}$

b) $x^{x^3+15} \leq x^{3x^2+13x}, 0 < x \neq 1$

✓ Faça também os Exercícios de Fixação 361 → 364

Exercícios de fixação

343 Calcule f (– 3), f (– 2), f (– 1), f (0), f (1), f (2) e f (3) nos casos:

a) $f(x) = 2^x$ b) $f(x) = \left(\frac{1}{2}\right)^x$ c) $f(x) = 3^x$ d) $f(x) = \left(\frac{1}{3}\right)^x$

344 Num mesmo plano cartesiano esboçar o gráfico das funções $y = 2^x$, $y = \left(\frac{1}{2}\right)^x$, $y = 3^x$ e $y = \left(\frac{1}{3}\right)^x$

345 Dizer se é crescente ou decrescente a função y = f (x) nos casos:

a) $y = 7^x$ b) $y = \left(\frac{1}{5}\right)^x$ c) $y = \left(\frac{\sqrt{2}}{3}\right)^x$ d) $y = \left(\frac{\sqrt{10}}{\pi}\right)^x$

e) $y = \left(\frac{1}{7}\right)^{-x}$ f) $y = 9^{-x}$

346 Resolver as seguintes equações exponenciais

a) $2^x = 64$ b) $16^x = 128$ c) $8^x = \frac{1}{256}$ d) $17^{2x-8} = 1$

e) $3^{3x-11} = 3$ f) $5^{2x+9} = \frac{1}{5}$ g) $4^{x+1} = 8^{2x-5}$ h) $125^{3x-5} = 625^{2x-9}$

i) $\left(\frac{1}{16}\right)^{x+4} = 512^{3-x}$ j) $49^{x-1} = \left(\frac{1}{343}\right)^{3x-11}$

347 Resolver as equações

a) $\left(\sqrt[3]{4}\right)^x = \sqrt[4]{8}$ b) $\left(\sqrt{3}\right)^{x-1} = \left(\sqrt[3]{9}\right)^{2-x}$

c) $\left(\frac{4}{\sqrt[5]{16}}\right)^{2x-3} = \left(\frac{\sqrt[3]{32}}{8}\right)^{x-1}$ d) $\left(3\sqrt[5]{81}\right)^{x-1} = \frac{243}{\sqrt[8]{27}}$

348 Resolver as equações

a) $4^x \,.\, 8^{2x-1} = 16^{5-x}$ b) $9^{2x-1} \,.\, 27^x = 81^{2-x}$

c) $2^{3x-1} : 4^{x-1} = 8^{x+3} : 16$ d) $7^{x+1} \,.\, 49^{x-3} = 343^{x-1} : 2401^{4-3x}$

349 Resolver as equações

a) $\left(\sqrt{2}\right)^{x-1} . \left(2\sqrt[3]{4}\right)^{3x-2} = \left(\sqrt[4]{8}\right)^{x-1}$

b) $\left(3\sqrt{3}\right)^x : \left(\sqrt[3]{9}\right)^{3x-2} = \left(9\sqrt[5]{81}\right)^{5x-1}$

350 Resolver as equações

a) $\left(8\sqrt{2}\right)^{3x-1} = (0,125)^{-x+3}$ b) $(0,333\ldots)^{x+2} = \left(9\sqrt{3}\right)^{1-2x}$

351 Resolver as equações

a) $10^{2x^2-3x-2} = 1$ b) $10^{x^2-4x-3} = 0$

c) $2^{3x^2-6x-3} = 64$ d) $27^{2x^2-4x+7} = 243^{x+2}$

352 Resolver as equações

a) $2^x + 2^{x+1} - 2^{x+2} + 2^{x+3} = 224$

b) $2^{x-1} + 3.2^x - 5.2^{x+1} + 3.2^{x+3} = 4^{2x-1} . 560$

353 Resolver as equações

a) $(2^x)^2 - 3.2^x + 2 = 0$ b) $2 \cdot 2^{2x} - 9 \cdot 2^x + 4 = 0$

c) $3^{2x+2} + 17 \cdot 3^x - 2 = 0$ d) $5^{2x} - 26 \cdot 5^x + 25 = 0$

354 Resolver as equações

a) $8.4^x + 15.2^x - 2 = 0$ b) $9^{x+1} - 26.3^{x+1} - 3^3 = 0$

c) $3.27^x - 25.9^x - 19.3^x + 9 = 0$

355 Resolver em $\mathbf{R}_+$ as equações

a) $x^{2x^2-3x-2} = 1$ b) $x^{x^2-5x+4} = 1$ c) $x^{x^2-7x+11} = x$ d) $x^{x^2+x-5} = x^7$

356 Resolver os seguintes sistemas

a) $\begin{cases} 3^x . 3^y = 27 \\ 3^x + 3^y = 12 \end{cases}$ b) $\begin{cases} xy = y^x \\ x^3 = y^2 \end{cases}$ c) $\begin{cases} 2^{2x} - 3^y = 55 \\ 2^x - 3^{\frac{y}{2}} = 5 \end{cases}$

d) $\begin{cases} 2^x + 3^y = 17 \\ 2^{x+2} - 3^{y+1} = 5 \end{cases}$ e) $\begin{cases} 8^{2x+1} = 32.2^{4y-1} \\ 5.5^{x-y} = \sqrt{25^{2y+1}} \end{cases}$ f) $\begin{matrix} (x+y)^{\frac{1}{x-y}} = 2\sqrt{3} \\ (x+y).2^{y-x} = 3 \end{matrix}$

357 Resolver as inequações:

a) $3^x < 3^4$ b) $2^x > 2$ c) $8^x < 1$ d) $3^{2x-1} \le 3^7$ e) $2^{x-1} > 2^5$

f) $7^{3x-2} \le 7$ g) $\left(\frac{1}{2}\right)^x < \left(\frac{1}{2}\right)^4$ h) $\left(\frac{1}{3}\right)^x \ge \frac{1}{3}$ i) $\left(\frac{2}{3}\right)^x < 1$

j) $\left(\frac{5}{7}\right)^{2x-1} \ge \left(\frac{5}{7}\right)^5$ k) $\left(\frac{3}{5}\right)^{1-x} < \left(\frac{3}{5}\right)^{x+7}$ l) $\left(\frac{2}{5}\right)^{x+1} > \frac{5}{2}$

358 Resolver as inequações

a) $2^{2x^2-5x} \le 8$ b) $3^{x^2-7} \ge \frac{1}{27}$ c) $\left(\frac{2}{3}\right)^{x^2-x} \ge \frac{4}{9}$ d) $\left(\frac{3}{5}\right)^{x^2-3x} < \frac{25}{9}$

359 Resolver as inequações

a) $\left(2\sqrt[3]{4}\right)^{2x-1} \le \left(4\sqrt[4]{8}\right)^{1-x}$ b) $4^{x-1} . 8^{x+2} < 4^x : 16^{1-x}$

c) $9^{x-1} : \left(3\sqrt{3}\right)^{x+2} \ge \left(3\sqrt[3]{9}\right)^{3x-1} . \left(\sqrt[4]{27}\right)^{4x-5}$

360 Resolver os sistemas

a) $\begin{cases} \left(2\sqrt[5]{16}\right)^{5x-20} \ge \left(4\sqrt[3]{4}\right)^{3-3x} \\ \left(3\sqrt[3]{9}\right)^{3x-3} > \left(9\sqrt[4]{27}\right)^{4x-8} \end{cases}$ b) $\begin{cases} 4^{x^2-x} < 8^{x+1} \\ \left(\frac{2}{3}\right)^{x^2-2} \le \left(\frac{3}{2}\right)^{-x+2} \end{cases}$

361 Resolver as inequações

a) $\frac{3}{2} \cdot 2^x - 5 \cdot 2^{x+1} - 4 \cdot 2^x + 2^{x+4} \le 0{,}875$

b) $3^{2x+1} + 5.3^x - 2 > 0$ c) $4^x - 7.2^x \le 2^3$

362 Resolver a inequação $x^{2x^2-x+6} \ge x^{x^2+4x}$, onde $x > 1$

363 Resolver a inequação $x^{2x^2-3x} \ge x^{2x-2}$, onde $0 < x < 1$

364 Resolver as inequações

a) $x^{6x^3+x+2} < x^{13x^2},\ 0 < x \neq 1$

b) $(x+3)^{x^2-5x+6} > 1$

c) $(x^2 - 8x + 16)^{x-6} < 1$

d) $(x-2)^{x^2-6x+8} > 1$

Exercícios suplementares

365 Resolver as equações:

a) $\dfrac{5^{x+4}}{25} + \dfrac{1}{5} = 20 + 5^{x+1} + 5^{x-1}$

b) $3^{x-1} + 3^x + 3^{x+1} + 3^{x+2} = 6\,(4^{x-1} + 4^x)$

c) $9^x + 3^x - 12 = 0$

d) $\dfrac{25^x + 125}{6} = 5^{x+1}$

e) $3^x - \dfrac{15}{3^{x-1}} + 3^{x-3} = \dfrac{23}{3^{x-2}}$

f) $5^{x^2+\frac{1}{x^2}} = \dfrac{625}{5^{x+\frac{1}{x}}}$

366 Resolver as equações

a) $2.9^x + 6^x = 6.4^x$

b) $125.9^x + 27.25^x = 120.15^x$

c) $4^x - 3^{x-\frac{1}{2}} = 3^{x+\frac{1}{2}} - 2^{2x-1}$

367 Resolver as equações

a) $7.3^{x+1} - 5^{x+2} = 3^{x+4} - 5^{x+3}$

b) $0.125.4^{2x-3} = \left(\dfrac{\sqrt{2}}{8}\right)^{-x}$

c) $0,5^{x^2} \cdot 2^{2x+2} = 64^{-1}$

d) $32^{\frac{x+5}{x-7}} = 0,25.128^{\frac{x+17}{x-3}}$

e) $\left[2\left(2^{\sqrt{x}+3}\right)^{\frac{1}{2\sqrt{x}}}\right]^{\frac{2}{\sqrt[3]{x-1}}} = 4$

f) $2\left(2^{\sqrt{x}+3}\right)^{2^{-1}x^{-\frac{1}{2}}} - \sqrt[\sqrt{x}-1]{4^2} = 0$

g) $\sqrt[x^2-1]{a^3}\ \sqrt[2x-2]{a}\ \sqrt[4]{a^{-1}} = 1$

h) $4^{x-2} - 17 \cdot 2^{x-4} + 1 = 0$

i) $2 \cdot 4^{2x} - 17 \cdot 4^x + 8 = 0$

j) $3\sqrt[x]{81} - 10\sqrt[x]{9} + 3 = 0$

368 Resolver as equações

a) $\left(\frac{2}{3}\right)^x \cdot \left(\frac{9}{8}\right)^x = \frac{27}{64}$

b) $2^{x^2} \cdot 5^{x^2} = 0,001 \cdot \left(10^{3-x}\right)^2$

c) $\left(\frac{3}{4}\right)^{x-1} \cdot \left(\frac{4}{3}\right)^{\frac{1}{x}} = \frac{9}{16}$

d) $(0,6)^x \cdot \left(\frac{25}{9}\right)^{x^2-12} = \left(\frac{27}{125}\right)^3$

e) $10^x - 5^{x-1} \cdot 2^{x-2} = 950$

f) $2^{3x} \cdot 3^x - 2^{3x-1} \cdot 3^{x+1} = -288$

g) $2.7^{3x} - 5.49^{3x} + 3 = 0$

h) $3.5^{2x-1} - 2.5^{x-1} = 0,2$

i) $9^{x^2-1} - 36 \cdot 3^{x^2-3} + 3 = 0$

j) $3^{3x+1} - 4.27^{x-1} + 9^{1,5x-1} - 80 = 0$

369 Resolver

a) $\frac{2^x + 10}{4} = \frac{9}{2^{x-2}}$

b) $4^{\sqrt{x+1}} - 2^{\sqrt{x+1}+2} = 0$

c) $2^{x+\sqrt{x^2-4}} - 5\left(\sqrt{2}\right)^{x-2+\sqrt{x^2-4}} - 6 = 0$

d) $-5^{2x} - 7^x - 35.5^{2x} - 35.7^x = 0$

e) $\left(2+\sqrt{3}\right)^x + \left(2-\sqrt{3}\right)^x = 4$

f) $4^x + 6^x = 2 \cdot 9^x$

g) $\left(2+\sqrt{3}\right)^{x^2-2x+1} + \left(2-\sqrt{3}\right)^{x^2-2x-1} = \frac{4}{2-\sqrt{3}}$

370 Resolver as equações

a) $\left(x^2 - x - 1\right)^{x^2-1} = 1$

b) $\left(\sqrt{x^2}\right)^{x^2-2x} = 1$

c) $(x-2)^{x^2-x} = (x-2)^{12}$

d) $(3x-4)^{2x^2+2} = (3x-4)^{5x}$

371 Resolver os sistemas

a) $\begin{cases} \left(\frac{3}{2}\right)^{x-y} - \left(\frac{2}{3}\right)^{x-y} = \frac{65}{36} \\ xy - x + y = 118 \end{cases}$

b) $\begin{cases} 2^x + 2^y = 12 \\ x + y = 5 \end{cases}$

c) $\begin{cases} 64^{2x} + 64^{2y} = 12 \\ 64^{x+y} = 4\sqrt{2} \end{cases}$

d) $\begin{cases} 8^x = 10y \\ 2^x = 5y \end{cases}$ e) $\begin{cases} 2^x.9^y = 648 \\ 3^x.4^y = 432 \end{cases}$ f) $\begin{cases} 3^x - 2^{2y} = 77 \\ 3^{\frac{x}{2}} - 2^y = 7 \end{cases}$

g) $\begin{cases} x^{y+1} = 27 \\ x^{2y-5} = \dfrac{1}{3} \end{cases}$ h) $\begin{cases} x^{x+y} = y^{12} \\ y^{x+y} = x^3 \end{cases}$ i) $\begin{cases} x^{\sqrt{y}} = y \\ y^{\sqrt{y}} = x^4 \end{cases}$

j) $\begin{cases} x^y = y^x \\ x^x = y^{9y} \end{cases} \quad (x > 0, y > 0)$

372 Resolver as inequações

a) $2^x \,.\, 5^x > 0,1 \,.\, (10^{x-1})^5$

b) $2^{x^2-6x-2,5} > 16\sqrt{2}$

c) $\left(\dfrac{3}{5}\right)^{13x^2} \le \left(\dfrac{3}{5}\right)^{x^4+36} < \left(\dfrac{25}{9}\right)^{-6x^2}$

d) $\sqrt{3^{x-54}} - 7\sqrt{3^{x-58}} \le 162$

373 Resolver as inequações

a) $2^{2+x} - 2^{2-x} > 15$

b) $4^x - 2^{2(x-1)} + 8^{\frac{2}{3}(x-2)} > 52$

c) $5^{2x+1} > 5^x + 4$

d) $\dfrac{1}{3^x + 5} < \dfrac{1}{3^{x+1} - 1}$

e) $4^{2x+1} + 2^{2x+6} < 4.8^{x+1}$

f) $4^{x+1,5} + 9^x < 9^{x+1}$

g) $\left(\dfrac{3}{2}\right)^{2x} + 3.\left(\dfrac{3}{2}\right)^{x-1} - \dfrac{1}{9}\left(\dfrac{2}{3}\right)^{x-2} + 1,25 > 0$

h) $\sqrt{9^x - 3^{x+2}} > 3^x - 9$

i) $\left(4x^2 + 2x + 1\right)^{x^2-x} > 1$

j) $\dfrac{6 - 3^{x+1}}{x} > \dfrac{10}{2x-1}$

k) $\dfrac{2^{x+1} - 7}{x-1} < \dfrac{10}{3-2x}$

Capítulo 7

Logaritmos

A - Função Logarítmica

A.1 - Nomenclatura

$y = \log_a x$: função logarítmica
a : base do logaritmo
x : logaritmando
y : logaritmo de **x** na base **a**

A.2 - Definição

Sendo $x \in \mathbf{R} \mid x > 0$ e $a \in \mathbf{R} \mid 1 \neq a > 0$, definimos

$$\boxed{\log_a x = y \Leftrightarrow x = a^y}$$

Observações:

1ª) Pela definição verificamos que a função logarítmica é a inversa da função exponencial, isto é, as funções

$$y = a^x \text{ de } \mathbf{R} \text{ em } \mathbf{R}^*_+ \quad \text{e} \quad y = \log_a x \text{ de } \mathbf{R}^*_+ \text{ em } \mathbf{R} \text{ são inversas}$$

2ª) O número real $1 \neq a > 0$ é base da função exponencial e também é a base da função logarítmica e, como foi explicado no capítulo anterior, ***a*** *não pode ser 1, nem 0, nem negativa.*

3ª) Neste livro ficam estabelecidas as seguintes convenções, geralmente usadas em outras publicações:
a) $\log_{10} x = \log x$ (a base 10 costuma ser omitida)

b) $\ln x = \log_e x$ (logaritmo neperiano de x) onde $e = \lim_{x \to \infty} \left(1 + \frac{1}{x}\right)^x = 2{,}718\ldots$

é no número de Euler e é irracional.

4ª) ***Note bem****: O logaritmando é a potência e o logaritmo é o expoente da função exponencial.*

Exemplos
a) $\log_{10} 100 = 2 \Leftrightarrow 100 = 10^2$ b) $3^4 = 81 \Leftrightarrow 4 = \log_3 81$

374 Calcule o valor dos seguintes logaritmos (dado : $a \in \mathbf{R} \mid 1 \neq a > 0$):

a) $\log_2 8$ b) $\log_3 9$ c) $\log_2 128$ d) $\log_{\frac{1}{3}} \frac{1}{81}$ e) $\log_{12} 12$

f) $\log_4 1$ g) $\log_2 \frac{1}{4}$ h) $\log_{\frac{1}{5}} 125$ i) $\log_9 3$ j) $\log_8 2$

k) $\log_2(-8)$ l) $\log_{(-2)}(-8)$ m) $\log_6 0$ n) $\log_5 5^6$ o) $\log_a 1$

p) $\log_a a$ q) $\log_a a^{\alpha}, \alpha \in \mathbf{R}$

375 Usando a definição de logaritmo, complete as sentenças seguintes, conforme o modelo dos itens (a) e (b) (supor satisfeitas as condições de existência da definição):

a) $\log_7 49 = 2 \Rightarrow 49 = 7^2$ b) $6^2 = 36 \Rightarrow 2 = \log_6 36$ c) $\log_4 2 = \frac{1}{2} \Rightarrow$

d) $27^{\frac{1}{3}} = 3 \Rightarrow$ e) $\log_{\frac{1}{4}} 64 = -3 \Rightarrow$ f) $4^{-2} = \frac{1}{16} \Rightarrow$

g) $\log_a 1 = 0 \Rightarrow$ h) $2^x = 3 \Rightarrow$ i) $\log_b a = m \Rightarrow$

j) $\log_b a = \log_b a \Rightarrow$ k) $3^a = 4 \Rightarrow$ l) $3^{\log_3 4} = 4 \Rightarrow$

m) $a^{\log_a b} = b \Rightarrow$

376 Usando a definição de logaritmo para recair numa equação exponencial, calcule o valor dos seguintes logaritmos (observe a resolução do item a):

a) $\log_{\frac{1}{125}} 25$

Resolução:

$$\log_{\frac{1}{125}} 25 = y \overset{\text{DEF}}{\Longrightarrow} \underbrace{25 = \left(\frac{1}{125}\right)^y}_{\text{equaçao exponencial}} \Rightarrow 5^2 = \left(5^{-3}\right)^y \Rightarrow 5^2 = 5^{-3y} \Rightarrow 2 = -3y \Rightarrow$$

$$y = -\frac{2}{3} \Rightarrow \boxed{\log_{\frac{1}{125}} 25 = \frac{-2}{3}}$$

b) $\log_{\sqrt{2}} 0{,}125$ c) $\log_{\sqrt{27}} \sqrt[3]{9}$ d) $\log_{0,25} 0{,}0625$

e) $\log_{0,0625} \frac{1}{1024}$ f) $\log_5(\log_3 243)$

g) $\log_{\frac{1}{16}} 0,25 - 2\log_{\sqrt[3]{4}} 2\sqrt{2} + 3\log_{3\sqrt{3}}\left(\frac{3^{-4}}{\sqrt[3]{9}}\right)$

h) $\log_{0,001} \sqrt[5]{0,01} - \log_2\left(\log_{\frac{1}{5}} 25^{-2}\right) - \log_{\frac{4}{5}}(\log_{16} 32)$

✓ Faça também os Exercícios de Fixação 404 e 405

A.3 - Condições de existência (CE)

As condições para que a função real e de variável real $y = \log_a x$ esteja definida são:

$$\text{CE} \begin{cases} a > 0 \text{ e } a \neq 1 \text{ (base)} \\ x > 0 \text{ (logaritmando)} \end{cases}$$

É importante notar que y (logaritmo de x na base a) pode assumir qualquer valor real: $y > 0$, $y = 0$ ou $y < 0$.

A.4 - Conseqüências da definição de logaritmo

(supondo satisfeitas as condições de existência)

1ª) $\log_a a = 1$
2ª) $\log_a 1 = 0$
3ª) $\log_a a^\alpha = \alpha, \forall \alpha \in \mathbf{R}$
4ª) $\log_a x_1 = \log_a x_2 \Leftrightarrow x_1 = x_2$
5ª) $a^{\log_a x} = x$

A.5 - Antilogaritmo de *a* na base *b*

Definição

Sendo $c \in \mathbf{R} \mid c > 0$ e $b \in \mathbf{R} \mid b > 0$ e $b \neq 1$, definimos:

$$\text{antilog}_b a = c \Leftrightarrow \log_b c = a$$

Observação: como sabemos $\log_b c = a \Leftrightarrow c = b^a$ e, portanto temos como conseqüência:

$$antilog_b a = b^a$$

Exemplo
$\text{antilog}_2 3 = c \Leftrightarrow \log_2 c = 3 \Rightarrow c = 2^3$ e, portanto, $\text{antilog}_2 3 = 2^3 = 8$

377 Calcular:

a) $\text{antilog}_3 2$ b) $\text{antilog}_2 \dfrac{1}{2}$ c) $\text{antilog}_\pi 0$

d) $\text{antilog}_{\frac{1}{3}} (-2)$ e) $\text{antilog}_3\left(\log_{\frac{1}{2}} 16\right)$ f) $\text{antilog}_5(\log_5 a)$

378 Observando as condições de existência, determine o domínio das seguintes funções:

a) $y = \log_3(2x + 10)$ b) $y = \log_{(4-x)} 5$ c) $y = \log(-x^2 - x + 12)$
d) $y = \log_2 (x^2 - 5x) + \log_2 (1 - x^2)$
e) $y = \log_2 [(x^2 - 5x) . (1 - x^2)]$ f) $y = \log_{(5-x)} (x^2 - 3x + 2)$
g) $y = \log_{x+2} (-x^2 + 7x - 10)$

379 Utilizando a definição de logaritmo e observando as condições de existência, determine, em cada caso, o valor de x:

a) $\log_{\frac{1}{16}} \sqrt[4]{8} = x$ b) $\log_{0,0625} 2 = x$ c) $\log_x 3 = 0,25$

d) $\log_{\frac{1}{2}} x = -\dfrac{1}{3}$ e) $\log_x 25 = 2$ f) $\log_{(-x)} 16 = 4$

g) $\log_x(2 - x) = 2$ h) $\log_{(3-x)}(x^2 - x - 5) = 0$

380 Usando a 5ª conseqüência da definição $a^{\log_a x} = x$, simplifique:

a) $2^{\log_2 5}$ b) $(3^{\log_3 7})^2$ c) $\pi^{3\log_\pi 4}$

d) $10^{\frac{1}{2}\log 49}$ e) $5^{2 + \log_5 3}$ f) $8^{1 - \log_8 3}$

g) $8^{\log_2 \sqrt{3}}$ h) $9^{\log_3 5 - \log_9 10}$ i) $64^{\log_8 7 - \log_4 7}$

✓ Faça também os Exercícios de Fixação 406 → 409

B - Propriedades dos logaritmos

B.1 - Propriedades operatórias

(supondo satisfeitas as condições de existência)

1ª) $\log_a(bc) = \log_a b + \log_a c$

2ª) $\log_a\left(\frac{b}{c}\right) = \log_a b - \log_a c$

3ª) $\log_a b^n = n.\log_a b$

4ª) $\log_{a^n} b = \frac{1}{n}.\log_a b$

Demonstração da 1ª propriedade

Tese: $\log_a(bc) = \log_a b + \log_a c$

Fazemos, inicialmente,

$\log_a b = x \Rightarrow b = a^x$ (1)

$\log_a c = y \Rightarrow c = a^y$ (2)

$\log_a(bc) = z \Rightarrow bc = a^z$ (3)

multiplicando membro a membro as igualdades (1) e (2), obtemos:

$b.c = a^x \,.\, a^y$

$b\,c = a^{x+y}$ e, comparando com (3) :

$a^z = a^{x+y} \Rightarrow z = x + y$, ou seja, $\log_a(bc) = \log_a b + \log_a c$

cqd

B.2 - Fórmula para mudança de base

(supondo satisfeitas as condições de existência)

$$\log_b a = \frac{\log_c a}{\log_c b}$$

Em alguns exercícios são úteis, também, as seguintes conseqüências da fórmula de mudança de base:

1ª) $\log_b a \,.\, \log_c b = \log_c a$

2ª) $\log_b a = \frac{1}{\log_a b}$

381 Supondo satisfeitas as condições de existência e usando as propriedades operatórias, desenvolver os seguintes logaritmos (dar as respostas na base 10):

a) $\log(a\,b\,c)$ b) $\log\left(\frac{a}{b}\right)$ c) $\log a^4$ d) $\log_{10^2} a$ e) $\log(a^2\,b^3)$

f) $\log\left(\frac{a}{bc}\right)$ g) $\log\left(\frac{abc}{xyz}\right)$ h) $\log_{1000}a^3$ i) $\log\sqrt{a}$

j) $\log_{100}\sqrt[3]{a^2}$ k) $\log(a+b)$ l) $\log(x-y)$

382 Dar o desenvolvimento dos seguintes logaritmos (respostas na base 10):
** Observação: daqui por diante, quando não se disser nada em contrário, supor satisfeitas todas as condições de existência dos logaritmos.*

a) $\log(a\,b^3\,c^2)$ b) $\log\left(\frac{a^2b^3c}{mn^2p}\right)$ c) $\log_{1000}a$

d) $\log\sqrt[p]{a^m}$ e) $\log_{100}\sqrt[3]{a}$ f) $\log\left(\frac{\sqrt[4]{a}}{b}\right)$

g) $\log_{0,01}\left(\frac{1}{a^2}\right)$ h) $\log_{10^n}a^n$ i) $\log\sqrt[3]{\frac{a}{\sqrt{bc^3}}}$

j) $\log\left(\frac{a+b}{a-b}\right)$ k) $\log(x^2-y^2)$ l) $\log(x^2-x-42)$

383 Passar os logaritmos seguintes para a base que se pede em cada item e, quando possível, simplificar:

a) $\log_8 a$ (base 2) b) $\log_3 2$ (base 5) c) $\log_4 100$ (base 10)
d) $\log_2 a+\log_4 a-\log_8 a$ (base 2)
e) $\log_3 4+\log_5 0{,}5-\log_{10}0{,}125$ (base 2)
f) $\log_{100}a^4+\log_{0,1}a^2-\log_{1000}a^3-\log_{0,001}a^{12}$ (base 10)

384 Aplicando as propriedades operatórias em sentido inverso, determine x:

a) $\log_2 x=3\log_2 a$ b) $\log x=\frac{1}{2}\log a$ c) $\log x=\log a+\log b$
d) $\log_5 x=\log_5 a-\log_5 b$ e) $\log_2 x=\log_8 a$ f) $\log_9 x=\log_3 a$
g) $\log x=\log a+\log b+\log_{0,1}c$ h) $\log_2 x=\log_4 a-\log_8 b$
i) $\log_2 x=3+\log_2 a$

385 Determinar, em cada caso, a expressão x cujo desenvolvimento logarítmico é dado:

a) $\log x=\log b-\log a-\log c$

b) $\log_3 x=2\log_3 a+\frac{1}{2}\log_3 b-3\log_3 c$

c) $\log_2 x = \log_2 a + 2\log_4 b - 3\log_{16} c$

d) $\log_3 x = \frac{1}{2}\log_3 a + \log_9 b - \log_{27} c$

e) $\log_4 x = 5(\log_4 a - \log_4 b - \log_4 c)$

f) $\log x = 2\log a + 3\log b - \frac{1}{2}\log c - 4\log m - \log n$

g) $\log x = \frac{1}{2}(\log a - \log b - 3)$

h) $\log_2 x = \log_2(a+b) + \log_2(a-b) - 4\log_4 a - 6\log_8 b$

i) $\log x = \frac{1}{3}[\log(b+c) + \log(b-c) - 2\log b + 1]$

386 Sabendo que $\log 2 = a$, $\log 3 = b$ e $\log 7 = c$, determine os valores dos logaritmos seguintes em função de a, b e c:

a) $\log 9$ b) $\log 6$ c) $\log_{1000} 3$ d) $\log_{0,01} 18$

e) $\log\left(\frac{10}{2}\right)$ f) $\log\left(\frac{100}{4}\right)$ g) $\log_3 2$ h) $ln16$ i) $\log 5$

j) $\log 25$ k) $\log_{25} 27$ l) $ln84$ m) $\log_{100} 63$

n) $\log_{0,1}\left(\frac{7}{6}\right)$ o) $\log_6 0,125$ p) $\log_{0,0625} 5$

q) $\log_{0,001} 0,0625$ r) $\log_{42} 15$ s) $\log_{25} 50$

387 Usando as duas conseqüências da fórmula de mudança de base, simplifique:

a) $\log_2 5 \cdot \log_7 2$ b) $\log_4 10 \cdot \log_{10} 2$ c) $(\log_b a \cdot \log_c b) \cdot \log_d c$

d) $\log_5 3 \cdot \log_2 5 \cdot \log_7 2 \cdot \log_{10} 7$ e) $\log_4 6 \cdot \log_{10} 2$

f) $\frac{1}{\log_b a}$ g) $a^{\frac{1}{\log_b a}}$ h) $(a^{\log_b c})^{\log_a b}$ i) $(a^3)^{\frac{1}{\log_b a}}$

388 Supondo satisfeitas as condições de existência, demonstre as seguintes propriedades:

a) $\log_a\left(\frac{b}{c}\right) = \log_a b - \log_a c$ b) $\log_a b^n = n.\log_a b$

c) $\log_{a^n} b = \frac{1}{n}.\log_a b$ d) $\log_b a = \frac{\log_c a}{\log_c b}$

e) $\log_b a \cdot \log_c b = \log_c a$ f) $\log_b a = \frac{1}{\log_a b}$

✓ Faça também os Exercícios de Fixação 410 → 415

C - Equações logarítmicas

C.1 - 1º tipo log = log

Equações redutíveis à forma
$\log_a f(x) = \log_a g(x)$ são resolvidas usando-se a propriedade:

$$\log_a f(x) = \log_a g(x) \Leftrightarrow f(x) = g(x)$$

onde $f(x) > 0$, $g(x) > 0$ e $a \in \mathbb{R}_+^* \mid a \neq 1$.

C.2 - 2º tipo log = α, $\alpha \in \mathbb{R}$

Equações redutíveis à forma
$\log_a f(x) = \alpha \ (\alpha \in \mathbb{R})$ são resolvidas usando-se a propriedade:

$$\log_a x = \alpha \Leftrightarrow x = a^\alpha$$

$x > 0$ e $a \in \mathbb{R}_+^* \mid a \neq 1$

Observações: ao resolver equações logarítmicas é necessário verificar se as respostas encontradas satisfazem às condições de existência dos logaritmos da equação inicial.

389 Resolver as seguintes equações logarítmicas:

a) $\log_4 x = \log_4 3$
b) $\log_3 x = -2$
c) $\log x^2 = \log 64$
d) $\log_3 x^2 = 4$
e) $2.\log x = \log 49$
f) $2 \log_5 x^2 = \log_5 16$

390 Resolver as equações:

a) $\log_{21}(x + 2) + \log_{21}(x + 6) = 1$
b) $\log_2(x - 2) - \log_2(2x - 7) = 1 - \log_2(x - 3)$
c) $\log x^2 + \log x = 1$

391 Resolver as equações:

a) $\log_{x-4}(3x - 6) = 1$
b) $\log_2(\log_x 16) = 3$
c) $\log_2 \log_3 \log_5(x - 1) = 0$

392 Resolver as equações:

a) $\log_2 x = \log_4(7x - 10)$
b) $\log_2(2 - x) - \log_4(17 - x) = 1$
c) $\log_2 x = \log_{\sqrt{x}} x^2 + \log_x 2$
d) $\log_{10} \sqrt{x} + \log_{100} x = 2$

393 Resolver as equações:

a) $(\log x)^2 = 9$
b) $(\log_7 x)^2 - \log_7 x = 2$
c) $\log_5(6 - 2x) \,.\, \log_{10}(2x + 3) = 0$

394 Resolver as equações:

a) $\log_x 2 \,.\, \log_{2x} 2 = \log_{16x} 2$

b) $\log_7 x - 2\log_x 7 + 1 = 0$

c) $\log_a \log_{a^2} x = \log_{a^2}\left(\log_a x\right)$ onde $a \in \mathbf{R}_+^* \mid a \neq 1$

395 Resolver as equações:

a) $5^x = 3$
b) $2^x = 0{,}125$
c) $4^x - 7.2^x + 12 = 0$
d) $3^{2x+1} - 14.3^x - 5 = 0$
e) $4^x - 6^x = 2.9^x$

396 Resolver as equações:

a) $\log(5 - 2^{x+1}) - \log(6 + 4^{x+2}) + \log 70 = 0$
b) $27x^{\log_3 x} = x^4$
c) $x^{\log_5 x} = (625x)^2$

✓ Faça também os Exercícios de Fixação 416 → 424

D - Inequações logarítmicas

D.1 - Gráfico da função logarítmica

Como já vimos, o número **a**, base da função logarítmica $y = \log_a x$, é também base da função exponencial $y = a^x$ e, portanto, também teremos os dois tipos seguintes de função logarítmica:

1º caso

$0 < a < 1 \Leftrightarrow$ função decrescente

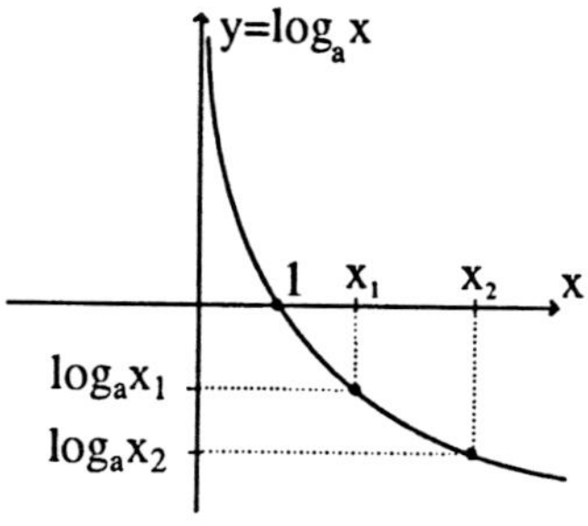

Observe que:

$x_1 < x_2 \Leftrightarrow \log_a x_1 > \log_a x_2$

inverte o sentido da desigualdade

2º caso

$a > 1 \Leftrightarrow$ função crescente

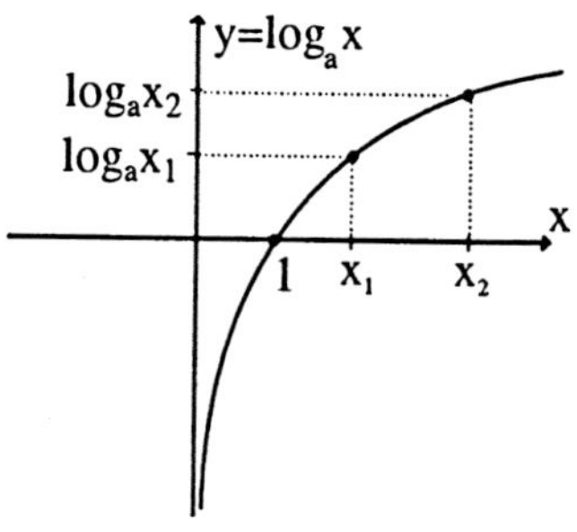

Observe:

$x_1 < x_2 \Leftrightarrow \log_a x_1 < \log_a x_2$

mantém o sentido da desigualdade

Observações:

1º) O gráfico da função logarítmica intercepta o eixo Ox no ponto (1, 0) (x = 1 é a raiz da função); essa curva não intercepta o eixo das ordenadas. ($x \leq 0 \Rightarrow \nexists \log_a x$)

2º) A função $y = \log_a x$ de $D = \mathbb{R}_+^*$ em $CD = \mathbb{R}$ é bijetora e é a inversa da função exponencial.

D.2 - Inequações logarítmicas

1º tipo (log < log)

a) $0 < a < 1$ (inverte o sentido)
$\log_a x < \log_a \alpha \Leftrightarrow x > \alpha \ (\alpha \in \mathbf{R} \mid \alpha > 0)$
$V = \{x \in \mathbf{R} \mid x > \alpha\}$

b) $a > 1$ (mantém o sentido)
$\log_a x < \log_a \alpha \Leftrightarrow x < \alpha \ (\alpha \in \mathbf{R} \mid \alpha > 0)$ CE : $x > 0$
$V = \{x \in \mathbf{R} \mid 0 < x < \alpha\}$

2º tipo (log < número)

a) $0 < a < 1$ (inverte o sentido)
$\log_a x < \alpha \Leftrightarrow x > a^\alpha \ (\forall \alpha \in \mathbf{R})$
$V = \{x \in \mathbf{R} \mid x > a^\alpha\}$

b) $a > 1$ (mantém o sentido)
$\log_a x < \alpha \Leftrightarrow x < a^\alpha \ (\forall \alpha \in \mathbf{R})$ CE : $x > 0$
$V = \{x \in \mathbf{R} \mid 0 < x < a^\alpha\}$

Observação:
Ao resolver inequações logarítmicas, é necessário verificar se as soluções encontradas satisfazem às condições de existência dos logaritmos.

397 Representar graficamente as seguintes funções logarítmicas:

a) $y = \log_2 x$ b) $y = \log_{\frac{1}{2}} x$ c) $y = \ln x$ d) $y = \log x$

e) $y = \log_{\frac{1}{3}} x$ f) $y = 2 + \log_2 x$ g) $y = \log_2 x - 1$

h) $y = \log_2(x + 2)$ i) $y = \log_2(x - 1)$ j) $y = -\log_2 x$

Obs.: As funções dos itens (f), (g), (h), (i), (j), são translações ou rotações de funções logarítmicas.

398 Resolver as seguintes inequações logarítmicas:

a) $\log_3 x \geq \log_3 5$ b) $\log x \leq \log 2$ c) $\log_{\frac{1}{2}} x > \log_{\frac{1}{2}} 10$

d) $\log_{\frac{3}{4}} x \leq \log_{\frac{3}{4}} 3$ e) $\log_2 x > 4$ f) $\log_{\frac{1}{3}} x \geq -2$

g) $\ln x \leq 1$ h) $\log_{\frac{2}{3}} x < -1$

399 Resolver as inequações:

a) $\log_{\frac{1}{3}}(5-2x) > -1$ b) $\log(2x+1) \leq \log 5$ c) $\log_2(x^2 - x - 11) > 0$

d) $\ln(x^2 - 2x) \leq \ln 3$ e) $\log_{\sqrt{2}-1}(2x-1) < \log_{\sqrt{2}-1}(5-x)$

f) $\log_{\frac{2}{3}}(3x-2) \geq \log_{\frac{2}{3}} x$

400 Resolver as inequações:

a) $\log_2(x-3) + \log_2(x-2) < 1$ b) $\log_{\frac{1}{2}}(x+5) + 3 > \log_2(x-1) - 1$

c) $\log_9(x+9) > \log_3(x+7) - \log_9(x+6)$

d) $\log_a x - \log_{a^2}(2-3x) < 0 \quad (0 < a < 1)$

401 Resolver as inequações:

a) $(\log_2 x)^2 > 9$ b) $\left(\log_{\frac{1}{3}} x\right)^2 + 2\log_{\frac{1}{3}} x \leq 0$

c) $\left(\log_{\frac{1}{2}} x\right)^2 - 4\log_{\frac{1}{2}} x < -3$

402 Resolver as inequações:

a) $\log_{\frac{1}{3}} \log_{\frac{1}{3}} x \geq 0$ b) $\log_{\frac{1}{5}} \log_2 x \geq -1$ c) $\log_{\frac{1}{3}}\left[\log_4\left(x^2 - 5\right)\right] > 0$

d) $\log_a \log_a x < 0 \ (a > 1)$ e) $\log_{\frac{1}{a}} \log_{\frac{1}{a}} \log_{\frac{1}{a}} x > 0 \quad (a > 1)$

403 Resolver as inequações:

a) $\log_{\frac{1}{2}}\left(\frac{x-1}{x+1}\right) > 1$ b) $\frac{3}{5-\log_2 x} - \frac{2}{1+\log_2 x} \le 1$

c) $\log_7 x - 2\log_x 7 + 1 > 0$ d) $\frac{1}{\log_e x} + \frac{1}{\log_x e - 1} > 1$

✓ Faça também os Exercícios de Fixação 425 → 432

Exercícios de Fixação

404 Determinar os seguintes logaritmos:

a) $\log_7 49$ b) $\log_2 16$ c) $\log_4 16$ d) $\log_8 64$ e) $\log_4 64$

f) $\log_2 64$ g) $\log_3 243$ h) $\log_3 81$ i) $\log_7 7^2$ j) $\log_6 6^5$

k) $\log_5 5^{-4}$ l) $\log_6 6$ m) $\log_3 1$ n) $\log_2 \frac{1}{2}$ o) $\log_5 \frac{1}{25}$

p) $\log_5 \frac{1}{125}$

405 Determinar os logaritmos, aplicando a definição:

a) $\log_{16} 8$ b) $\log_{27} 81$ c) $\log_{125} 3125$ d) $\log_{243} \frac{1}{27}$

e) $\log_{49} \frac{1}{343}$ f) $\log_{1000} 0{,}001$ g) $\log_{\sqrt[3]{4}} 2\sqrt{2}$ h) $\log_{81} 9\sqrt[3]{9}$

i) $\log_{\frac{1}{625}} 5\sqrt[3]{25}$

406 Determinar o domínio das funções

a) $f(x) = \log(x-3) + \log(x+1)$ b) $f(x) = \log(x-3)(x+1)$

c) $y = \log_{(x+1)}(2x^2 - 5x + 3)$

d) $y = \log_{(-2x+7)}(x^3 - 2x^2 + 4x + 24)$

e) $y = \log(x-1) - \sqrt{3-x}$

f) $y = \log\frac{x^2-9}{x^2-3x+4}$

407 Determinar

a) $\log_a a$ b) $\log_a a^2$ c) $\log_{a^3} a$ d) $\log_a \frac{1}{a}$ e) $\log_{\frac{1}{a}} a$
f) $\log_a 1$

408 Calcule x nos casos

a) $\log_{125} 25 = x$ b) $\log_x 8 = 3$ c) $\log_x 25 = 2$
d) $\log_2 x = 5$ e) $\log_7 (x-1) = -1$ f) $\log_{x-1} 4 = 2$
g) $\log_{x^2} 16 = 2$ h) $\log_{x^3} 64 = 2$ i) $\log_{\sqrt{x}} 4 = 4$

409 Determinar

a) $3^{\log_3 5}$ b) $5^{2\log_5 3}$ c) $7^{\frac{1}{2}\log_7 4}$ d) $2^{2+\log_2 3}$ e) $2^{\log_4 25}$
f) $4^{2-\log_4 8}$ g) $25^{2\log_5 3}$ h) $9^{2+\log_3 5}$ i) $\sqrt{3}^{\,1-\log_3 6}$

410 Desenvolver os seguintes logaritmos. (Dar a resposta na base 10)

a) $\log 2abc$ b) $\log a^3b^5c$ c) $\log \frac{3ab}{5c}$ d) $\log \frac{3}{2a^2b^3}$

e) $\log \frac{100\sqrt[3]{a}}{b^3c}$ f) $\log \sqrt[5]{\frac{2a^3}{100b^2}}$ g) $\log \frac{(a+b)^3(a^2-b^2)}{\sqrt[3]{a^2b}}$

411 Determinar a expressão x nos casos:

a) $\log x = \log a + \log b - \log c - \log d$ b) $\log x = 2\log a - 3\log b - 2\log c$

c) $\log x = \frac{1}{2}\log a - 2\log b - \frac{1}{5}\log c$

d) $\log x = \frac{1}{7}\left[2\log(a+b) - 3\log(a-b) - \frac{1}{2}\log c^3\right]$

412 Se $0 < a \neq 1$ e $b > 0$, com a e b reais, cologaritmo de b na base a ($\text{colog}_a b$) é definido por: $\text{colog}_a b = -\log_a b$. Determinar:

a) $\text{colog}_5 25$ b) $\text{colog}_8 2\sqrt{2}$ c) $\text{colog}_5 5\sqrt[3]{25}$ d) $\text{colog}_{2\sqrt{2}} 64$

413 Determinar

a) $\text{antilog}_2 3 + \text{colog}_5 25 + \log_6 216$

b) $\log_3(\log_2 512) - \text{colog}_{\frac{1}{2}} 2\sqrt{2} - \text{antilog}_3 2$

c) $\text{colog}_{2\sqrt{2}} 8 - \text{antilog}_2 \log_7 \frac{1}{49} - \log_8 \sqrt[3]{4}$

414 Sendo log2 = a, log3 = b calcule

a) $\log 18$ b) $\log 12$ c) $\log 360$ d) $\log 5$ e) $\log 30$

f) $\log 135$ g) $\log 6\sqrt[4]{12}$ h) $\log_5 144$ i) $\log_{100} 3\sqrt{2}$

415 Calcule

a) $\log_3 18$ se $\log_3 12 = a$ b) $\log_{49} 16$ se $\log_{14} 28 = a$

c) $\log_{12} 60$ se $\log_6 30 = a$, $\log_{15} 24 = b$

416 Resolver as seguintes equações:

a) $\log_3(x + 2) = \log_3 7$ b) $\log_3(x^2 + 2) = 3$

c) $\log_2(x^2 - x + 2) = 3$ d) $\log_4 \log_2(x^2 + 2x + 17) = 1$

417 Resolver as equações:

a) $\log_2(x + 3) + \log_2(x - 1) = 5$ b) $\log(x - 1)^3 - \log(x - 3)^3 = \log 8$

c) $\log(7x - 9)^2 + \log(3x - 4)^2 = 2$

d) $\log(x - 3) + \log(x - 2) = 1 - \log 5$ e) $\log^2 x + \log x^2 = \log^2 2 - 1$

f) $\log(3x^2 + 28) - \log(3x - 2) = 1$

g) $1 + \log(x + 1) - \log(x^3 + 7x + 8) = 0$ h) $\log(x^2 + 1) - \log(x - 2) = 1$

418 Resolver as equações:

a) $\log_x 16 - \log_x 2 = 2$ b) $\log_x 2 + \log_x 3 = \frac{1}{2}$

c) $\log_3 \log_4 \log_3^2(x - 3) = 0$ d) $\frac{1}{5 - \log x} + \frac{2}{1 + \log x} = 1$

e) $x^{\log x} = 100x$ f) $x^{\log x} = 1$ g) $x^{\sqrt{x}} = (\sqrt{x})^x$ h) $x^x = x$

419 Resolver as equações:

a) $\log_2 x + \log_8 x = 8$

b) $2\log_x 25 - 3\log_{25} x = 1$

c) $\log_3 x + \log_{\sqrt{3}} x + \log_{\frac{1}{3}} x = 6$

d) $\log_{x^2} 16 + \log_{2x} 64 = 3$

420 Resolver as equações:

a) $\log\sqrt{3x+1} + \log\sqrt{x+4} = \log 12$

b) $\log(x-4) - \log\sqrt{2x-11} = \log 2$

c) $2\log\sqrt{5-x} + \log(x-3) = 0$

d) $\log\sqrt{x-7} + \log\sqrt{3x-8} = 1$

421 Resolver as equações:

a) $\log_4 \frac{2}{x-1} = \log_4(4-x)$

b) $\log_3((x-1)(2x-1)) = 0$

c) $\log_{\sqrt{2}} \frac{x^2-4x+3}{4} = -2$

d) $\log(x + 1{,}5) = -\log x$

e) $\log(4{,}5 - x) = \log 4{,}5 - \log x$

f) $\log\sqrt{5x-3} + \log\sqrt{x+1} = 2 + \log 0{,}018$

g) $\log\sqrt{x-5} + \log\sqrt{2x-3} + 1 = \log 30$

h) $\log\left(x^3+27\right) - 0{,}5\log\left(x^2+6x+9\right) = 3\log\sqrt[3]{7}$

i) $\log 5 + \log(x+10) = 1 - \log(2x-1) + \log(21x-20)$

j) $\log_5(3x-11) + \log_5(x-27) = 3 + \log_5 8$

k) $\frac{1-\log x}{x} = \frac{\log^2 14 - \log^2 4}{\log 3{,}5^x}$

l) $\log_2(x+1)^2 + \log_2\sqrt{x^2+2x+1} = 6$

422 Resolver as equações seguintes:

a) $\frac{\log\left(35-x^3\right)}{\log(5-x)} = 3$

b) $\frac{\log 2 + \log\left(4-5x-6x^2\right)}{\log\sqrt[3]{2x-1}} = 3$

c) $\log_{\frac{1}{5}} \log_5 \sqrt{5x} = 0$

d) $\log_{\frac{1}{2}} \log_8 \frac{x^2-2x}{x-3} = 0$

e) $\log_4 \log_2 \log_3 (2x-1) = \frac{1}{2}$

f) $\log_{\frac{1}{2}} \sqrt{1+x} + 3\log_{\frac{1}{4}}(1-x) = \log_{\frac{1}{16}}\left(1-x^2\right)^2 + 2$

g) $(1 - \log 2)\log_5 x = \log 3 - \log(x-2)$

h) $\log_{x^2}(x+2) = 1$

i) $\log_{5x-2} 2 + 2\log_{5x-2} x = \log_{5x-2}(x+1)$

j) $\log_4(x+12) \cdot \log_x 2 = 1$

423 Resolver os seguintes sistemas:

a) $\begin{cases} \log x + \log y = \log 2 \\ x^2 + y^2 = 5 \end{cases}$

b) $\begin{cases} \log_y x - \log_x y = \dfrac{8}{3} \\ xy = 16 \end{cases}$

c) $\begin{cases} \log(x^2 + y^2) - 1 = \log 13 \\ \log(x+y) - \log(x-y) = 3\log 2 \end{cases}$

d) $\begin{cases} 5(\log_y x + \log_x y) = 26 \\ xy = 64 \end{cases}$

e) $\begin{cases} 2^x . 4^y = 32 \\ \log(x-y)^2 = 2\log 2 \end{cases}$

f) $\begin{cases} 10^2 - \log(x-y) = 25 \\ \log(x-y) + \log(x+y) = 1 + 2\log 2 \end{cases}$

g) $\begin{cases} 2^{\frac{x-y}{2}} - \left(\sqrt[4]{2}\right)^{x-y} = 12 \\ 3^{\log(2y-x)} = 1 \end{cases}$

h) $\begin{cases} 3^x . 2^y = 576 \\ \log_{\sqrt{2}}(y-x) = 4 \end{cases}$

i) $\begin{cases} \log_5 x + 3^{\log_3 y} = 7 \\ x^y = 5^{12} \end{cases}$

j) $\begin{cases} 3\left(2\log_{y^2} x - \log_{\frac{1}{x}} y\right) = 10 \\ xy = 81 \end{cases}$

424 Resolver os sistemas:

a) $\begin{cases} \log_{0,5}(y-x) + \log_2 \dfrac{1}{y} = -2 \\ x^2 + y^2 = 25 \end{cases}$

b) $\begin{cases} (x+y)3^{y-x} = \dfrac{5}{27} \\ 3\log_5(x+y) = x - y \end{cases}$

c) $\begin{cases} 20x^{\log_3 y} + 7y^{\log_3 x} = 81\sqrt[3]{3} \\ \log_9 x^2 + \log_{27} y^3 = \dfrac{8}{3} \end{cases}$

d) $\begin{cases} \log_4 xy + 3\dfrac{\log_4 x}{\log_4 y} = 0 \\ \log_4 \dfrac{x}{y} - \log_4 x \cdot \log_4 y = 0 \end{cases}$

e) $\begin{cases} \log_2(x+y)+2\log_3(x-y)=5 \\ 2^x-5.2^{0,5(x+y-1)}+2^{y+1}=0 \end{cases}$ f) $\begin{cases} \log x \log(x+y)=\log y(x-y) \\ \log y \log(x+y)=\log x \log(x-y) \end{cases}$

g) $\begin{cases} 4^{x+y}=27+9^{x-y} \\ 8^{x+y}-21.2^{x+y}=27^{x-y}+7.3^{x-y+1} \end{cases}$

h) $\begin{cases} x.2^{x+1}-2.2^y=-3y.4^{x+y} \\ 2x.2^{2x+y}+3y.8^{x+y}=1 \end{cases}$

425 Resolver as inequações logarítmicas:

a) $\log_2(2x-3)<1$ b) $\log_{\frac{1}{2}}(x-5)<3$ c) $\log_3(2x-1)\geq\log_3 7$

d) $\log_{\frac{1}{3}}(x-2)\geq\log_{\frac{1}{3}}5$ e) $\log_5(x^2-x-6)\leq\log_5(x+2)$

f) $\log_{\frac{1}{5}}(6-x)<\log_{\frac{1}{5}}\left(x^2-5x+6\right)$

426 Resolver as seguintes inequações logarítmicas:

a) $\log_{\frac{1}{2}}\left(x^2-3x+2\right)>-1$ b) $\ln\left(x^2-3x-9\right)>0$ $(\ln x=\log_e x)$

c) $\log_{\frac{1}{2}}\left(x^2+4x-5\right)>-4$ d) $\log_{\frac{1}{2}}\left(-x^2+5x+24\right)>\log_{\frac{1}{2}}18$

427 Resolver as inequações:

a) $\log_5(2x^2-3x+1)<0$ b) $\log_{15}(x^2-4x+3)<1$ c) $\log_{x+7}25>2$
d) $\log_{x+1}9<2$ e) $\log_{3x-3}x>1$ f) $\log_{3x+3}x<1$
g) $\log_{x-3}(x^2+4x-5)>\log_{x-3}(x-1)$ h) $\log_2(x+1)+\log_2(11-x)<5$

428 Resolver as inequações:

a) $\log_3\dfrac{3}{x-1}>\log_3(5-x)$ b) $\log_{\frac{1}{4}}(2-x)>\log_{\frac{1}{4}}\dfrac{2}{x+1}$

c) $\log_{\frac{1}{2}}\left(5+4x-x^2\right)>-3$ d) $\log_{0.1}(x^2+75)-\log_{0.1}(x-4)\leq-2$

e) $\log_{\frac{1}{5}}(2x+5) < \log_{\frac{1}{5}}\left(16-x^2\right)-1$

f) $\log_{\pi}(x+27)-\log_{\pi}(16-2x) < \log_{\pi} x$

g) $\dfrac{\log_{0,3}(x+1)}{\log_{0,3} 100-\log_{0,3} 9} < 1$

h) $2\log_8(x-2)-\log_8(x-3) > \dfrac{2}{3}$

i) $\dfrac{1}{2}+\log_9 x-\log_3 5x > \log_{\frac{1}{3}}(x+3)$

j) $\left[\log_{0,2}(x-1)\right]^2 > 4$

k) $\log_2((x-3)(x+2))+\log_{\frac{1}{2}}(x-3) < -\log_{\frac{1}{\sqrt{2}}} 3$

429 Resolver as inequações

a) $\log_{\sqrt{2}}\dfrac{7-3x}{x+2}-\log_{\frac{1}{\sqrt{2}}}(x+2) > \log_{\frac{1}{2}} 4$

b) $\left(\dfrac{2}{5}\right)^{\log_{0,25}\left(x^2-5x+8\right)} \le 2,5$

c) $2,25^{\log_2\left(x^2-3x-10\right)} > \left(\dfrac{2}{3}\right)$

d) $\left(\dfrac{1}{2}\right)^{\log_{\frac{1}{9}}\left(x^2-3x+1\right)} < 1$

e) $\log_x(x-1) \ge 2$

f) $\log_x \sqrt{21-4x} > 1$

g) $\log_x \dfrac{x+3}{x-1} > 1$

h) $\log_x(16-6x-x^2) \le 1$

i) $\log_{x^2-3} 729 > 3$

j) $\log_{\frac{x-1}{x+5}} 0,3 > 0$

k) $\log_{|x-1|} 0,5 > 0,5$

430 Resolver as inequações

a) $2^{\log_8\left(x^2-6x+9\right)} \le 3^{2\log_x\sqrt{x}-1}$

b) $\log_5\sqrt{3x+4}\,.\log_x 5 > 1$

c) $\log_x(x^3+1)\,.\log_{x+1} x > 2$

d) $\log_x(x+1) < \log_{\frac{1}{x}}(2-x)$

e) $\log_{|x-4|}(2x^2-9x+4) > 1$

f) $\log_{|x+6|} 2\,.\log_2(x^2-x-2) \ge 1$

g) $\left(\log_{0,5} x\right)^2+\log_{0,5} x-2 \le 0$

h) $\dfrac{1-\log_4 x}{1+\log_2 x} \le \dfrac{1}{2}$

i) $\log_2(x+1)^2+\log_2\sqrt{x^2+2x+1} > 6$

431 Resolver as inequações

a) $\left(\log_2 x\right)^4 - \left(\log_{\frac{1}{2}} \frac{x^3}{8}\right)^2 + 9\log_2 \frac{32}{x^2} < 4\left(\log_{\frac{1}{2}} x\right)^2$

b) $\log_{\frac{1}{5}} x + \log_4 x > 1$

c) $\log_x 5\sqrt{5} - 1,25 > \left(\log_x \sqrt{5}\right)^2$

d) $\log_{\sqrt{2}}\left(5^x - 1\right).\log_{\sqrt{2}} \frac{2\sqrt{2}}{5^x - 1} > 2$

e) $2^{\log_{0,4} x.\log_{0,4} 2,5x} > 1$

f) $\sqrt{x^{\log_2 \sqrt{x}}} > 2$

g) $0,2^{6 - \frac{3}{\log_4 x}} > \sqrt[3]{0,008^{2\log_4 x - 1}}$

h) $0,4^{\log_3 \frac{3}{x}.\log_3 3x} > 6,25^{\log_3 x^2 + 2}$

i) $2^{\left(\log_{0,5} x\right)^2} + x^{\log_{0,5} x} > 2,5$

j) $3^{\log x + 2} < 3^{\log x^2 + 5} - 2$

432 Resolver as inequações

a) $9^{\log_2 (x-1) - 1} - 8 \cdot 5^{\log_2 (x-1) - 2} > 9^{\log_2 (x-1)} - 16 \cdot 5^{\log_2 (x-1)}$

b) $x^{\log_2 x} + 16x^{-\log_2 x} < 17$

c) $\log_3\left(4^x + 1\right) + \log_{4^x + 1} 3 > 2,5$

d) $\log_3\left(3^x - 1\right).\log_{\frac{1}{3}}\left(3^{x+2} - 9\right) > -3$

e) $\log_2(\log_3(2 - \log_4 x)) < 1$

f) $x + \log(1 + 2^x) > x\log 5 + \log 6$

g) $\log_2\left(9^x + 3^{2x-1} - 2^{x + \frac{1}{2}}\right) < x + 3,5$

Exercícios Suplementares

433 Calcule

a) $-\log_8 \log_4 \log_2 16$

b) $-\log_2 \log_3 \sqrt{\sqrt[4]{3}}$

c) $\log \log \sqrt[2]{\sqrt[5]{10}}$

d) $\left(\frac{16}{15}\right)^{\log_{\frac{125}{64}} 3}$

e) $36^{\log_6 5} + 10^{1 - \log_2} - 3^{\log_9 36}$

f) $\log_3 7 \log_7 5 \log_5 4 + 1$

g) $\log_3 2 \log_4 3 \log_5 4 \log_6 5 \log_7 6 \log_8 7$

434 Calcule

a) $\log_{100}40$ se $\log_2 5 = a$

b) $\log_6 16$ se $\log_{12}27 = a$

c) $\log_3 5$ se $\log_6 2 = a$ e $\log_6 5 = b$

d) $\log_{35}28$ se $\log_{14}7 = a$ e $\log_{14}5 = b$

e) $\log_{\sqrt{3}} \sqrt[6]{a}$ se $\log_a 27 = b$ e $a > 0, a \neq 1$

f) $\log_5 3{,}38$ se $\log 2 = a$, $\log 13 = b$

g) $\log_2 360$ se $\log_3 20 = a$ e $\log_3 15 = b$

h) $\log_{275}60$ se $\log_{12}5 = a$ e $\log_{12}11 = b$

435 Prove as seguintes identidades

a) $b^{\log_a c} = c^{\log_a b}$

b) $\log_{ab} n = \dfrac{\log_a n.\log_b n}{\log_a n + \log_b n}$

c) $\dfrac{\log_a n}{\log_{ab} n} = 1 + \log_a b$

d) $\log_{bn} an = \dfrac{\log_b a + \log_b n}{1 + \log_b n}$

e) $\dfrac{1}{\log_a n} + \dfrac{1}{\log_{a^2} n} + \dfrac{1}{\log_{a^3} n} + \dfrac{1}{\log_{a^4} n} + \dfrac{1}{\log_{a^5} n} = 15 \log_n a$

f) $\log_a n.\log_b n + \log_b n \log_c n + \log_c n \log_a n = \dfrac{\log_a n \log_b n \log_c n}{\log_{abc} n}$

436 Ache o domínio das funções

a) $f(x) = \sqrt{\dfrac{(x-1)(x^2-x+1)}{x^3-1}} + \log(x^2-4x+4)$

b) $f(x) = \sqrt[6]{9 - \left(\dfrac{4x-22}{x-5}\right)^2} + \dfrac{1}{\log_3(x-5)}$

c) $f(x) = \log \dfrac{(x^2+4x+4)(4-x^2)}{x^2+2x+5} + \dfrac{1}{\sqrt{x-1}} + \sqrt[4]{-x^3+8x^2-15x}$

437 Resolver as inequações

a) $2^{2x+2} + 6^x - 2.3^{2x+2} > 0$

b) $2^{4x} - 2^{3x+1} - 2^{2x} - 2^{x+1} - 2 \leq 0$

c) $\sqrt{2(5^x+24)} - \sqrt{5^x-7} \geq \sqrt{5^x+7}$

d) $\sqrt{13^x - 5} \le \sqrt{2\left(13^x + 12\right)} - \sqrt{13^x + 5}$

438 Resolver as equações

a) $\log_4 \log_3 \log_2 x = 0$ b) $\log_a\{1 + \log_b [1 + \log_c (1 + \log_p x)]\} = 0$

c) $\log_4 \ 2\log_3\left[1 + \log_2\left(1 + 3\log_2 x\right)\right] = \frac{1}{2}.$

d) $\log_2 (x + 14) + \log_2 (x + 2) = 6$

e) $\log_a y + \log_a(y + 5) + \log_a 0.02 = 0$

f) $\dfrac{\log\left(35 - x^3\right)}{\log(5 - x)} = 3$

g) $1 + \log x = \dfrac{1}{3}\log\left[b - \dfrac{(3a - b)\left(a^2 + ab\right)^{-1}}{b^{-2}}\right] - \dfrac{4}{3}\log b + \dfrac{1}{3}\log\left(a^3 - ab^2\right)$

h) $\log\left[x - a(1 - a)^{-\frac{1}{2}}\right] - \dfrac{1}{2}\log\left(a + \dfrac{1}{a}\right) - \log\sqrt{\dfrac{a^3 + a}{a + 1} - a^2} = 0$

i) $\log_x \sqrt{5} + \log_x (5x) - 2{,}25 = \left(\log_x \sqrt{5}\right)^2$

j) $\log_{16} x + \log_4 x + \log_2 x = 7$

k) $\log_a x - \log_{a^2} x + \log_{a^4} x = \dfrac{3}{4}$

439 Resolver as equações:

a) $\log_2(9 - 2^x) = 3 - x$ b) $\log 2 + \log(4^{x-2} + 9) = 1 + \log(2^{x-2} + 1)$

c) $2\log 2 + \left(1 + \dfrac{1}{2x}\right)\log 3 - \log\left(\sqrt[x]{3} + 27\right) = 0$

d) $\log\left(3^{\sqrt{4x+1}} - 2^{4-\sqrt{4x+1}}\right) - 2 = \dfrac{1}{4}\log 16 - \sqrt{x + 0{,}25}\,\log 4$

e) $\dfrac{2\log 2 + \log(x - 3)}{\log(7x + 1) + \log(x - 6) + \log 3} = \dfrac{1}{2}$

f) $\log_5 120 + (x - 3) - 2\log_5(1 - 5^{x-3}) = -\log_5(0.2 - 5^{x-4})$

440 Resolver os sistemas

a) $\begin{cases} \log_3 x + \log_3 y = 0 \\ x + y = \dfrac{10}{3} \end{cases}$ b) $\begin{cases} \log_a x + \log_a y = 2 \\ \log_b x - \log_b y = 4 \end{cases}$

c) $\begin{cases} \log\left(x^2 + y^2\right) - 1 = \log 13 \\ \log(x+y) - \log(x-y) = 3\log 2 \end{cases}$

d) $\begin{cases} \log_{xy}(x-y) = 1 \\ \log_{xy}(x+y) = 0 \end{cases}$ e) $\begin{cases} \log_a\left(1 + \dfrac{x}{y}\right) = 2 - \log_a y \\ \log_b x + \log_b y = 4 \end{cases}$

f) $\begin{cases} \log_a x + \log_a y + \log_a 4 = 2 + \log_a 9 \\ x + y - 5a = 0 \end{cases}$

g) $\begin{cases} xy = a^2 \\ \log^2 x + \log^2 y = 2{,}5\log^2\left(a^2\right) \end{cases}$

h) $\begin{cases} 3^x . 2^y = 576 \\ \log_{\sqrt{2}}(y-x) = 4 \end{cases}$

441 Resolver os sistemas

a) $\begin{cases} \log x + \log y = \log a \\ 2(\log x - \log y) = \log b \end{cases}$ b) $\begin{cases} \log_a x + \log_{a^2} y = \dfrac{3}{2} \\ \log_{b^2} x + \log_b y = \dfrac{3}{2} \end{cases}$

c) $\begin{cases} \log_a x + \log_{a^2} y = \dfrac{3}{2} \\ \log_{b^2} x - \log_b y = 1 \end{cases}$ d) $\begin{cases} \log_v u + \log_u v = 2 \\ u^2 + v = 12 \end{cases}$

e) $\begin{cases} x^2 + xy + y^2 = a^2 \\ \log_{\sqrt[x]{a}} \sqrt{a} + \log_{\sqrt[y]{b}} \sqrt{b} = \dfrac{a}{\sqrt{3}} \end{cases}$

f) $\begin{cases} \log_4 x - \log_2 y = 0 \\ x^2 - 5y^2 + 4 = 0 \end{cases}$

g) $\begin{cases} \log_2 x + \log_4 y + \log_4 z = 2 \\ \log_3 y + \log_9 z + \log_9 x = 2 \\ \log_4 z + \log_{16} x + \log_{16} y = 2 \end{cases}$

h) $\begin{cases} \sqrt[10]{2^x}\sqrt{\sqrt[5]{2^y}} = \sqrt[x]{128} \\ \log(x+y) = \log 40 - \log(x-y) \end{cases}$

i) $\begin{cases} \sqrt[y]{4^x} = 32\sqrt[x]{8^y} \\ \sqrt[y]{3^x} = 3\sqrt[y]{9^{1-y}} \end{cases}$

j) $\begin{cases} 9^{-1}\sqrt[y]{9^x} - 27\sqrt[x]{27^y} = 0 \\ \log(x-1) - \log(1-y) = 0 \end{cases}$

k) $\begin{cases} \dfrac{1}{2}\log x + \dfrac{1}{2}\log y - \log\left(4 - \sqrt{x}\right) = 0 \\ \left(25^{\sqrt{x}}\right)^{\sqrt{y}} - 125.5^{\sqrt{y}} = 0 \end{cases}$

l) $\begin{cases} \log_a ay = p \\ \log_y bx = q \end{cases}$

442 Resolver as inequações

a) $\log_2(x-1) - \log_2(x+1)\log_{\frac{x+1}{x-1}} 2 > 0$

b) $\log_{\frac{x}{2}} 8 + \log_{\frac{x}{4}} 8 < \dfrac{\log_2 x^4}{\log_2 x^2 - 4}$

c) $\log_2 \log_{\frac{1}{2}}\left(x^2 - 2\right) < 1$

d) $\log_x 2 \,.\, \log_{2x} 2 \,.\, \log_2 4x > 1$

e) $0{,}3^{\log_{\frac{1}{3}} \log_2 \frac{3x+6}{x^2+2}} > 1$

f) $\left(\dfrac{1}{2}\right)^{\log_3 \log_{\frac{1}{5}}\left(x^2 - \frac{4}{5}\right)} \leq 1$

g) $\log_5 \log_3 \log_2(2^{2x} - 3 \cdot 2^x + 10) > 0$

h) $\log_2\left(1 + \log_{\frac{1}{9}} x - \log_9 x\right) < 1$

i) $\log_3 (\log_2 (2 - \log_4 x) - 1) < 1$

j) $\log_3 \log_{x^2} \log_{x^2} x^4 > 0$

k) $\log_{\frac{1}{2}} \log_2 \log_{x-1} 9 > 0$

l) $\log_x \log_2(4^x - 12) \le 1$

443 Resolver as inequações

a) $\dfrac{\log_5(x^2+3)}{4x^2 - 16x} < 0$

b) $\dfrac{3x^2 - 16x + 21}{\log_{0,3}(x^2+4)} < 0$

c) $\dfrac{(x-0,5)(3-x)}{\log_2(x-1)} > 0$

d) $\dfrac{\log_{0,3}(|x-2|)}{x^2 - 4x} < 0$

e) $\dfrac{\log 7 - \log(-8 - x^2)}{\log(x+3)} > 0$

f) $\dfrac{\log_2(\sqrt{4x+5} - 1)}{\log_2(\sqrt{4x+5} + 11)} > \dfrac{1}{2}$

g) $\dfrac{\log_{0,5}(\sqrt{x+3} - 1)}{\log_{0,5}(\sqrt{x+3} + 5)} < \dfrac{1}{2}$

h) $\dfrac{\log\sqrt{x+7} - \log 2}{\log 8 - \log(x-5)} < -1$

i) $\dfrac{\log(\sqrt{x+1} + 1)}{\log\sqrt[3]{x-40}} < 3$

j) $\log_5 (x+3) \ge \log_{x+3} 625$

444 Resolver as inequações

a) $\log_2 x \,.\, \log_3 2x + \log_3 x \,.\, \log_2 3x \ge 0$

b) $\log_{0.5} (x+2) \,.\, \log_2 (x+1) + \log_{x+1} (x+2) > 0$

c) $\log_{\frac{1}{\sqrt{5}}} \left(6^{x+1} - 36^x\right) \ge -2$

d) $\log_{\frac{\sqrt{3}}{3}} \left(2^{x+2} - 4^x\right) \ge -2$

e) $25^{(\log_5 x)^2} + x^{\log_5 x} \le 30$

f) $\left(2^x + 3.2^{-x}\right)^{2\log_2 x - \log_2(x+6)} > 1$

g) $\dfrac{1}{\log_{0,5}\sqrt{x+3}} \le \dfrac{1}{\log_{0,5}(x+1)}$

h) $\dfrac{1}{\log_2 x} \le \dfrac{1}{\log_2\sqrt{x+2}}$

i) $\dfrac{\sqrt{(\log_{0,5} x)^2 - 81} + 2}{\log_{0,5} x - 1} < 1$

j) $|x-1|^{\log_2(4-x)} > |x-1|^{\log_2(1+x)}$

k) $\dfrac{x-1}{\log_3(9-3^x)-3} \leq 1$

l) $\dfrac{2+\log_3 x}{x-1} < \dfrac{6}{2x-1}$

m) $\dfrac{6}{2x+1} > \dfrac{1+\log_2(2+x)}{x}$

445 Resolver os sistemas

a) $\begin{cases} \log_x(x+2) > 2 \\ (x^2-8x+13)^{4x-6} < 1 \end{cases}$ b) $\begin{cases} (x-1)\log 2 + \log(2^{x+1}+1) < \log(7.2^x+12) \\ \log_x(x+2) > 2 \end{cases}$

446 As indicações R_1 e R_2 na escala Richter de terremotos estão relacionados pela fórmula $R_1 - R_2 = \log(M_1/M_2)$, onde M_1 e M_2 medem energia liberada pelos terremotos sob a forma de ondas que se propagam pela crosta terrestre. Houve dois terremotos cujos índices foram $R_1 = 8$ e $R_2 = 6$. Calcule a razão entre as energias liberadas em cada sismo.

447 O crescimento de uma cultura de bactéria obedece a função: $x(t) = c.e^{kt}$, onde x (t) é o número de bactérias no tempo **t** > 0, **k** e **c** são constantes positivas (e é a base do logaritmo neperiano). Verificando-se que o número inicial de bactérias x (0) duplica em 4 horas, determinar quantas se pode esperar no fim de 6 horas.

448 A lei de decomposição do radium no tempo $t \geq 0$ é dada por $M(t) = c.e^{-k.t}$, onde M (t) é a quantidade de radium no tempo **t**, **c** e **k** são constantes positivas (e é a base do logaritmo neperiano). Verificando-se que a metade da quantidade primitiva M (0) desaparece em 1600 anos, determine a quantidade perdida em 100 anos.

449 Prove as identidades

a) $\log\dfrac{a+b}{3} = \dfrac{1}{2}(\log a + \log b)$ se $a^2 + b^2 = 7ab$

b) $\log\dfrac{a+2b}{4} = \dfrac{1}{2}(\log a + \log b)$ se $a^2 + 4b^2 = 12ab$

Capítulo 8

Testes e Questões de Vestibulares

Capítulo 1- Relações e Funções

V.1 (Unicamp 92 – 2ª Fase) Seja **N** o conjunto dos números naturais e $f : \mathbf{N} \to \mathbf{N}$ uma função que satisfaz as propriedades:

a) dado qualquer $m \in \mathbf{N}$, existe $n \in \mathbf{N}$ tal que $f(n) \geq m$.

b) $A_r = \{s \in \mathbf{N} \; ; \; s \leq f(r)\}$ está contido no conjunto imagem de f, para todo $r \in \mathbf{N}$. Mostre que f é sobrejetora.

V.2 (ITA–76) Considere $g : (a, b, c) \to (a, b, c)$ uma função tal que $g(a) = b$ e $g(b) = a$

Então, temos:

a) a equação $g(x) = x$ tem solução se, e somente se, g é injetora;

b) g é injetora, mas não é sobrejetora;

c) g é sobrejetora, mas não é injetora;

d) se g não é sobrejetora, então $g(g(x)) = x$ para todo x em $\{a, b, c\}$;

e) n.d.a.

V.3 (ITA – 78) Qual das funções definidas abaixo é bijetora?
Obs.: $R^+ = \{x \in R \; ; x \geq 0\}$ e $[a, b]$ é o intervalo fechado.

a) $f : R \to R^+$ tal que $f(x) = x^2$;

b) $f : R^+ \to R$ tal que $f(x) = x + 1$;

c) $f: [1, 3] \to [2, 4]$ tal que $f(x) = x + 1$;

d) $f : [0, 2] \to R$ tal que $f(x) = \text{sen } x$;

e) n.d.a.

V.4 (ITA – 87) Considere a função $y = f(x)$ definida por $f(x) = x^3 - 2x^2 + 5x$, para cada x real.

Sobre esta função, qual das afirmações abaixo é verdadeira?

a) $y = f(x)$ é uma função par.

b) $y = f(x)$ é uma função ímpar.

c) $f(x) \geq 0$ para todo real x.

d) $f(x) \leq 0$ para todo real x.

e) $f(x)$ tem o mesmo sinal de x, para todo real $x \neq 0$.

V.5 (ITA – 88) Seja $f : \mathbf{R} \to \mathbf{R}$ uma função estritamente decrescente, isto é, quaisquer x e y reais com $x < y$ tem-se $f(x) > f(y)$.

I) f é injetora.

II) f pode ser uma função par.

III) se f possui inversa então sua inversa também é estritamente decrescente.

Podemos assegurar que

a) Apenas as afirmações (I) e (III) são verdadeiras.

b) Apenas as afirmações (II) e (III) são falsas.
c) Apenas a afirmação (I) é falsa.
d) Todas as afirmações são verdadeiras.
e) Apenas a afirmação (II) é verdadeira.

V.6 (ITA – 89) Sejam A, B e C subconjuntos de **R**, não vazios, e $A - B = \{p \in \mathbf{R}, p \in A \text{ e } p \notin B\}$.

Dadas as igualdades:

1. $(A - B) \times C = (A \times C) - (B \times C)$
2. $(A - B) \times C = (A \times B) - (B \times C)$
3. $(A \cap B) - A \neq (B \cap A) - B$
4. $A - (B \cap C) = (A - B) \cup (A - C)$
5. $(A - B) \cap (B - C) = (A - C) \cap (A - B)$

podemos garantir que

a) 2 e 4 são verdadeiras b) 1 e 5 são verdadeiras c) 3 e 4 são verdadeiras
d) 1 e 4 são verdadeiras e) 1 e 3 são verdadeiras

V.7 (ITA – 89) Sejam A e B subconjuntos de **R**, não vazios, possuindo B mais de um elemento. Dada uma função $f : A \rightarrow B$, definimos $L : A \rightarrow A \times B$ por $L(a) = (a, f(a))$, para todo $a \in A$. Podemos afirmar que

a) A função L sempre será injetora
b) A função L sempre será sobrejetora
c) Se f for sobrejetora, então L também o será
d) Se f não for injetora, então L também não o será
e) Se f for bijetora, então L será sobrejetora

V.8 (CESCEM-68) Enunciado para as questões V.8, V.9 e V.10
Seja f (x) uma função cujo domínio é o conjunto dos números inteiros e que associa a todo inteiro par o valor zero e a todo inteiro ímpar o dobro do seu valor.
$f(1) + f(2) + ... + f(2k - 1)$ vale:

a) k^2 b) $2k(k + 1)$ c) $2k - 1$ d) $4k - 2$ e) $2k^2$

V.9 (CESCEM-68) $f(-2)$ vale:

a) zero b) não está definida
c) $-f(2)$ d) -2 e) $+2$

V.10 (CESCEM-68) $f\left(+\sqrt{4S^2}\right)$, S inteiro, vale:

a) 2S b) 4S c) $2\sqrt{4S}$ d) zero e) n.d.a.

V.11 O enunciado abaixo refere-se as questões V.11 e V.12

Seja f (n) uma função definida para todo n inteiro relativo, pelas relações:

$$\begin{cases} f(2)=2 \\ f(p+g)=f(p).f(g) \end{cases}$$

(CESCEM-69) o valor de f (o) é:

a) 0 b) 1 c) 2 d) $\sqrt{2}$ e) n.d.a.

V.12 (CESCEM-69) O valor de f (– 2) é:

a) $-\frac{1}{2}$ b) $\frac{1}{2}$ c) zero porque – 2 é negativo

d) – 2 porque a função é ímpar e) a função não está definida para n = – 2

V.13 (CESCEM-71) É dada uma função real tal que:

1. $f(x) . f(y) = f(x + y)$ 2. $f(1) = 2$ 3. $f(\sqrt{2}) = 4$

O valor de $f(3+\sqrt{2})$ é:

a) $(3+\sqrt{2})^2$ b) 16 c) 24 d) 32

e) impossível de ser determinado pois faltam dados

V.14 (CESCEM-75) Dizemos que uma relação entre dois conjuntos A e B é uma função ou aplicação de A em B quando todo o elemento de:

a) B é imagem de algum elemento em A
b) B é imagem de um único elemento de A
c) A possui somente uma imagem em B
d) A possui, no mínimo, uma imagem em B
e) A possui somente uma imagem em B e vice-versa.

V.15 (CESCEA-73) Sejam os conjuntos $A = \{1,2,3\}$, $B = \{a, \{a\}\}$ e o produto cartesiano $A \times B = \{(1,a),(1,\{a\}),(2,a),(2,\{a\}),(3,a),(3,\{a\})\}$. Entre as relações abaixo, uma e apenas uma, é falsa. Assinale-a:

a) $\{a\} \in B$ e $\{a\} \subset B$ b) $\{(1, a), (1, \{a\}), (2, a)\} \subset A \times B$

c) $0 \subset A \times B$ d) $\{(a, \{a\}), (1, \{a\})\} \subset A \times B$

V.16 (CESGRANRIO-73) Seja **Z** o conjunto dos inteiros. Sejam ainda os conjuntos $A = \{x \in \mathbf{Z} \mid -1 < x \leq 2\}$ e $B = \{3, 4, 5\}$.

Então, se $D = \{(x, y) \in A \times B \mid y \geq x + 4\}$, tem-se que:

a) $D = A \times B$ b) D tem dois elementos c) D tem um elemento

d) D tem três elementos

e) as quatro afirmativas anteriores são falsas.

V.17 (CESGRANRIO-74) Sejam $F = \{1, 2, 3, 4\}$ e $G = \{3, 4, 7\}$

Então:

a) $F \times G$ tem 12 elementos

b) $G \times F$ tem 9 elementos

c) $F \cup G$ tem 7 elementos

d) $F \cap G$ tem 3 elementos

e) $(F \cup G) \cap F = \varnothing$

V.18 (CESGRANRIO-77) Seja $f: \mathbf{R} \to \mathbf{R}$ uma função. O conjunto dos pontos de interseção do gráfico de f com uma reta vertical:

a) possui exatamente dois elementos b) é vazio

c) é não enumerável

d) possui, pelo menos, dois elementos

e) possui um só elemento

V.19 (FEI-65) Uma função f (x), definida no conjunto dos números reais, sendo a um número real determinado, verifica as propriedades:

$f(x) = -f(-x)$ e $f(x + a) = f(x)$ então:

a) $f(a + x) = f(-x)$ b) $f(x) = f(a)$ c) $f(2a - x) = -f(-x)$

d) $f(2a) = f(a)$ e) n.d.a.

V.20 (FEI – 68) Dada a função $f(x) = \sqrt{4 - x^2}$, para qualquer número real x tal que $|x| \leq 2$, tem-se:

a) $f(2x) = 2f(x)$

b) $f(x - 2) = f(x) - f(2)$

c) $f\left(\frac{1}{x}\right) = -\frac{f(x)}{x}$

d) $f(-x) = f(x)$

e) n.d.a.

V.21 (FEI-82) Seja a função f definida em **R** por $f(x) = \frac{x}{4}(x - 6)^2$. Calcular, para h real, o valor de k, sendo $k = f(4 + h) = f(4 - h)$.

Capítulo 2 – Algumas funções elementares

V.22 (FUVEST-78 – 1ª fase) As funções f e g são dadas por $f(x) = \frac{3}{5}x - 1$ e $g(x) = \frac{4}{3}x + a$. Sabe-se que $f(0) - g(0) = \frac{1}{3}$. O valor de $f(3) - 3g(\frac{1}{5})$ é

a) 0 b) 1 c) 2 d) 3 e) 4

V.23 (FUVEST-84 – 2ª fase) Considere a parábola de equação:
$y = x^2 + mx + 4m$

a) Ache a intersecção da parábola com eixo x, quando $m = -2$
b) Determine o conjunto de valores de m para os quais a parábola não corta o eixo x.

V.24 (FUVEST-86 – 2ª fase) De um retângulo de perímetro 32 e lados x e y, com $x < y$, retira-se um quadrado de lado x.
a) Calcule a área remanescente em função de x.
b) Determine x para que essa área seja a maior possível.

V.25 (FUVEST-88 – 2ª fase) Determine a função g (x) cujo gráfico é o simétrico do gráfico da função $f(x) = 2x - x^2$ em relação à reta $y = 3$. Esboce o gráfico.

V.26 (FUVEST-89 – 1ª fase) O gráfico de $f(x) = x^2 + bx + c$, onde b e c são constantes, passa pelos pontos (0, 0) e (1, 2).

Então $f\left(-\frac{2}{3}\right)$ vale

a) $-\frac{2}{9}$ b) $\frac{2}{9}$ c) $-\frac{1}{4}$ d) $\frac{1}{4}$ e) 4

V.27 (FUVEST-91 – 1ª fase) A moeda de um país é o "liberal", indicado por £. O imposto de renda I é uma função contínua da renda R, calculada da seguinte maneira:
I. Se $R \leq 24.000£$, o contribuinte está isento do imposto.
II. Se $R \geq 24.000£$, calcula-se 15% de R, e do valor obtido subtrai-se um valor fixo P, obtendo-se o imposto a pagar I.

Determine o valor fixo P.

a) 1.200£ b) 2.400£ c) 3.600£ d) 6.000£ e) 24.000£

V.28 (Unicamp-87 – 2ª fase) Numa determinada comunidade economicamente ativa, o número de pessoas cuja renda anual excede o valor x (em cruzados) é igual a $10^{12}/x^2$. Quantas pessoas nessa comunidade tem uma renda anual entre Cz$ 20.000,00 e Cz$ 50.000,00?

V.29 (Unicamp-89 – 2ª fase) Em um pomar em que existiam 30 laranjeiras produzindo, cada uma, 600 laranjas por ano, foram plantadas *n* novas laranjeiras. Depois de um certo tempo constatou-se que, devido à competição por nutrientes do solo, cada laranjeira (tanto nova como velha) estava produzindo 10 laranjas a menos, por ano, por cada nova laranjeira plantada no pomar. Se f (*n*) é a produção anual do pomar:

a) determine a expressão algébrica de f (*n*);
b) determine os valores de n para os quais f (*n*) = 0;
c) quantas novas laranjeiras deveriam ter sido plantadas para que o pomar tenha produção máxima?;
d) qual é o valor desta produção?

V.30 (ITA-86) Sejam a, b, c números reais dados com $a < 0$. Suponha que x_1 e x_2 sejam as raízes da função $y = ax^2 + bx + c$ e $x_1 < x_2$.

Sejam $x_3 = \dfrac{-b}{2a}$ e $x_4 = -\dfrac{2b + \sqrt{b^2 - 4ac}}{4a}$. Sobre o sinal de y podemos afirmar que:

a) $y < 0, \forall x \in \mathbf{R}, x_1 < x < x_3$
b) $y < 0, \forall x \in \mathbf{R}, x_4 < x < x_2$
c) $y > 0, \forall x \in \mathbf{R}, x_1 < x < x_4$
d) $y > 0, \forall x \in \mathbf{R}, x > x_4$
e) $y < 0, \forall x \in \mathbf{R}, x < x_3$

V.31 (Unesp-84) Uma função quadrática tem o eixo dos y como eixo de simetria. A distância entre os zeros da função é de 4 unidades, e a função tem – 5 como valor mínimo. Esta função quadrática é:

a) $y = 5x^2 - 4x - 5$
b) $y = 5x^2 - 20$
c) $y = \dfrac{5}{4}x^2 - 5x$
d) $y = \dfrac{5}{4}x^2 - 5$
e) $y = \dfrac{5}{4}x^2 - 20$

V.32 (MAPOFEI-76) Seja a função $f : R \to B$ dada pela expressão $f(x) = -3x^2 + 7x + 6$. Determinar B para que f seja sobrejetora e dizer se ela é bijetora.

V.33 (CESCEM-68) f (x) é uma função que atribui a cada número real $x > 0$ o valor $+\sqrt{x}$.

Então f (x) é no seu campo de definição

a) crescente b) decrescente c) não crescente

d) não decrescente e) decrescente para $0 < x \leq 1$ e crescente para $x > 1$

V.34 (CESCEM-72) Considere o gráfico da função $y = x^2 - 5x + 6$. O ponto do gráfico de menor ordenada tem coordenadas:

a) (2, 3) b) (3, 2) c) $\left(\frac{3}{2}, 1\right)$ d) $\left(\frac{5}{2}, -1\right)$

e) $\left(\frac{5}{2}, -\frac{1}{4}\right)$

V.35 (CESCEM-75) A expressão $ax^2 + bx + c$, onde $b^2 - 4ac > 0$ e $a < 0$, é estritamente positiva se x for:

a) positivo b) não nulo c) igual as raízes

d) exterior às raízes e) interior às raízes

V.36 (CESCEM-77) Para que os pontos (1, 3) e (3, – 1) pertençam ao gráfico da função dada por f (x) = ax + b, o valor de b – a deve ser:

a) 7 b) 5 c) 3 d) – 3 e) – 7

V.37 (CESCEM-77) Na figura ao lado estão representados os gráficos das funções dadas por:

$f(x) = (x + 1)(x - 3)$ e $f(x) = \frac{x}{2} + 3$

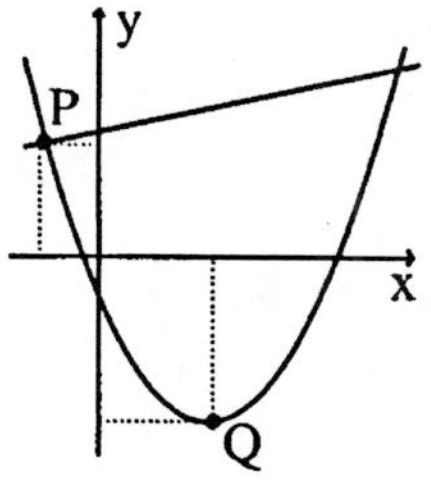

As coordenadas dos pontos P e Q são:

a) $\left(-\frac{3}{2}, \frac{9}{4}\right)$ e $(1, -4)$

b) $\left(-\frac{3}{2}, \frac{9}{4}\right)$ e $(2, -3)$

c) $\left(-\frac{3}{2}, \frac{9}{4}\right)$ e $(4, -5)$ d) $\left(-\frac{3}{2}, 4\right)$ e $(2, -3)$ e) $\left(\frac{3}{2}, 4\right)$ e $(1, -4)$

V.38 (CESCEA-71) Seja $f(x) = ax^2 + bx + c$. Sabendo-se que f (1) = 4, f (2) = 0 e f (3) = – 2, então, o produto a.b.c é:

a) 20 b) 50 c) –8 d) –70 e) não sei

V.39 (CESCEA-76) A parábola de equação $y = -2x^2 + bx + c$ passa pelo ponto (1, 0) e seu vértice é o ponto de coordenadas (3, v). Então v é igual a:

a) 8 b) 4 c) 6 d) – 5 e) 18

V.40 (CESCEA-77) Assinale a alternativa em que o gráfico dado corresponde à função dada:

a) $y = -2x + 3$

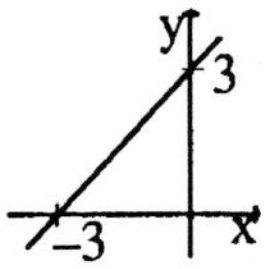

b) $y = x + 2$

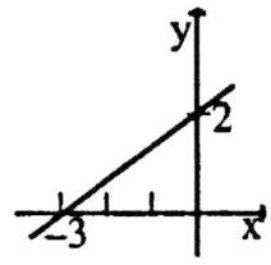

c) $y = -x + 2$

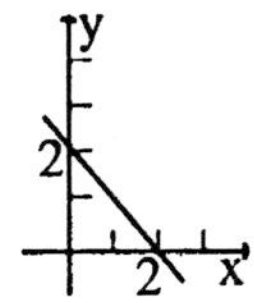

d) $y = 2x + 1$

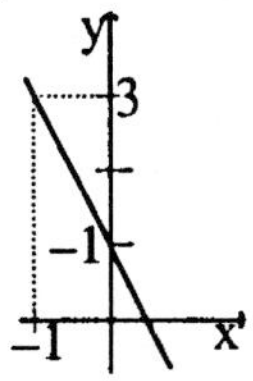

e) $y = x^2 + 1$

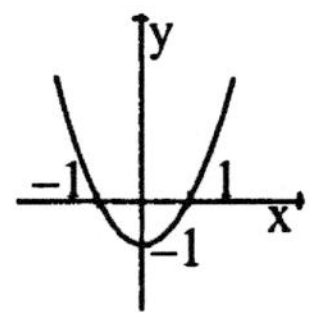

V.41 (FGV-70) Dado o trinômio $f(x) = x^2 - 5x + m$ o zero é externo ao intervalo das raízes para:

a) nenhum m b) qualquer m c) $m > 0$ d) $0 < m < \frac{25}{4}$ e) n.d.a.

V.42 (FGV-73) A figura é um esboço do gráfico da função:

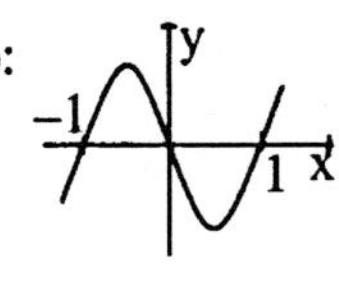

a) $y = x(x-1)(x+2)$ b) $y = x(x-1)^2$

c) $y = x(x-1)(x+1)$ d) $y = x(1-x)(x+1)$

e) nenhuma das alternativas anteriores

V.43 (FGV-77) As funções a que se refere esse exercício são do tipo $y = f(x)$. Duas curvas A e B se interceptam nos pontos (0, 3) e (0, – 3). Assinalar dentre as afirmações abaixo, a correta:

a) A e B podem ser representações gráficas de funções
b) somente A ou B poderá ser a representação gráfica de uma função
c) nem A nem B poderá ser representação gráfica de uma função
d) A ou B é a representação gráfica da função dada por $y^2 = 9 - x^2$
e) A ou B é a representação gráfica da função dada por $x = 0$

V.44 (FGV-78) Dado $f(x) = 2x^2 + 7x - 15$, assinale a afirmativa falsa:

a) $f(0) = -15$

b) $f\left(\frac{3}{2}\right) = f(-5) = 0$

c) a função atinge um máximo quando $x = \frac{7}{8}$

d) $f(-1) = -20$

e) se $f(x) = 0$, então $x = \frac{3}{2}$ ou $x = -5$

V.45 (FGV-78) Dada a função $f(x) = 2x^2 - 5x + 2$ e o intervalo $A = \{x \in \mathbf{R} \mid 0 < x < 1\}$, então a função f no intervalo A:

a) tem duas raízes

b) é crescente para $x < \frac{1}{2}$ e decrescente para $x > \frac{1}{2}$

c) é sempre crescente

d) é sempre decrescente

e) não tem nenhuma raiz

V.46 (FGV-79) As coordenadas do ponto P na figura, uma das intersecções da reta com a parábola, são:

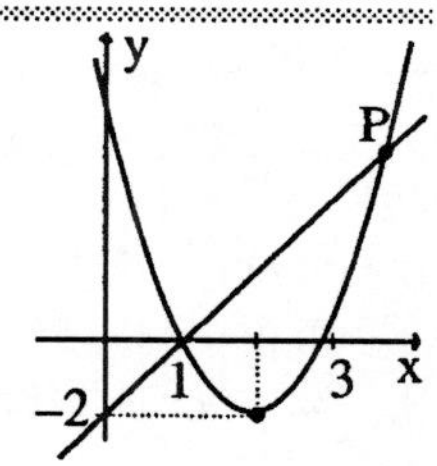

a) $(4, 6)$

b) $(5, 4)$

c) $\left(\frac{9}{2}, 7\right)$

d) $\left(\frac{7}{2}, 5\right)$

e) $(3, 4)$

V.47 (FGV-84) O lucro de uma empresa é dado por $L(x) = 100(10 - x)(x - 2)$, onde x é a quantidade vendida. Podemos afirmar que:

a) o lucro é positivo qualquer que seja x.

b) o lucro é positivo para x maior do que 10

c) o lucro é positivo para x entre 2 e 10

d) o lucro é máximo para x igual a 10

e) o lucro é máximo para x igual a 3

V.48 (CESGRANRIO-79) O gráfico do trinômio do 2º grau $ax^2 - 10x + c$ é o da figura:

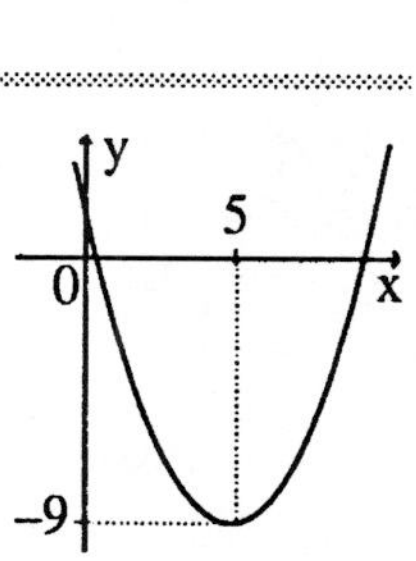

Podemos concluir que:

a) $a = 1$ e $c = 16$

b) $a = 1$ e $c = 10$

c) $a = 5$ e $c = -9$

d) $a = -1$ e $c = 10$

e) $a = -1$ e $c = 16$

V.49 (CESGRANRIO-85) Seja f (x) a função que associa, a cada número real x, o menor dos números (x + 1) e (– x + 5). Então, o valor máximo de f (x) é:

a) 1 b) 3 c) 4 d) 5 e) 7

V.50 (Sta.Casa-77) Seja (z, w) o vértice da parábola que representa $F(x) = ax^2 + bx + c$. Esta função tem duas raízes reais se:

a) $a F(z) < 0$ b) $a F(z) > 0$ c) $c F(z) > 0$ d) $b F(z) > 0$ e) $b F(z) < 0$

V.51 (FATEC-81) Seja $f : \mathbf{R} \to \mathbf{R}$, definida por $f(x) = ax^2 + bx + c$, $\forall x \in \mathbf{R}$, onde $a, b, c \in \mathbf{R}$, $a \neq 0$.

Se, $x \in \mathbf{R}$, $f(x) \leq f(0) = 1$, então:

a) f possui raízes reais x_1 e x_2, tais que $x_1 + x_2 = 0$
b) f não possui raiz real positiva
c) f não possui raiz real negativa
d) f possui raízes, x_1 e x_2, tais que $x_1 + x_2 = 1$
e) n.d.a.

V.52 (FATEC-85) Os gráficos das funções f e g, de R em R, onde $f(x) = x^2 + 2x + k^2$, $g(x) = k^2 - 2x - 4$ e $k \neq 0$, se interceptam em:

a) um ponto do 1º quadrante
b) um ponto do 2º quadrante
c) um ponto do 3º quadrante
d) um ponto do eixo das abscissas
e) dois pontos distintos

V.53 (FEI-73) A função $f(x) = \dfrac{x^2+1}{x-1}$ pode ser escrita na forma equivalente:

a) $f(x) = x + 1 + \dfrac{2}{x-1}$ b) $f(x) = x - 1$ c) $f(x) = \left(\dfrac{x^2+1}{x-1}\right)^2$

d) $f(x) = \dfrac{x^2+1}{x} - 1$ e) $f(x) = \dfrac{x^2}{x-1} - 1$

V.54 (FEI-73) Se $f(x) = x^2 + bx + c$ é tal que $f(1) = p$ e $f(-1) = 1$, temos para $b \cdot c$:

a) $\dfrac{p^2+1}{2} - p$ b) $p + 1$ c) $(p-1)^2$

d) $\left(\dfrac{p-1}{2}\right)^2$ e) $2p + 1$

V.55 (FEI-77) Qual o polinômio de 2º grau cujo gráfico é:

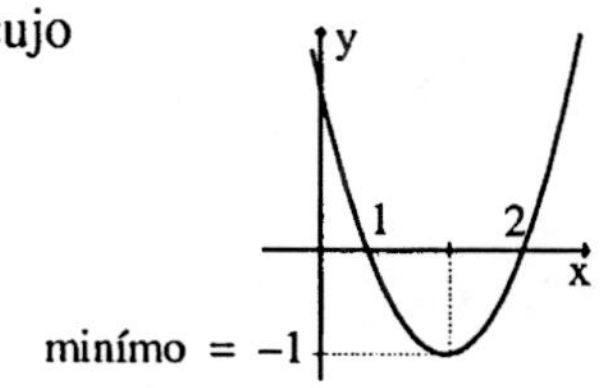

V.56 (FEI-85) Se $f(x) = ax^2 + bx + c$ para qualquer x real e os valores $x_0 = 3$ e $x_1 = -3$ são raízes da equação $f(x) = 0$, podemos afirmar que:

a) $c > 1$ b) $a = 0$ c) $b = 0$ d) $ac > 0$ e) $a > 0$

Capítulo 3 – Inequações

V.57 (FUVEST-77 – 2ª fase) Resolva a inequação abaixo:

$$\frac{x^2 - x - 1}{\sqrt{x^2 - 3x}} \geq 0$$

V.58 (FUVEST-80 – 2ª fase) Sejam a, b e p números reais, $a > 0$, $b > 0$ e $p > 1$

Demonstrar: Se $\frac{a + bp^2}{a + b} > p$, então $\frac{a}{b} < p$

V.59 (FUVEST-84 – 2ª fase) Resolva a inequação: $\frac{1}{3} - \frac{x}{2} < \frac{1}{4}$

V.60 (FUVEST-86 – 1ª fase) O conjunto-solução de $(-x^2 + 7x - 15)(x^2 + 1) < 0$ é:

a) 0 b) $[3, 5]$ c) $\mathbf{R}$ d) $[-1, 1]$ e) $\mathbf{R}_+$

V.61 (FUVEST-89 – 1ª fase) De $2x^4 - x^3 < 0$ pode-se concluir que:

a) $0 < x < 1$ b) $1 < x < 2$ c) $-1 < x < 0$ d) $-2 < x < -1$
e) $x < -1$ ou $x > 1$

V.62 (FUVEST-92 – 1ª fase) Se $-4 < x < -1$ e $1 < y < 2$ então xy e $\frac{2}{x}$ estão no intervalo:

a) $]-8, -1[$ b) $\left]-2, \frac{-1}{2}\right[$ c) $]-2, -1[$ d) $\left]-8, \frac{-1}{2}\right[$ e) $\left]-1, \frac{-1}{2}\right[$

V.63 (Unicamp-87 – 2ª fase) Ache os valores reais de x para os quais vale a desigualdade: $-\frac{4}{x}+\frac{3}{2}\geq-\frac{1}{x}$

V.64 (Unesp-81) Os valores de $x \in \mathbf{R}$ que satisfazem o sistema

$\begin{cases} x^2-4<0 \\ x^2-3x<0 \end{cases}$ são tais que

a) $1<x<3$ b) $-3<x<-2$ c) $0<x<2$
d) $2<x<3$ e) $-2<x<0$

V.65 (ITA-67) Em qual dos casos abaixo, vale a desigualdade

$$\frac{x^2-ax-2a^2}{x^2-(a+2)x+2a}<0$$

a) $a<0$, $x<2a$ b) $a=0$, $x>-a$ c) $a>2$, $2<x<a$
d) $a>2$, $-a<x<2$ e) $a>2$, $x>2a$

V.66 (ITA-71) O sistema de desigualdades $\begin{cases} ax+bx\geq 0 \\ \frac{ax^2}{4}-bx+(2b-a)<0 \end{cases}$ e $a>0$, $b>0$, $b\neq a$
Tem solução para:

a) $x<\frac{-b}{a}$ e $b>a$ b) $x>2$ e $b<a$ c) $0<x<1$ e $b>\frac{3}{4}a$

d) $x>\frac{4b}{a}-2$ e $a>2b$ e) n.d.a.

V.67 (ITA-84) Seja $f(x)=e^{\sqrt{x^2-4}}$ onde $x\in\mathbf{R}$ e $\mathbf{R}$ é o conjunto dos números reais. Um subconjunto D de $\mathbf{R}$ tal que $f: D\to\mathbf{R}$ e uma função injetora é:
a) $D=(x\in\mathbf{R}: x\geq 2 \text{ e } x\leq -2)$
b) $D=(x\in\mathbf{R}: x\geq 2 \text{ ou } x\leq -2)$
c) $D=\mathbf{R}$
d) $D=(x\in\mathbf{R}: -2<x<2)$
e) $D=(x\in\mathbf{R}: x\geq 2)$

V.68 (MAPOFEI-75) Resolver a desigualdade: $\frac{x}{2-x}\geq 1$

V.69 (MAPOFEI-75) Se x é um número real, determinar o domínio de definição da função: $f(x) = \left(-8x^2 - 2x + 1\right)^{-\frac{1}{2}}$

V.70 (MAPOFEI-76) Resolver o sistema de inequações:

$$\begin{cases} \dfrac{x}{3} - \dfrac{x-2}{5} < 2 \\ \dfrac{3(x-6)}{4} > 0 \end{cases}$$

V.71 (CESCEM-67) Dada a função $f(x) = \dfrac{1}{\sqrt{4 - x^2}}$ o seu domínio ou campo de definição é:

a) x qualquer b) $x \leq 2$ c) $x \geq -2$ d) $-2 \leq x \leq 2$ e) $-2 < x < 2$

V.72 (CESCEM-67) O conjunto de valores de x que satisfaz o sistema de inequações $x^2 - 4x + 3 > 0$ e $x^2 - 2x < 0$ é:

a) $0 < x < 1$ b) $x = 1, 3$ c) $x < 0$ ou $x > 3$ d) $2 < x < 3$ e) $\nexists\, x \in \mathbf{R}$

V.73 (CESCEM-70) A solução do sistema de inequações:

$$\begin{cases} x^2 - 2x \geq 0 \\ -x^2 + 2x + 3 > 0 \end{cases} \quad \text{é:}$$

a) $0 < x < 2$ b) $-1 < x \leq 0$ ou $2 \leq x < 3$

c) $x < -1$ e $x > 3$ d) nenhum x e) qualquer x

V.74 (CESCEM-77) O domínio e o contra-domínio de uma função f são subconjuntos de **R**. Sendo f dada por $f(x) = \dfrac{1}{\sqrt{x - x^2}}$, o domínio de f pode ser:

a) $[0, 1]$ b) $[0, 1)$ c) $(0, 1)$ d) $(1, +\infty) \cup (-\infty, 0)$

e) $(-\infty, 0)$

V.75 (CESCEA-70) O conjunto de todos os x para os quais $\sqrt{\dfrac{x+1}{x-2}}$ é um número real é:

a) $\{x \in \mathbf{R} \mid -1 < x < 2\}$ b) $\{x \in \mathbf{R} \mid -1 \leq x < 2\}$

c) $\{x \in \mathbf{R} \mid x < -1 \vee x > 2\}$ d) $\{x \in \mathbf{R} \mid x \leq -1 \vee x > 2\}$

e) $\{x \in \mathbf{R} \mid x \neq 2\}$

V.76 (CESCEA-71) O conjunto de todos os números reais x para os quais a expressão $\frac{\sqrt{4-x^2}}{\sqrt[3]{x-1}}$ está definida é:

a) $\{x \in \mathbf{R} \mid 1 < x \leq 2\}$
b) $\{x \in \mathbf{R} \mid 1 < x < 2\}$
c) $\{x \in \mathbf{R} \mid -2 < x < 2 \text{ e } x \neq 1\}$
d) $\{x \in \mathbf{R} \mid -2 \leq x \leq 2 \text{ e } x \neq 1\}$
e) n.d.a.

V.77 (CESCEA-73) Se $\frac{x-a}{x^2+1} < \frac{x+a}{x^2}$, para todo $x \neq 0$, então:

a) $a < -\frac{\sqrt{2}}{2}$
b) $a > \frac{\sqrt{2}}{4}$
c) $-\frac{\sqrt{2}}{4} < a < \frac{\sqrt{2}}{4}$
d) não sei

V.78 (FGV-73) Seja V o conjunto de todas as soluções reais da inequação $2^{\left(\frac{4}{x^2+3x+2}\right)} \geq 4$. Então:

a) $V = \{x \in \mathbf{R} \mid -3 \leq x < -2 \text{ ou } -1 < x \leq 0\}$
b) $V = \{x \in \mathbf{R} \mid x \leq -3 \text{ ou } -2 < x < -1 \text{ ou } x \geq 0\}$
c) $V = \{x \in \mathbf{R} \mid -3 \leq x \leq 0\}$
d) $V = \{x \in \mathbf{R} \mid x \leq -3 \text{ ou } x \geq 0\}$
e) $V = \{x \in \mathbf{R} \mid x \geq 0\}$

V.79 (FGV-73) Seja V o conjunto de todas as soluções da inequação:

$$\frac{(x^2-3x+5)(x^2+1)}{(1-x^2)} \geq 0$$

a) $V = \{x \in \mathbf{R} \mid x < -1 \text{ ou } x > 1\}$
b) $V = \{x \in \mathbf{R} \mid -1 < x < 1\}$
c) $V = \mathbf{R}$
d) $V = \{x \in \mathbf{R} \mid x \neq -1 \text{ ou } x \neq 1\}$
e) $v = \{x \in \mathbf{R} \mid x > 1\}$

V.80 (FGV-73) Assinale a afirmação verdadeira:

a) $\frac{x^2+3x+2}{x^2-1} \geq 0 \Leftrightarrow x^2+3x+2 \geq 0$

b) $ax^2 + bx + c > 0$, para todo x real $\Leftrightarrow b^2 - 4ac < 0$

c) $\frac{x^2-1}{2x+1} \leq 0 \Leftrightarrow -1 \leq x \leq 1$

d) $\frac{x-a}{x-b} > 0 \Leftrightarrow (x-a)(x-b) > 0$

e) $\frac{x-a}{x-b} \leq 0 \Leftrightarrow (x-a)(x-b) \leq 0$

V.81

(FGV-73) O conjunto $\left\{ x \in R \,\middle|\, \dfrac{\sqrt{x^2 - 3x + 2}}{x - 1} \geq 0 \right\}$ é igual a:

a) $\{x \in \mathbf{R} \mid x \geq 2\}$ b) $\{x \in \mathbf{R} \mid x > 1\}$ c) $\{x \in \mathbf{R} \mid 1 < x \leq 2\}$
d) $\{x \in \mathbf{R} \mid x \neq 1\}$ e) $\{x \in \mathbf{R} \mid x < 1 \text{ ou } x \geq 2\}$

V.82

(FGV-77) Seja **R** o conjunto dos números reais. O conjunto solução da inequação: $\dfrac{x-3}{x-2} \leq x - 1$ é:

a) $\{x \in \mathbf{R} \mid 1 \leq x < 2\}$ b) $\{x \in \mathbf{R} \mid x > 2\}$ c) $\{x \in \mathbf{R} \mid x \leq 1\}$
d) $\{x \in \mathbf{R} \mid x \geq 2\}$ e) $\{x \in \mathbf{R} \mid x < 0\}$

V.83

(FGV-78) A solução do sistema de inequações $3 - 2x \leq 1$. $3x - 1 \leq 5$ é:

a) $\{x \in \mathbf{R} \mid x \leq 1 \text{ ou } x \geq 2\}$ b) $\{x \in \mathbf{R} \mid 1 \leq x \leq 2\}$
c) $\{x \in \mathbf{R} \mid x \leq 2\}$ d) $\{x \in \mathbf{R} \mid x \leq 1\}$ e) $\{x \in \mathbf{R} \mid x \geq 1\}$

V.84

(FGV-78) O conjunto solução da inequação $\dfrac{x - x^2}{x^2 + 2x - 3} \geq 0$ é:

a) $\{x \in \mathbf{R} \mid x < -3 \text{ ou } x \geq 0 \text{ e } x > 1\}$ b) $\{x \in \mathbf{R} \mid x < -3 \text{ ou } x > 1\}$
c) $\{x \in \mathbf{R} \mid -3 < x < 1\}$ d) $\{x \in \mathbf{R} \mid -3 < x \leq 0\}$
e) $\{x \in \mathbf{R} \mid -3 < x \leq 0 \text{ ou } x \geq 1\}$

V.85

(FGV-79) Sendo A o conjunto solução da inequação $(x - x^2)(x^2 + 2x - 3) < 0$, assinale a alternativa correta:

a) $-1 \in A$ b) $\dfrac{9}{2} \in A$ c) $\{x \in \mathbf{R} \mid 0 < x < 3\} \subset A$
d) $0 \in A$ e) $5{,}5 \in A$

V.86

(FGV-80) Resolver a inequação: $\dfrac{3x+4}{x-2} > 1$

a) $2 < x < 3$ b) $2 \leq x \leq 3$ c) $-3 \leq x \leq -\dfrac{1}{2}$ d) $x \geq 3$ e) n.d.a.

V.87

(FGV-80) A inequação $\dfrac{x(x+2)}{x^2 - 1} > 0$ tem como solução:

a) $x < -2$ ou $x > 1$ b) $x < -2$ ou $x \geq 1$ c) $x \leq -2$ ou $x > 1$
d) $x \leq -2$ ou $x \geq 1$ e) n.d.a.

V.88 (FGV-85) O conjunto solução da inequação $\frac{4-x}{x-2} > 0$ é:

a) $\{x \in \mathbf{R} \mid x < 2\}$
b) $\{x \in \mathbf{R} \mid x > 4\}$
c) $\{x \in \mathbf{R} \mid x < 2 \text{ ou } x > 4\}$
d) $\{x \in \mathbf{R} \mid 2 < x < 4\}$
e) $\{x \in \mathbf{R} \mid x < 4\}$

V.89 (SANTA CASA-73) Os valores de x que verificam $\frac{x^2-5x+6}{x-2} < 0$ são melhor expressas por:

a) $x < 3$ b) $2 < x < 3$ c) $x < 2$ ou $x > 3$ d) $x \neq 2$ e) $x < 3$ e $x \neq 2$

V.90 (Sta.Casa-81) Se o conjunto solução da inequação $\frac{3x+1}{x^2+bx+c} \geq 0$, em **R**, é $\left\{x \in \mathbf{R} \,\middle|\, -1 < x \leq -\frac{1}{3} \text{ ou } x > 2\right\}$, então $\frac{b}{c}$ é igual a:

a) -2 b) -1 c) $-\frac{1}{2}$ d) $\frac{1}{2}$ e) 2

V.91 (Sta.Casa-81) Dadas as funções reais, de variável real, definidas por $f(x) = x - 6$, $g(x) = 2x - 5$ e $h(x) = -3x$, tem-se $f(x) \leq g(x) \leq h(x)$ se, e somente se,

a) $|x| \leq 1$
b) $-\frac{1}{2} \leq x \leq \frac{1}{2}$
c) $-1 < x < \frac{1}{2}$
d) $x \leq -1$ ou $x \geq \frac{1}{2}$
e) $x = \pm\frac{1}{2}$

V.92 (Sta.Casa-85) O conjunto verdade da inequação $(3x-1)^{100} \leq 0$ é:

a) $\varnothing$ b) **R** c) $\left\{\frac{1}{3}\right\}$ d) $\left\{x \in \mathbf{R} \,\middle|\, x \leq \frac{1}{3}\right\}$ e) $\left\{x \in \mathbf{R} \,\middle|\, x \geq \frac{1}{3}\right\}$

V.93 (Sta.Casa-86) Os números reais K satisfazem a inequação $x^4 + 2x^2 - 3 < 0$ se, e somente se:

a) $-1 < K < 1$
b) $K < -1$ ou $K > 1$
c) $-\sqrt{3} < k < \sqrt{3}$
d) $k < -\sqrt{3}$ ou $k > \sqrt{3}$
e) $-\sqrt{3} < k < -1$ ou $1 < k < \sqrt{3}$

V.94 (CESGRANRIO-73) O conjunto dos valores de p para os quais a inequação $x^2 + 2x + p > 10$ é verdadeira para qualquer x pertencente a **R** é dado por:

a) $p > -9$ b) $p < 11$ c) $p > 11$ d) $p < -9$ e) n.d.a.

V.95 (CESGRANRIO-79) Sejam $p(x) = x^2 - 5x + 8$ e $q(x) = x^2 + 5x + 6$. Se a é um número real e $p(a) < 0$, então q (a) satisfaz:

a) $30 < q(a)$ b) $20 < q(a) < 30$ c) $10 < q(a) < 20$
d) $0 < q(a) < 10$ e) $q(a) < 0$

V.96 (CESGRANRIO-84) Os valores de x tais que $\frac{4x-1}{x^2-2x+1} \leq 0$ são aqueles que satisfazem:

a) $x > 4$ b) $x \geq 4$ c) $x \leq \frac{1}{4}$ d) $x \neq 1$ e) $x \geq \frac{1}{4}$

V.97 (CESGRANRIO-84) O menor inteiro positivo n, tal que $\frac{\sqrt{n}}{3} > \frac{12}{\sqrt{5}}$ é:

a) 225 b) 243 c) 258 d) 260 e) 283

V.98 (CESGRANRIO-85) Os valores positivos de x, para os quais $(x-1)(x-2)(x+3) < 0$ constituem o intervalo aberto:

a) (1, 3) b) (2, 3) c) (0, 3) d) (0, 1) e) (1, 2)

V.99 (CESGRANRIO-85) Se o número real x satisfaz $\sqrt{x} > x$, então podemos concluir que:

a) $x > \sqrt{2}$ b) $1 < x < 2$ c) $x = 0$ d) $x > 1$ e) $0 < x < 1$

V.100 (MAUÁ-81) Resolver a inequação: $x + 4 < -\frac{2}{x+1}$

Capítulo 4 - Função composta e Função inversa

V.101 (FUVEST-79 – 1ª fase) Se $f: \mathbf{R} \to \mathbf{R}$ é da forma $f(x) = ax + b$ e verifica $f(f(x)) = x + 1$ para todo x real, então a e b valem, respectivamente

a) 1 e $\frac{1}{2}$ b) -1 e $\frac{1}{2}$ c) 1 e 2 d) 1 e -2 e) 1 e 1

V.102 (FUVEST-81 – 1ª fase) Seja f uma função tal que $f(x+3) = x^2 + 1$, para todo x real. Então f (x) é igual a:

a) $x^2 - 2$ b) $10 - 3x$ c) $-3x^2 + 6x - 20$ d) $x^2 - 6x + 10$
e) $x^2 + 6x - 16$

V.103 (Unesp-84) As funções f e g são tais que g (f (x)) = x para todo número real x. O ponto (4,0) pertence ao gráfico de g. Uma possível descrição da função f é:

a) $f(x) = x - 4$ b) $f(x) = 4x + 2$ c) $f(x) = 4x$

d) $f(x) = x + 4$ e) $f(x) = \frac{1}{4}x$

V.104 (MAPOFEI-76) Dada a função $f(x) = x^2 - 2x - 3$, definida para $x \geq 1$, obter a expressão de sua função inversa.

V.105 (ITA-76) Sejam A e B conjuntos infinitos de números naturais. Se $f: A \to B$ e $g: B \to A$ são funções tais que $f(g(x)) = x$, para todo x em B e $g(f(x)) = x$, para todo x em A, então, temos:

a) existem x_0 em B, tal que $f(y) = x_0$, para todo y em A;
b) existe a função inversa de f;
c) existem x_0 e x_1 em A, tais que $x_0 \neq x_1$ e $f(x_0) = f(x_1)$;
d) existem a em B, tal que $g(f(g(a))) \neq g(a)$;
e) n.d.a.

V.106 (ITA-77) Supondo a < b, onde a e b são constantes reais, considere a função $H(x) = a + (b - a)x$ definida no intervalo fechado (0, 1). Podemos assegurar que:

a) H não é uma função injetora
b) dada qualquer $\bar{y}$, b, sempre existe um $\bar{x}$ em (0, 1) satisfazendo $H(\bar{x}) = \bar{y}$;
c) para cada $\bar{y}$, com $a < \bar{y} < b$, corresponde um único real $\bar{x}$, como $0 < \bar{x} < 1$, tal que $H(\bar{x}) = \bar{y}$;
d) não existe uma função real G, definida no intervalo fechado (a, b), satisfazendo a relação $G(H(x)) = x$ para cada x em (0, 1);
e) n.d.a.

V.107 (ITA-78) Sejam R o conjunto dos números reais e f uma função de R em R. Se $B \subset R$ e o conjunto $f^{-1}(B) = \{x \in \mathbf{R};\ f(x) \in B\}$, então:

a) $f(f^{-1}(B)) \subset B$; b) $f(f^{-1}(B)) = B$ se f é injetora;
c) $f(f^{-1}(B)) = B$; d) $f^{-1}(f(B)) = B$ se f é sobrejetora;
e) n.d.a.

V.108 (ITA-79) Sejam A, B e D subconjuntos não vazios do conjunto R dos números reais. Sejam as funções $f : A \to B$ $(y = f(x))$, $g : D \to A$ $(x = g(t))$, e a função composta $(g \circ f) : E \to K$ (a, portanto, $Z = (g \circ f)(t) = f(g(t))$). Então os conjuntos E e K são tais que:

a) $E \subset A$ e $K \subset D$; b) $E \subset B$ e $E \supset A$; c) $E \supset D$, $D \neq E$ e $K \subset B$;
d) $E \subset D$ e $K \subset B$; e) n.d.a.

V.109 (ITA-80) Sejam A e B subconjuntos não vazios de R e $f : A \to B$, $g : B \to A$ duas funções tais que $fog = I_B$, onde I_B é a função identidade em B. Então podemos afirmar que:

a) f é sobrejetora; b) f é injetora; c) f é bijetora;
d) g é injetora par; e) g é bijetora e ímpar;

V.110 (ITA-83) Sejam três funções f, u, v : $\mathbf{R} \to \mathbf{R}$ tais que $f\left(x + \frac{1}{x}\right) = f(x) + \frac{1}{f(x)}$ para todo x não nulo e $(u(x))^2 + (v(x))^2 = 1$ para todo x real. Sabendo-se que x_0 é um número real tal que $u(x_0) \cdot v(x_0) \neq 0$ e $f\left(\frac{1}{u(x_0)} \cdot \frac{1}{v(x_0)}\right) = 2$, o valor de $f\left(\frac{u(x_0)}{v(x_0)}\right)$ é:

a) -1 b) 1 c) 2 d) $\frac{1}{2}$ e) -2

V.111 (ITA-85) Dadas as sentenças:

1. Sejam $f : X \to Y$ e $g : Y \to X$ duas funções satisfazendo $(gof)(x) = x$, para todo $x \in X$. Então f é injetiva, mas g não é necessariamente sobrejetiva.
2. Seja $f : X \to Y$ uma função injetiva. Então, $f(A) \cap f(B) = f(A \cap B)$, onde A e B são dois subconjuntos de X.
3. Seja $f : X \to Y$ uma função injetiva. Então, para cada subconjunto A de X, $f(A^C) \subset (f(A))^C$ onde $A^C = \{x \in X \mid x \notin A\}$ e $(f(A))^C = \{x \in Y \mid x \notin f(A)\}$.

Podemos afirmar que está (estão) correta (s):

a) As sentenças nº 1 e nº 2. b) As sentenças nº 2 e nº 3.
c) Apenas a sentença nº 1. d) As sentenças nº 1 e nº 3.
e) Todas as sentenças.

V.112 (ITA-86) Consideremos as seguintes afirmações sobre uma função $f : \mathbf{R} \to \mathbf{R}$.

1. Se existe $x \in \mathbf{R}$ tal que $f(x) \neq f(-x)$ então f não é par.
2. Se existe $x \in \mathbf{R}$ tal que $f(-x) = -f(x)$ então f é ímpar.

3. Se f é par e ímpar então existe $x \in \mathbf{R}$ tal que f (x) = 1.
4. Se f é ímpar então f o f (f composta com f) é ímpar.

Podemos afirmar que estão correatas as afirmações de números:

a) 1 e 4 b) 1, 2 e 4 c) 1 e 3 d) 3 e 4 e) 1,2 e 3

V.113 (ITA-87) Considere x = g (y) a função inversa da seguinte função:

$y = f(x) = x^2 - x + 1$, para cada número real $x \geq \frac{1}{2}$.

Nestas condições, a função g é assim definida:

a) $g(y) = \frac{1}{2} + \sqrt{y - \frac{3}{4}}$, para cada $y \geq \frac{3}{4}$

b) $g(y) = \frac{1}{2} + \sqrt{y - \frac{1}{4}}$, para cada $y \geq \frac{1}{4}$

c) $g(y) = \sqrt{y - \frac{3}{4}}$, para cada $y \geq \frac{3}{4}$

d) $g(y) = \sqrt{y - \frac{1}{4}}$, para cada $y \geq \frac{1}{4}$

e) $g(y) = \frac{3}{4} + \sqrt{y - \frac{1}{2}}$, para cada $y \geq \frac{1}{2}$

V.114 (CESCEM-67) Se f (x) = 5x e g (x) = $3x^2$, então f (g (x)) será igual a:

a) $5x + 3x^2$ b) 15x c) $15x^2$ d) $15x^3$ e) $8x^3$

V.115 (CESCEM-68) A função inversa da função $y = x^3$ é:

a) $y = \frac{1}{x^3}$ b) y = 3x c) $x = \sqrt[3]{y}$ d) $y = 3^x$ e) $x = y^3$

V.116 (CESCEM-68) Sejam y = f (x) e x = g (y) funções inversas. Então:

a) f (g (y)) = y b) $\frac{f(x)}{g(x)} = 1$ c) $f(x) = \frac{1}{g(y)}$

d) g (y) = f (x) e) $x = \frac{1}{y}$

V.117 (CESCEM-70) Sejam $f(x) = +\sqrt{x-4}$; $g(z) = [f(z)]^2$ e $h(z) = z - 4$

a) os domínios de g (z) e h (z) coincidem
b) o domínio de g (z) contém estritamente o domínio de h (z)
c) o domínio de f (x) não tem pontos em comum com o domínio de g (z)
d) qualquer que seja z real, g (z) = f (z)
e) n.d.a.

V.118 (SANTA CASA-86) Se f^{-1} é a função inversa da função f, de **R** em **R**, definida por f (x) = 3x – 2, então $f^{-1}(-1)$ é igual a:

a) – 1 b) $-\frac{1}{3}$ c) $-\frac{1}{5}$ d) $\frac{1}{5}$ e) $\frac{1}{3}$

V.119 (CESGRANRIO-73) Se $f(x) = \frac{x+1}{x-1}$ então f (f (x)) é expressa por:

a) $\frac{1}{x}$ b) 1 c) x d) $\frac{2x+2}{2x-1}$ e) n.d.a.

V.120 (CESGRANRIO-77) Seja f: {1, 2, 3} → {1, 2, 3} uma função, tal que o conjunto-solução da equação f (x) = x é {1, 2}. Em relação a função composta fof podemos afirmar que:

a) para todo x, (fof) (x) = x b) para todo x, (fof) (x) = f (x)
c) (fof) (3) = 3 d) (fof) (3) = 1 e) (fof) (3) = 2

V.121 (CESGRANRIO-79) Sejam f : (0, + ∞) → (0, + ∞) a função dada por $f(x) = \frac{1}{x^2}$ e f^{-1} a função inversa de f. O valor de f^{-1} no ponto 4 é:

a) $\frac{1}{4}$ b) $\frac{1}{2}$ c) 1 d) 2 e) 4

V.122 (CESGRANRIO-82) Sejam A = {1, 2, 3} e f : A → A definida por f (1) = 3, f (2) = 1 e f (3) = 2. O conjunto-solução de f [f (x)] = 3 é:

a) {1} b) {2} c) {3} d) {1, 2, 3} e) vazio

V.123 (FEI-77) Sabendo que $f(x) = x^2 + 1$ e g (x) = f (x + 1) – f (x), calcular g (f (x)).

V.124 (FEI-77) Escreva a inversa da função $f(x) = x^2$, $x \geq 0$, na forma $y = f^{-1}(x)$ e faça os gráficos das funções f e f^{-1}.

V.125 (FEI-85) Assinale a alternativa que corresponde aos gráficos de duas funções, f e g, inversas:

a)
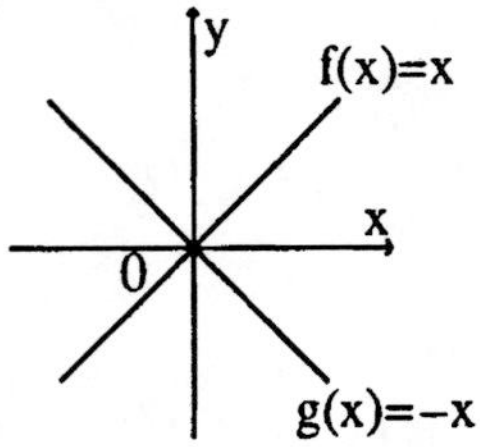

b)
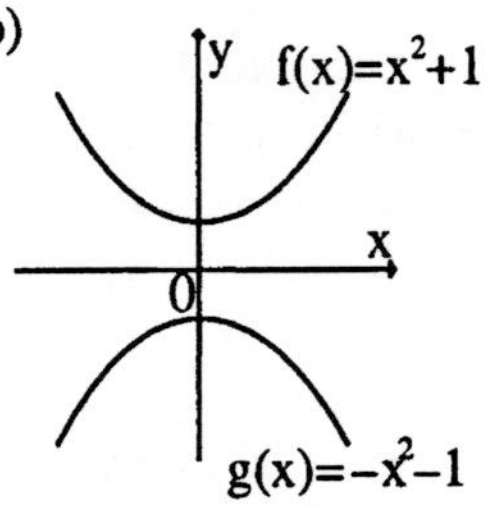

c)
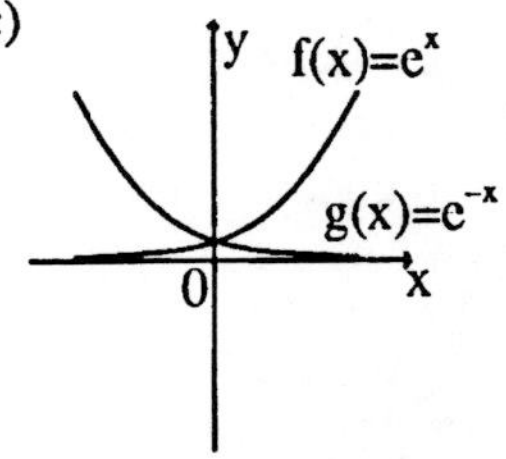

d)
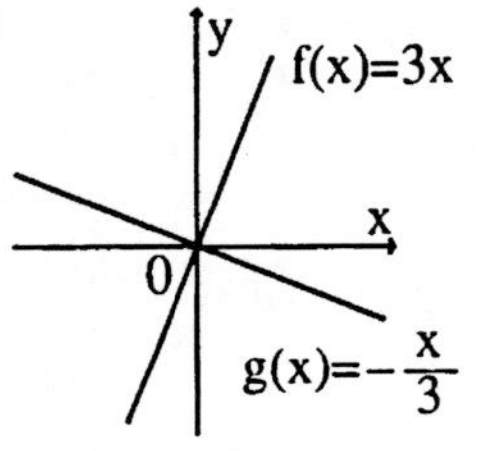

e)
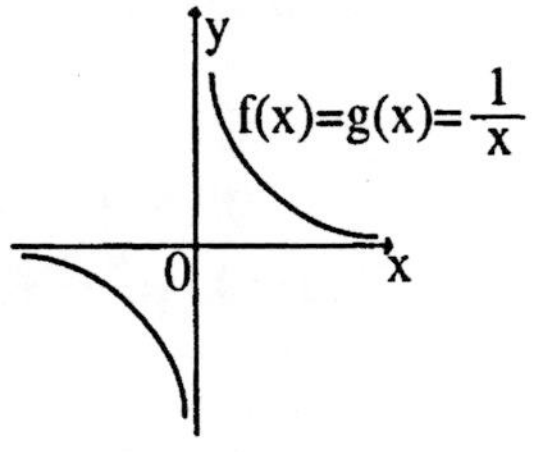

V.126 (FATEC-80) Seja $f : \mathbf{R} \to \mathbf{R}$ definida por $f(x) = \dfrac{x^2+6}{4}$, para todo $x \in \mathbf{R}$; se $f(m) = f(m-4)$, então:

a) $m = -1$ b) $m = 1$ c) $m = 4$ d) $m = 2$ e) $m = -4$

V.127 (FATEC-84) Sendo $f : \mathbf{R} \to \mathbf{R}$ definida por $f(x) = \begin{cases} \dfrac{1}{x}, & \text{se } x \in Z^* \\ 2, & \text{se } x \in \mathbf{R} - Z^* \end{cases}$

e $g : \mathbf{R} \to \mathbf{R}$ definida por $g(x) = \begin{cases} -1, & \text{se } x \in Q \\ \dfrac{1}{2}, & \text{se } x \in \mathbf{R} - Q \end{cases}$ então (fogofog) (π) é igual a:

a) -1 b) $-\dfrac{1}{2}$ c) $\dfrac{1}{2}$ d) 2 e) π

V.128 (FATEC-86) Se $f : \mathbf{R} \to \mathbf{R}$ é uma função tal que $\dfrac{1}{2}\left(f(x_1) + f(x_2)\right) = f\left(\dfrac{x_1 + x_2}{2}\right), \forall x_1, x_2 \in \mathbf{R}$, então f (x) é igual a:

a) x^3 b) $ax^2 + bx + c$, com a, b, c reais não nulos
c) $ax + b$, com a e b reais d) e^x e) sen x

Capítulo 5 – Módulo de um Número Real

Equações e Inequações Modulares

V.129 (FUVEST-88 – 2ª fase) Desenhe o gráfico da função
$f(x) = 2x + |x - 2|x||$

V.130 (ITA-77) Considere a função $F(x) = |x^2 - 1|$ definida em R. Se FoF representa a função composta de F com F, então:

a) $(FoF)(x) = x|x^2 - 1|$, para todo x real;
b) Não existe número real y, tal que $(FoF)(y) = y$;
c) FoF é uma função injetora;
d) $(FoF)(x) = 0$, apenas para dois valores reais de x;
e) n.d.a.

V.131 (ITA-78) Consideremos a função real de variável real definida por:

$$f(x) = \begin{cases} 2x^3 + 1, & \text{se } x \leq 2 \\ \dfrac{1}{x-2}, & \text{se } 2 < x \leq 3 \\ 2x - 5, & \text{se } x > 3 \end{cases}$$

Se $a = \log_2 1024$ e $x_0 = a - 6$, então o valor da função f (x) no ponto x_0, $f(x_0)$, é dado por:

a) $f(x_0) = 1$; b) $f(x_0) = 2$; c) $f(x_0) = 3$; d) $f(x_0) = \frac{1}{8}$; e) n.d.a.

V.132 (ITA-85) Considere as seguintes funções: $f(x) = x - \frac{7}{2}$ e $g(x) = x^2 - \frac{1}{4}$ definidas para todo x real. Então, a respeito da solução da inequação $|(gof)(x)| > (gof)(x)$, podemos afirmar que:

a) nenhum valor de x real é a solução.
b) Se $x < 3$ então x é a solução.
c) Se $x > \frac{7}{2}$ então x é solução.
d) Se $x > 4$ então x é solução.
e) Se $3 < x < 4$ então x é solução.

V.133 (MAPOFEI-74) Esboçar o gráfico da função f (x):

$$\begin{cases} x^{-1} & \text{se } x \geq 2 \\ x^2 - 1 & \text{se } 0 < x < 2 \\ |x| & \text{se } x \leq 0 \end{cases}$$

V.134 (MAPOFEI-75) Resolver a desigualdade
$|x - 2| + |x - 4| \geq 6$

V.135 (MAPOFEI-76) Resolver a inequação: $|x^2 - 4| < 3x$.

V.136 (CESCEM-73) O gráfico da função $y = ||x - 1| - |x||$ é:

a)

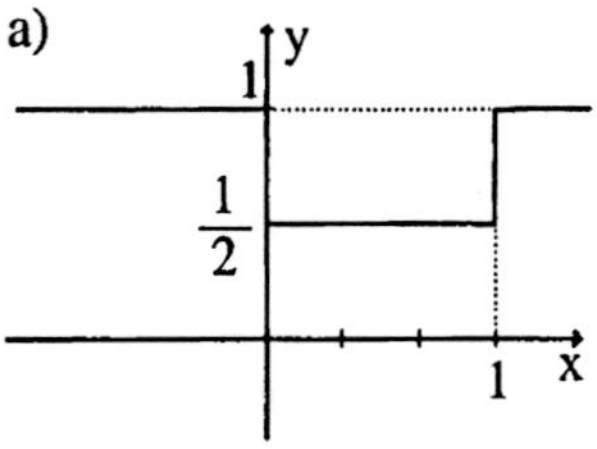

b)

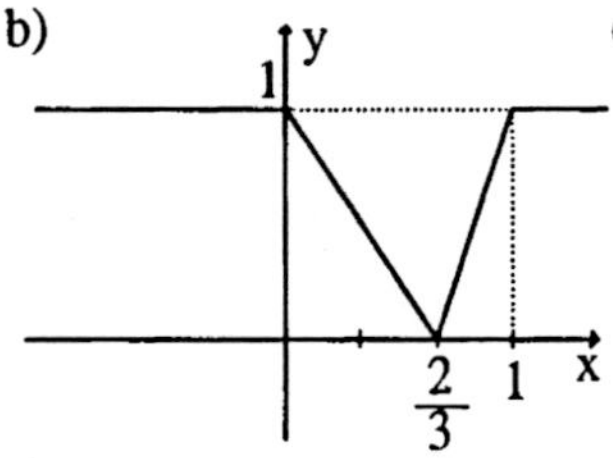

c)

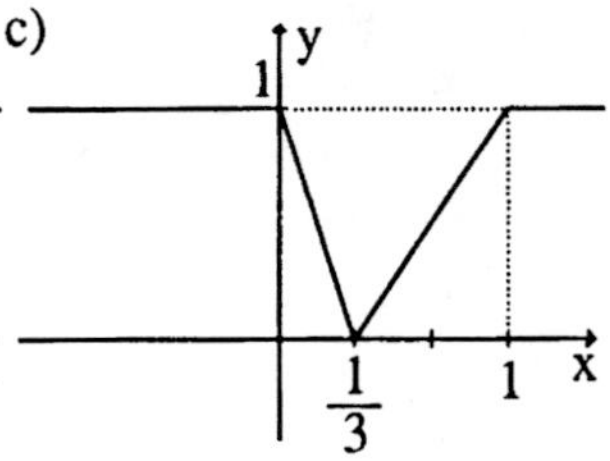

d)

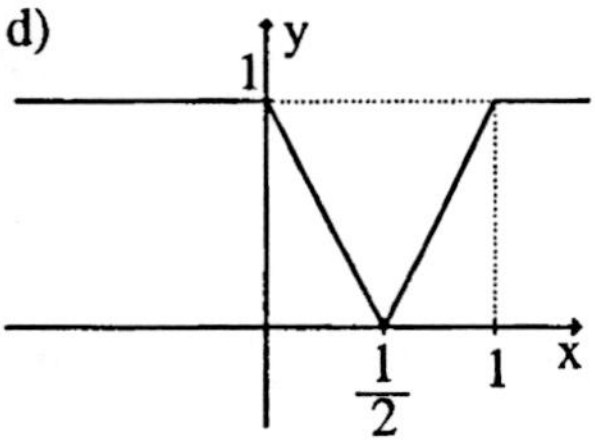

e)

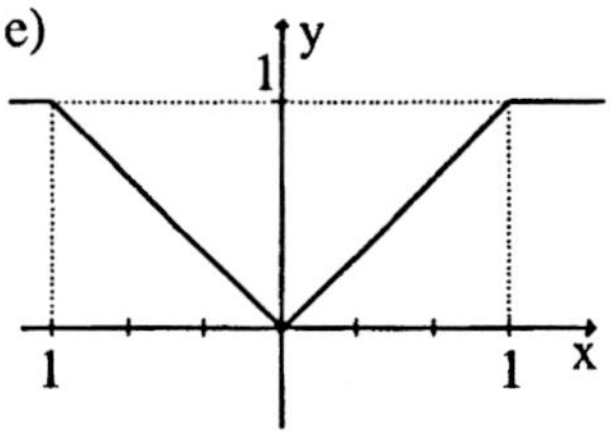

V.137 (CESCEM-77) Se $A = \{x \in \mathbf{R} \mid x^2 \geq 4\}$ e $B = \{x \in \mathbf{R} \mid |x| < 3\}$ então $A \cap B$ é:

a) $\{x \in \mathbf{R} \mid 2 \leq x < 3\}$

b) $\{x \in \mathbf{R} \mid -2 \leq x < 3\}$

c) $\{x \in \mathbf{R} \mid -2 \leq x < 3 \text{ ou } -3 < x < 3\}$

d) $\{x \in \mathbf{R} \mid -3 < x \leq -2 \text{ ou } 2 \leq x < 3\}$

e) $\{x \in \mathbf{R} \mid -3 < x \leq -2 \text{ ou } 2 \leq x < 3\}$

V.138 (CESCEA-70) O conjunto de todos os x para os quais $|2x - 3| > x$ é:

a) $\{x \in \mathbf{R} \mid x < 0\}$

b) $\{x \in \mathbf{R} \mid x < 0 \vee x < 4\}$

c) $\{x \in \mathbf{R} \mid 1 < x < 3\}$

d) $\{x \in \mathbf{R} \mid 0 < x < 4\}$

e) $\{x \in \mathbf{R} \mid x < 1 \vee x > 3\}$

V.139 (SANTA CASA-73) As grandezas X e Y relacionam-se de modo que assumem os valores abaixo, tais que, para X igual a 1, temos Y igual a 4 e assim como se segue:

X	Y
1	4
2	3
3	2,66
4	2,5

Uma relação possível entre X e Y é:

a) $Y = 4X$ b) $Y = 2 + \frac{2}{X}$ c) $Y = X^2 - 1$ d) $Y = 0{,}5 + 1{,}25X$

e) $Y = |X| + \frac{1}{X}$

V.140 (SANTA CASA-80) As funções $f(x) = |x|$ e $g(x) = x^2 - 2$ possuem dois pontos em comum. A soma das abscissas destes pontos é:

a) 0 b) 3 c) -1 d) -3 e) 1

V.141 (SANTA CASA-81) Sejam os conjuntos $X = \{x \mid x \in \mathbf{Z} \text{ e } |x+1| < 3\}$ e $Y = \{y \mid y \in \mathbf{Z} \text{ e } |2y| > 1\}$. O número de elementos do conjunto $X \cap Y$ é:

a) 1 b) 3 c) 4 d) 5 e) maior que 5

V.142 (SANTA CASA-85) A soma e o produto das raízes reais da equação $|x^2| - 2|x| - 8 = 0$ são, respectivamente:

a) 0 e -16 b) 0 e 16 c) 1 e -16 d) 2 e -8 e) -2 e 8

V.143 (FGV-73) O gráfico da função f dada por $f(x) = \begin{cases} 0 & \text{se } x \le 0 \\ \frac{x}{2} & \text{se } 0 < x \le 2 \\ 1 & \text{se } x > 2 \end{cases}$

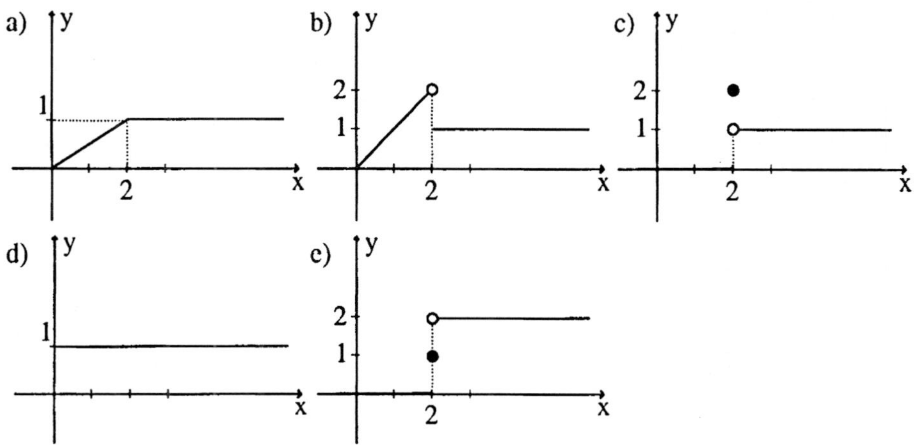

V.144 (FGV-85) Considere a seguinte função de variável real:

$f(x) = \begin{cases} 1 & \text{se } x \text{ é racional} \\ 0 & \text{se } x \text{ é irracional} \end{cases}$. Podemos afirmar que:

a) $f(2, 3) = 0$ b) $f(3, 1415) = 0$
c) $0 \le f(a) + f(b) + f(c) \le 3$ d) $f[f(a)] = 0$
e) $f(0) + f(1) = 1$

V.145 (CESGRANRIO-73) O conjunto solução da desigualdade
$|x + 1| - |x| \le x + 2$

a) $[-3, 0] \cup [1, 73]$ b) $[-3, 0] \cup \{x \mid x \ge 0\}$
c) $\{x \mid x \le 0\} \cup [3, 15]$ d) $\{x \mid -5 < x < -1\} \cup \{x \mid 1 < x < 17\}$
e) $[-4, 2] \cup [-2, 1]$

V.146 (CESGRANRIO-73) A função $P(x) = |x^2 + x - 1|$ é menor do que 1 para os valores de x em:

a) $[-2, -1] \cup [0, 1]$ b) $(-2, -1) \cup (0, 1)$ c) $[-2, -1] \cup (0, 1)$
d) $(-2, -1\} \cup [0, 1]$ e) $[-2, 1]$

V.147 (CESGRANRIO-77) Os gráficos de $f(x) = x$ e $g(x) = |x^2 - 1|$ têm 2 pontos em comum. A soma das abscissas dos pontos em comum é:

a) $\sqrt{5}$ b) 1 c) -1 d) $-\sqrt{5}$ e) 0

V.148 (CESGRANRIO-81) Seja f a função definido no intervalo $[-1, +1]$, cujo gráfico é o da figura ao lado e seja $|x|$ o valor absoluto de x.
A função $g : [-1, +1\} \to R$, definida por $g(x) = f(|x|)$, é melhor representada por

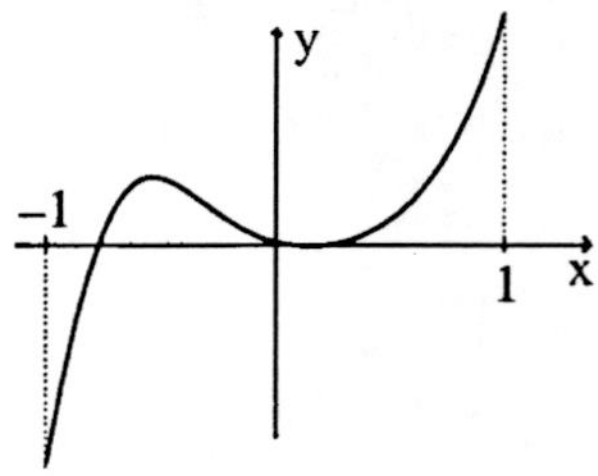

a)
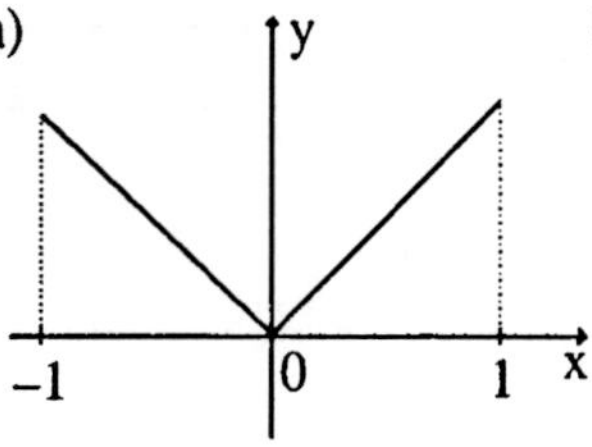

b)
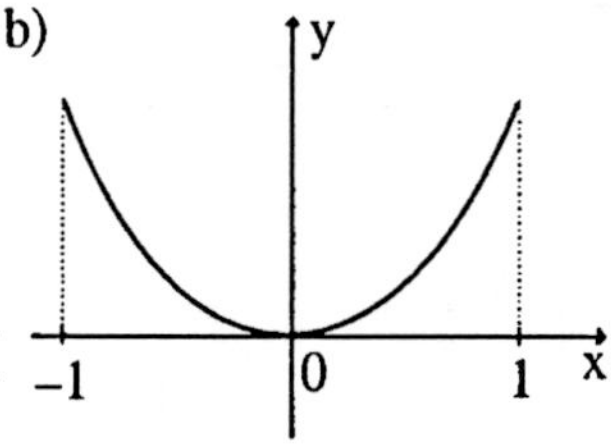

c)
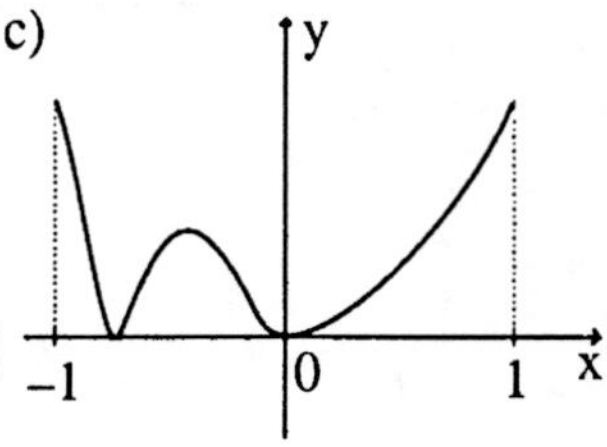

d)
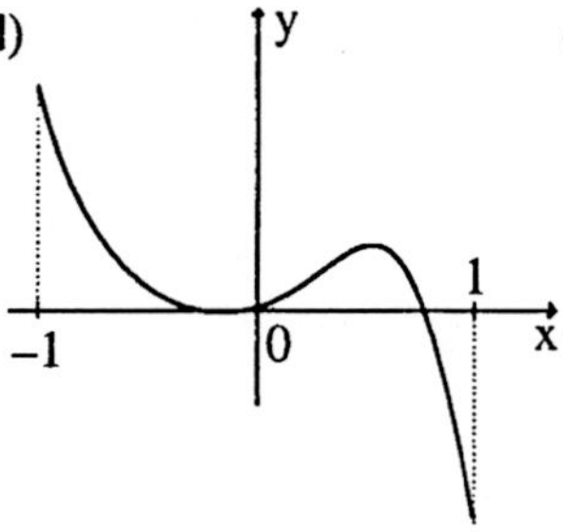

e)
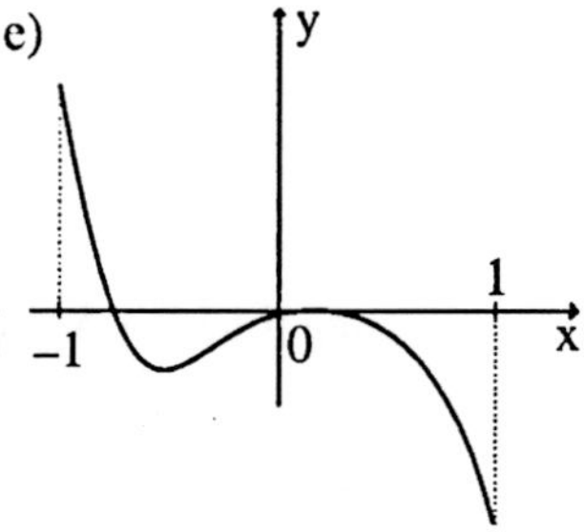

V.149 (CESGRANRIO-84) Seja f a função definida no intervalo aberto $]-1; 1[$ por $f(x) = \frac{x}{1-|x|}$; então $f\left(-\frac{1}{2}\right)$ é:

a) $\frac{1}{2}$ b) $\frac{1}{4}$ c) $-\frac{1}{2}$ d) -1 e) -2

V.150 (FEI-73) Para a função $f(x) = |x-1|$ assinale a proposição verdadeira:

a) $f(x) = |x| - 1$ b) $f(x) > 0 \Leftrightarrow x > 1$ c) $f(x) + 1 = |x|$
d) $f(x) = f(-x)$ e) $f(x) \leq |x| + 1$

V.151 (FEI-77) Achar os valores de x tais que $|x^2 - 1| = 1 - x^2$

V.152 (FEI-77) Qual a figura plana definida pelas inequações

$$\begin{cases} x + y \leq 2 \\ y \geq 0 \\ x \geq 0 \end{cases}$$

V.153 (FEI-78) Construir o gráfico cartesiano da função $f(x) = \frac{x+|x|}{|x|}$

V.154 (FEI-86) Se $|x+1| \leq |2x-3|$ então:

a) $x \geq \frac{2}{3}$
b) $x \leq \frac{2}{3}$ ou $x \geq 4$
c) $x \leq 0$ ou $x \geq 3$
d) não existe $x \in \mathbf{R}$ que satisfaça a desigualdade
e) $0 \leq x \leq \frac{3}{3}$

V.155 (MAUÁ-86) Esboçar o gráfico cartesiano da curva $y = \frac{|x|}{x} + x$ no intervalo $-1 \leq x \leq 1$

Capítulo 6 – Função Exponencial

Equações e Inequações Exponenciais

V.156 (FUVEST-80 – 2ª fase) Esboçar os gráficos das seguintes funções:

a) $f(x) = 2^x$ b) $g(x) = | 2^x - 2 |$

V.157 (FUVEST-81 – 2ª fase) Sejam $f(x) = \left(\frac{2}{3}\right)^x$ e $g(x) = \left(\frac{1}{5}\right)^x$

a) Usando o mesmo par de eixos, esboce os gráficos de f e g

b) Decida a seguir qual dos números é o maior: $\left(\frac{2}{3}\right)^{\frac{1}{5}}$ ou $\left(\frac{1}{5}\right)^{\frac{2}{3}}$

V.158 (FUVEST-86 – 2ª fase) Resolva o sistema:

$$\begin{cases} 8^x . 4^y = \frac{1}{4} \\ 4^x . 2^{-y} = 2 \end{cases}$$

V.159 (ITA-75) Seja $f(x) = \frac{e^x - e^{-x}}{e^x + e^{-x}}$ definida em R. Se g for a função inversa de f, o valor de $e^{g\left(\frac{7}{25}\right)}$ será:

a) $\frac{4}{3}$ b) $\frac{7e}{25}$ c) $\log_e\left(\frac{25}{7}\right)$ d) $e^{\left(\frac{7}{25}\right)^2}$ e) n.d.a.

V.160 (ITA-76) Considere a seguinte função real de variável real $M(x) = \frac{e^x - e^{-x}}{e^{-x} + e^x}$. Então:

a) Para todo $x > 1$, ocorre: $M(x) > 1$;
b) Para todo número real x ocorrem, simultaneamente $M(-x) = -M(x)$ e $0 \le M(x) < 1$;
c) Existem: um a (número real positivo) e um b (número real negativo), tais que: $M(a) < M(b)$;
d) $M(x) = 0$, somente quando $x = 0$ e $M(x) > 0$ apenas quando $x < 0$;
e) n.d.a.

V.161 (ITA-76) Seja A uma função real de variável real x, tal que: $e^{2x} - 2e^x . A(x) + 1 = 0$ para todo número real x. Nestas condições, temos:

a) $A(0) = 1$, $A(x) = A(-x)$, para todo número real x e não existe um número real $x \geq 0$, satisfazendo a relação $A(x) = 1$.
b) $A(0) = 1$ e $A(x) = 0$, para algum número real x.
c) $A(1) < 0$ e $A(x) = A(-x)$, para todo número real x.
d) não existe um número real x, não nulo, satisfazendo a relação $A(x) = 1$ e não existe um número real x satisfazendo $A(x)=A(-x)$.
e) n.d.a.

V.162 (ITA-88) Seja a um número real com $0 < a < 1$. Então os valores reais de x para os quais $a^{2x} - (a + a^2)\, a^x + a^3 < 0$ são:

a) $a^2 < x < a$ b) $x < 1$ ou $x > 2$ c) $1 < x < 2$
d) $a < x < \sqrt{a}$ e) $0 < x < 4$

V.163 (MAPOFEI-69) É dada uma função f, definida sobre o conjunto dos números reais não negativos p elas relações

$$\begin{cases} f(x) = \frac{1}{2}\left(2^x + 2^{-x}\right) & \text{para } 0 \leq x < 1 \\ f(x) = \lambda(x-1) + \frac{5}{4} & \text{para } x \geq 1 \end{cases}$$ onde λ é um número real.

a) Para que valores de λ, a função f é tal que $x_1 \neq x_2$ implica $f(x_1) \neq f(x_2)$, quaisquer que sejam os números reais não negativos x_1, x_2.
b) Construir o gráfico da função f para $x \geq 1$, no caso em que $\lambda = -1$.
c) Dada a função F, definida no intervalo $0 \leq x \leq 1$ pela relação $F(x) = \frac{1}{2}\left(2^x - 2^{-x}\right)$, determinar a inversa de F.

V.164 (MAPOFEI-75) Resolver a equação: $(3^x)^x = 9^8$

V.165 (MAPOFEI-76) Resolver a inequação: $(0{,}5)^x > 2$

V.166 (CESCEM-77) Se $\begin{cases} 3^{x+y} = 1 \\ 2^{x+2y} = 2 \end{cases}$, então o valor de $x - y$ é:

a) -2 b) -1 c) 0 d) 1 e) 2

V.167 (CESCEA-73) Assinale a afirmação verdadeira:

a) Se $0 < a < 1$, então, $a^{\sqrt{x}} < a^x$ para todo x tal que $0 < x < 1$.
b) Se $0 < a < 1$, então, $a^{|a|} \geq a^x$, para todo x real.
c) Se $a > 1$, então, $a^{\sqrt{x}} \geq a^{|x|}$, para todo x real.
d) não sei.

V.168 (CESCEA-73) A equação $\dfrac{25^x + 125}{6} = 5^{(x+1)}$, admite como soluções os números a e b. Então:

a) $\dfrac{a}{b} = 1$
b) $a + b = 0$
c) $a + b = 2$
d) não sei

V.169 (CESCEA-73) O conjunto de todos os valores reais de x para os quais $\left(\sqrt[5]{1,1}\right)^{x^2+x+1} < 1$ é:

a) **R** = conjunto de todos os números reais
b) $\{x \in \mathbf{R} \mid x \geq -1\}$
c) $\varnothing$
d) não sei

V.170 (CESCEA-73) A figura é um esboço do gráfico da função:

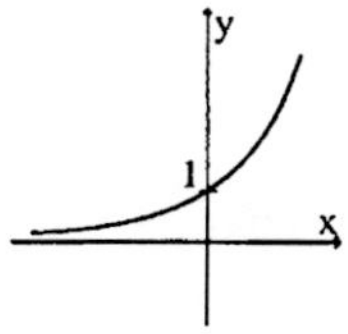

a) $y = a^x$, $a < 1$
b) $y = a^x$, $a > 1$
c) $y = \log_a x$, $a > 1$
d) não sei

V.171 (CESCEA-77) A equação $2^{-x^2 + 4x} = 8$ é satisfeita para todo x real tal que:

a) $x = 0$ ou $x = 4$
b) $x = 1$ ou $x = 3$
c) $x = -1$ ou $x = -3$
d) $x = 1$ ou $x = -3$
e) $x = -1$ ou $x = 3$

V.172 (SANTA CASA-73) Dentre os seguintes, o valor mais aproximado de $(10^{-40})^{10^{-40}}$ é:

a) 1
b) -10^{40}
c) zero
d) 10^{40}
e) -1

V.173 (SANTA CASA-78) Sendo $x \in \mathbf{R}$, em relação ao gráfico de $y = 10^x$ não é correto dizer que ele:

a) representa uma função crescente com x
b) intercepta o gráfico de $y = mx$ em um e um só ponto, se $m \neq 0$
c) é assinótico ao eixo negativo dos x.
d) pertence ao primeiro e ao segundo quadrantes
e) intercepta o eixo dos y no ponto (0, 1)

V.174 (SANTA CASA-83) O conjunto verdade da equação $\dfrac{6^{x-1}+6^{x-2}}{6^{1-x}+6^{2-x}}=1$ é um subconjunto de:

a) $\{1\}$ b) $\{\varnothing\}$ c) $\varnothing$ d) $\mathbf{R}-\mathbf{Q}$ e) $\mathbf{Q}$

V.175 (SANTA CASA-84) Se $5^{3y} = 64$, o valor de 5^{-y} é:

a) $-\dfrac{1}{4}$ b) $\dfrac{1}{40}$ c) $\dfrac{1}{20}$ d) $\dfrac{1}{8}$ e) $\dfrac{1}{4}$

V.176 (SANTA CASA-85) Em **R**, o conjunto verdade da equação $3^x + 3^{1-x} = 4$ é igual ao conjunto verdade da equação:

a) $y^2 - 4y + 3 = 0$ b) $y^2 + 4y - 3 = 0$ c) $y^2 - 3y - 4 = 0$
d) $y^2 - y = 0$ e) $y^2 + y = 0$

V.177 (SANTA CASA-85) A equação $2^{2^{2x^2+1}} = 256$

a) não admite solução reais b) admite 0 como solução
c) admite duas soluções reais positivas
d) admite uma única solução real, que é negativa
e) admite duas soluções reais cuja soma é 0

V.178 (FGV-73) O triplo do valor de x que satisfaz a equação

$$\frac{4^{\frac{x}{2}}}{2}-\frac{2^{x-1}}{3}=\frac{4}{3} \text{ é:}$$

a) 2 b) 6 c) 0 d) 9 e) 3

V.179 (FGV-73) O produto das soluções da equação $4^{x^2+2} - 3.2^{x^2+3} = 160$ é:

a) -2 b) -1 c) -4 d) -3 e) 4

V.180 (FGV-77) Seja a um número positivo e diferente de 1. A solução da inequação $a^{x^3-1} \leq a^{x^2-1}$ é o conjunto dos números reais x tais que:

a) $0 < x < 1$ se $a > 1$ b) $x \geq 1$ se $a > 1$
c) $x > 1$ se $a < 1$ d) $0 < x < 1$ ou $x < 0$ se $a > 1$
e) $x \neq 1$ se $a > 1$

V.181 (FGV-78) Assinale o gráfico correspondente à função $y = a^{-x}$ $(a > 1)$.

a)
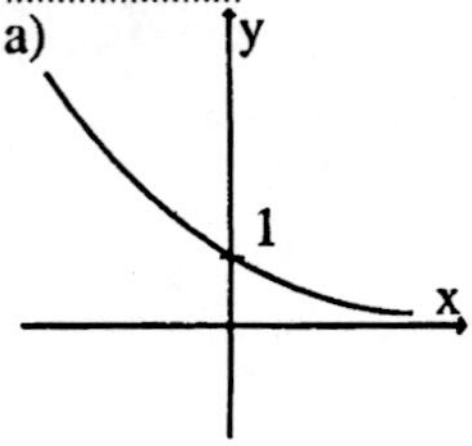

b)
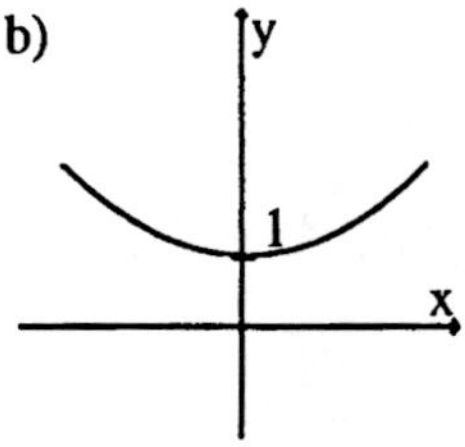

c)
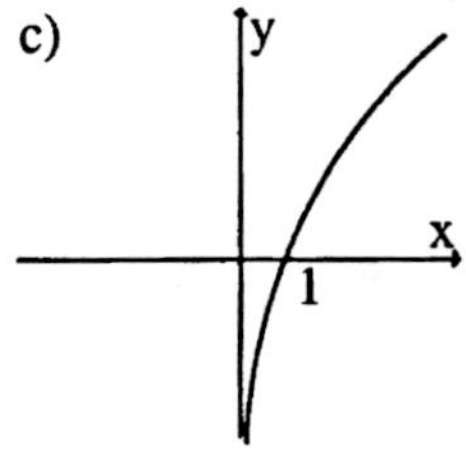

d)
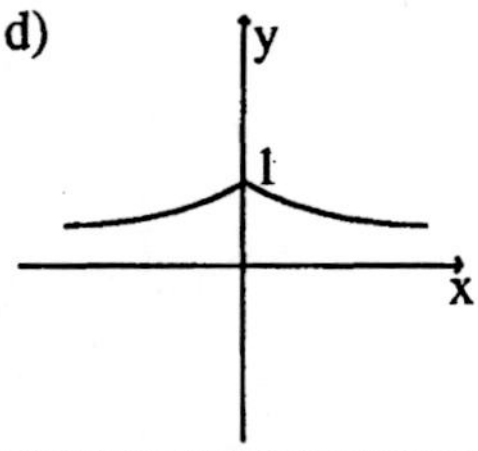

e)
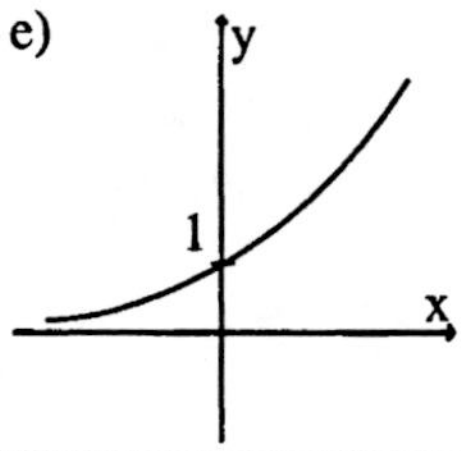

V.182 (FGV-78) A solução da desigualdade $\left(\frac{1}{2}\right)^{x^2-4} \leq 8^{x+2}$ é o conjunto dos x reais tais que:

a) $-2 \leq x \leq 2$
b) $x \leq -2$ ou $x \geq -1$
c) $-1 \leq x \leq 2$
d) $-2 \leq x \leq -1$
e) $x \leq -1$ ou $x \geq 2$

V.183 (FGV-79) O produto das soluções das equações $\begin{cases} 2^x . 3^y = 108 \\ 4^x . 2^y = 128 \end{cases}$ é:

a) 6 b) 12 c) -4 d) -2 e) 18

V.184 (FGV-79) A solução da equação $1 + \dfrac{1}{1 + \dfrac{1}{3^{x-1}}} = -1$ pertence ao intervalo:

a) $[-2, 0]$ b) $[0, 2]$ c) $[2, 3]$ d) $[3, 4]$ e) $[4, 5]$

V.185 (FGV-79) Dada a expressão $\left(\frac{1}{2}\right)^{4x-x^2}$, então:

a) o maior valor da expressão é $\frac{1}{4}$
b) o menor valor da expressão é $\frac{1}{4}$
c) o maior valor da expressão é 1
d) o menor valor da expressão é 1
e) o menor valor da expressão é $\frac{1}{16}$

V.186 (GV-80) A solução da equação $2^{x+1} + 2^{-x} - 3 = 0$ está contida em:

a) $\left\{\frac{-1}{2}, \frac{1}{2}, 1\right\}$ b) $\left\{0, \frac{1}{2}, 1\right\}$ c) $\left\{0, \frac{1}{2}, 1\right\}$
d) $\{-2, -1, 1\}$ e) $\{-1, 0, 1\}$

V.187 (GV-84) Quando é no campo real que $x^{-x} = \sqrt{x}$

a) sempre b) eventualmente, se $x > 0$ c) para algum $x < 0$
d) nunca e) quando $x = 3$

V.188 (GV-84) O valor de x que satisfaz a equação $5.3^x = 405$ é:

a) negativo b) um nº entre 1 e 30 c) um nº fracionário
d) imaginário e) irracional

V.189 (GV-85) A soma das raízes da equação $81^{x^2-1} = \frac{1}{3}$ é:

a) 0 b) 1 c) 2 d) 3 e) 4

V.190 (CESGRANRIO-79) O gráfico que melhor representa a função $f(x) = e^{x^2}$ é:

a)
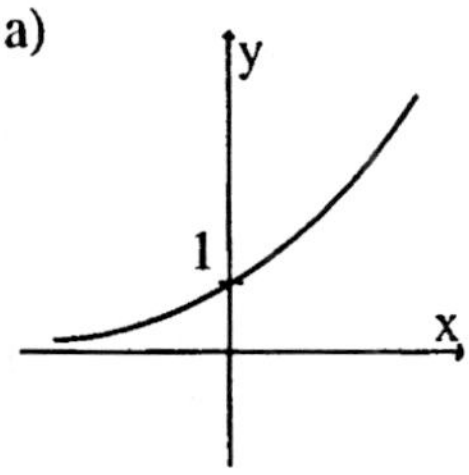

b)
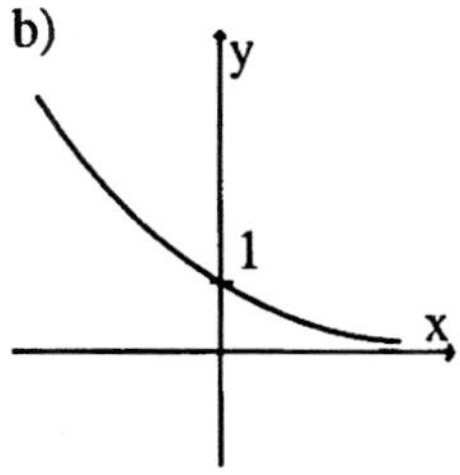

c)
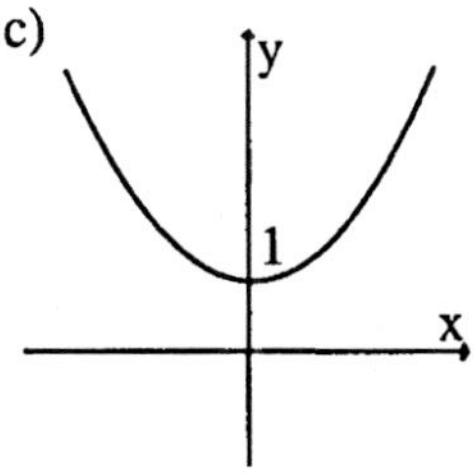

d)
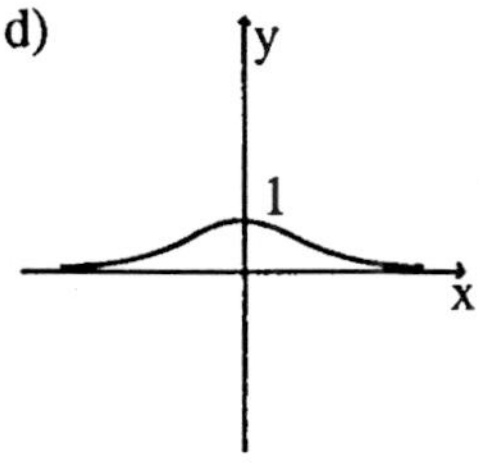

e)
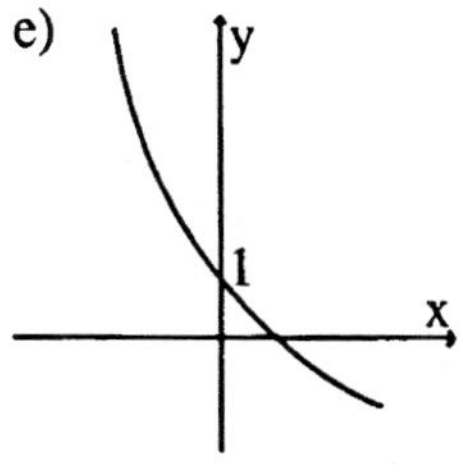

V.191 (CESGRANRIO-82) Os números inteiros x e y satisfazem $2^{x+1} + 2^x = 3^{y+2} - 3^y$. Então x é:

a) -1 b) 0 c) 1 d) 2 e) 3

V.192 (CESGRANRIO-84) A solução de $2^{\frac{48}{x}} = 8$ é:

a) um múltiplo de 16 b) um múltiplo de 9 c) um nº primo
d) um divisor de 8 e) um primo com 48

V.193 (FEI-77) Fazer o gráfico da função: $f(x) = \begin{cases} 2^x & \text{se } x \geq 0 \\ 2^{-x} & \text{se } x \leq 0 \end{cases}$

V.194 (FEI-77) Resolver o sistema $\begin{cases} 3^{x-1} = 2^{y-1} \\ 2^{x-1} = 3^{y-1} \end{cases}$

V.195 (FEI-80) Resolver as equações:

a) $(0,25)^x = 16$ b) $2^{2x+1} + 3.2^{x+1} = 8$

V.196 (FEI-81) Definição 1: Uma função f (x), definida em **R**, é par se $f(-x) = f(x), \forall x \in \mathbf{R}$.
Definição 2: Uma função f (x), definida em **R**, é ímpar se $f(-x) = -f(x), \forall x \in \mathbf{R}$.

a) verifique se $f(x) = \frac{2^x + e^{-x}}{2}$ é par ou ímpar

b) ache $k > 0$ para que $f(x) = \log(ka^x)$ seja ímpar (logaritimo decimal), onde $a > 0$.

V.197 (FEI-82) Resolva a equação exponencial $3^{x^4 - 3x^2} = \frac{1}{9}$

V.198 (FEI-83) Resolver a equação $4^x + p\,2^x + q = 0$ para

a) $p = -2^2$; $q = 0$ b) $p = -2^3$; $q = 2^4$

V.199 (MAUÁ-83) Resolver a equação $\sqrt[x]{2^{x+6}} = \left(\frac{1}{2}\right) 4^{x-1}$

V.200 (MAUÁ-84) Determinar x na equação: $\frac{3^{\sqrt{x}}}{9} = \frac{2^{\sqrt{x}}}{4}$

V.201 (FATEC-85) Se x é um número real t.q. $2^{-x} \cdot 4^{x} < 8^{x+1}$, então:

a) $-2 < x < 2$ b) $x = 1$ c) $x = 0$ d) $x < \frac{3}{2}$ e) $x > -\frac{3}{2}$

Capítulo 7 – Logaritmos

V.202 (FUVEST-77 – 1ª fase) O valor da expressão $\frac{-(-2)^2 - \sqrt[3]{-27}}{(-3+5)^0 - \log_2 4}$ é:

a) -7 b) -1 c) 1 d) 2 e) 7

V.203 (FUVEST-77 – 2ª fase) Construa o gráfico da relação definida pelas desigualdades $\begin{cases} \log\left(y - x^2\right) \geq \log_2 18 - 2\log_2 3 \\ \left(\frac{1}{2}\right)^{3x-y} \leq 1 \end{cases}$

V.204 (FUVEST-79 – 1ª fase) O conjunto solução da inequação $(x - \log_3 27)(x - \log_2 \sqrt{8}) < 0$ é dado por:

a) $\frac{2}{3} < x < \frac{3}{2}$ b) $\frac{3}{2} < x < 3$ c) $\frac{2}{3} < x < 3$

d) $x < \frac{2}{3}$ ou $x > \frac{3}{2}$ e) $x < \frac{3}{2}$ ou $x > 3$

V.205 (FUVEST-79 – 2ª fase) Sendo $a^2 + b^2 = 70ab$, calcule $\log_5 \frac{(a+b)^2}{ab}$ em função de $m = \log_5 2$ e $n = \log_5 3$.

V.206 (FUVEST-80 – 1ª fase) $|\log_{10} x| + \log_{10} x = 0$ se e somente se:

a) $x > 1$ b) $0 < x \leq 10$ c) $x > 10$ d) $x > 0$ e) $0 < x \leq 1$

V.207 (FUVEST-80 – 2ª fase) Sendo $\log_a 2 = 0{,}69$ e $\log_a 3 = 1{,}10$, calcule $\log_a \sqrt[4]{12}$

V.208 (FUVEST-81 – 2ª fase)

a) Seja m a característica de $\log_{10} 5^n$.

Prove que $\frac{m}{n} \leq \log_{10} 5 < \frac{m+1}{n}$

b) Com base nesse resultado foi construída a tabela ao lado:

n	5^n	m	m+1	$\frac{m}{n}$	$\frac{m+1}{n}$
1	5	0	1	0	1
2	25	1	2	$1/2$	1
3	125	2	3	$2/3$	1
4	625	2	3	$2/4$	$3/4$
5	3125	3	4	$3/5$	$4/5$
6	15625	4	5	$4/6$	$5/6$
7	78125	4	5	$4/7$	$5/7$

Qual o melhor valor aproximado de $\log_{10}5$, por falta, que se pode obter da tabela? E por execesso?

V.209 (FUVEST-81 – 2ª fase) Demonstre: $\frac{1}{\log_2 \pi} + \frac{1}{\log_5 \pi} > 2$

V.210 (FUVEST-82 – 2ª fase) Resolver a equação $\log_2 x + \log_2 x^2 + \log_2 x^3 + \ldots\ldots\ldots + \log_2 x^{100} = 15150$

V.211 (FUVEST-83 – 1ª fase) Se $\log_2 b - \log_2 a = 5$, o quociente $\frac{b}{a}$ vale:

a) 10 b) 25 c) 32 d) 64 e) 128

V.212 (FUVEST-83 – 2ª fase)

a) Esboce o gráfico da função $y = 2^{|\log 2x|}$

b) Ache a intersecção desse gráfico com a reta de equação $y = \frac{x}{2} + 1$

V.213 (FUVEST-84 – 1ª fase) Se $x = \log_4 7$ e $y = \log_{16} 49$, então $x - y$ é igual a:

a) $\log_4 7$ b) $\log_{16} 7$ c) 1 d) 2 e) 0

V.214 (FUVEST-84 – 2ª fase) Sejam x e y números positivos tais que: $x^3 y^{-5} = 512$ e $x^5 y^{-3} = 128$. Calcule x e $\log_2 y$.

V.215 (FUVEST-84 – 2ª fase) Sendo $2y = 2^x - 2^{-x}$ (x, y reais), expresse x em função de y.

V.216 (FUVEST-85 – 1ª fase) O conjunto solução da equação

$$x\left(\log_5 3^x + \log_5 21\right) + \log_5\left(\frac{3}{7}\right)^x = 0$$

a) $\varnothing$ b) $\{0\}$ c) $\{1\}$ d) $\{0, 2\}$ e) $\{0, -2\}$

V.217 (FUVEST-86 – 1ª fase) Se $\log_{10}x \leq \log_2 4 \; \log_4 6 \; \log_6 8 - 1$, então:

a) $0 < x \leq 10^2$ b) $10^2 < x \leq 10^4$ c) $10^4 < x \leq 10^6$
d) $10^6 < x \leq 10^8$ e) $x > 10^8$

V.218 (FUVEST-86 – 1ª fase) A figura representa uma reta e uma exponencial que se encontram em dois pontos. Determine a expressão de b em função de t.

a) $b = \log_t (1 + t)$ b) $b = (1 - t)^t$ c) $b = (1+t)^{\frac{1}{t}}$

d) $b = (1 + \frac{1}{t})^t$ e) $b = (1 + t)^{-t}$

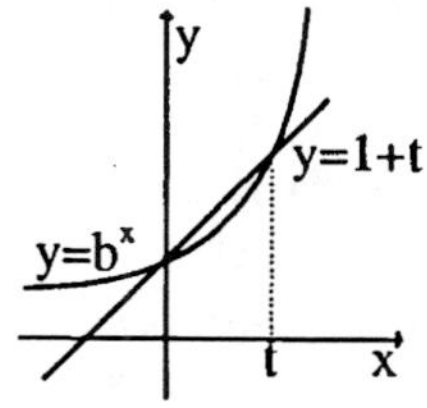

V.219 (FUVEST-86 – 2ª fase) Resolva: $\log_{10}x + 2\log_x 10 = 3$

V.220 (FUVEST-87 – 1ª fase) Sejam x e y números reais positivos. A igualdade $\log(x + y) = \log x + \log y$ é verdadeira se e somente se:

a) $x = 2$ e $y = 2$ b) $x = \frac{5}{3}$ e $y = \frac{5}{2}$ c) $x = y$

d) $xy = 1$ e) $\frac{1}{x} + \frac{1}{y} = 1$

V.221 (FUVEST-89 – 1ª fase) Se $\log_{10}8 = a$ então $\log_{10}5$ vale

a) a^3 b) $5a - 1$ c) $\frac{2a}{3}$ d) $1 + \frac{a}{3}$ e) $1 - \frac{a}{3}$

V.222 (FUVEST-90 – 1ª fase) Pressionando a tecla Log de uma calculadora, aparece no visor o logaritmo decimal do número que estava antes no visor. Digita-se inicialmente o número 88888888 (oito oitos). Quantas vezes a tecla Log precisa ser pressionada para que apareça mensagem de erro?

a) 2 b) 4 c) 6 d) 8 e) 10

V.223 (FUVEST-91 – 2ª fase) A intensidade I de um terremoto, medida na escala Richter, é um número que varia de I = 0 até I = 8,9 para o maior terremoto conhecido, I é dado pela fórmula: $I = \frac{2}{3}\log_{10}\frac{E}{E_0}$

onde E é a energia liberada no terremoto em quilowatt-hora e $E_0 = 7 \times 10^{-3}$ kwh.

a) Qual a energia liberada num terremoto de intensidade 8 na escala Richter?
b) Aumentando de uma unidade a intensidade do terremoto, por quanto fica multiplicada a energia liberada?

V.224 (FUVEST-92 – 1ª fase) Seja $x = 2^{1000}$. Sabendo que $\log_{10}2$ é aproximadamente igual a 0,30103 pode-se afirmar que o número de algarismos de x é:

a) 300 b) 301 c) 302 d) 1000 e) 2000

V.225 (Unicamp-87 – 2ª fase) O logaritmo decimal de 2, $\log_{10}2$, é 0,301... Esta notação (os pontinhos depois do 1) significa que $\log_{10}2$ está dado com precisão até a terceira casa decimal e que os algarismos subsequentes são supostos desconhecidos.

a) Usando teoria dos logaritmos, calcule quantos algarismos tem o número 8^{20} (na representação decimal)
b) Se quisermos usar o método da parte anterior para calcular quantos algarismos tem o número 8^{10^4}, a precisão com que é dado $\log_{10}2$ é suficiente? Justifique a resposta.

V.226 (Unicamp-88 – 2ª fase) Estima-se que a população da Terra tenha atingido a cifra de 5 bilhões de habitantes há poucos meses atrás. Imagine um país com uma população de 100 milhões de habitantes e a uma taxa de crescimento populacional de 2,4% ao ano. Em quantos anos a população desse país atingiria a população da Terra hoje, isto é, 5 bilhões de habitantes? Considere log 2 = 0,301 na base 10.

V.227 (Unicamp-90 – 2ª fase) O álcool no sangue de um motorista alcançou o nível de 2 gramas por litro logo depois dele ter bebido uma considerável quantidade de cachaça. Considere que esse nível decresce de acordo com a fórmula $N(t) = 2(0,5)^t$, onde t é o tempo medido em horas a partir do momento em que o nível foi constatado. Quanto tempo deverá o motorista esperar antes de dirigir seu veículo se o limite permitido de álcool no sangue para dirigir com segurança é de 0,8 gramas por litro? (Use 0,3 para $\log_{10}2$).

V.228 (Unicamp-91 – 2ª fase) Considere que certo país troca de moeda cada vez que a inflação acumulada atinge a cifra de 900%. A nova moeda vale sempre 1000 vezes a antiga. Com uma inflação de 25% ao mês, em quantos meses esse país trocará de moeda? Use $\log_{10}2 = 0,301$.

V.229 (Unesp-81) No que segue log a representa o logaritmo de a na base 10. Se log8 = 0,903 e log70 = 1,845 então

a) log14 = 1,146 b) log14 = 1,164 c) log14 = 1,182
d) log14 = 1,190 e) log14 = 1,208

V.230 (Unesp-85) Se $x = \log_8 25$ e $y = \log_2 5$, então:

a) x = y b) 2x = y c) 3x = 2y d) x = 2y e) 2x = 3y

V.231 (Unesp-85) Se log a = 2,28 e log b = 1,44 então $\log a\sqrt{b}$ é igual a:

a) 3 b) 3,48 c) 2,58 d) 1,86 e) 5,16

V.232 (MAPOFEI-69)

a) Definir logarítmo de um número real positivo α numa base real positiva $\beta \neq 1$
b) Para que valores da base β, considerada no item anterior, a função logarítmica é crescente?
c) Demonstrar que o quociente dos logaritmos de dois números dados, numa mesma base β, é independente do valor de β.

V.233 (MAPOFEI-70) Sendo $0 < a < 1$

a) Para que valores de x tem-se $\log_a x > 0$?
b) Para que valores de x é definida a função $\log_a x - \log_{a^2}(2-3x)$?
c) Qual o conjunto de valores de x para os quais $\log_a x - \log_{a^2}(2-3x) < 0$?

V.234 (MAPOFEI-74) Determinar os valores de x que satisfazem a inequação: $(\log x)^2 - 3\log x + 2 > 0$

V.235 (MAPOFEI-74) Determinar o valor de x na equação $\log(1000)^x - \log(0,1)^x = -1$

V.236 (MAPOFEI-74) Tomando-se log3 = 0,5 e log2 = 0,3 Calcular:

$$\frac{\log\sqrt[3]{60} + \log\sqrt{256}}{\log 15}$$

V.237 (MAPOFEI-75) Resolver a equação: $\log_2 x \cdot \log_4 x = 8$

V.238 (MAPOFEI-76) Se log 2 = 0,301 e log 7 = 0,845, calcular $\log\sqrt[5]{35}$ com duas decimais.

V.239 (MAPOFEI-76) Se log 3 = 0,477 e log 31,42 = 1,497, calcular $\log_3 31{,}42$ com duas decimais.

V.240 (MAPOFEI-76) Resolver a equação: $\log 2^x + \log(1 + 2^x) = \log 6$

V.241 (ITA-75) A respeito da equação exponencial $4^x + 6^x = 9^x$ podemos afirmar que:

a) $x = 9\log_{10}\left(\dfrac{1+\sqrt{3}}{2}\right)$ é uma raiz

b) $x = \left[\log_{10}\dfrac{3}{2}\right]^{-1}\cdot\log_{10}\left(\dfrac{1+\sqrt{5}}{2}\right)$ é uma raiz

c) $x = \left[\log_{10}\dfrac{3}{2}\right]^{-1}\cdot\log_{10}\left(\dfrac{1+\sqrt{3}}{2}\right)$ é uma raiz

d) $x = \left[\log_{10}\dfrac{3}{2}\right]^{-1}\cdot\log_{10}\left(\dfrac{1+\sqrt{6}}{2}\right)$ é uma raiz

e) n.d.a.

V.242 (ITA-76) Em relação à equação $x^{\log_4\sqrt{x}} = x^{\log_4 x} - 2, x > 0$, temos:

a) admite apenas uma raiz, a qual é um número inteiro positivo;
b) não admite uma raiz inteira satisfazendo a relação $0 < x < 35$;
c) todas as suas raízes são números irracionais;
d) admite uma raiz inteiro x_1 e admite uma raiz fracionária x_2, tais que: $x_1^3 + x_2^3 = \dfrac{4097}{64}$
e) n.d.a.

V.243 (ITA-77) No conjunto dos números reais, a desigualdade $\log_{\frac{1}{3}}\left(\log_4\left(x^2-5\right)\right) > 0$ é verdadeira para:

a) $\sqrt{5} < |x| < 3$ b) $\sqrt{5} < |x| < \sqrt{6}$ c) $\sqrt{6} < |x| < 3$ d) $|x| > 3$ e) n.d.a.

V.244 (ITA-79) O conjunto de todos os valores de x para os quais existe um y real de modo que $y = \log_{10}\left[\log_{10}\left(\dfrac{7-2x-x^2}{3-4x^2}\right)\right]$ é dado por:

a) intervalo aberto A, de extremos $-\sqrt{2}$ e $\sqrt{2}$

b) intervalo aberto A, de extremos $-\sqrt{3}$ e $\sqrt{3}$

c) intervalo aberto A, de extremos 0 e $\dfrac{\sqrt{3}}{2}$

d) intervalo aberto A, de extremos $-\dfrac{\sqrt{3}}{2}$ e 1

e) n.d.a.

V.245 (ITA-81) Denotemos por log x e $\log_a x$ os logarítmos de x nas bases 10 e a respectivamente. As raízes reais da equação:

$$2\left[1+\log_{x^2}(10)\right] = \left[\frac{1}{\log\left(x^{-1}\right)}\right]^2 \text{ são:}$$

a) 10 e $\sqrt{10}$ b) 10 e $\dfrac{1}{\sqrt{10}}$ c) $\dfrac{1}{10}$ e $\sqrt{10}$

d) $\dfrac{1}{10}$ e $\dfrac{1}{\sqrt{10}}$ e) n.d.a.

V.246 (ITA-82) O conjunto verdade da desigualdade:

$$\log_2\left\{\log_{\frac{1}{4}}\left(x^2-2x+1\right)\right\} < 0 \text{ é:}$$

a) $\left(0,\dfrac{1}{2}\right)\cup\left(\dfrac{3}{2},2\right)$ b) $(-2,0)\cup\left(\dfrac{3}{2},2\right)$ c) $\left(\dfrac{1}{2},\dfrac{3}{2}\right)$

d) $\left(-\infty,\dfrac{1}{2}\right)\cup\left(\dfrac{3}{2},\infty\right)$ e) o conjunto vazio

V.247 (ITA-84) Os valores de a e k reais que tornam verdadeira a expressão

são: $\log_a 2a + \dfrac{\log_{2a} k}{\log_{6a} k}\log_a^2 2a = (\log_a 2a)(\log_a 3)$

a) $a = \frac{\sqrt{2}}{2}$ e qualquer valor de k, $k > 0$.

b) a=2 e qualquer valor de k, $k > 0$, $k \neq 1$.

c) $a = \frac{\sqrt{2}}{2}$ e qualquer valor de k, $k > 0$, $k \neq 1$.

d) quaisquer valores de a e k com $k \neq 6a$.

e) qualquer valor de a positivo com $a \neq 1$ e $a \neq \frac{1}{6}$, qualquer valor positivo de k.

V.248 (ITA-85) Dada a equação $3^{2x} + 5^{2x} - 15^x = 0$, podemos afirmar que:

a) não existe x real que a satisfaça.

b) $x = \log_3 5$ é solução desta equação.

c) $x=\log_5 3$ é solução desta equação.

d) $x = \log_3 15$ é solução desta equação.

e) $x=3\log_5 15$ é solução desta equação.

V.249 (ITA-86) Seja $f: \mathbf{R} \to \mathbf{R}$ uma função que satisfaz à seguinte propriedade: $f(x + 1) = f(x) + f(y)$, $\forall x, y \in \mathbf{R}$.

Se $g(x) = f(\log_{10} (x^2 + 1)^2)$ então podemos afirmar que:

a) O domínio de g é $\mathbf{R}$ e $g(0) = f(1)$.

b) g não está definida para os reais negativos e $g(x) = 2f(\log_{10} (x^2 + 1))$, para $x \geq 0$.

c) $g(0) = 0$ e $g(x) = 2f(\log_{10} (x^2 + 1))$, $\forall x \in \mathbf{R}$.

d) $g(0) = f(0)$ e g é injetora.

e) $g(0) = -1$ e $g(x) = [f(\log_{10} (x^2 + 1)^{-1}]^2$, $\forall x \in \mathbf{R}$

V.250 (ITA-87) Considere $u = x.\ln(3)$, $v = x.\ln(2)$ e $e^u . e^v = 36$. Nestas condições, temos:

a) $x = -4$ b) $x = 12$ c) $x = -3$ d) $x = 9$ e) $x = 2$

V.251 (ITA-87) Acrescentando 16 unidades a um número, seu logarítmo na base 3 aumenta de 2 unidades. Esse número é:

a) 5 b) 8 c) 2 d) 4 e) 3

V.252 (ITA-87) Se x e y são números reais e $\ln [(y^2 + 1) . e^x] - \ln (y^2 + 1)^4 = x - 3$ então:

a) $y=1+\sqrt{e-1}$ b) $y=10-\sqrt{e-1}$ c) $y=\pm\sqrt{e-1}$

d) $y=\pm\sqrt{e+1}$ e) $y=\frac{1}{2}\sqrt{e-1}$

V.253 (ITA-88) Seja f (x) = $\log_2 (x^2 - 1)$, $\forall x \in \mathbf{R}$, x < – 1. A lei que define a inversa de f é:

a) $\sqrt{1+2^y}, \forall y \in \mathbf{R}$
b) $-\sqrt{1+2^y}, \forall y \in \mathbf{R}$
c) $1-\sqrt{1+2^y}, \forall y \in \mathbf{R}$
d) $-\sqrt{1-2^y}, \forall y \in \mathbf{R}, y \le 0$
e) $1+\sqrt{1+2^y}, \forall y \in \mathbf{R}, y \le 0$

V.254 (ITA-88) Considere $A(x) = \log_{\frac{1}{2}}(2x^2 + 4x + 3), \forall x \in \mathbf{R}$. Então temos:

a) A(x) > 1, para algum x ∈ **R**, x > 1.
b) A(x) = 1, para algum x ∈ **R**.
c) A (x) < 1, apenas para x ∈ **R**, tal que 0 < x < 1.
d) A (x) > 1, para cada x ∈ **R**, tal que 0 < x < 1.
e) A (x) < 1, para cada x ∈ **R**.

V.255 (ITA-88) Sejam f e g funções reais de variável real definidas por $f(x) = \ell n(x^2 - x)$ e $g(x) = \dfrac{1}{\sqrt{1-x}}$. Então, o domínio de fog é:

a)] 0, e [b)] 0, 1 [c) [e, e + 1] d)] – 1, 1 [e)] 1, + ∞ [

Nota: fog é real definida por (fog) (x) = f (g (x)) para cada x de seu domínio.

V.256 (ITA-88) Seja α um número real , $\alpha > \sqrt{5}$ tal que $(\alpha+1)^m = 2^p$ onde m é um inteiro positivo maior que 1 e $p=m[\log_2 m][\log_m(\alpha^2 - 5)]$. O valor de α é:

a) 3 b) 5 c) $\sqrt{37}$ d) 32
e) Não existe apenas um intervalo de α nestas condições.

V.257 (ITA-89) Sobre a expressão: $M = \dfrac{1}{\log_2 x} + \dfrac{1}{\log_5 x}$, onde 2 < x < 3, qual das afirmações abaixo está correta?

a) $1 \le M \le 2$
b) $2 < M < 4$
c) $4 \le M \le 5$
d) $5 < M < 7$
e) $7 \le M \le 10$

V.258 (CESCEM-73) O domínio da função $\dfrac{\log(x-5)}{|\sqrt{8-x}|}$ é:

a) x > 5 b) $x \le 8$ c) $5 < x \le 8$ d) 5 < x < 8 e) $x \ne 8$

V.259 (CESCEM-73) Seja f a função que a cada quadrado perfeito associa seu logaritmo na base 2. Então se $f(x^2) = 2$, temos:

a) $x = \pm \log_2 2$ b) $x = \pm\sqrt{\log_2 10}$ c) $x = \pm 2$

d) $x = \pm 4$ e) $x = \pm\frac{1}{2}$

V.260 (CESCEM-73) A base do sistema de logaritmos no qual o logaritmo de $\sqrt{2}$ vale -1:

a) é $\sqrt{2}$ b) é $\frac{1}{2}\sqrt{2}$ c) é $2^{\sqrt{2}}$ d) é 2

e) não existe, pois o logaritmo não pode ser negativo.

V.261 (CESCEM-73) Se $f(x) = (\log x) + 1$ e $g(z) = 2z + 1$, então, $g[f(x)]$ vale:

a) $(2 \log x) + 2$ b) $(\log 2x) + 2$ c) $(\log(2x + 1)) + 1$
d) $(\log 2x) + 3$ e) $(2 \log x) + 3$

V.262 (CESCEM-77) Considere as afirmações

I. $\log 1 = 0$ II. $\log 0{,}01 = -2$ III. $\log(a + b) = \log a + \log b$

e associe a cada uma delas a letra V se for verdadeira e F caso seja falsa. Na ordem apresentada, temos:

a) V, F, V b) V, V, F c) F, V, V d) V, V, V e) V, F, F

V.263 (CESCEM-77) A solução da equação $\log x^2 + \log x = 1$ é:

a) 10^{-3} b) 10^{-1} c) 1 d) $10^{\frac{1}{3}}$ e) 10

V.264 (CESCEa-73) Se $0 < a < 1$, a solução da inequação $\log_a\left(\log_{\frac{1}{a}} x\right) \leq 0$ é:

a) $x \geq \frac{1}{a}$ b) $1 < x \leq \frac{1}{a}$ c) $x \geq 2$ d) não sei

V.265 (CESCEA-73) O conjunto de todos os valores reais de x para os quais a expressão $f(x) = \log\left(a.\frac{x^2 - 1}{1 - x^2}\right)$ está definida é:

a) $\{x \in \mathbf{R} \mid x \geq 1\}$ se $a \neq 0$
b) $\{x \in \mathbf{R} \mid x \neq \pm 1\}$ se $a > 0$
c) $\varnothing$ = conjunto vazio, se $a > 0$
d) não sei

V.266 (CESCEA-73) Assinale a afirmação verdadeira:

a) Se $x < 0$, $e^{-x} < 1$
b) se $f(x) = 1 - \log \mid x^2 - 1 \mid$, então, $f(0) = 0$
c) se $x < 0$, então, $\log \mid x - 1 \mid > 0$
d) não sei

V.267 (CESCEA-73) Afirmações:

1. Se $\log a = m$ e $\log b = n$, então $\log (a + b) = m + n$.
2. Sejam a e b números reais positivos e diferentes de 1.
Então: $\log_a b \cdot \log_b a = 1$
3. $\log \dfrac{a}{bc} = \log a - \log b + \log c$

Responda:
a) se 1, 2 e 3 forem verdadeiras
b) se 1 e 3 forem falsas
c) se 2 e 3 forem falsas
d) não sei

V.268 (CESCEA-77) A base de um sistema de logaritmos no qual $\log_a x = \dfrac{5}{2} \log_{10} x$ é:

a) $\dfrac{1}{4}$ b) $\dfrac{2^5}{10}$ c) $\sqrt[5]{10}$ d) $10^{\frac{5}{2}}$ e) $10^{\frac{2}{5}}$

V.269 (CESCEA-77) A figura que melhor se adapta ao gráfico da função dada por $f(x) = \log_2 (x - 1)$ é:

a)
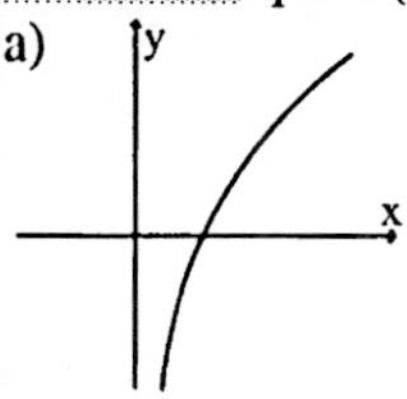

b)
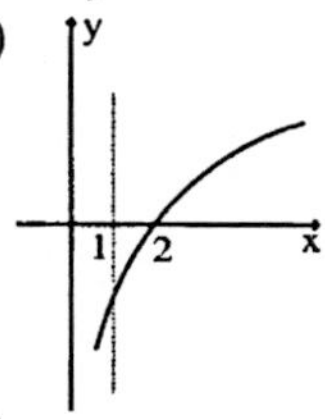

c)
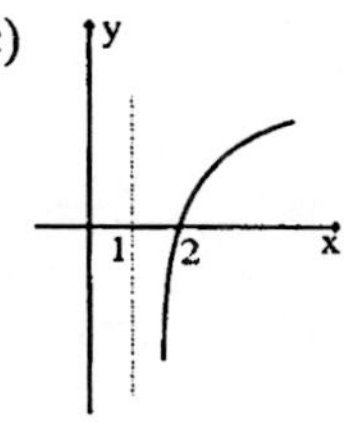

d)
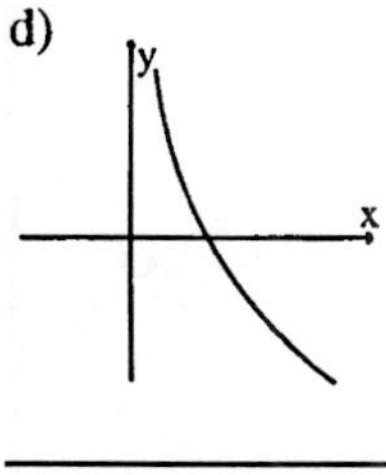

e)
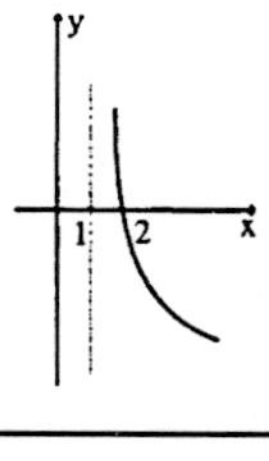

V.270 (SANTA CASA-73) Se $a^2 + b^2 = 14ab$, sendo a e b números maiores que zero, é correto escrever:

a) $2 \log (a + b) = \log (a.\ b)^{14}$ b) $2 \log a + 2 \log b = \log (a\ .\ b)^{14}$
c) $\log (a + b)^2 = \log 14 + \log a + \log b$
d) $\log (a + b) = \log 4 + \frac{1}{2} (\log a + \log b)$
e) $\log a^2 + \log b^2 = \log (ab) + \log 14$

V.271 (SANTA CASA-80) Considere a função $f(x)=\log_{x+2}(5x^2 - 26x + 5)$. Seu domínio é o conjunto:

a) $\{x \in \mathbf{R} \mid -2 < x < 10\}$
b) $\{x \in \mathbf{R} \mid -1 < x < 1 \text{ ou } x > 5, x \neq -1\}$
c) $\{x \in \mathbf{R} \mid -2 < x < \frac{1}{5} \text{ ou } x > 5, x \neq -1\}$
d) $\{x \in \mathbf{R} \mid x > -2 \text{ ou } x < -10\}$
e) n.d.a.

V.272 (SANTA CASA-80) São dados: $\log_{15}3 = a$ e $\log_{15}2 = b$ .O valor de $\log_{10}2$ é:

a) $\frac{1}{1-a+b}$ b) $\frac{b}{1-a+b}$ c) $\frac{b}{1+a-b}$ d) $\frac{a}{1+a-b}$
e) $\frac{b}{a-b-1}$

V.273 (SANTA CASA-81) Se $\log_n \binom{n+3}{2}$ então n é t.q.:

a) a característica de seu log, na base 10 é 1.
b) a mantissa de seu log, na base 10, é 0.
c) anti $\log_3 n = 1$
d) $\text{colog}_2 n = -1$
e) $(\log n)(\log_6 10) = 1$

V.274 (SANTA CASA-81) Usando a tabela ao lado, o valor de log 75 é:

x	log x
2	0,3010
6	0,7782

a) 1,1417 b) 1,3011
c) 1,5564 d) 1,6818
e) 1,8752

V.275 (SANTA CASA-81) Dados os números reais a e b t.q. $a > 0$ e $0 < b \neq 1$, sabe-se que $\log a = m$ e $\log b = n$. O valor de $\log_{b^2} a^3$ é:

a) $\frac{3m}{2n}$ b) $\frac{2n}{3m}$ c) 6 mn d) 3m – 2n e) 3m + 2n

V.276 (SANTA CASA-81) Seja o nº real k a solução da equação $\sqrt[3]{4^{10-x}} = \frac{1}{16}$. O log k na base $\sqrt{2}$, é:

a) 2 b) 4 c) 8 d) 16 e) 32

V.277 (SANTA CASA-82) A solução da equação $\log_3 (x + 1) - 1 = \log_3 (x - 1)$ é um número:

a) menor que – 1 b) irracional c) par
d) múltiplo de 3 e) divisor de 15

V.278 (SANTA CASA-82) Se log 2 = 0,30 e log 3 = 0,48, então log 0,0006 é igual a:

a) – 4,856 b) – 4,22 c) – 3,856 d) – 3,22 e) – 3,186

V.279 (SANTA CASA-83) Sejam as funções f e g de $\mathbf{R}^*_+$ em $\mathbf{R}$, definidas por $f(x) = \log x$ e $g(x) = \log_3 x$. Pode-se afirmar que:

a) $f(x) = g(x)$, para $x = 0$
b) $f(x) < g(x)$, para $0 < x < 1$
c) $f(x) < g(x)$, para $1 < x < 3$
d) $f(x) > g(x)$, para $3 < x < 10$
e) $f(x) > g(x)$, para $x > 10$

V.280 (SANTA CASA-83) Sejam A e B dois números reais estritamente positivos e tais que log A e log B têm a mesma mantissa. Pode-se afirmar que:

a) A = kB, onde k é potência de expoente inteiro e base 10.
b) A = k + B, onde k é potência de expoente inteiro e base 10.
c) $A = \sqrt{B}$ d) AB = 1 e) A = B

V.281 (SANTA CASA-84) São dados log 2 = 0,30 e log 3 = 0,48. O número real x, que é solução da equação $3^{x+1} = 75$, é tal que:

a) $x \leq 0$ b) $0 < x \leq 2$ c) $2 < x \leq 3$ d) $3 < x \leq 5$ e) $x > 5$

V.282 (SANTA CASA-84) Se $a = \log_8 225$ e $b = \log_2 15$, então:

a) $a = \frac{2b}{3}$ b) $b = \frac{2a}{3}$ c) $ab = \frac{2}{3} . \log_2 15$ d) $a = \frac{b}{3}$ e) $b = \frac{a}{3}$

V.283 (SANTA CASA-85) Segundo uma pesquisa, após x meses de constatação da existência de uma epidemia, o número de pessoas por ela atingida é $f(x) = \dfrac{20000}{2 + 15.4^{-2x}}$. Supondo log 2 = 0,30 e log 3 = 0,48 daqui a quanto tempo, aproximadamente, o número de pessoas atingidas por essa epidemia será de 2000?

a) 3 dias b) 7 dias c) 10 dias d) 15 dias e) 30 dias

V.284 (SANTA CASA-85) Se a e b são números reais que satisfazem a equação $x^{\log x} = \dfrac{100}{x}$, então:

a) ab = 10 b) a + b = 10,1 c) ab = 0,1 d) a + b = 1,01 e) ab = 0,001

V.285 (F.M.SANTA CASA-86) Admitindo-se log 2 = 0,30 e log 3 = 0,48, os valores da característica e da mantissa de log 0,45 serão, respectivamente:

a) – 1 e 0,66 b) – 1 e 0,54 c) – 1 e 0,34 d) 0 e 0,66 e) 0 e 0,34

V.286 (CESGRANRIO-77) As indicações R_1 e R_2, na escala Richter, de dois terremotos estão relacionados pela fórmula $R_1 - R_2 = \log\left(\dfrac{M_1}{M_2}\right)$ onde M_1 e M_2 medem a energia liberada pelos terremotos sob a forma de ondas que se propagam pela crosta terrestre. Houve dois terremotos: um correspondente a $R_1 = 8$ e outro correspondente a $R_2 = 6$. A razão $\dfrac{M_1}{M_2}$ é:

a) 2 b) $\log_2 10$ c) $\dfrac{4}{3}$ d) 10^2 e) $\log\left(\dfrac{4}{3}\right)$

V.287 (CESGRANRIO-78) A solução da equação $3\log_{10}4x - 2\log_{10}2 = 0$ é:

a) $\dfrac{1}{2\sqrt[3]{2}}$ b) $\dfrac{1}{\sqrt[3]{4}}$ c) $2\sqrt[3]{2}$ d) $\sqrt[3]{4}$ e) 1

V.288 (CESGRANRIO-81) Se $\begin{cases} 2\log x + \log y = 7 \\ 4\log x - \log y = 0 \end{cases}$ então log (xy) é:

a) $\dfrac{7}{2}$ b) $\dfrac{5}{2}$ c) 2 d) 1 e) 0

V.289 (CESGRANRIO-81) Para quaisquer x e y reais positivos, logx . logy é igual a:

a) $\log[y^{\log x}]$ b) $\log(xy)$ c) $\log(x+y)$ d) $\log[xy^{-1}]$ e) $[\log x]^y$

V.290 (CESGRANRIO-85) Se log a = 0,4771 e log b = 0,3010, então $\log\frac{a}{b}$ é:

a) 0,1761 b) − 0,1761 c) 0,7781 d) 0,8239 e) − 0,8239

V.291 (CESGRANRIO-86) Sabendo-se que $10^{n-1} < 2^{300} < 10^n$, com $n \in N$, e que $\log_{10}2$ é aproximadamente 0,3010 então n vale:

a) 10 b) 11 c) 90 d) 91 e) 92

V.292 (FGV-73) O domínio da função f dada por $f(x) = \sqrt{\log_{\frac{1}{2}}(x-1)}$ é:

a) $\{x \in \mathbf{R} \mid x \leq 2\}$ b) $\{x \in \mathbf{R} \mid x > 2\}$ c) $\{x \in \mathbf{R} \mid x > 1\}$

d) $\{x \in \mathbf{R} \mid 1 < x \leq \frac{3}{2}\}$ e) $\{x \in \mathbf{R} \mid 1 < x \leq 2\}$

V.293 (FGV-73) Seja $x = \frac{\sqrt{a}}{bc}$. Então, log x é igual a:

a) $\frac{1}{2}\log a - \log b \log c$ b) $\frac{1}{2}\log a - \log b + \log c$

c) $\frac{1}{2}\log a - \log b - \log c$ d) $\sqrt{\log a} - \log b \log c$ e) $\frac{\sqrt{\log a}}{\log b \log c}$

V.294 (FGV-73) Consultando uma tábua de logaritmos decimais encontramos para mantissa dos números 2738 e 2739, respectivamente, os números 0,437433 e 0,437592. Então o logaritmo de 27385 é:

a) 6,393122 b) 4,943122 c) 5,401322 d) 4,437513 e) 5,177513

V.295 (FGV-73) Para que a expressão $f(x) = \log[m^2x^2 + (2n+1)x + 1]$ esteja definida para todo x real, é suficiente que:

a) $m > \frac{1}{4}$ e $m \neq 0$ b) $m > 0$ c) $m \neq -\frac{1}{4}$

d) $m < -\frac{1}{4}$ e) $m = -\frac{1}{4}$

V.296 (FGV-73) Se a e b são soluções do sistema $\begin{cases} x+y=27,5 \\ \log x - \log y = 1 \end{cases}$ então ab vale:

a) 16,9 b) 22,5 c) 62,5 d) 19,6 e) n.d.a.

V.297 (FGV-73) Assinale a alternativa verdadeira:

a) se $0 < a < 1$, então $a^{-x} \le a^x, \forall x \in \mathbf{R}$
b) $\sqrt{x^2} = x, \forall \in \mathbf{R}$
c) se $a > 1$, então $a^x \le a^{|x|}, \forall x \in \mathbf{R}$
d) se $a > 1$, então $\log_a x < \log_{\frac{1}{a}} x, \forall x \in \mathbf{R}$
e) n.d.a.

V.298 (FGV-73) O conjunto $\left\{ x \in \mathbf{R} \,\middle|\, \log_{\frac{1}{2}}\left(\frac{x-1}{x+1}\right) > 1 \right\}$ é igual a:

a) $\{x \in \mathbf{R} \mid x < 1 \text{ ou } x > 3\}$
b) $\{x \in \mathbf{R} \mid x < -1 \text{ ou } x > 1\}$
c) $\mathbf{R} - \{-1, 1\}$
d) $\{x \in \mathbf{R} \mid -1 < x < 1\}$
e) $\{x \in \mathbf{R} \mid 1 < x < 3\}$

V.299 (FGV-73) Sabendo que $\log 2 = 0,3$, o valor da expressão

$\dfrac{\log 32 + \log \sqrt{256}}{\log 5}$, com uma casa decimal é:

a) 4,2 b) 3,5 c) 3,6 d) 2,7 e) 3,8

V.300 (FGV-73) Suponha x e y estritamente positivos. A expressão $\log_4 x + \log_{\frac{1}{4}} y$ é idêntica a:

a) $\log_4 \dfrac{x}{y}$ b) $\log_{\frac{1}{4}} \dfrac{x}{y}$ c) $\log_4 \dfrac{y}{x}$ d) $\log_{\frac{1}{4}} xy$ e) n.d.a.

V.301 (FGV-73) Seja x o número cujo logaritmo na base $\sqrt[3]{9}$ vale 0,75. Então $x^2 - 1$ vale:

a) 2 b) $\sqrt{2} - 1$ c) $\sqrt{3} - 1$ d) 0,75 e) n.d.a.

V.302 (FGV-77) Sabendo que os logaritmos de 2 e 3 na base 10 são, respectivamente , 0,3010 e 0,4771 calcular o logaritmo de 45, na base 10, a partir dos logaritmos dados

a) 1,5632 b) 1,3256 c) 1,6532 d) 1,2563 e) 1,3652

V.303 (FGV-77) O conjunto de todos os números reais x para os quais $y = \log\left(\frac{2^x - 1}{2 - x}\right)$ é um número real, é o conjunto dos números reais x tais que:

a) $x < 0$ b) $0 \leq x < 2$ c) $x > 2$ d) $-1 < x < 2$ e) $0 < x < 2$

V.304 (FGV-77) A solução do sistema

$$\begin{cases} 2^x = \dfrac{1}{2^{4+y}} \\ \log_2(2x + y) = 1 \end{cases}$$

é um para (x, y), tal que x – y vale:

a) -16 b) 16 c) 4 d) -4 e) 2

V.305 (FGV-78) Sendo $a > 0$ e $a \neq 1$, considere as afirmações:

1) $\log_a 1 = 0$ 2) $\log_a a = 1$ 3) $\log_a 0 = 1$
4) $a^0 = 1$ 5) $(a^2)^3 = a^5$

As afirmações corretas são:

a) todas b) 1, 2, 3, 4 c) 1, 2, 4, 5 d) 1, 2, 4 e) 2, 3, 4

V.306 (FGV-78) Sabendo-se que $\log_{10} 2 = 0{,}30$ e $\log_{10} 3 = 0{,}48$ e solução da equação $3^x \,.\, 2^{3x-1} = 6^{2x-1}$ é:

a) $-2{,}42$ b) 0,78 c) 3,45 d) $-6{,}00$ e) 1,64

V.307 (FGV-78) O produto $(\log_9 2) \,.\, (\log_2 5) \,.\, (\log_5 3)$ é igual a:

a) 0 b) 1 c) 10 d) 30 e) $\frac{1}{10}$

V.308 (FGV-78) A solução da inequação $\log_a (2x - 3) > 0$ é:

a) $x > 2$ se $a < 1$ b) $x < 2$ se $a > 1$ c) $x > 2$ se $0 < a < 1$

d) $x < \frac{3}{2}$ se $0 < a < 1$ e) $\frac{3}{2} < x < 2$ se $0 < a < 1$

V.309 (FGV-79) Dada a equação $x^2 - 2x + \log_{10} N = 0$, para que ela tenha duas raízes de sinais contrários, é preciso que:

a) $N = 1$ b) $1 < N < 2$ c) $2 < N < 3$ d) $0 < N < 1$ e) $3 < N < 4$

V.310 (FGV-79) A função $y = \log (x^2 - 6x + 2K + 1)$ é definida para todo $x \in \mathbf{R}$ se:

a) $K < 4$ b) $K \leq 4$ c) $K > 4$ d) $K \geq 4$ e) $-4 < K < 4$

V.311 (FGV-79) Os valores de x para os quais $\log_{10} x + \log_{10} (x + 3) < 1$, são:

a) $x < -5$ ou $x > 2$ b) $-5 < x < 2$ c) $x > -5$
d) $x > 2$ e) $0 < x < 2$

V.312 (FGV-80) A solução da inequação $\log_{\frac{1}{3}} \left(x^2 - 3\right) > 0$ é

a) $\{x \in \mathbf{R} \mid x < -\sqrt{3} \text{ ou } x > \sqrt{3}\}$ b) $\{x \in \mathbf{R} \mid -2 < x < 2\}$
c) $\{x \in \mathbf{R} \mid -\sqrt{3} < x < \sqrt{3}\}$
d) $\{x \in \mathbf{R} \mid -2 < x < -\sqrt{3} \text{ ou } \sqrt{3} < x < 2\}$
e) $\{x \in \mathbf{R} \mid x < -2 \text{ ou } x > 2\}$

V.313 (FGV-80) A solução do sistema $\begin{cases} \log_y x + \log_x y = 2 \\ x^2 + y = 12 \end{cases}$ é um par (x, y) t.q. xy é igual a:

a) -3 b) 1 c) 3 d) 6 e) 9

V.314 (FGV-80) O valor de $5^{-\log_5 3 \cdot \log_3 7}$ é:

a) $\frac{1}{3}$ b) 3 c) 7 d) $\frac{1}{7}$ e) $\frac{1}{5}$

V.315 (FGV-80) Sabendo que $\log 2 = 0{,}3010$ e $\log 3 = 0{,}4771$, então $\log 0{,}6$ é:

a) 1,7781 b) $-0{,}7781$ c) 0,7781 d) 0,2219 e) $-0{,}2219$

V.316 (FGV-82) Qual das seguintes alternativas não é correta?

a) $\log_{10} x < \text{Ln}x$, para $x > 1$ b) $\log_{10} x > \text{Ln}x$, para $x < 1$
c) $\log_{10} x > \text{Ln}x$, para $x > 1$ d) $\log_{10} x = \text{Ln}x$, para $x = 1$
e) $x = \text{antilog} \log x$

V.317 (FGV-84) Para que o módulo de log x seja menor que 2:

a) x pode ser > 100
b) x pode ser < 0,01
c) x só pode estar entre 100 e 0,01
d) x deve ser 100 ou 0,01
e) n.d.a.

V.318 (FGV-84) Se $3^x = 7$, então:

a) $x = \frac{\log 7}{\log 3}$ b) $x = \frac{7}{3}$ c) $x = \frac{3}{7}$ d) x é negativo e) $x > 2$

V.319 (FGV-84) log ab – log ba:

a) pode valer 0
b) pode valer 1
c) ∄ em **R**
d) sempre vale 0
e) n.d.a.

V.320 (FGV-84) Se $0 < x \neq 1$ e $\log_x x = a$, então:

a) $x^a = 2$ b) $x = 1$ c) $a.x^a = ax$ d) $ax = a^x$ e) $x^2 = ax$

V.321 (FGV-85) A soma das raízes da equação $(\log x)^2 - 4 \log x + 3 = 0$ é:

a) 4 b) 110 c) 1010 d) 1100 e) 1110

V.322 (FGV-85) O menor número inteiro que satisfaz a inequação $\log_{\frac{1}{2}} (\log_2 x) < 0$ é:

a) 5 b) 4 c) 3 d) 2 e) 1

V.323 (FGV-86) Sejam $\log_4 64 = X$ e $\log_2 32 = Y$. Então:

a) $X = 2Y$ b) $X = Y^2$ c) $X + Y = 8$ d) $X > Y$ e) $X = Y$

V.324 (MAUÁ-77) Dado A + B = C resolva a equação supondo $A = \ln x$, $B = \ln (x + 2)$ e $C = \ln 3$ onde "*l*n" indica o logaritmo neperiano (ou natural)

V.325 (MAUÁ-80) Resolver a equação: $x \log_{\frac{1}{2}} x = -x$

V.326 (MAUÁ-81) Dados: $\log 2 = a$, $\log 3 = b$, determinar $\log 180$ em função de a e b. Todos os log são decimais.

V.327 (MAUÁ-82) Resolva a inequação (log na base $\frac{1}{2}$)

$$\log_{\frac{1}{2}}(x-1) - \log_{\frac{1}{2}}(x+1) < \log_{\frac{1}{2}}(x-2) + 1$$

V.328 (MAUÁ-83) Resolver o sistema

$$\begin{cases} 2\log_2 x + \log_{\frac{1}{2}} y = 4 \\ x\sqrt{y} = 2^6 \end{cases}$$

V.329 (MAUÁ-84) Determinar a base x dos log que figuram na equação: $2(\log_x 5 + \log_x 25) + 3 = 0$

V.330 (MAUÁ-86) Determinar o intervalo em que a função é definida

$$f(x) = \sqrt{\log_2\left(\log_{\frac{1}{2}} x\right)}$$

V.331 (FEI-73) Na lista abaixo há uma só identidade para números todos positivos (logaritmos decimais)

a) $\log(a^2 + b^2) = 2\log a \,.\, 2\log b$

b) $\log(\log a) = (\log a)^2$

c) $(\log a)^2 = 2\log a$

d) $10^{\log a} = \log 10^a$

e) $\dfrac{\log a}{\log b} = \log a - \log b$

V.332 (FEI-77) Dê um exemplo de f e um de g tais que:

a) $f(a + b) = f(a) \,.\, f(b)$

b) $g(a \,.\, b) = g(a) + g(b)$

V.333 (FEI-77) Resolver as equações

a) $\log_x 4 = 2$

b) $\log_{10}\sqrt{x} + \log_{100} x = 2$

V.334 (FEI-80) Resolver, em **R**, as equações:

a) $\log(x+1) = \log x + 1$ b) $\log(1 - x^2) = \log |x|$

V.335 (FEI-82) Fazer o gráfico da função definida em **R** por:

$$f(x) = \begin{cases} 1, \text{se} x < 1 \\ x^2 - 1, \text{se} -1 \leq x < 1 \\ \log x, \text{se } x > 1 \end{cases}$$

V.336 (FEI-82) Para que os valores de $a \in \mathbf{R}$ a equação $2x^2 - 4x + \log_2 a = 0$ não tem raízes reais?

V.337 (FEI-82) Resolva o sistema: $\begin{cases} \log_{10} x + \log_{10} y = 1 \\ x + y = 7 \end{cases}$

V.338 (FEI-83) Resolver a equação $p \log_q x + q \log_p x = 2$ para

a) $p = q = 2$ b) $p = 2; q = \frac{1}{2}$

Respostas

Capítulo 1

1

a) V b) F c) V d) F e) F
f) V g) F h) F i) F j) V
k) F l) V m) V n) F o) V
p) V

2

a) D={0,1,2}, Im={2,3,4}
b) D={0,1}, Im={5,6}
c) D=A, Im={6}
d) D={3}, Im=B
e) D={2}, Im={4}
f) D={1,2,3}, Im={2,4,6}

3

a)

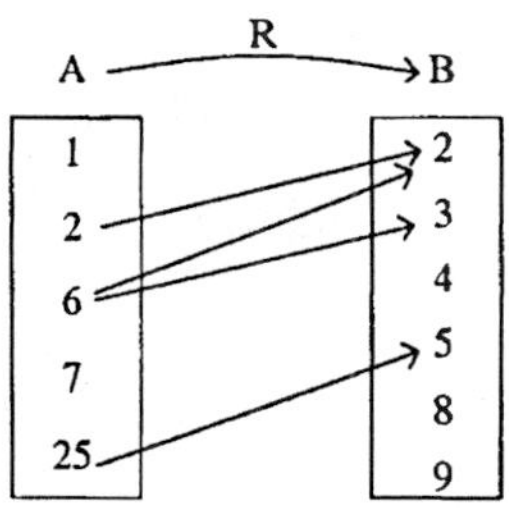

b) R:A→B={(2,2),(6,2),(6,3),(25,5)}
c) conjunto de partida A={1,2,6,7,25}, contra-domínio=CD=B={2,3,4,5,8,9}, domínio = D={2,6,25}, conjunto-imagem = Im={2,3,5}.

Observe-se que: $D \subset A$, $Im \subset CD$

4

a)

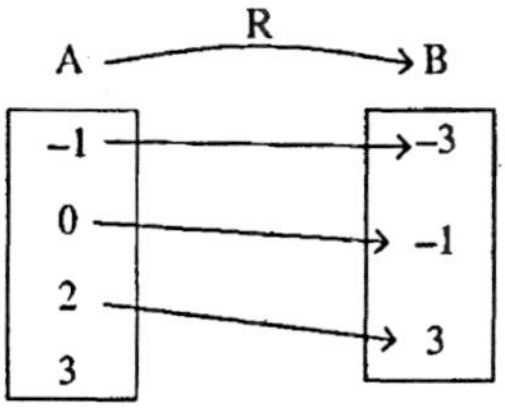

b) $R \to \circ$; $A \times B \to *$
Observe-se que: $R \subset A \times B$

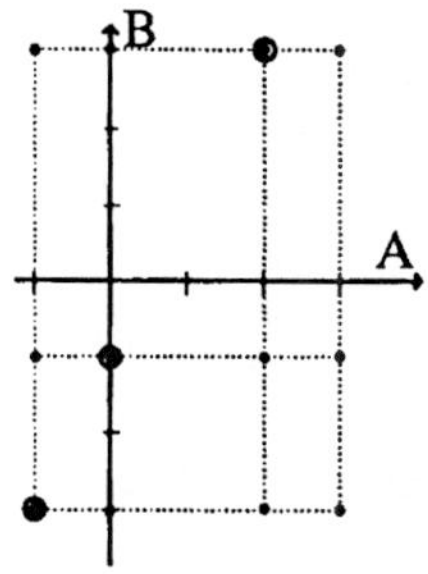

c) D={–1,0,2},CD={–3,–1,3}=B, Im={–3,–1,3}
(Observe-se que, neste caso, CD=Im)

5

a)

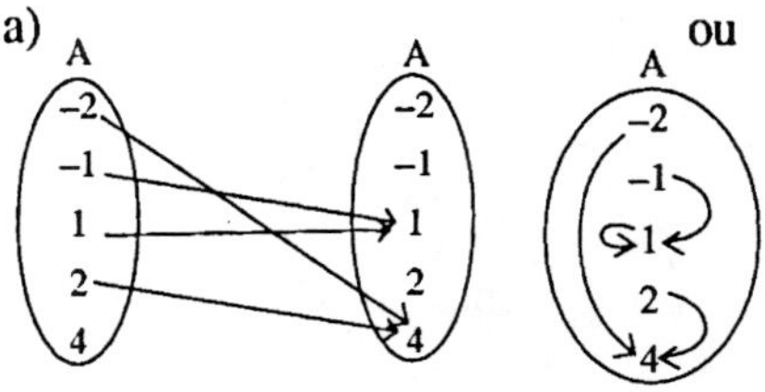

b)

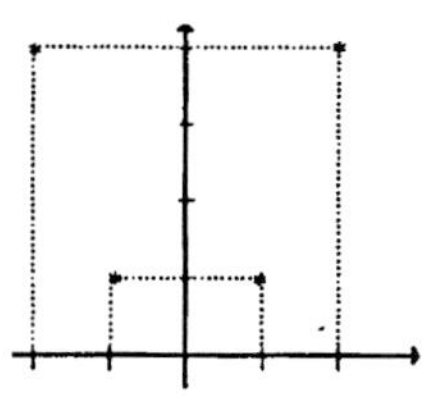

c) D={–2,–1,1,2}, Im={1,4}

6

a) {(1,0),(5,2),(5,4),(7,4)}
b) {(a,2),(b,2),(c,5)}
c) {(1,3),(2,2),(3,1)}
d) {(a,d),(a,b),(b,c),(c,c),(d,a)}

7

a) D={1,5,7}, Im={0,2,4}=B
b) D={a,b,c}=A,Im={2,5}
c) D={1,2,3}=A,Im={1,2,3}=A
d) D={a,b,c,d}=A,Im={a,b,c,d}=A

8

a) {(–2,–1),(–1,–3),(–1,1),(1,2),(1,4),(3,1)}

b) {(–2,–3),(–2,0), (0,–3), (0,0), (0,2), (1,0), (1,3), (3,2)}

9

a) (2,0) b) (–1,3) ou (2,3)
c) ∄ d) (2,–1)
e) (0,2) f) ∄
g) (–1,3)
h) (2,–1) ou (2,0) ou (2,3)

10

a) D={–2,–1,1,2} Im={–2,1,2,3}
b) D={–2,–1,0,1,2} Im={–2,–1,0,2,4}

11

a) D=[2,5], Im=[1,3]
b) D=[–1,2[, Im=]–1,4]
c) D={–2}, Im=]$-\frac{5}{4}$,$\sqrt{5}$[
d) D=**R**, Im={3}
e) D=]–4,3[, Im=]–5,2]
f) D=[–2,3], Im=[–4,1]
g) D=[–2,5[, Im=[–1,4[
h) D=[–3,1], Im=[1,5]

12

D=[–8,18], Im=[–12,14]

13

a) FI b) R c) R d) FB e) R
f) F g) FS h) R i) FS j) FB
k) F l) R

14

a) F b) R c) FB d) R

15

a) FI b) R c) R d) FS e) F
f) FB g) FI h) FS i) R j) R
k) F

16

a) (3, 5), (0,–4), (2, 0), (–2, 0), (–1, –3)
b) (4,–2), (–3, 12), (0,6), (3,0), ($\frac{1}{2}$, 5)
c) (–2,–6), (0, 0), ($\frac{5}{6}$, $\frac{5}{2}$), (1, 3)
d) (3,8), (0, 1), (1,2), (–1, $\frac{1}{2}$),(–2, $\frac{1}{4}$)
e) (1, 4), (–2, 4), (0, 4), ($\frac{1}{4}$, 4)
f) (1, $\frac{1}{3}$), (0,$-\frac{1}{6}$), ($\frac{1}{4}$, 0),
∄y | (–2, y) ∈R, ($-\frac{1}{6}$, $-\frac{10}{33}$)
g) (3, 2), (1, 0), (–2, 3), (0, 1), ($\frac{1}{2}$, $\frac{1}{2}$)
h) (1, 2), (0, $\sqrt{5}$), ∄y | (6, y)∈R, (5, 0), (– 4, 3)

17

a) (3, 9) ou (–3, 9), (0, 0), ∄x ∈ **R** | (x, – 4) ∈ R, ($\sqrt{2}$, 2) ou (–$\sqrt{2}$, 2).
b) (2, –1), ($\frac{9}{5}$, 0), (0, 9)
c) (2, 0), (–2, 4), (0, $-\frac{2}{3}$),
∄x | (x, $\frac{1}{2}$) ∈ R
d) ($-\frac{3}{2}$, 5) ou ($\frac{1}{3}$, 5), ($-\frac{2}{3}$, 0) ou ($-\frac{1}{2}$, 0)

18

a) x= –3 b) x= –1 ou x= 2
c) x= 0 d) x= 0
e) ∄x | f(x) = 0 f) ∄x | y = 0
g) x= 2 h) x= ± 1

19

b) D= $\mathbf{R}^*$
c) D={x ∈ **R** | x ≥ 0} = $\mathbf{R}_+$
d) D= **R** e) D= **R**
f) D= {x ∈**R** | x > 0} = $\mathbf{R}^*_+$
g) D= **R** h) D= **R**
i) D= **R**
j) D= **R**
k) D= **R** – {3, –2}
l) D= {x ∈**R** | x ≥ 7}
m) D= {x ∈**R** | x > –2}

20

a) $y > 0 \Leftrightarrow x > -3$
$y = 0 \Leftrightarrow x = -3$
$y < 0 \Leftrightarrow x < -3$

b) $y > 0 \Leftrightarrow x < -2$
$y = 0 \Leftrightarrow x = -2$
$y < 0 \Leftrightarrow x > -2$

c) $y > 0 \Leftrightarrow x < 0$
$y = 0 \Leftrightarrow x = 0$
$y < 0 \Leftrightarrow x > 0$

d) $y < 0$ para $\forall x \in \mathbf{R}$ (esta função nunca é positiva e nunca se anula)

e) $y > 0 \Leftrightarrow -4 < x < -2 \vee x > 5$
$y = 0 \Leftrightarrow x = -4 \vee x = -2 \vee x = 5$
$y < 0 \Leftrightarrow x < -4 \vee -2 < x < 5$

f) $y > 0 \Leftrightarrow -5 < x < -2 \vee 1 < x < 6$
$y = 0 \Leftrightarrow x = -5 \vee x = -2 \vee x = 1 \vee x = 6$
$y < 0 \Leftrightarrow x < -5 \vee -2 < x < 1 \vee x > 6$

21

a) intersecção com 0y: (0, 2) e intersecção com 0x (raízes reais): (–3, 0)

b) 0y: (0, –1) e 0x: (–2, 0)

c) 0y: (0, 0) e 0x: (0, 0)

d) 0y: (0, –2) e não intercepta 0x (não tem raiz)

e) 0y: (0, –2) e 0x: (– 4, 0), (–2, 0), (5, 0)

f) 0y: (0, –1) e 0x: (–5, 0), (–2, 0), (1, 0), (6, 0)

22

a) 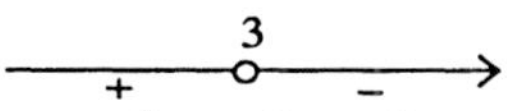

b) 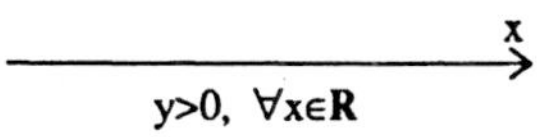

(função sempre positiva)

c) 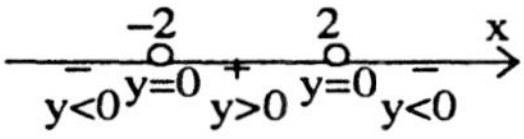

d) 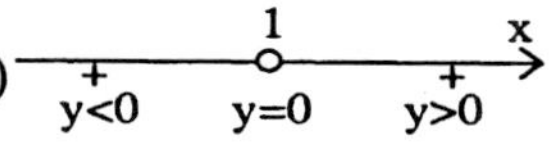

(esta função nunca é negativa)

e) 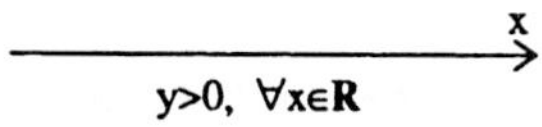

(função sempre positiva)

f) 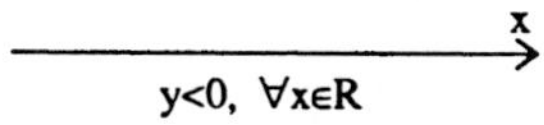

(função sempre negativa)

g) 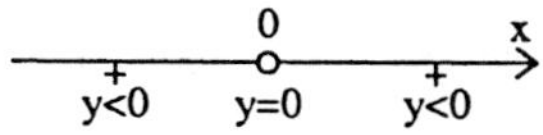

(esta função nunca é positiva)

h) 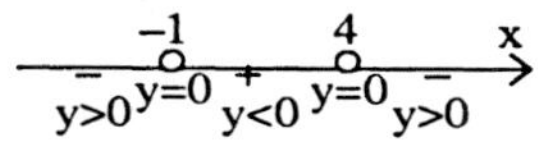

i) 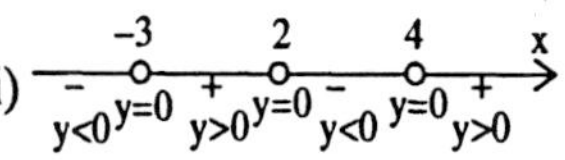

23

a) y=f(x) é decrescente em **R**

b) y=f(x) é constante em **R**

c) crescente em A=]–∞, 0] e decrescente em B=[0, +∞[

d) crescente em A=[1, +∞[e decrescente em B=]–∞, 1]

e) crescente em A=[1, +∞[e decrescente em B=]–∞, 1]

f) crescente em A=]–∞, $\frac{1}{2}$] e decrescente em B=[$\frac{1}{2}$, +∞[

g) crescente em A=]–∞, 0] e decrescente em B=[0, +∞[

h) crescente em A=[$\frac{3}{2}$, +∞[e decrescente em B=]–∞, $\frac{3}{2}$]

i) crescente em A=]–∞, –2] ou

$B=[3, +\infty[$, constante em $C=[-2, \frac{3}{2}]$

e decrescente em $D=[\frac{3}{2}, 3]$

24

a) I
Justificativa: $x=a \Rightarrow y = f(a) = 3a$
$x=-a \Rightarrow y = f(-a) = -3a$ e, portanto, $f(a) = -f(-a), \forall a \in \mathbf{R}$

b) P
Justificativa: $x = a \Rightarrow y = f(a) = a^4$
$x = -a \Rightarrow y = f(-a) = (-a)^4 = a^4$ e, portanto, $f(a) = f(-a), \forall a \in \mathbf{R}$

c) F
Justificativa: $x = 5 \Rightarrow y = f(5) = 11$ (escolhido arbitrariamente) $x = -5 \Rightarrow$
$y = f(-5) = -9$ o que contraria as definições de função par ou função ímpar.

d) P e) F f) I g) P
h) I i) P j) F k) P
l) I m) I n) P

25

a) (–1, 3) b) (1, –1) c) (6, 4)

26

a) A (3, 1), B (1, 3), C (–2, 4), D (–1, –2), E (2, –3)

b) A (0, 2), B (0, 4), C (–3, 0), D (0, –3), E (2, 0), F (4, 0)

27

a)
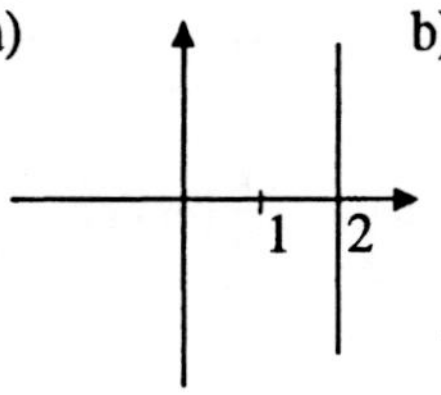

b)
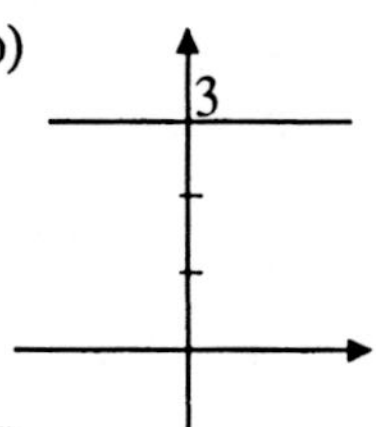

c)
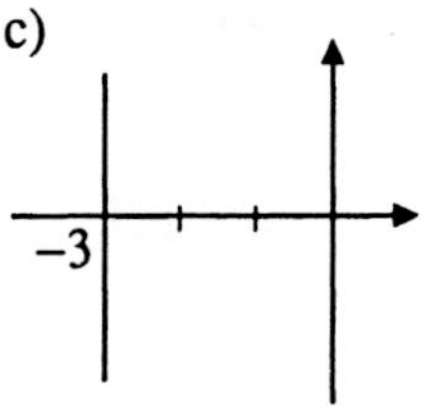

d)
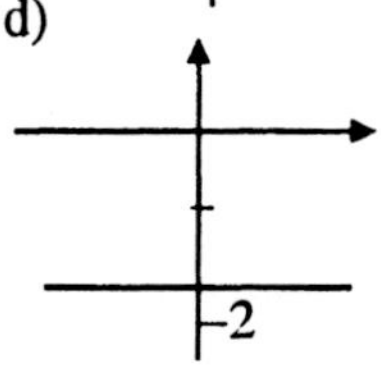

e)
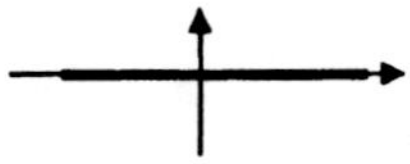

f)
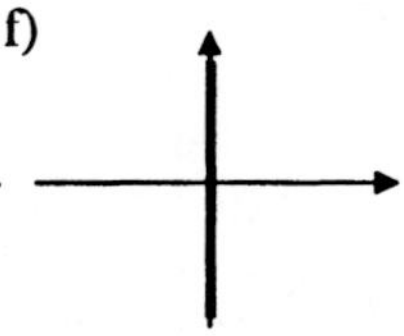

g)
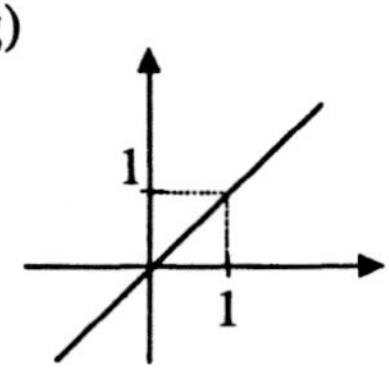

h)
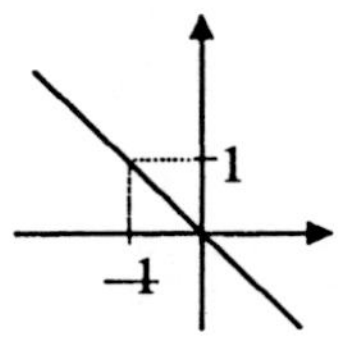

i)
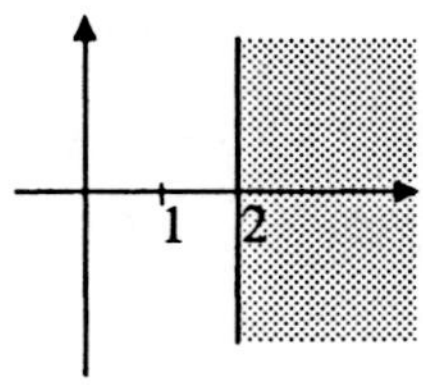

j)
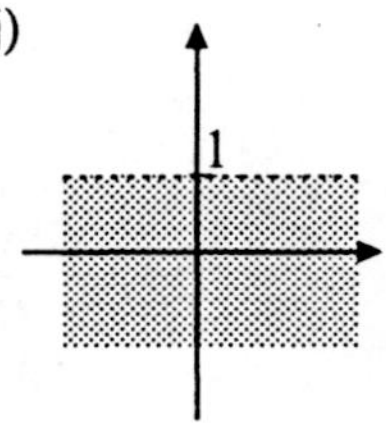

k)
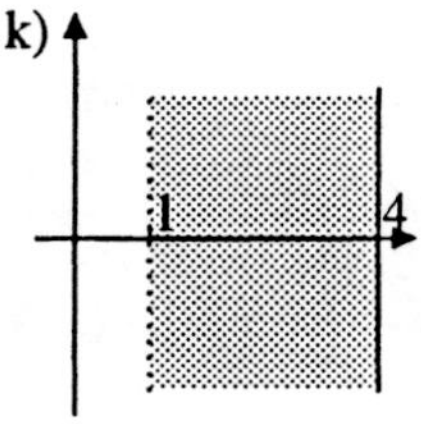

l)
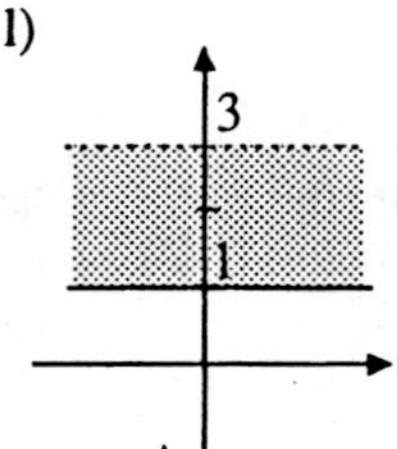

m)
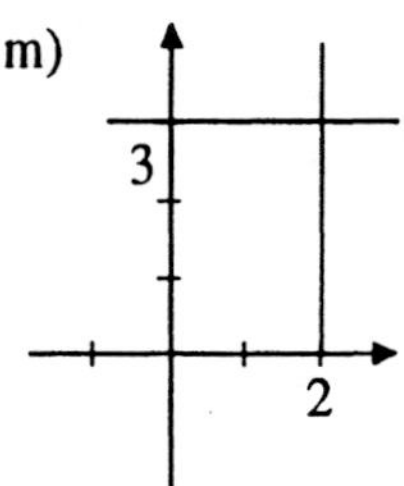

n)
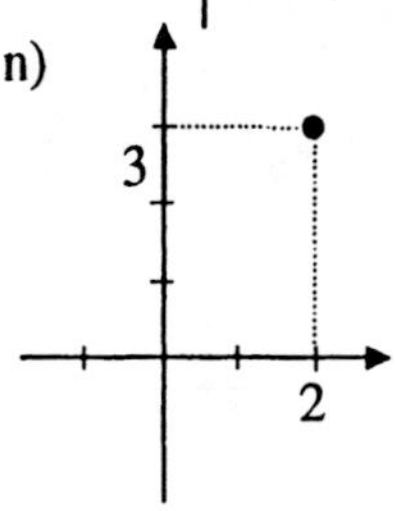

28

a)
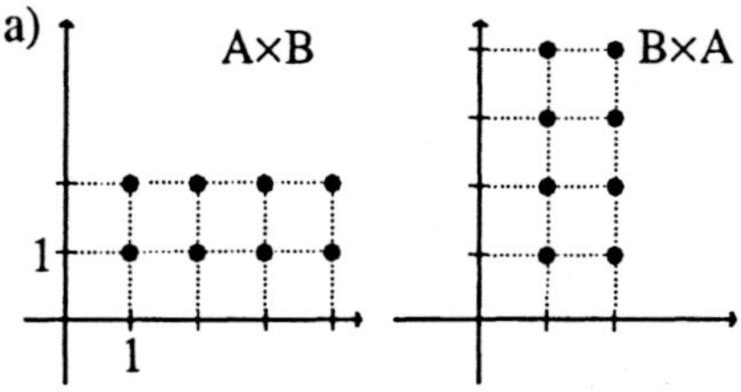

b)

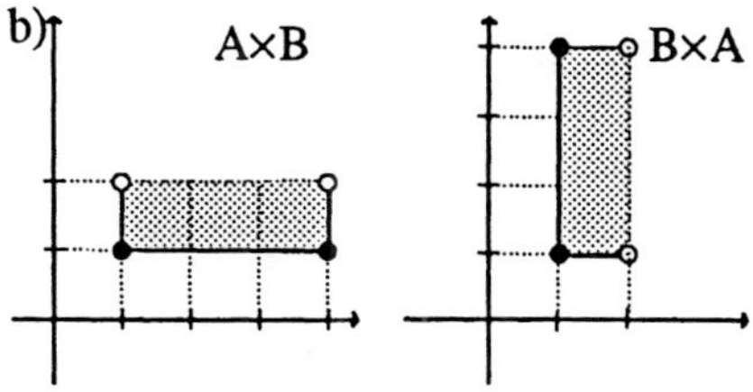

29 A = {0, 3, 5, 7}

30

a) F b) V c) F d) V e) V
f) F g) V h) V i) F j) V
k) V l) F m) V

31

a) S = {(–2, –1), (–2, 0), (–2, 1), (–1, 0), (–1, 1), (0, 1)}
b) D = {–2, –1, 0} c) Im = {–1, 0, 1}

32

a) D = {1, 2, 3, 4}, Im = {5, 6, 7, 8}
b) D = {1, 2, 3, 4, 5}, Im = {3}
c) D = {4}, Im = {1, 2, 3, 4}

33

a) D = A, Im = {0, 1, 2, 4}
b) D = {–3, –1, 0, 3}, Im = {– 6, –2, 0, 6}

34

a) D = {–2, –1, 0, 1, 3},
Im = {–3, –2, –1, 1, 2, 3}
b) D = [–2, 4[, Im = [0, 4[
c) D = [–8, 0], Im = [0, 8]
d) D = [– 6, 5[, Im = [0, $3\sqrt{3}$]
e) D = $\mathbf{R}$, Im = $\mathbf{R}_+^*$
f) D = $\mathbf{R}_+^*$, Im = $\mathbf{R}$

35

a) R = {(0, 1), (1, 2), (2, 4)}
b)

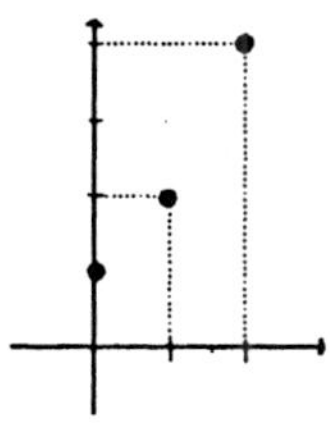

c) D = {0, 1, 2}Im = {1, 2, 4}

36

a) S = {(–2, –2), (–2, 2), (–1, –1), (2, –2), (2, 2), (3, 3)}
b)

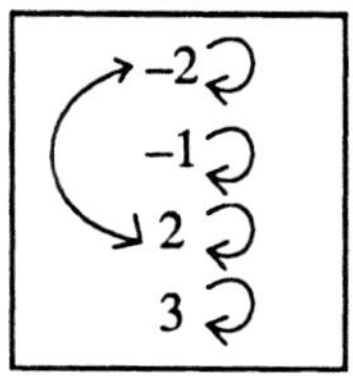

c)

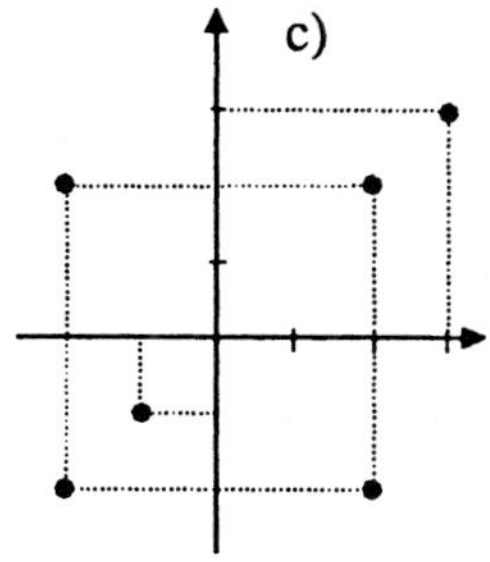

d) a = –1 ou a = 3

37

a) D = {–1, 0, 1, 2}, Im = {0, 1, 4}
b) D = {0, 1}, Im = {1, 3}
c) D = A, Im = {0, 1, 2, 3}
d) D = A, Im = {0, 1, 2, 3}

38

a)

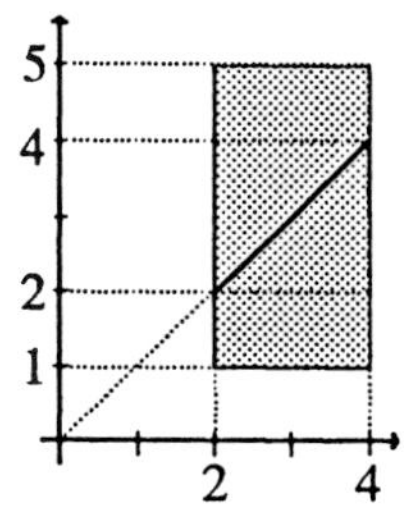

b) D = [2, 4] = A; Im = [2, 4]

39

a)

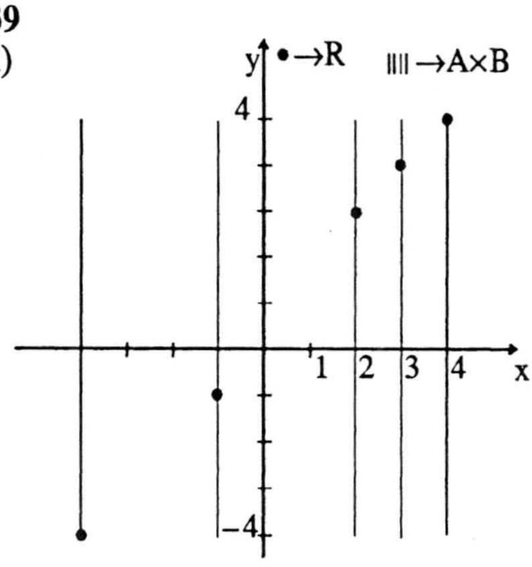

b) $R = \{(-4,-4), (-1,-1), (2,2), (3,3), (4,4)\}$

c) $D_{(R)} = \{-4, -1, 2, 3, 4\}$
$Im_{(R)} = \{-4, -1, 2, 3, 4\}$

40

a) V b) V c) F d) V
e) V f) F

41

a) FI b) FS c) FS d) FB

42

a) FB b) R c) R
d) F e) R f) F

43

a) R b) FB c) R
d) F e) FB

44

a) FI b) FS c) R
d) R e) R f) F
g) FB h) FB i) FI
j) R k) R l) FS
m) R n) F

45

$f(0)=2, f(1)=3, f(2)=4, f(3)=5$ e $\nexists f(5)$

46

$f(-2) = 0, f(1) = f(3) = 2, f(2) = 4$

47

a) $f(-1)=4, f(0)=3, f(1)=2, f(2)=1, f(3)=0$ e $f(4)=-1$

b) $f(-3) = f(3) = 3, f(-2) = f(2) = 2, f(-1) = f(1) = 1$ e $f(0) = 0$

c) $f(0) = f(6) = 2, f(1) = f(5) = 0$ e $f(3) = -2$

d) $f(-4) = f(3) = f(7) = 0$ e $f(0) = 6$

48

a) 0 b) 1 c) 2 ou 3 d) 4
e) $\nexists x \mid f(x) = 2$

49

a) 4 b) 1 ou 7 c) 0 ou 8
d) $\nexists x$

50

a) $f(-3) = -7, f(0) = -1, f(3) = 5, f(\frac{1}{2}) = 0$

b) $f(-4) = 11, f(-3) = f(\frac{3}{2}) = 0, f(1) = -4, f(0) = -9$ e $f(2) = 5$

c) $f(-3) = f(3) = 0, f(-2) = f(2) = -5, f(-1) = f(1) = -8$ e $f(0) = -9$

d) $f(3) = 2, f(2) = 3, \nexists f(1), f(0) = -1, f(-1) = 0$

e) $f(11) = 3, f(10) = 2\sqrt{2}, f(6) = 2, f(3) = 1, f(2) = 0, f(0) \notin \mathbf{R}$

51

a) –1 ou 3 b) 1 c) –2 ou 4

52

a) (1, – 2) b) (2, 0) c) (4, 4)
d) (10, 16) e) (2, 0) f) (0, – 4)
g) (7, 10) h) (1, – 2)

53

a) $f(0) = 2$

b) $f(x) = 0 \Leftrightarrow x = \frac{1}{2}$ ou $x = 1$ ou $x = -2$

54

a) $\mathbf{R}$ b) $\mathbf{R}$ c) $\mathbf{R}$ d) $\{x \in \mathbf{R} \mid x \geq 3\}$
e) $\{x \in \mathbf{R} \mid x \leq 4\}$ f) $\{x \in \mathbf{R} \mid x \geq -5\}$
g) $\mathbf{R} - \{1\}$ h) $\mathbf{R} - \{-2, 2\}$
i) $\mathbf{R} - \{-5, \frac{3}{2}\}$

55

a) (0, – 8) e (4, 0) b) (0, 6) e (2, 0)
c) (0, – 12), (3, 0) e (–2, 0)
d) (0, – 4) e (8, 0) e) (0, 2)
f) (0, 6), (– 3/2, 0), (1, 0) e (2, 0)

56

a) – 4 b) 0 e 4 c) 3 d) – 1, 1 e 2

57

a)

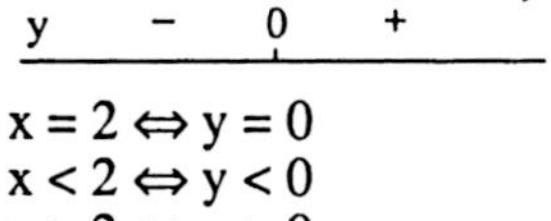

$x = 2 \Leftrightarrow y = 0$
$x < 2 \Leftrightarrow y < 0$
$x > 2 \Leftrightarrow y > 0$

b)

		3		x
y	+	0	−	

$y = 0 \Leftrightarrow x = 3$
$y > 0 \Leftrightarrow x < 3$
$y < 0 \Leftrightarrow x > 3$

c)

		1		5		x
y	+	0	−	0	+	

$x = 1 \vee x = 5 \Leftrightarrow y = 0$
$1 < x < 5 \Leftrightarrow y < 0$
$x < 1 \vee x > 5 \Leftrightarrow y > 0$

d)

		2		8		x
y	−	0	+	0	−	

$x = 2 \vee x = 8 \Leftrightarrow y = 0$
$2 < x < 8 \Leftrightarrow y > 0$
$x < 2 \vee x > 8 \Leftrightarrow y < 0$

e)

		5		x
y	+	0	+	

$x = 5 \Leftrightarrow y = 0$
$x \neq 5 \Leftrightarrow y > 0$
Obs: $\nexists x \mid f(x) < 0$

f)

		x
y	+	

$\forall x \in \mathbf{R} \Leftrightarrow y > 0$
Obs: $\nexists x \in \mathbf{R} \mid f(x) \leq 0$

g)

		6		x
y	−	0	−	

$x = 6 \Leftrightarrow y = 0$
$x \neq 6 \Leftrightarrow y < 0$

h)

		x
y	−	

$\forall x \in \mathbf{R} \Leftrightarrow y < 0$

i)

		−3		0		3		x
y=f(x)	+	0	−	0	+	0	−	

$x = -3 \vee x = 0 \vee x = 3 \Leftrightarrow y = 0$
$x < -3 \vee 0 < x < 3 \Leftrightarrow y > 0$
$-3 < x < 0 \vee x > 3 \Leftrightarrow y < 0$

j)

		−3		4		6		x
y	+	0	+	0	−	0	+	

$x = -3 \vee x = 4 \vee x = 6 \Leftrightarrow y = 0$
$x < -3 \vee -3 < x < 4 \vee x > 6 \Leftrightarrow y > 0$
$4 < x < 6 \Leftrightarrow y < 0$

k)

		−1		0		1		x
y	+	0	−	∄	−	0	+	

$x = -1 \vee x = 1 \Leftrightarrow y = 0$
$x < -1 \vee x > 1 \Leftrightarrow y > 0$
$-1 < x < 1 \wedge x \neq 0 \Leftrightarrow y < 0$

l)

		x
y	+	

$\forall x \in \mathbf{R} \Leftrightarrow y > 0$

m)

		−6		−2		4		10		x
y	−	0	+	0	+	0	−	0	+	

$x = -6 \vee x = -2 \vee x = 4 \vee x = 10 \Leftrightarrow y = 0$
$x < -6 \vee 4 < x < 10 \Leftrightarrow y < 0$
$-6 < x < -2 \vee -2 < x < 4 \vee x > 10 \Leftrightarrow y > 0$

58

a) $S = \{x \in \mathbf{R} \mid x \geq 2\}$
b) $S = \{x \in \mathbf{R} \mid x \leq 4\}$
c) $S = \{x \in \mathbf{R} \mid x \leq 1 \vee x \geq 6\}$
d) $S = \{x \in \mathbf{R} \mid -2 \leq x \leq 4\}$
e) $S = \mathbf{R}$
f) $S = \{2\}$
g) $S = \{x \in \mathbf{R} \mid -6 \leq x \leq 8 \vee x \geq 13\}$

59

a) $S = \{x \in \mathbf{R} \mid x < 2\}$
b) $S = \{x \in \mathbf{R} \mid x > 4\}$
c) $S = \{x \in \mathbf{R} \mid 1 < x < 6\}$
d) $S = \{x \in \mathbf{R} \mid x < -2 \vee x > 4\}$
e) $S = \varnothing$
f) $S = \{x \in \mathbf{R} \mid x \neq 2\}$
g) $S = \{x \in \mathbf{R} \mid x < -6 \vee 8 < x < 13\}$

60

a) função par b) função ímpar
c) função ímpar d) função ímpar
e) nem par nem ímpar
f) nem par nem ímpar
g) função ímpar
h) função par

61

a) crescente em $]-\infty, 1]$
constante em $[1, \infty[$

b) constante em $\mathbf{R}_-$
decrescente em $\mathbf{R}_+$

c) decrescente em $]-\infty, 3]$
crescente em $[3, \infty[$

d) decrescente em $]-\infty, -1]$ ou em $[1, \infty[$
crescente em $[-1, 1]$

62

a) $f(0) = 1$ b) $f(1) = 0$

c) $f(3) = 10$ d) $f(k) = 2k^2 - 3k + 1$

e) $f(-k) = 2k^2 + 3k + 1$

f) $f(k + 1) = 2k^2 + k$

g) $f(-x) = 2x^2 + 3x + 1$

h) $f(2x) = 8x^2 - 6x + 1$

i) $f(x + 1) = 2x^2 + x$

j) $f(x - 1) = 2x^2 - 7x + 6$

k) $f(x + k) = 2x^2 + (4k - 3)x + 2k^2 - 3k + 1$

63

a) $f(x) = 2x^4 - 3x^2 - 2$

b) $f(x) = 2x^2 + 3x - 4$

c) $f(x) = x^2 - 3x + 2$

d) $f(x) = 2x^2 - 4x - 7$

e) $f(x) = \frac{3}{4}x^2 - \frac{1}{2}x - 1$

f) $f(x) = 3x^2 - 2x - 3$

g) $f(x) = 2x^3 - 3x^2 + 2x - 7$

64

a)

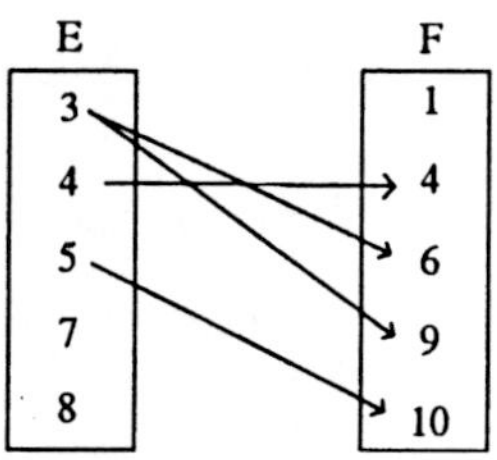

b)

E\F	1	4	6	9	10
3			R	R	
4		R			
5					R
7					
8					

c) $R = \{(3, 6), (3, 9), (4, 4), (5, 10)\}$

d)

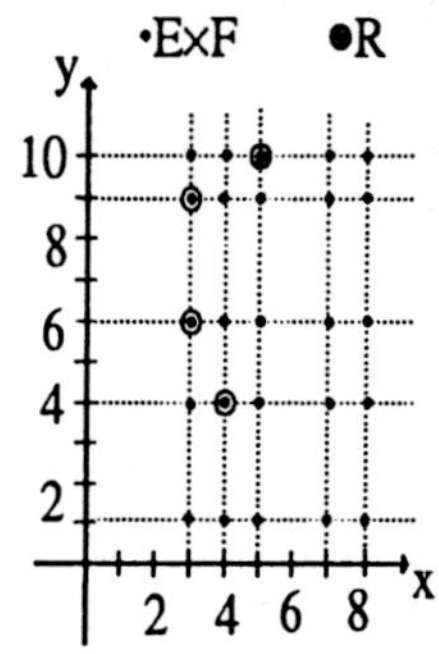

e) $E = \{3, 4, 5, 7, 8\}$; $CD_{(R)} = \{1, 4, 6, 9, 10\}$; $D_{(R)} = \{3, 4, 5\}$; $Im_{(R)} = \{4, 6, 9, 10\}$

65

a)

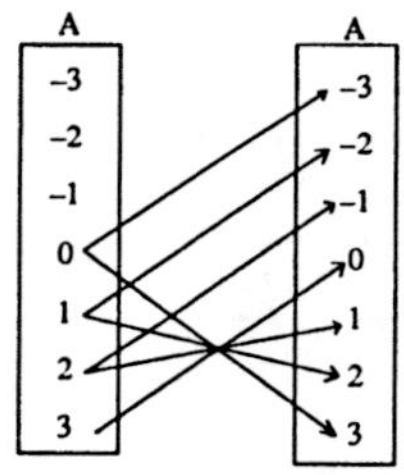

b)

A\A	-3	-2	-1	0	1	2	3
-3							
-2							
-1							
0	R						R
1		R				R	
2			R		R		
3				R			

c) $R = \{(0, -3), (0, 3), (1, -2), (1, 2), (2, -1), (2, 1), (3, 0)\}$

d)

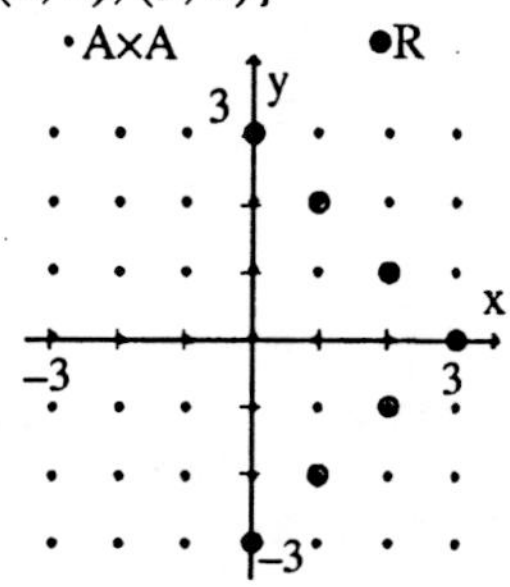

e) $A = \{-3, -2, -1, 0, 1, 2, 3\}$; $CD = \{-3, -2, -1, 0, 1, 2, 3\}$; $D_{(R)} = \{0, 1, 2, 3\}$; $Im_{(R)} = \{-3, -2, -1, 0, 1, 2, 3\}$

66

a)

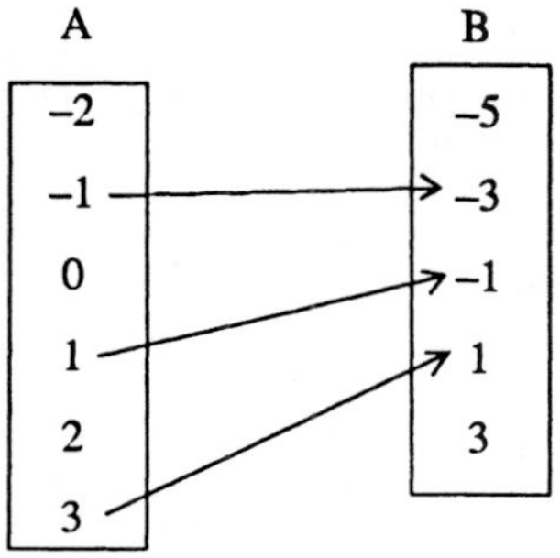

$D_{(R1)} = \{-1, 1, 3\}$; $Im_{(R1)} = \{-3, -1, 1\}$

b)

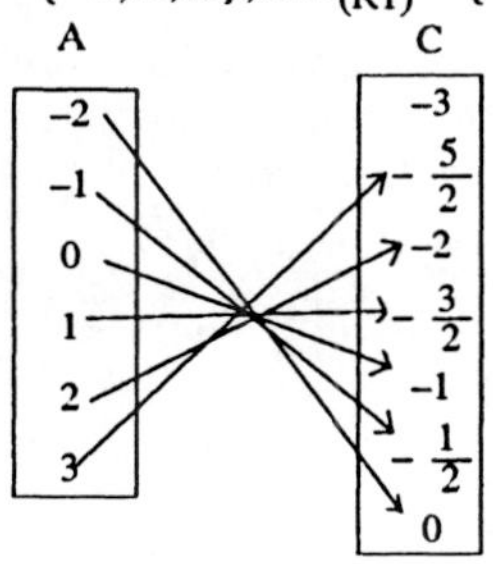

$D_{(R2)} = \{-2, -1, 0, 1, 2, 3\}$;

$Im_{(R2)} = \{-\frac{5}{2}, -2, -\frac{3}{2}, -1, -\frac{1}{2}, 0\}$

c)

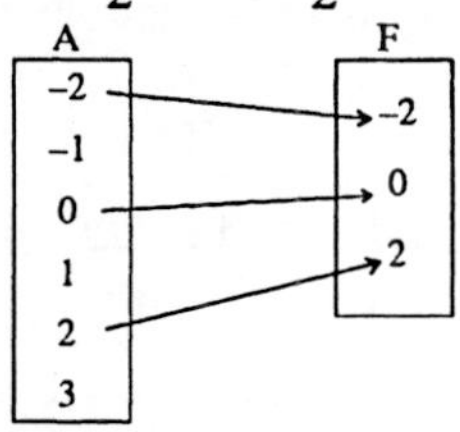

$D_{(R3)} = \{-2, 0, 2\}$; $Im_{(R3)} = \{-2, 0, 2\}$

d)

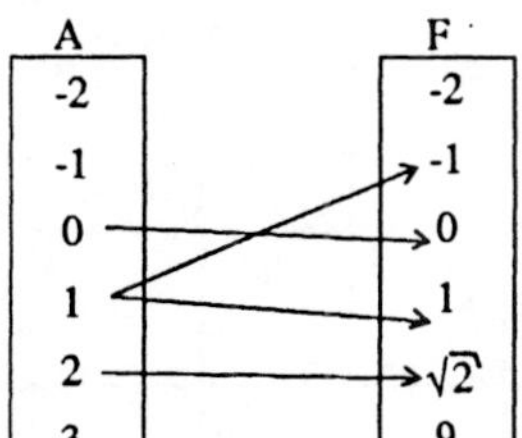

$D_{(R4)} = \{0, 1, 2\}$; $Im_{(R4)} = \{-1, 0, 1, \sqrt{2}\}$

e)

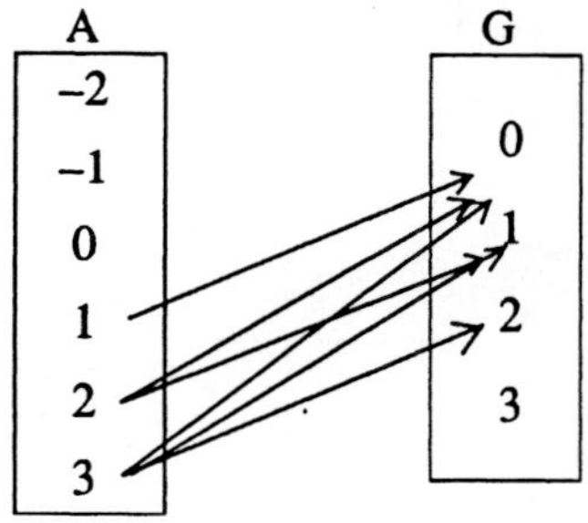

$D_{(R5)} = \{1, 2, 3\}$; $Im_{(R5)} = \{0, 1, 2\}$

f)

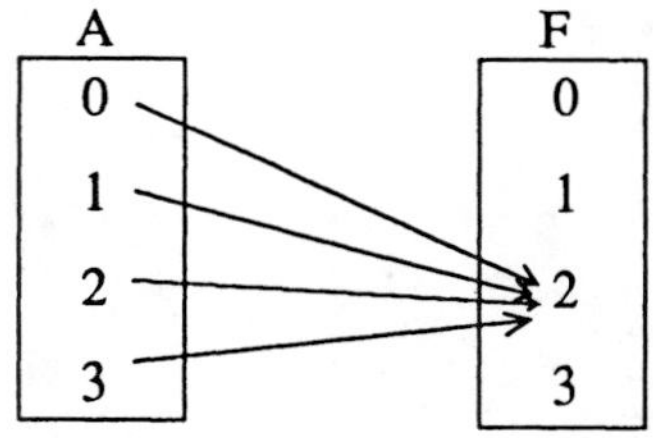

$D_{(R6)} = \{0, 1, 2, 3\}$; $Im_{(R6)} = \{2\}$

67

a)

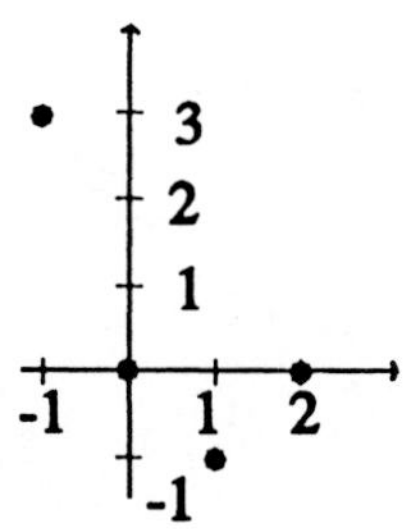

$D_{(R)} = \{-1, 0, 1, 2\}$; $Im_{(R)} = \{-1, 0, 3\}$

b)

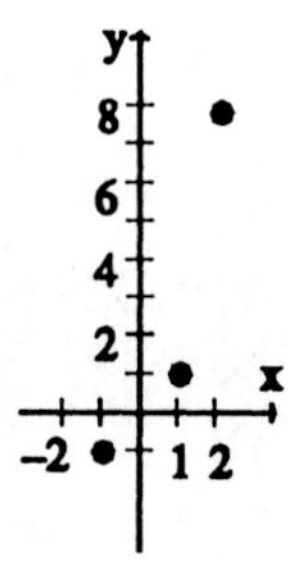

$D_{(R)} = \{-1, 1, 2\}$; $Im_{(R)} = \{-1, 1, 8\}$

c)

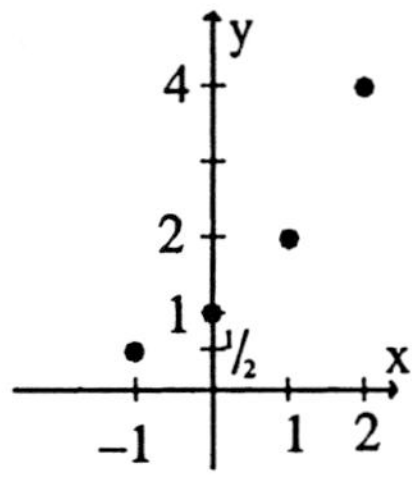

$D_{(R)} = \{-1, 0, 1, 2\}$; $Im_{(R)} = \{\frac{1}{2}, 1, 2, 4\}$

d)

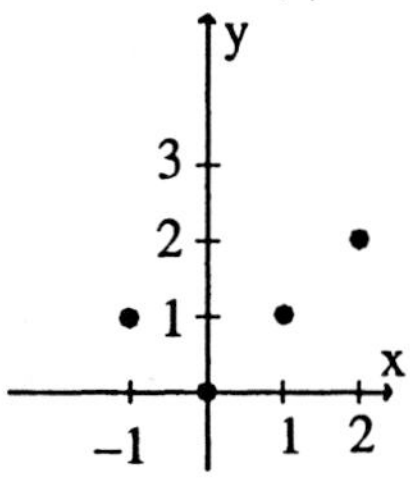

$D_{(R)} = \{-1, 0, 1, 2\}$; $Im_{(R)} = \{0, 1, 2\}$

68

a)

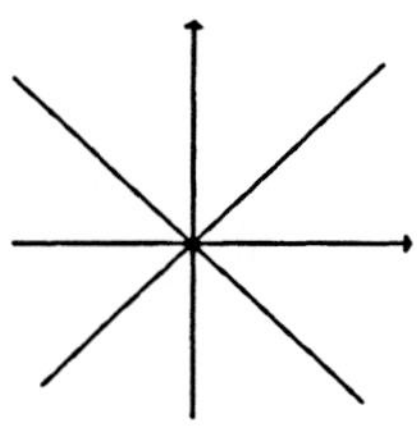

b)

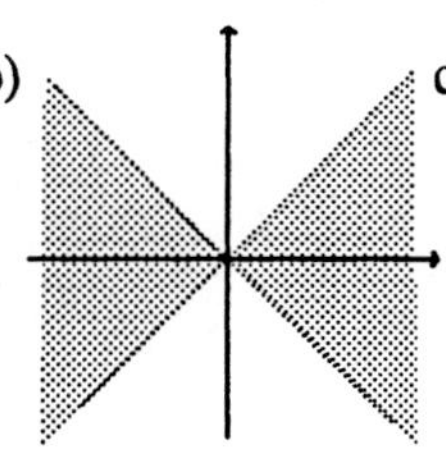

c)

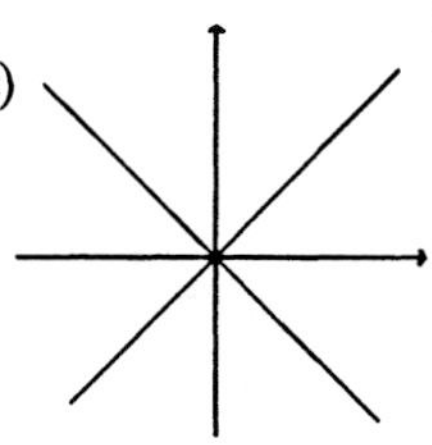

69

a) $R^{-1} = \{(0,0), (1,1), (4,2), (9,3), (16,4)\}$
$D_{(R-1)} = Im_{(R)} = \{0, 1, 4, 9, 16\}$
$Im_{(R-1)} = D_{(R)} = \{0, 1, 2, 3, 4\}$

b) $R^{-1} = \{(3,2), (2,3), (1,4), (0,5), (-1,6)\}$
$D_{(R-1)} = Im_{(R)} = \{-1, 0, 1, 2, 3\}$
$Im_{(R-1)} = D_{(R)} = \{2, 3, 4, 5, 6\}$

c) $R^{-1} = \{(1,-1), (2,-1), (3,-1), (4,-1)\}$
$D_{(R-1)} = Im_{(R)} = \{1, 2, 3, 4\}$
$Im_{(R-1)} = D_{(R)} = \{-1\}$

70

a) $R = \{(-1, 1), (0, 0), (1, 1), (2, 4)\}$
$R^{-1} = \{(1, -1), (0, 0), (1, 1), (4, 2)\}$

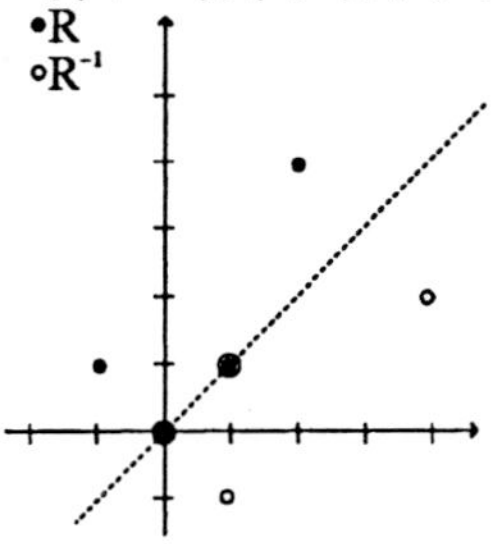

Note que os pontos de R^{-1} são simétricos dos pontos de R em relação às bissetrizes dos quadrantes ímpares.

b) $R = \{(1, 2), (2, 4), (3, 6)\}$
$R^{-1} = \{(2, 1), (4, 2), (6, 3)\}$

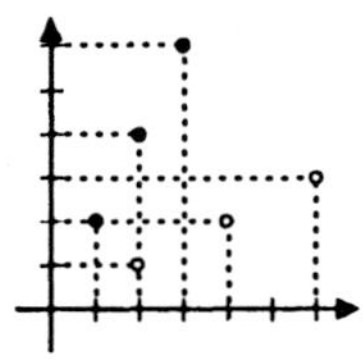

c) Não é possível enumerar todos os pares (há infinitos)

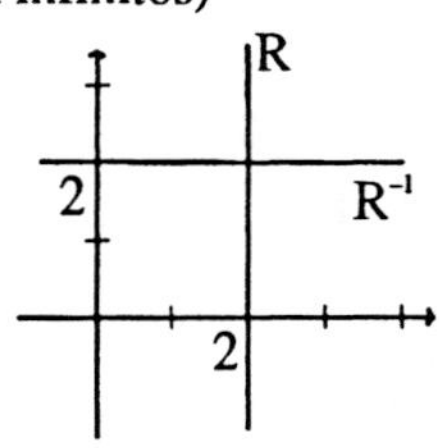

d) Idem ao item c

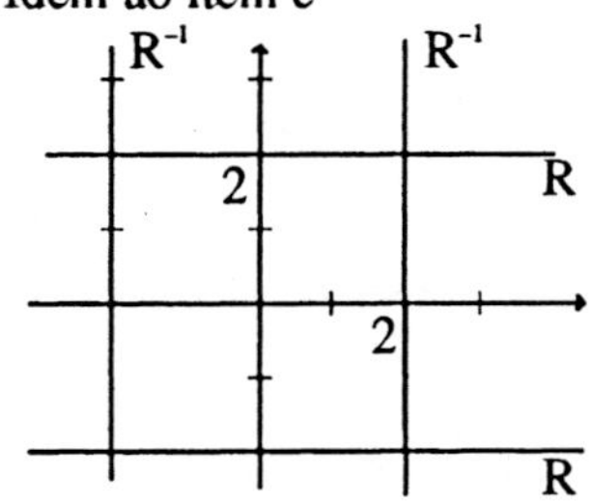

71

a) reflexiva, simétrica e transitiva.
b) transitiva.
c) reflexiva e transitiva
d) reflexiva, simétrica e transitiva

72

a)

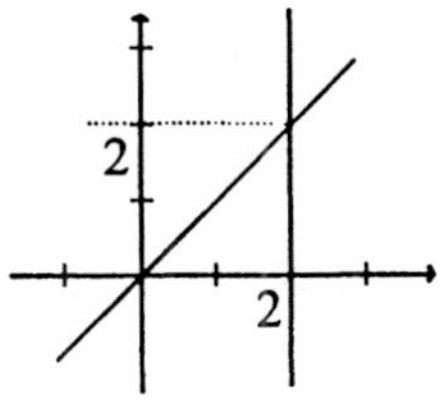

b)

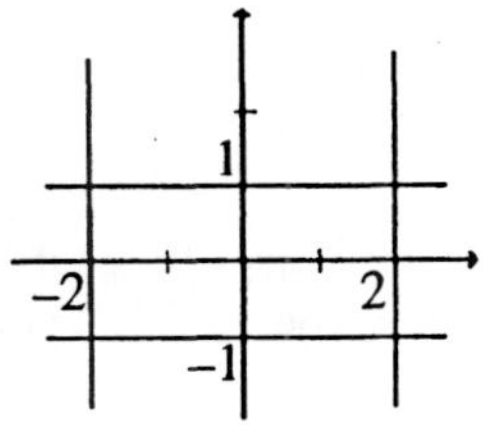

c)

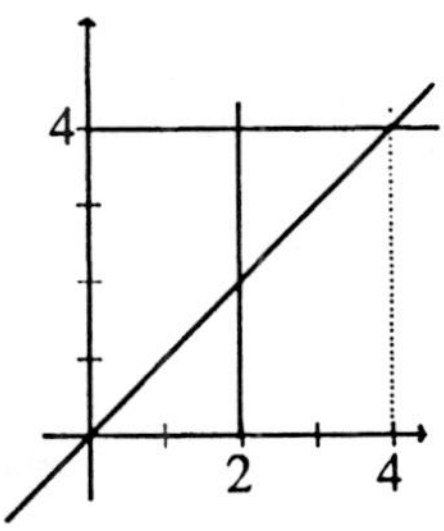

73

a)

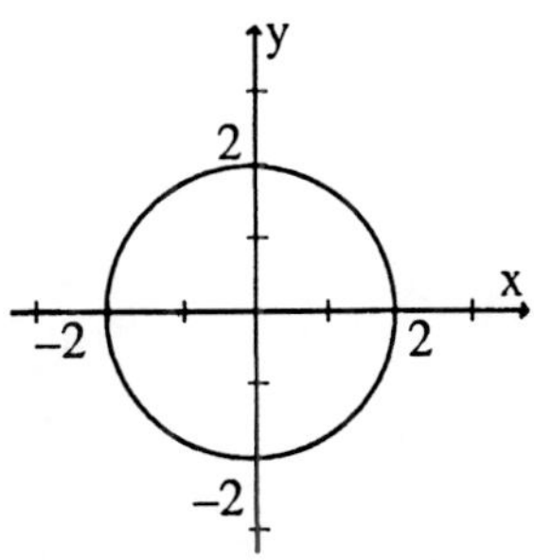

b)

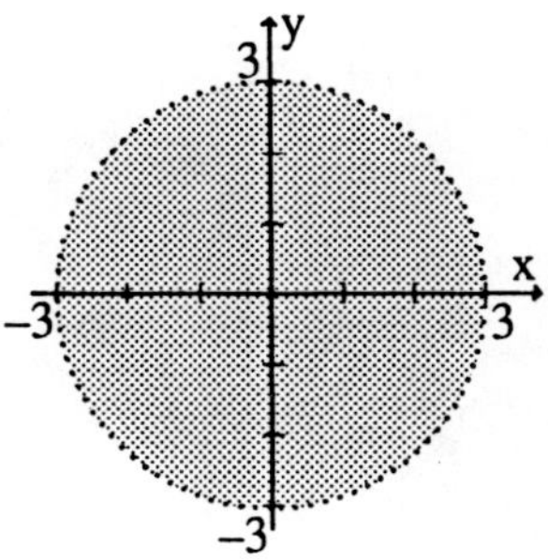

c)

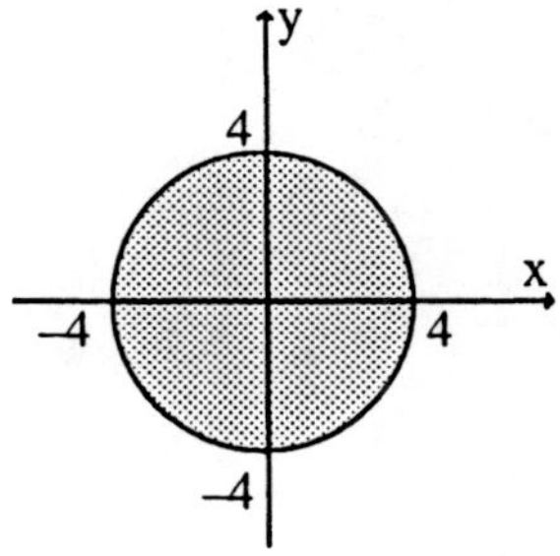

d)

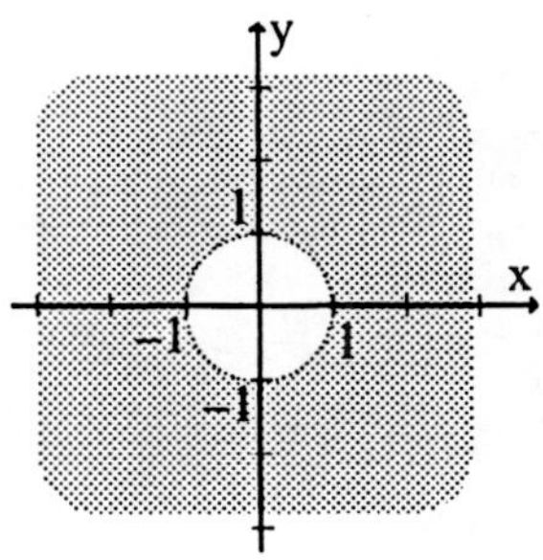

e)

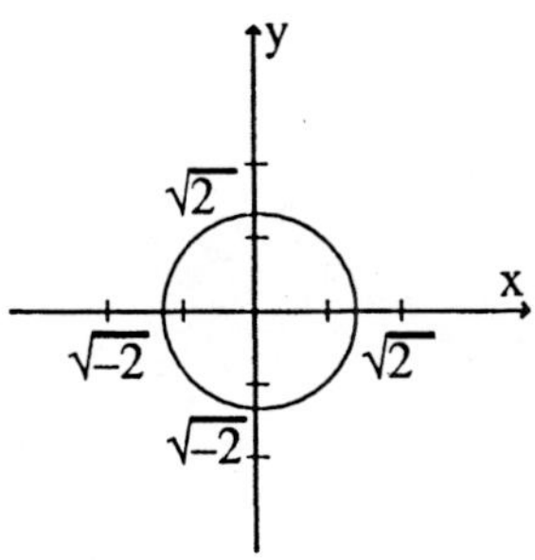

f)

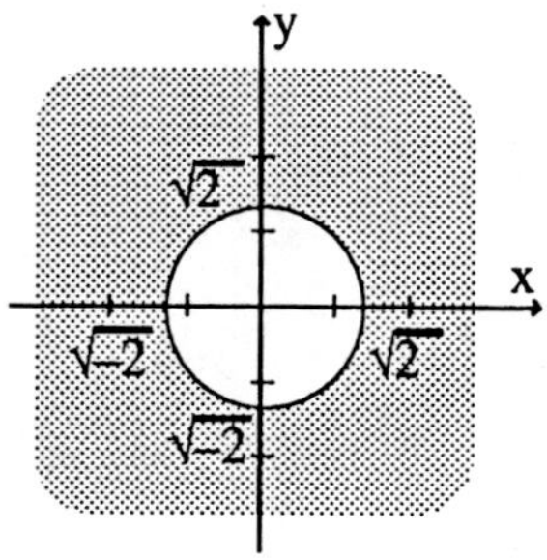

74

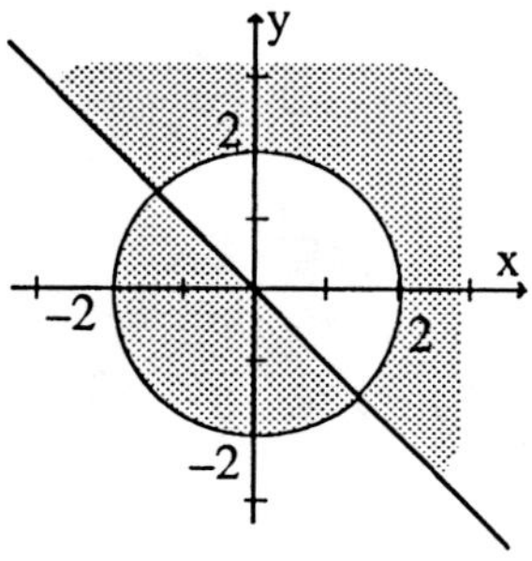

75

a) $f(x) = 2x^3 + x^2 - 3x - 8$
b) $f(x - 1) = 2x^3 - 5x^2 + x - 6$

76

a) 1 b) a c) $2x + 2k - 3$
d) $ax + ak + b$

77

a) f é função par
b) f é função ímpar
c) f é função par
d) f é função ímpar
e) f é função par
f) f é função ímpar
g) f é função par
h) f é função par
i) f é função ímpar
j) f é função ímpar

78

a) f é função par
b) f é função ímpar

79

Para mostrarmos que $f(x) = h(x) + l(x)$ onde $h(x)$ é função par e $l(x)$ é função ímpar, basta fazermos $h(x) = \frac{1}{2}[f(x) + f(-x)]$ e $l(x) = \frac{1}{2}[f(x) - f(-x)]$.
Note que $h(x)$ é função par, $l(x)$ é função ímpar e que $h(x) + l(x) = f(x)$.

Capítulo 2

80

a)

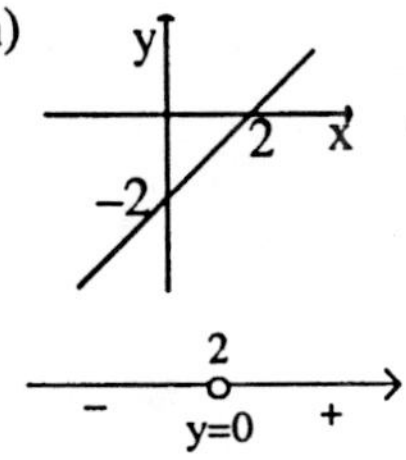

b)

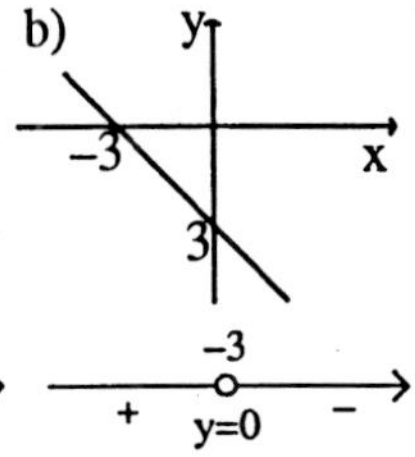

c)

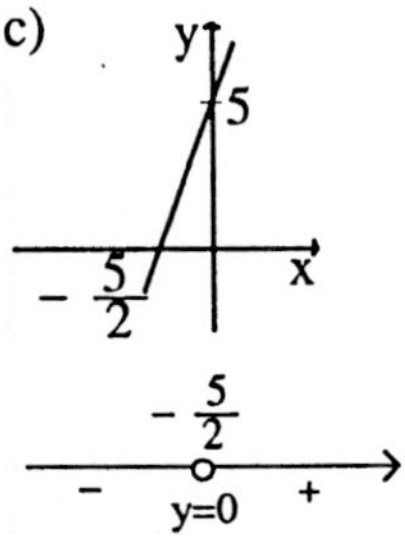

d)

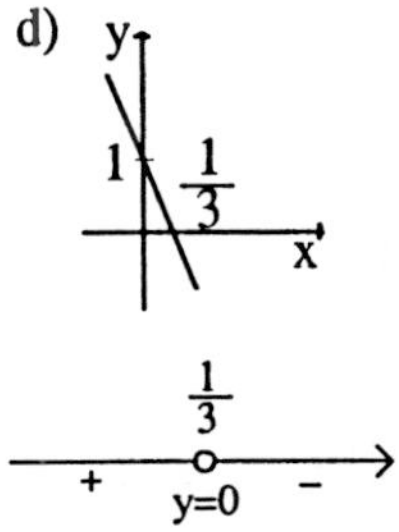

e)

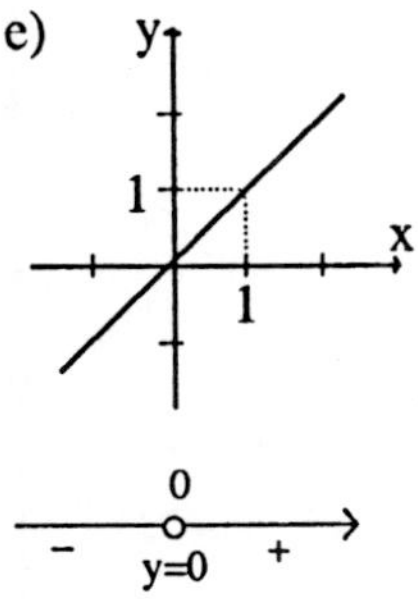

f)

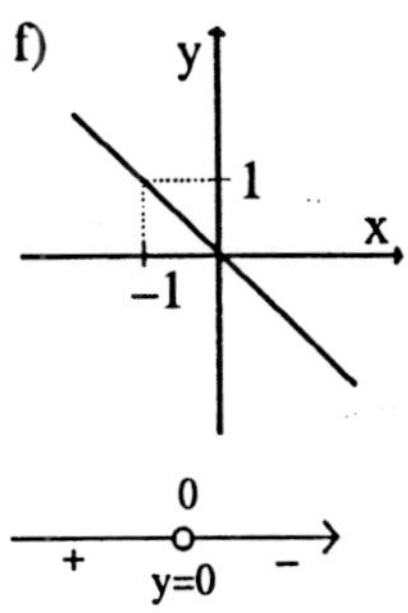

g)

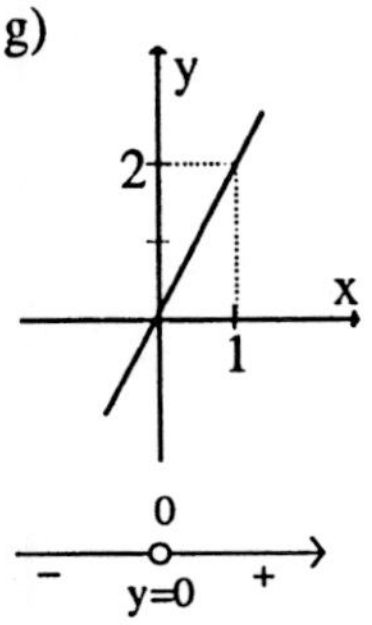

h)

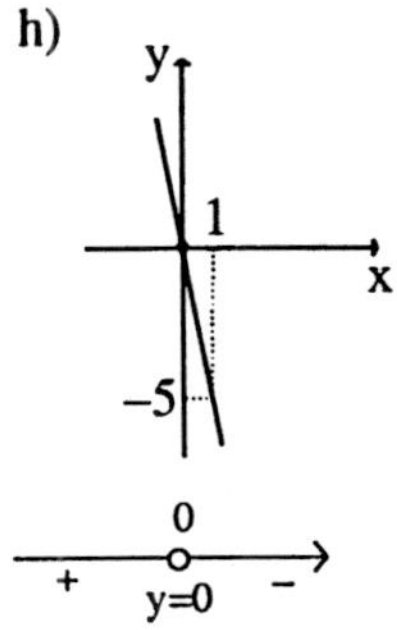

i)

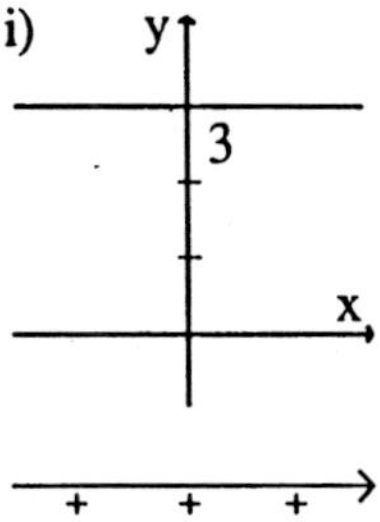

esta função nunca se anula e nunca é negativa

j)

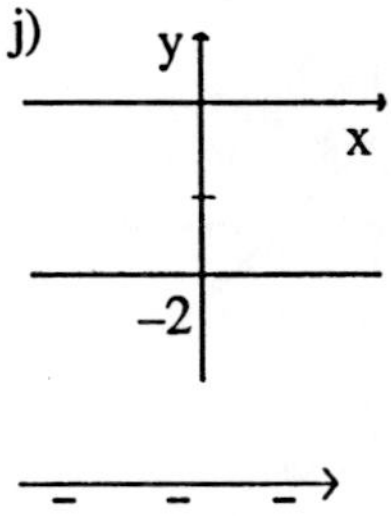

esta função nunca se anula e nunca é positiva

k)

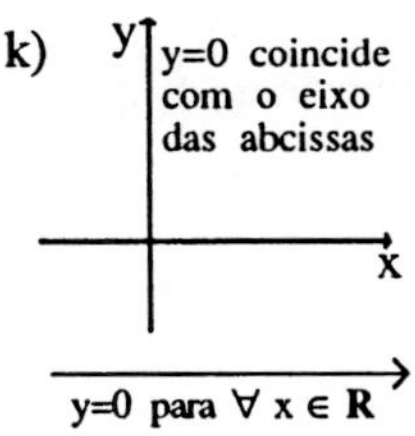

81

a) Para $a > 0$

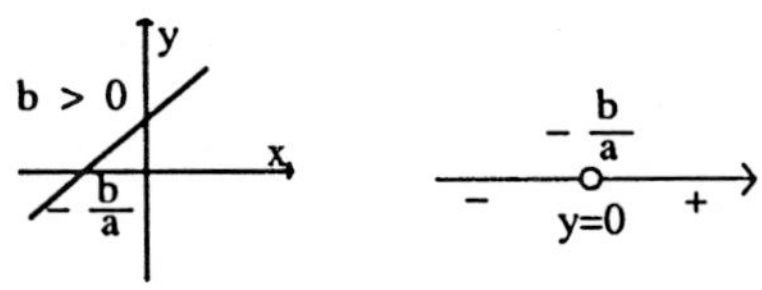

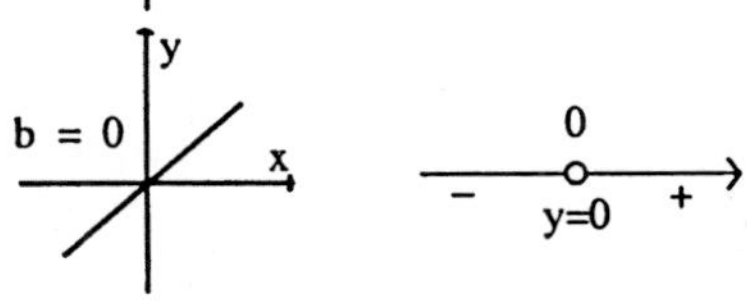

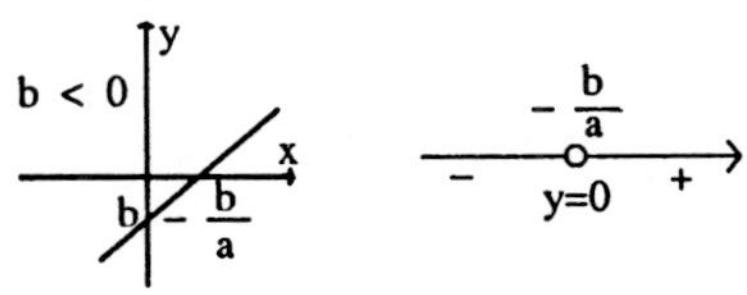

b) Para $a < 0$

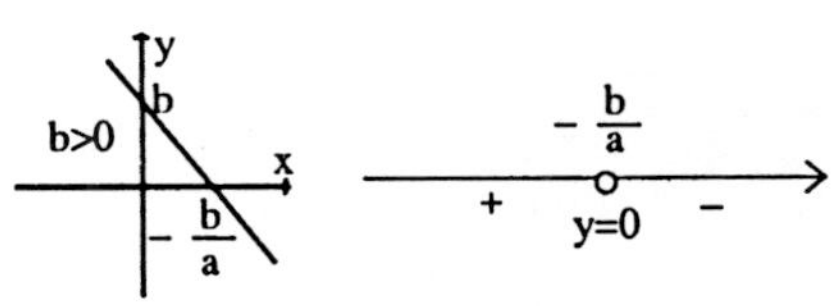

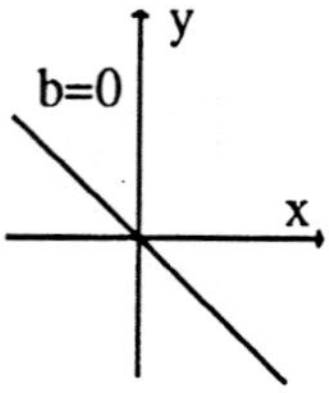

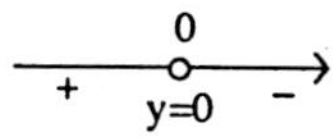

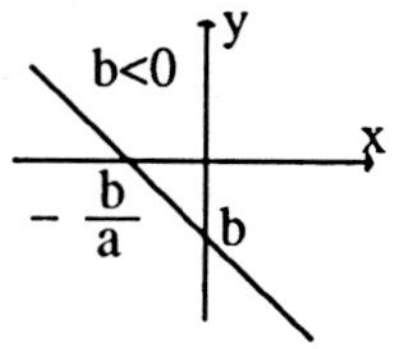

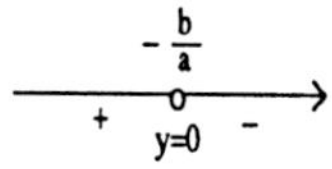

82

variação de sinal da função do 1º grau

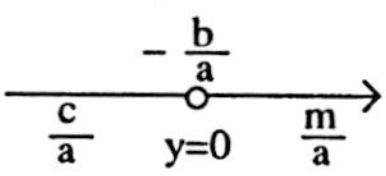

c/a = y tem sinal contrário ao de a
m/a = y tem mesmo sinal que a

83

$y = 3x - 1$

84

$y = 4/3\ x + 5/3$

85

a) 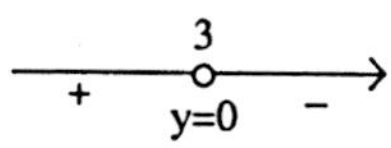

b) 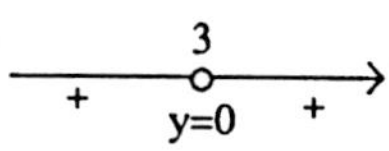

c) 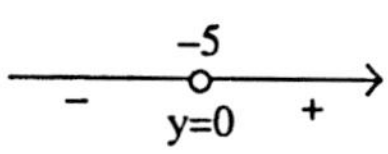

d) 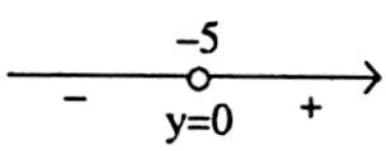

e) 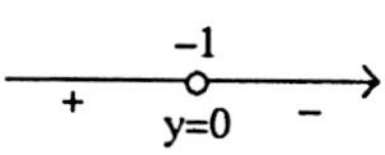

f) 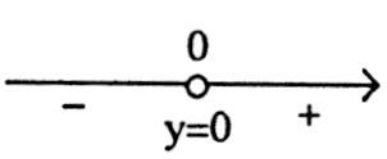

g) 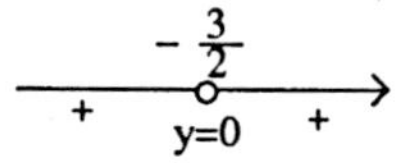

h) 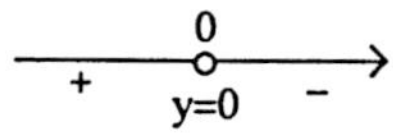

i) 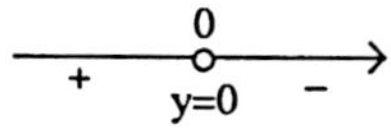

86

a) $x > -2$ b) $x < 4$ c) $x > 0$
d) $\forall x \in \mathbf{R}$ e) $\nexists x \in \mathbf{R} \mid y > 0$
f) $\forall x \in \mathbf{R} \mid x \neq 6$

87

a) $x \geq 1$ b) $x \leq -\frac{5}{2}$

c) $x = -\frac{5}{2}$ d) $x \geq 0$

e) $\nexists\ x \in \mathbf{R} \mid f(x) \leq 0$
f) $\forall x \in \mathbf{R}$

88

a) 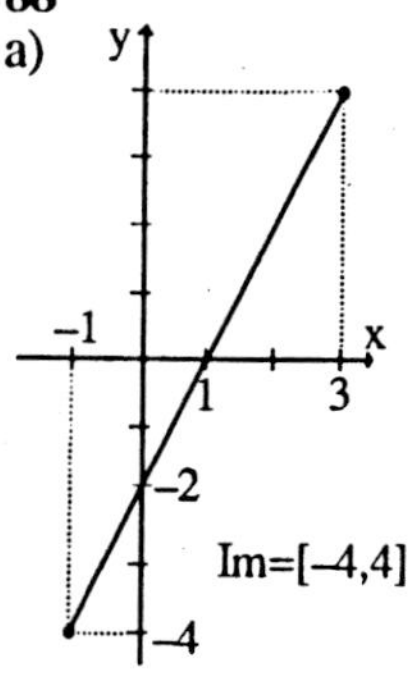

b) 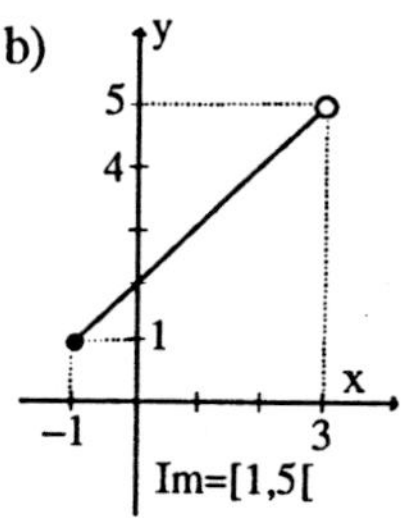

c) 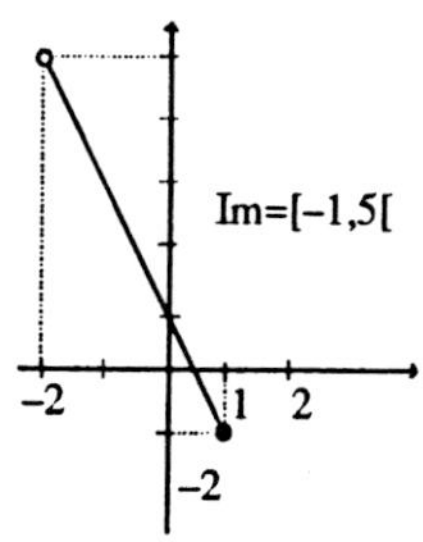

89

a)

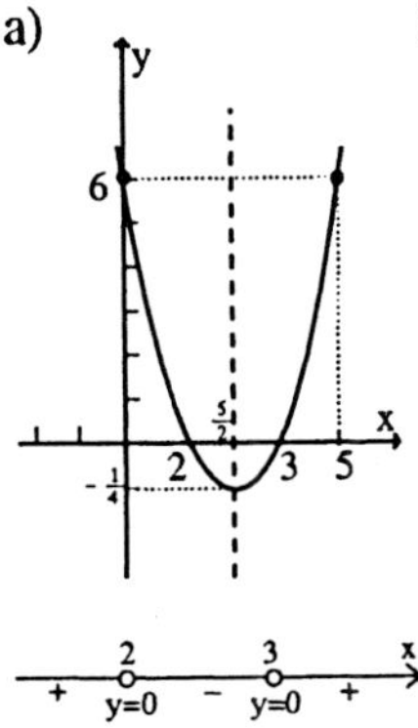

b)

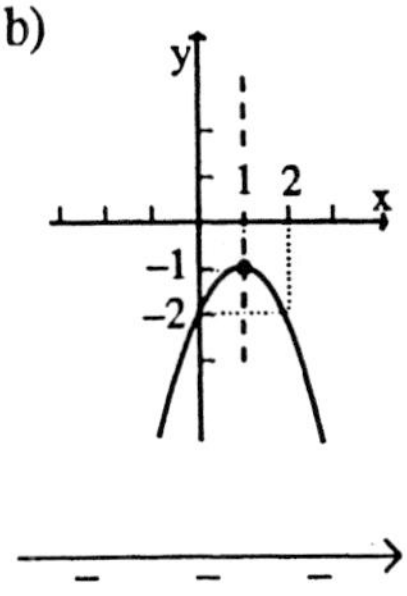

$y < 0$ para $\forall\ x \in \mathbf{R}$

c)

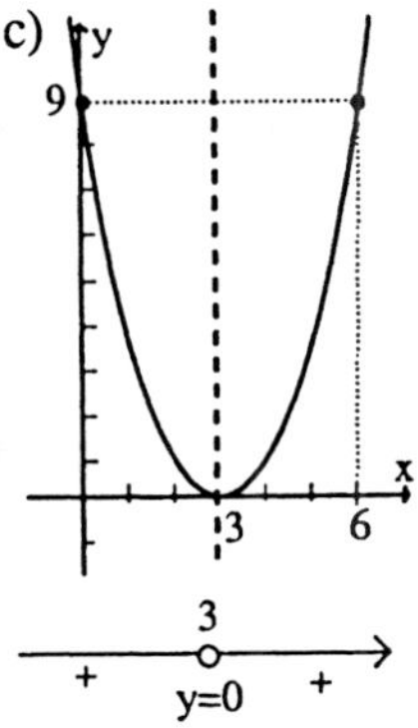

d)

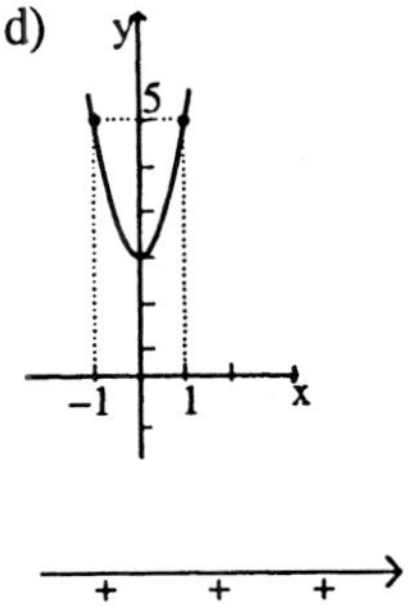

$y > 0$ para $\forall\ x \in \mathbf{R}$

e)

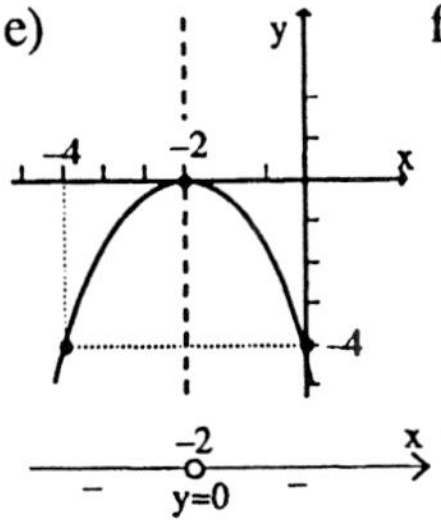

f)

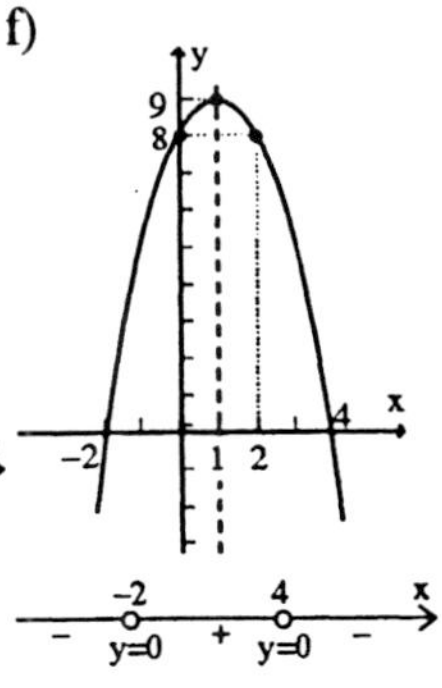

90

1º $\Delta > 0$ 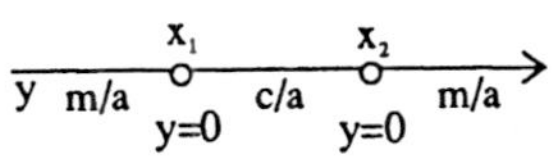

2º $\Delta = 0$ 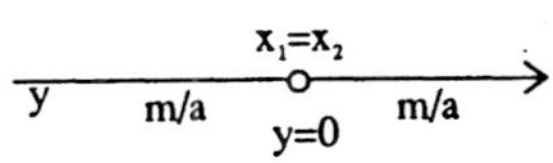

3º $\Delta < 0$ 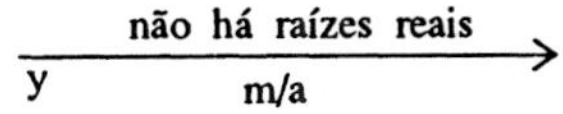

m/a = y tem mesmo sinal que a

c/a = y tem sinal contrário ao de a

91

a) 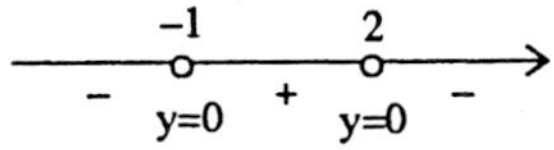

b) 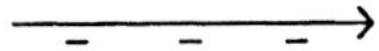

função sempre negativa

c) 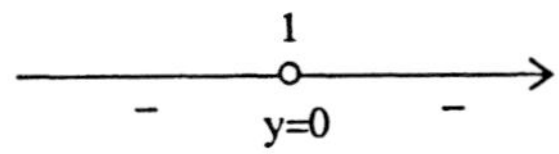

d) 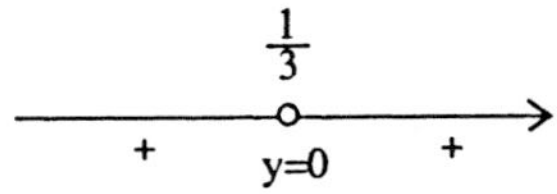

e) 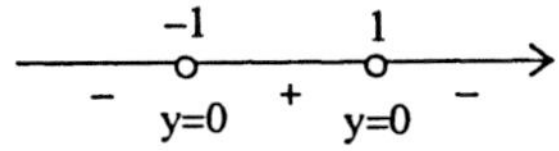

f) 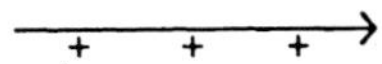

função sempre positiva

g) 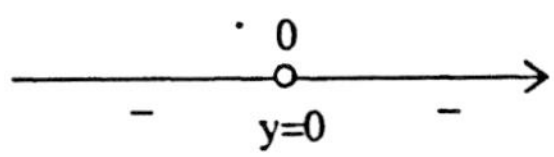

h) 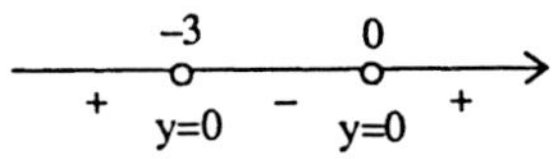

92

a) $Im = \{y \in \mathbf{R} \mid y \geq -1/4\}$

b) $Im = \{y \in \mathbf{R} \mid y \leq -1\}$

c) $Im = \{y \in \mathbf{R} \mid y \geq 0\}$

d) $Im = \{y \in \mathbf{R} \mid y \geq 3\}$

e) $Im = \{y \in \mathbf{R} \mid y \leq 0\}$

f) $Im = \{y \in \mathbf{R} \mid y \leq 9\}$

93

a) 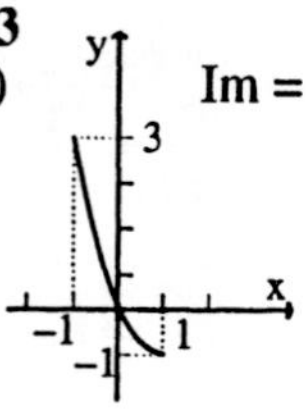 $Im = \{y \in \mathbf{R} \mid -1 \le y \le 3\}$

b) 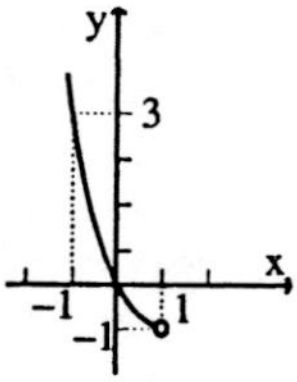 $Im = \{y \in \mathbf{R} \mid y > -1\}$

c) 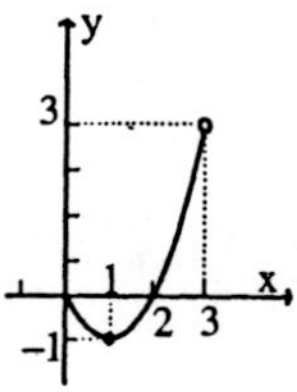 $Im = [-1, 3[$

d) 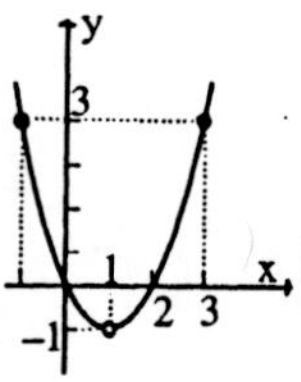 $Im = \{y \in \mathbf{R} \mid y > -1\}$

e) 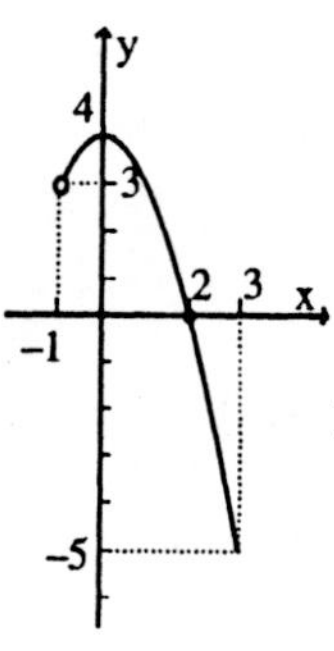 $Im = [-5, 4]$

f) 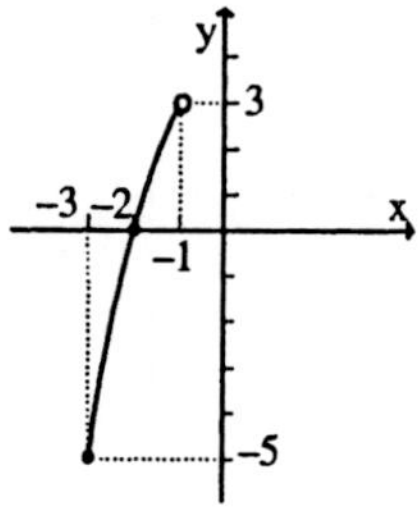 $Im = [-5, 3[$

g) 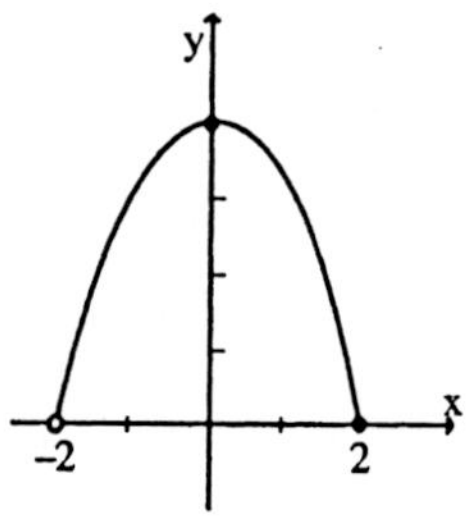 $Im = [0, 4]$

h) 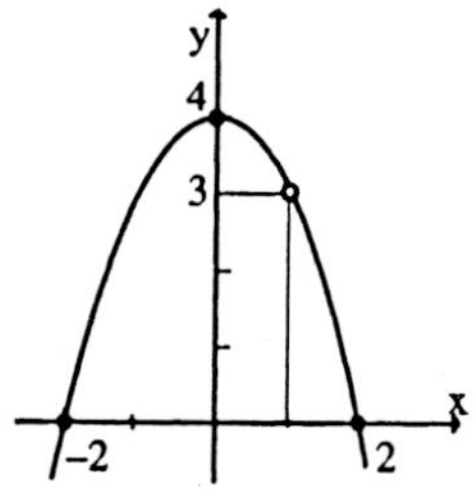

$Im = \{y \in \mathbf{R} \mid y \le 4\}$

94

a) $x \in \mathbf{R} \mid x < 1 \vee x > 4$
b) $x \in \mathbf{R} \mid x \ne -2$
c) $\nexists x \in \mathbf{R} \mid y > 0$
d) $\forall x \in \mathbf{R}$
e) $x \in \mathbf{R} \mid -2 < x < 3$
f) $\nexists x \in \mathbf{R} \mid y > 0$

95

a) $x \in \mathbf{R} \mid 1 \le x \le 4$
b) $x = -2$
c) $\forall x \in \mathbf{R}$

d) $\nexists\ x \in \mathbf{R} \mid y \leq 0$
e) $x \in \mathbf{R} \mid x \leq -2 \vee x \geq 3$
f) $\forall\ x \in \mathbf{R}$

96

a) 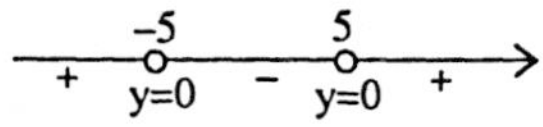

b) 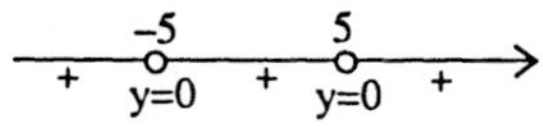

c) 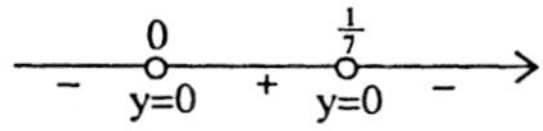

d) 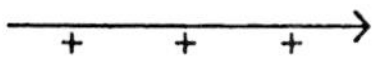

função sempre positiva

97

b) 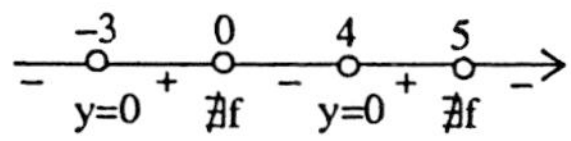

c) 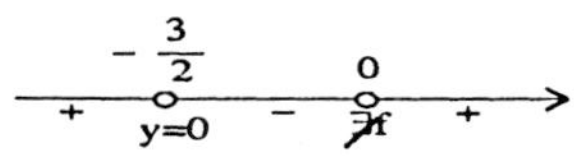

d) 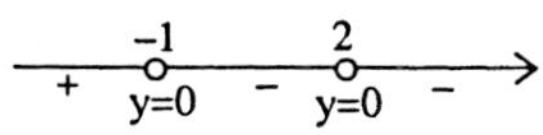

e) 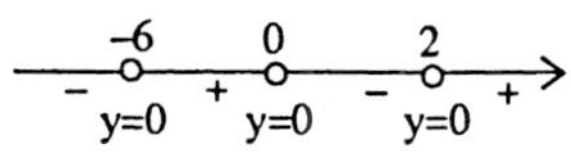

f) 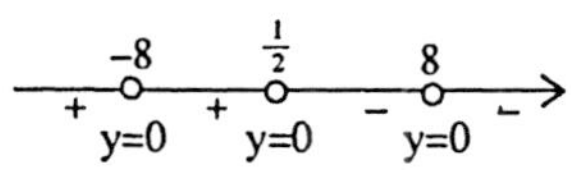

98

a) $a = 2, b = 3$ b) $a = -3, b = 4$
c) $a = \frac{1}{2}, b = -1$ d) $a = 7, b = 0$
e) $a = -4, b = 0$
f) $a = \frac{2}{3}, b = -\frac{5}{3}$

99

a) $(1, -1)$ b) $(-2, -7)$
c) $(\frac{1}{2}, -2)$ d) $(\frac{3}{2}, 0)$
e) $(5, 7)$ f) $(\frac{5}{2}, 2)$
g) $(0, -3)$ h) $(2, 1)$

100

a) $(2, 0)$ e $(0, -4)$
b) $(\frac{2}{3}, 0)$ e $(0, -2)$
c) $(-\frac{5}{7}, 0)$ e $(0, 5)$

101

a) 3 b) –2 c) –4

102

a) 13 b) 4
c) –4

103

a) $y = 3x - 1$ b) $f(x) = -2x + 7$

104

a) $y = 2x$ b) $f(x) = -x$
c) $f(x) = \frac{2}{3}x$

105

a) $a = -3$ e $b = 4$

106

a) $a = 1, b = -2$
b) $a = -\sqrt{3}, b = 3$
c) $a = \sqrt{3}, b = -4$
d) $a = \frac{\sqrt{3}}{3}, b = -1$
e) $a = \frac{-\sqrt{3}}{3}, b = 1$
f) $a = -1, b = 4$

107

a) $a > 0, b < 0$ b) $a > 0, b > 0$
c) $a > 0, b = 0$ d) $a < 0, b > 0$
e) $a < 0, b = 0$ f) $a < 0, b < 0$

108

a) $y = x - 3$ b) $y = -\sqrt{3}\,x + 5$

c) $y = \sqrt{\dfrac{3}{3}}\;x$

d) $y = -\sqrt{\dfrac{2}{3}}\;x + 4$

e) $y = -x + 14$

109

a)

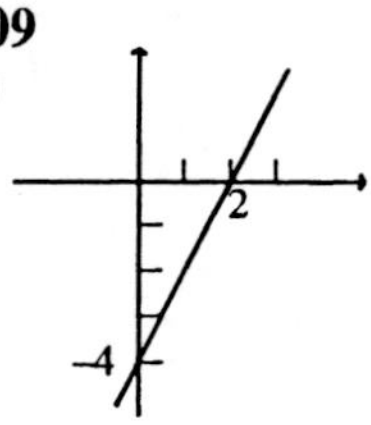

$x = 2 \Leftrightarrow y = 0$
$x < 2 \Leftrightarrow y < 0$
$x > 2 \Leftrightarrow y > 0$

b)

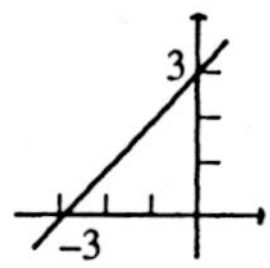

$x = -3 \Leftrightarrow y = 0$
$x < -3 \Leftrightarrow y < 0$
$x > -3 \Leftrightarrow y > 0$

c)

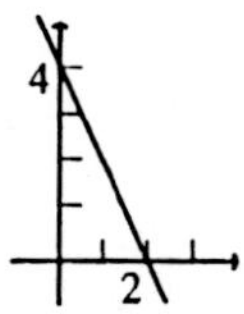

$x = 2 \Leftrightarrow y = 0$
$x < 2 \Leftrightarrow y < 0$
$x > 2 \Leftrightarrow y > 0$

d)

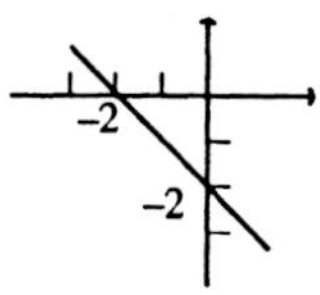

$x = -2 \Leftrightarrow y = 0$
$x < -2 \Leftrightarrow y > 0$
$x > -2 \Leftrightarrow y < 0$

e)

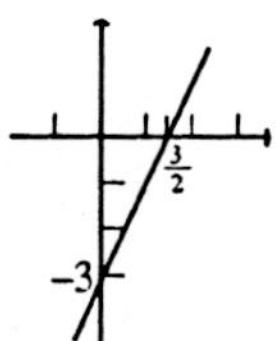

$x = \dfrac{3}{2} \Leftrightarrow y = 0$

$x < \dfrac{3}{2} \Leftrightarrow y < 0$

$x > \dfrac{3}{2} \Leftrightarrow y > 0$

f)

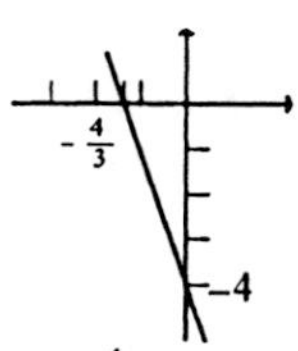

$x = -\dfrac{4}{3} \Leftrightarrow y = 0$

$x < -\dfrac{4}{3} \Leftrightarrow y > 0$

$x > -\dfrac{4}{3} \Leftrightarrow y < 0$

110

a)

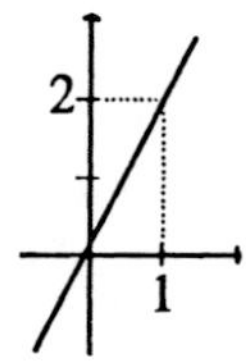

$x = 0 \Leftrightarrow y = 0$
$x < 0 \Leftrightarrow y < 0$
$x > 0 \Leftrightarrow y > 0$

b)

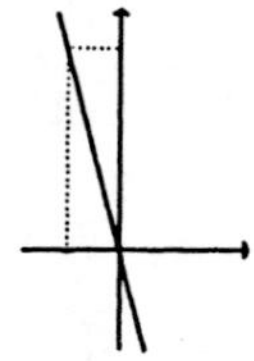

$x = 0 \Leftrightarrow y = 0$
$x < 0 \Leftrightarrow y > 0$
$x > 0 \Leftrightarrow y < 0$

c)

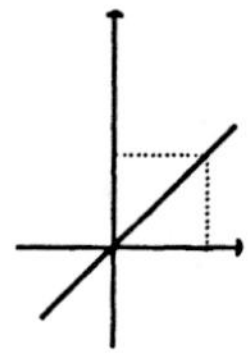

sinal igual do item a

d)

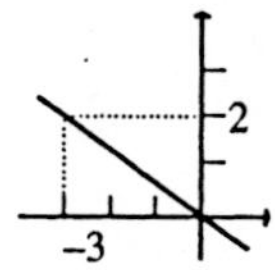

sinal igual do item b

111

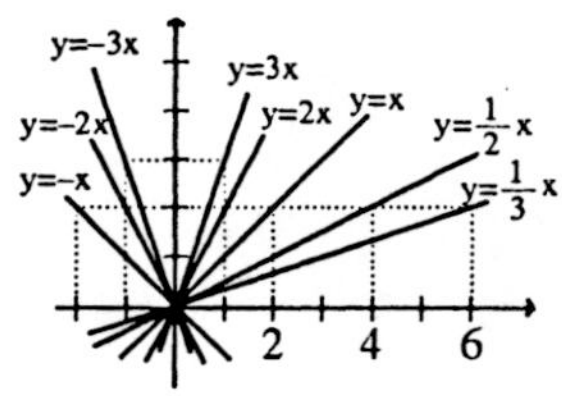

112

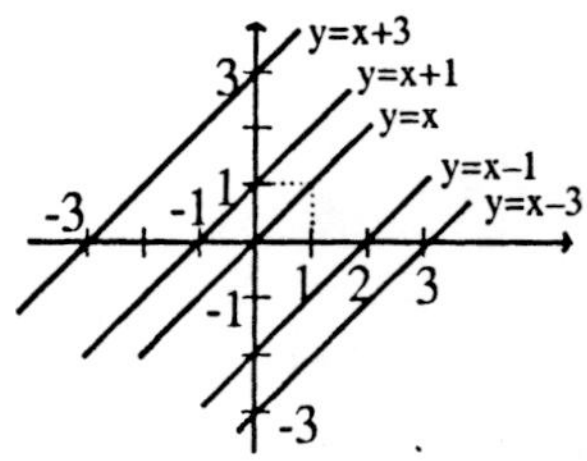

113

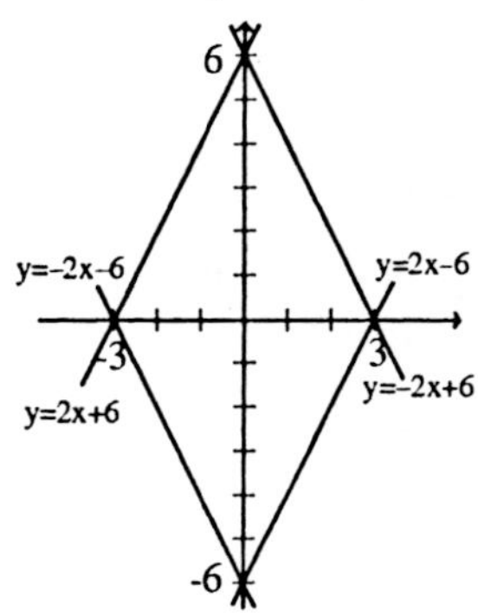

114

a) 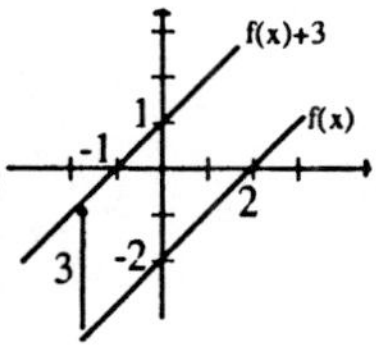

b) 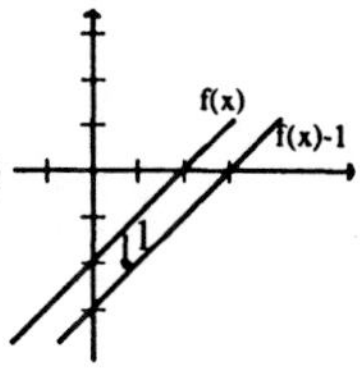

c) 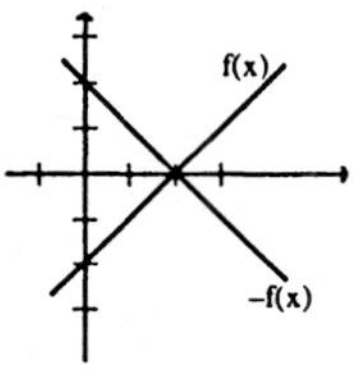

d) 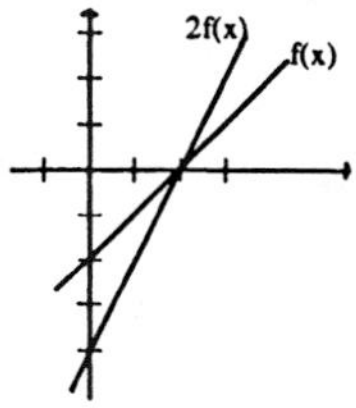

e) 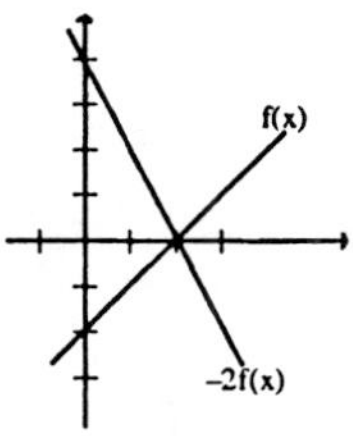

f) 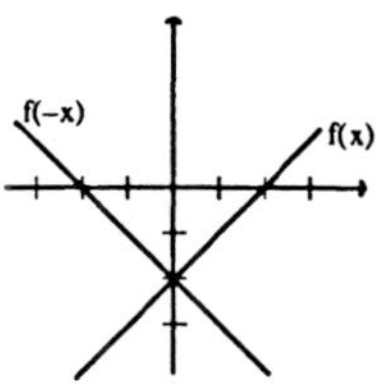

g) 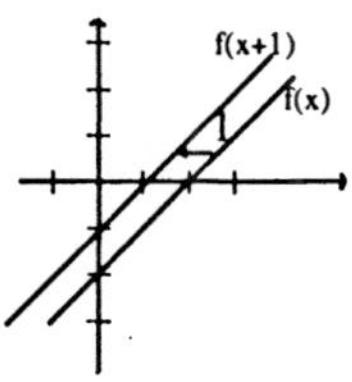

h) 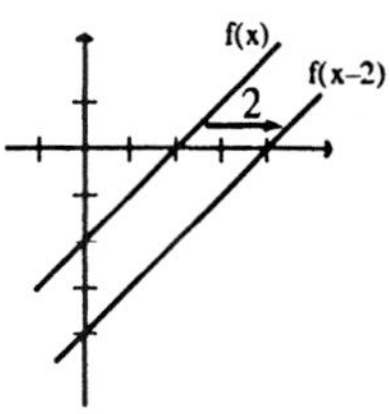

115

a) $f(x)$: $-$ ○ $+$ (zero at 3)

b) y: $+$ ○ $-$ (zero at 2)

c) y: $-$ ○ $+$ (zero at 5)

d) $f(x)$: $-$ ○ $+$ (zero at -3)

e) y: $+$ ○ $-$ (zero at $\frac{1}{4}$)

f) y: $+$ ○ $-$ (zero at 0)

g) y: $-$ ○ $+$ (zero at 0)

h) y: $-$

i) $f(x)$: $+$

116

a) $\begin{cases} x = 2 \Leftrightarrow y = 0 \\ x < 2 \Leftrightarrow y < 0 \\ x > 2 \Leftrightarrow y > 0 \end{cases}$

b) $\begin{cases} x = 3 \Leftrightarrow y = 0 \\ x < 3 \Leftrightarrow y > 0 \\ x > 3 \Leftrightarrow y < 0 \end{cases}$

c) $\begin{cases} x = 5 \Leftrightarrow y = 0 \\ x < 5 \Leftrightarrow y < 0 \\ x > 4 \Leftrightarrow y < 0 \end{cases}$

d) $\begin{cases} x = -\dfrac{7}{2} \Leftrightarrow y = 0 \\ x \neq -\dfrac{7}{2} \Leftrightarrow y > 0 \end{cases}$

e) $\begin{cases} x = 4 \Leftrightarrow y = 0 \\ x < 4 \Leftrightarrow y > 0 \\ x > 4 \Leftrightarrow y < 0 \end{cases}$

f) $\begin{cases} x = 2 \Leftrightarrow y = 0 \\ x \neq 2 \Leftrightarrow y < 0 \end{cases}$

117

a) $S = \{x \in \mathbf{R} \mid x \geq 2\}$
b) $S = \{x \in \mathbf{R} \mid x \leq -4\}$
c) $S = \{x \in \mathbf{R} \mid x \geq -5\}$
d) $S = \{x \in \mathbf{R} \mid x \leq 3\}$
e) $S = \mathbf{R}_-$ f) $S = \mathbf{R}_+$

118

a) $S = \{x \in \mathbf{R} \mid x < 3/2\}$
b) $S = \{x \in \mathbf{R} \mid x > 5/2\}$
c) $S = \varnothing$
d) $S = \{x \in \mathbf{R} \mid x < 3\}$
e) $S = \mathbf{R} - \{6\}$
f) $S = \{x \in \mathbf{R} \mid x < 7\}$

119

a) 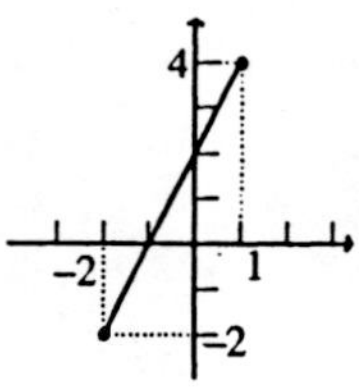

Im $= [-2, 4]$

b) 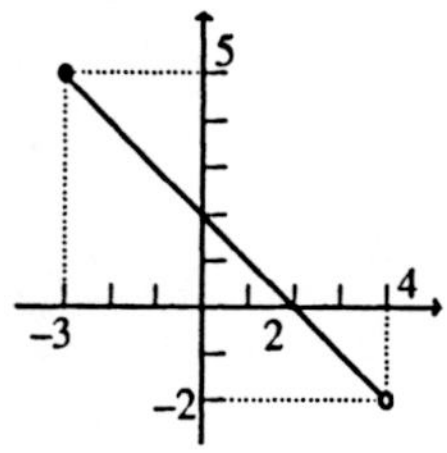

Im $=]-2, 5]$

c) 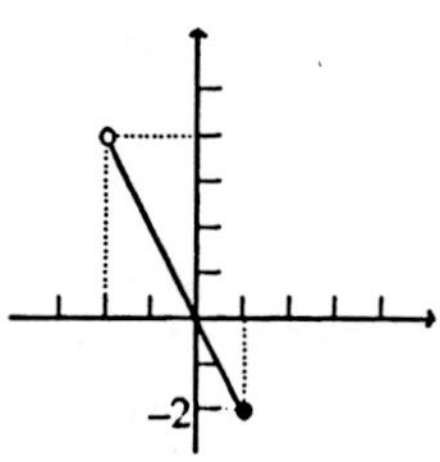

Im $= [-2, 4[$

d) 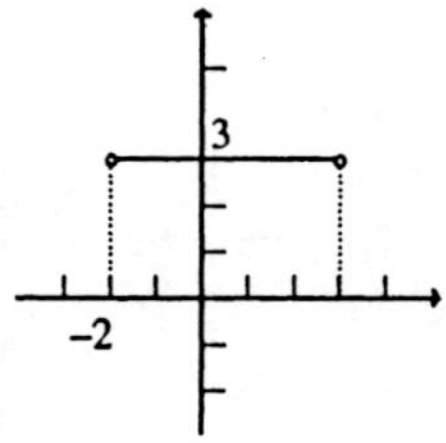

Im $= \{3\}$

120

a) 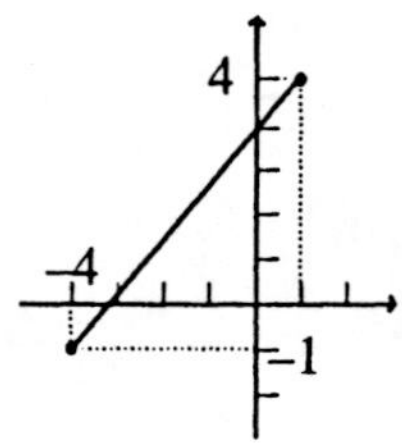

D $= [-4, 1]$

b) 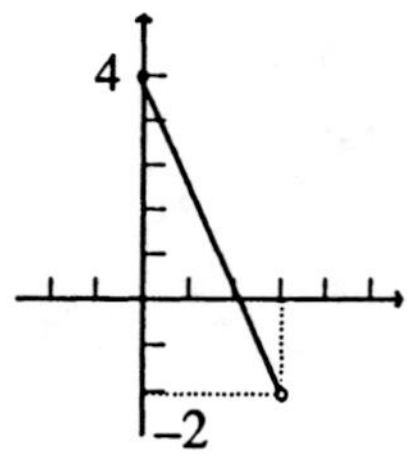

D $= [0, 3[$

c) 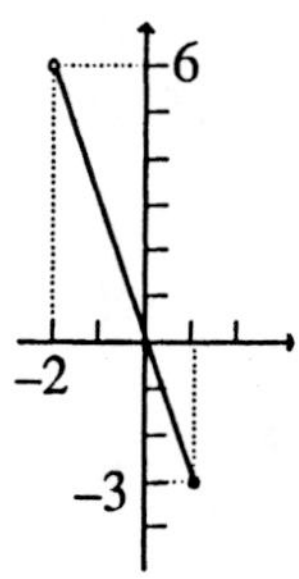

D $=]-2, 1]$

121

a) $(-2, 5)$ b) $(4, 5)$
c) $(-1, 0)$ d) $(3, 0)$
e) $(3, 0), (-1, 0)$ f) $(-3, 12), (5, 12)$
g) $(1, -4)$ h) $\nexists$

122

a) para cima, (2, 0), (– 3, 0), (0,– 6)
b) para cima, (1/2, 0), (– 4, 0), (0, – 4)
c) para baixo, (– 3, 0) (5, 0), (0, 15)
d) para cima, (– 3, 0), (3, 0), (0, – 9)
e) para baixo, (0, 0), (1/3, 0)
f) para cima, (3, 0), (0, 9)
g) para baixo, (2, 0), (0, – 4)
h) para cima, (0, 2)

123

a) $f(x) = 2x^2 + 3x - 2$
b) $y = -x^2 + 6x - 9$
c) $f(x) = -x^2 + 9$
d) $y = 2x^2 - x + 1$

124

a) $f(x) = x^2 - x - 2$
b) $y = x^2 - 4x$
c) $f(x) = x^2$
d) $f(x) = x^2 - 4$

125

a) (0, –8)
b) (– 2, 0), (4, 0)
c) V (1, – 9)
d) Vmin. = – 9
e)

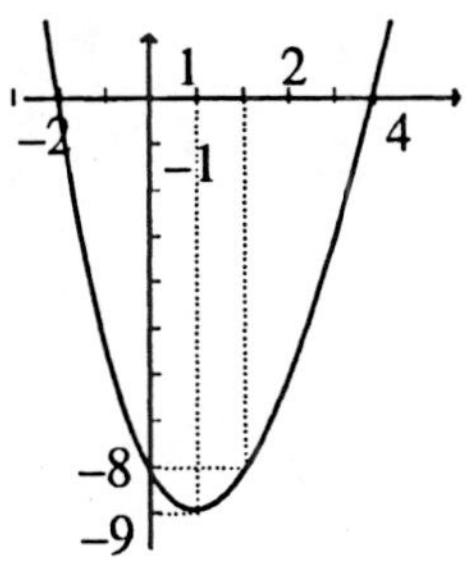

f) $f(x) > 0 \Leftrightarrow x < -2 \vee x > 4$
g) $f(x) < 0 \Leftrightarrow -2 < x < 4$
h) $Im = \{y \in \mathbf{R} \mid y \geq -9\}$

126

a) $a > 0, b < 0, c > 0, \Delta < 0$
b) $a > 0, b < 0, c > 0, \Delta > 0$
c) $a > 0, b < 0, c > 0, \Delta = 0$
d) $a > 0, b > 0, c < 0, \Delta > 0$
e) $a > 0, b > 0, c = 0, \Delta > 0$
f) $a > 0, b > 0, c > 0, \Delta = 0$
g) $a < 0, b = 0, c > 0, \Delta > 0$
h) $a < 0, b > 0, c = 0, \Delta > 0$
i) $a < 0, b < 0, c < 0, \Delta = 0$
j) $a < 0, b = 0, c = 0, \Delta = 0$
k) $a < 0, b > 0, c < 0, \Delta < 0$
l) $a < 0, b = 0, c < 0, \Delta < 0$

127

a)

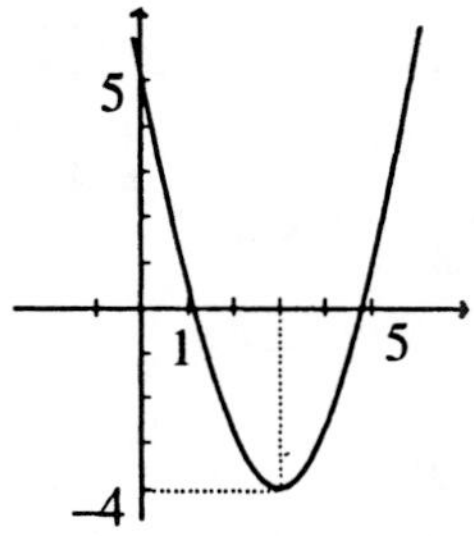

$Im = \{y \in \mathbf{R} \mid y \geq -4\}$

$$\begin{cases} x = 1 \vee x = 5 \Leftrightarrow y = 0 \\ 1 < x < 5 \Leftrightarrow y < 0 \\ x < 1 \vee x > 5 \Leftrightarrow y > 0 \end{cases}$$

b)

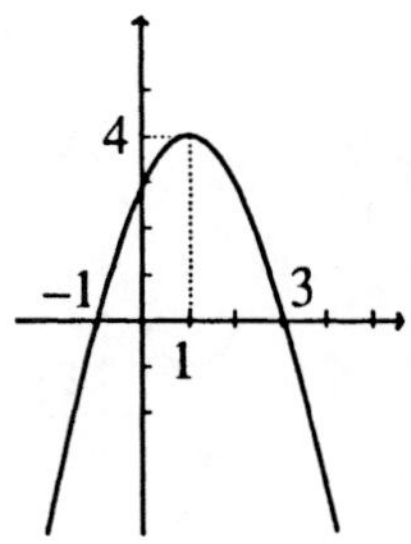

$Im = \{x \in \mathbf{R} \mid y \leq 4\}$

$$\begin{cases} x = -1 \vee x = 3 \Leftrightarrow y = 0 \\ -1 < x < 3 \Leftrightarrow y > 0 \\ x < -1 \vee x > 3 \Leftrightarrow y < 0 \end{cases}$$

c)

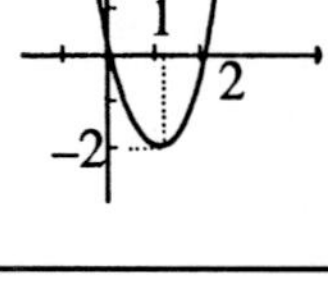

$Im = \{y \in \mathbf{R} \mid y \geq -2\}$

$$\begin{cases} x = 0 \vee x = 2 \Leftrightarrow y = 0 \\ 0 < x < 2 \Leftrightarrow y < 0 \\ x < 0 \vee x > 2 \Leftrightarrow y > 0 \end{cases}$$

d)
$Im = \{y \in \mathbf{R} \mid y \leq 2\}$

$$\begin{cases} x = -1 \vee x = 1 \Leftrightarrow y = 0 \\ -1 < x < 1 \Leftrightarrow y > 0 \\ x < -1 \vee x > 1 \Leftrightarrow y < 0 \end{cases}$$

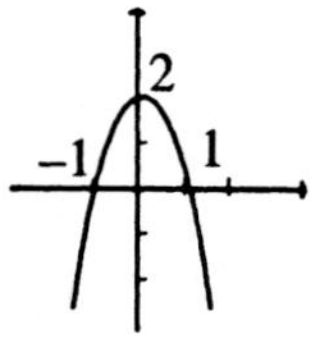

e) $Im = \mathbf{R}_+$

$$\begin{cases} x = 2 \Leftrightarrow y = 0 \\ x \neq 2 \Leftrightarrow y > 0 \end{cases}$$

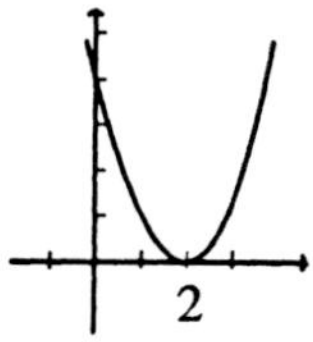

f) $Im = \mathbf{R}_-$

$$\begin{cases} x = 1 \Leftrightarrow y = 0 \\ x \neq 1 \Leftrightarrow y < 0 \end{cases}$$

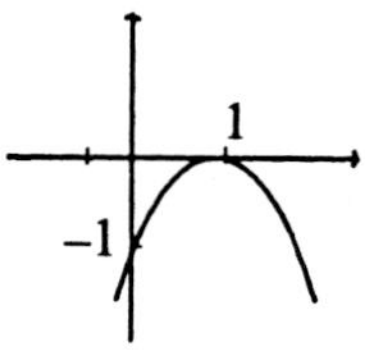

g) $\forall x \in \mathbf{R} \Leftrightarrow y > 0$
$Im = \{y \in \mathbf{R} \mid y \geq 1\}$

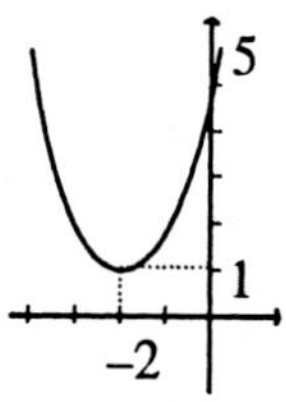

h) $\forall x \in \mathbf{R} \Leftrightarrow y < 0$
$Im = \{y \in \mathbf{R} \mid y \leq -1\}$

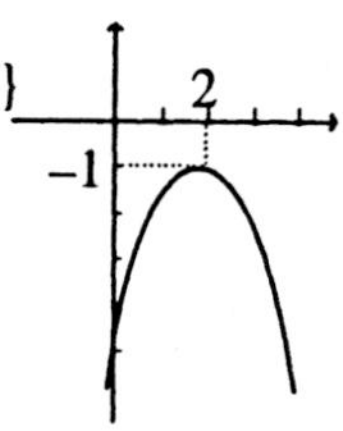

128

a)

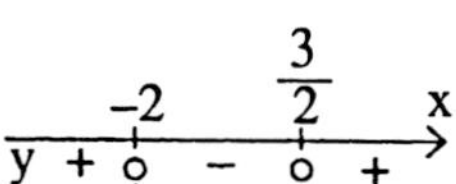

b)

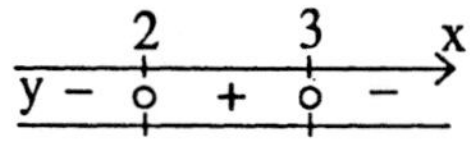

c)

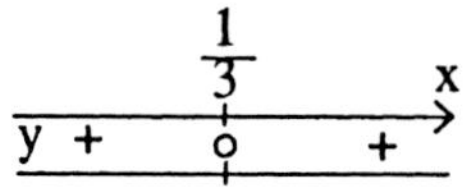

d)

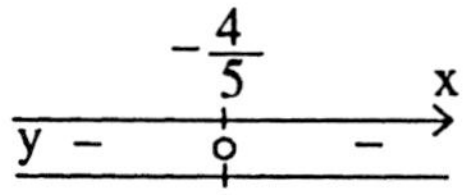

e)

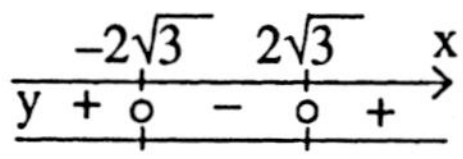

f)

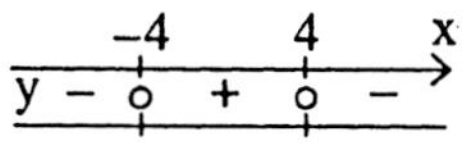

g)

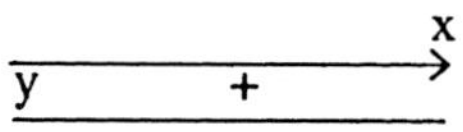

h)

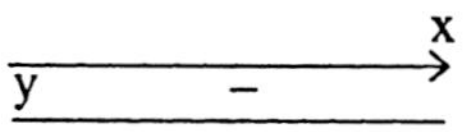

i)

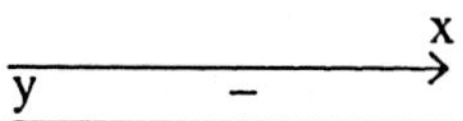

j)

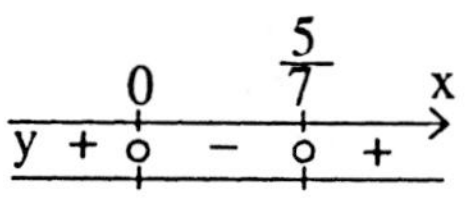

129

a)
$$\begin{cases} x = -1 \vee x = 5 \Leftrightarrow y = 0 \\ -1 < x < 5 \Leftrightarrow y < 0 \\ x < -1 \vee x > 5 \Leftrightarrow y > 0 \end{cases}$$

b)
$$\begin{cases} x = -2 \vee x = 3 \Leftrightarrow y = 0 \\ -2 < x < 3 \Leftrightarrow y > 0 \\ x < -2 \vee x > 3 \Leftrightarrow y < 0 \end{cases}$$

c) $\begin{cases} x = 0 \lor x = \frac{3}{2} \Leftrightarrow y = 0 \\ 0 < x < \frac{3}{2} \Leftrightarrow y < 0 \\ x < 0 \lor x > \frac{3}{2} \Leftrightarrow y > 0 \end{cases}$

d) $\begin{cases} x = -5 \lor x = 5 \Leftrightarrow y = 0 \\ -5 < x < 5 \Leftrightarrow y > 0 \\ x < -5 \lor x > 5 \Leftrightarrow y < 0 \end{cases}$

e) $\begin{cases} x = -\frac{3}{2} \Leftrightarrow y = 0 \\ x \neq -\frac{3}{2} \Leftrightarrow y > 0 \end{cases}$

f) $\begin{cases} x = \frac{2}{3} \Leftrightarrow y = 0 \\ x \neq \frac{2}{3} \Leftrightarrow y < 0 \end{cases}$

g) $\forall x \in \mathbf{R} \Leftrightarrow y < 0$
h) $\forall x \in \mathbf{R} \Leftrightarrow y > 0$

130

a) $\begin{cases} x = -2 \lor x = 2 \Leftrightarrow y = 0 \\ -2 < x < 2 \Leftrightarrow y < 0 \\ x < -2 \lor x > 2 \Leftrightarrow y > 0 \end{cases}$

b) $\begin{cases} x = 0 \lor x = -2 \Leftrightarrow y = 0 \\ x \neq 0 \land x \neq -2 \Leftrightarrow y > 0 \end{cases}$

c) $\begin{cases} x = -3 \lor x = \frac{1}{2} \Leftrightarrow y = 0 \\ -3 < x < \frac{1}{2} \Leftrightarrow y > 0 \\ x < -3 \lor x > \frac{1}{2} \Leftrightarrow y < 0 \end{cases}$

d) $\begin{cases} x = -\frac{1}{2} \lor x = 6 \Leftrightarrow y = 0 \\ x \neq -\frac{1}{2} \land x \neq 6 \Leftrightarrow y < 0 \end{cases}$

e) $\forall x \in \mathbf{R} \Leftrightarrow y > 0$
f) $\forall x \in \mathbf{R} \Leftrightarrow y < 0$

131

a) Vmín. $= -3$, $Im = \{y \in \mathbf{R} \mid y \geq -3\}$
b) Vmáx. $= 4$, $Im = \{y \in \mathbf{R} \mid y \leq 4\}$
c) Vmín. $= 0$, $Im = \mathbf{R}_+$
d) Vmín. $= -8$, $Im = \{y \in \mathbf{R} \mid y \geq -8\}$
e) Vmáx. $= 8$, $Im = \{y \in \mathbf{R} \mid y \leq 8\}$
f) Vmín. $= 2$, $Im = \{y \in \mathbf{R} \mid y \geq 2\}$
g) Vmáx. $= -7/8$, $Im = \{y \in \mathbf{R} \mid y \leq -\frac{7}{8}\}$
h) Vmín. $= 7$, $Im = \{y \in \mathbf{R} \mid y \geq 7\}$

132

a)
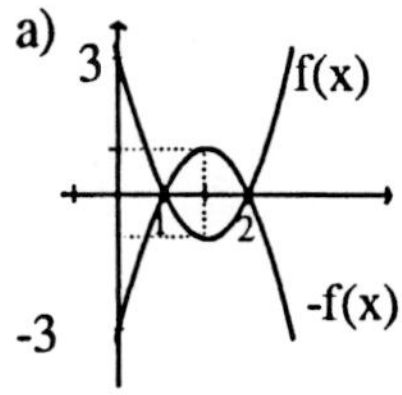

b)
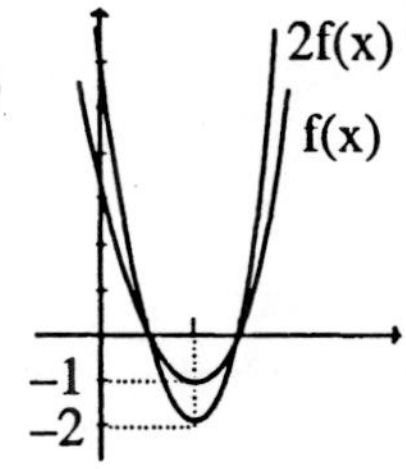

c)
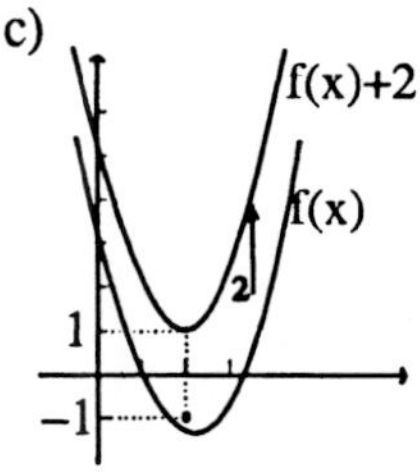

d)
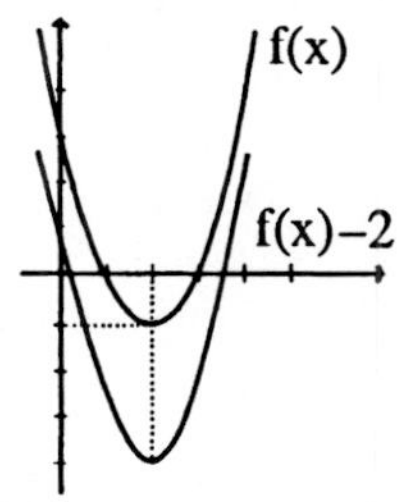

e)
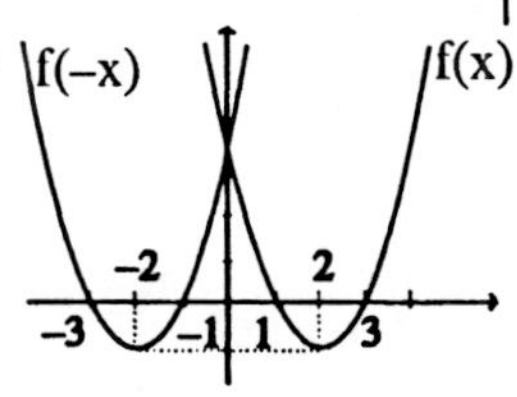

f)
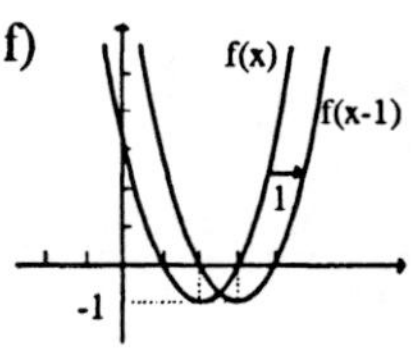

g)
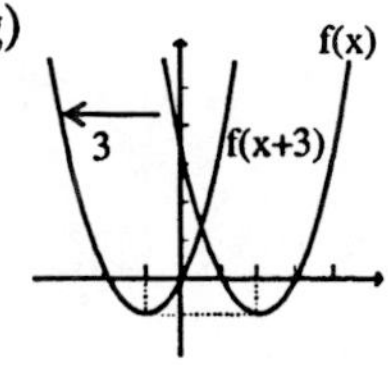

133

a) $S = \{x \in \mathbf{R} \mid x \le -3 \lor x \ge \frac{5}{2}\}$

b) $S = \{x \in \mathbf{R} \mid -3 \le x \le 1\}$

c) $S = \mathbf{R}$ d) $S = \{2\}$

e) $S = \mathbf{R}$ f) $S = \varnothing$

134

a) $S = \{x \in \mathbf{R} \mid -7 < x < 1\}$

b) $S = \{x \in \mathbf{R} \mid x < 0 \lor x > \frac{7}{2}\}$

c) $S = \mathbf{R} - \{3\}$ d) $S = \varnothing$

e) $S = \varnothing$ f) $\mathbf{R}$

135

a) $Im = [-4, 5]$ b) $Im = [4, -\infty[$

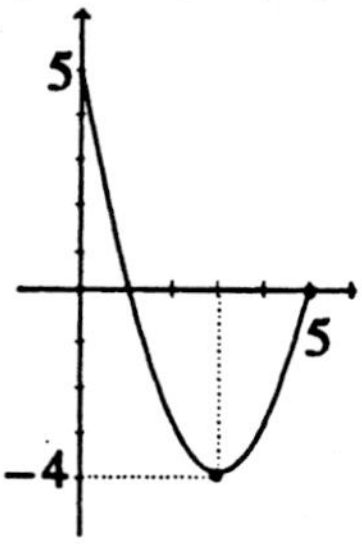

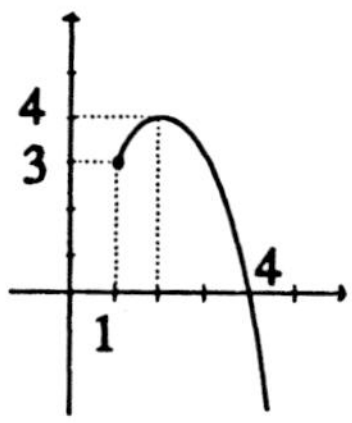

136

a) $D = \{x \in \mathbf{R} \mid -3 \le x \le -1 \lor 1 \le x \le 3\}$

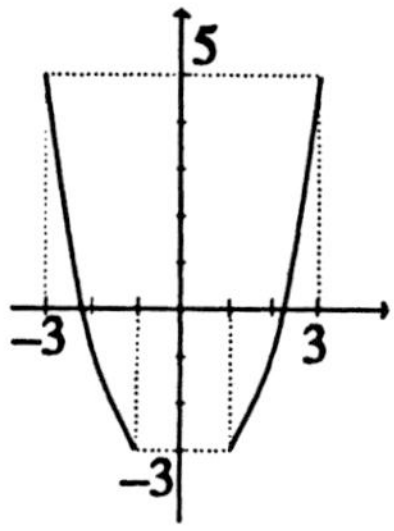

b) $D = \{x \in \mathbf{R} \mid x \le 0 \lor x \ge 2\}$

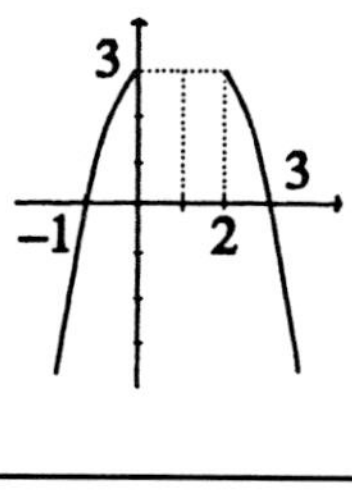

137

a) $\begin{cases} x=-3 \lor x=0 \lor x=2 \lor x=3 \Leftrightarrow y=0 \\ x<-3 \lor 0<x<2 \lor x>3 \Leftrightarrow y>0 \\ -3<x<0 \lor 2<x<3 \Leftrightarrow y<0 \end{cases}$

b) $\begin{cases} x=-1 \lor x=0 \lor x=3 \lor x=5 \Leftrightarrow y=0 \\ x<-1 \lor 0<x<3 \lor 4<x<5 \Leftrightarrow y>0 \\ -1<x<0 \lor 3<x<4 \lor x>5 \Leftrightarrow y<0 \end{cases}$

c) $\begin{cases} x=\frac{1}{2} \lor x=\frac{2}{3} \Leftrightarrow y=0 \\ x<\frac{1}{2} \lor \frac{1}{2}<x<\frac{2}{3} \Leftrightarrow y<0 \\ x>\frac{2}{3} \Leftrightarrow y>0 \end{cases}$

d) $\begin{cases} x=0 \lor x=1 \Leftrightarrow y=0 \\ x \ne -1 \land x \ne 0 \land x \ne 1 \land x \ne 5 \Leftrightarrow y<0 \end{cases}$

e) $\begin{cases} x=1 \Leftrightarrow y=0 \\ x<-4 \lor -4<x<0 \Leftrightarrow y<0 \\ 0<x<\frac{1}{7} \lor \frac{1}{7}<x<1 \lor 1<x<5 \\ \lor x>5 \Leftrightarrow y>0 \end{cases}$

138

a) $S = \{x \in \mathbf{R} \mid x = 1 \lor x \ge 2\}$

b) $S = \{x \in \mathbf{R} \mid x \le -5 \lor 5 \le x < 7\}$

c) $S = \{x \in \mathbf{R} \mid x = 0 \lor x = 3 \lor x \ge 4\}$

d) $S = \{x \in \mathbf{R} \mid -\frac{5}{3} < x \le 0 \lor x > \frac{5}{3}\}$

e) $S = \{x \in \mathbf{R} \mid -8 < x \le 1\}$

f) $S = \{x \in \mathbf{R} \mid -\frac{1}{5} \le x \le 5\}$

g) $S = \{x \in \mathbf{R} \mid -8 \le x < -\frac{4}{3} \lor$

$-\frac{79}{75} \le x < \frac{3}{2} \lor x \ge 2\}$

h) $S = \{x \in \mathbf{R} \mid x \leq -7 \vee -1 < x < 0 \vee 0 < x \leq 1 \vee x > 3\}$

139

a)

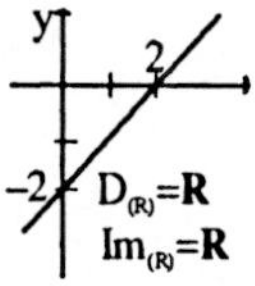

b)

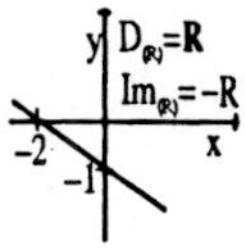

c)

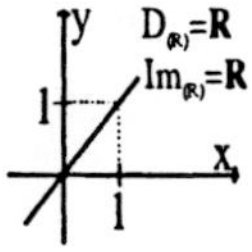

140

a)

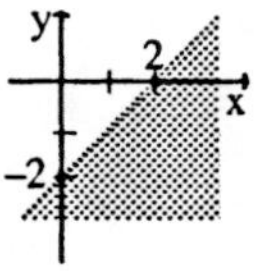

b)

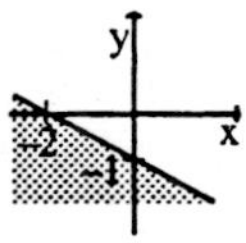

c)

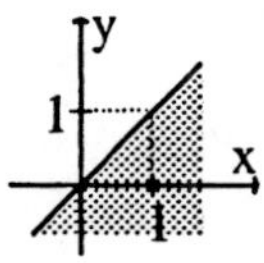

141

a)

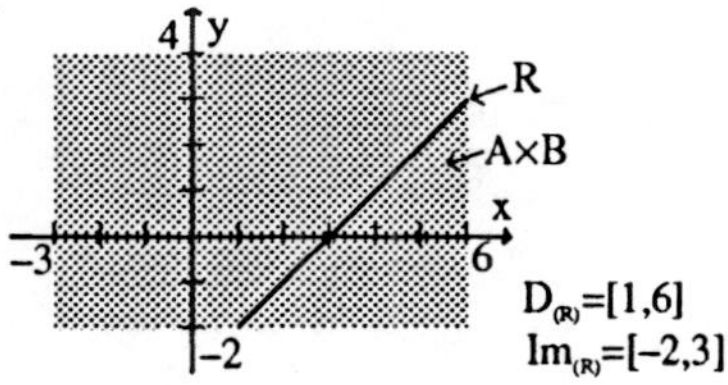

b)

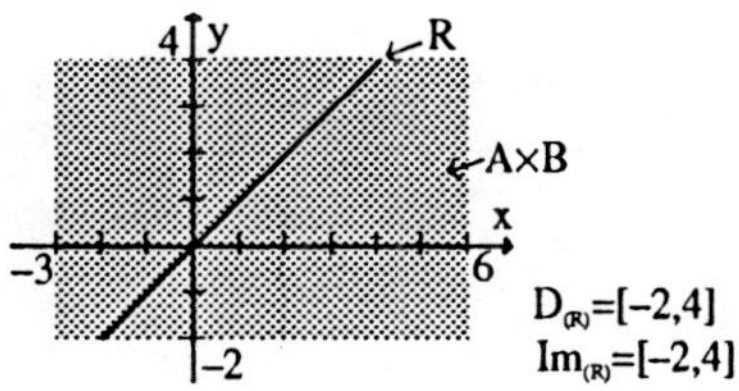

c)

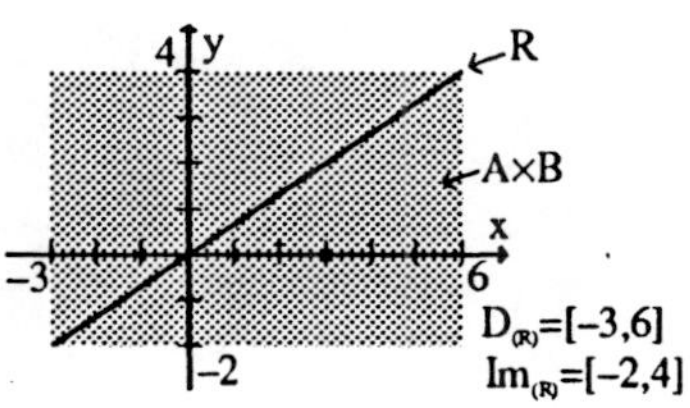

d)

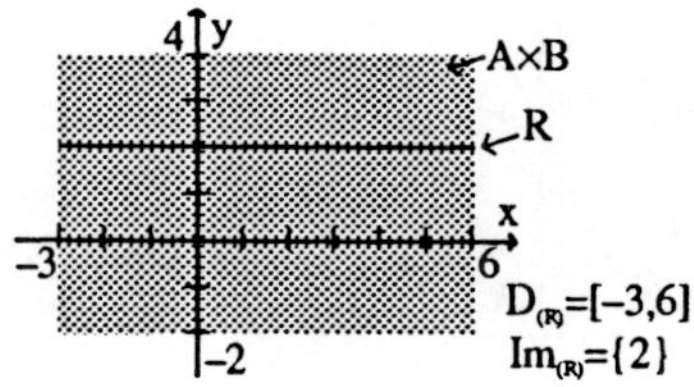

e)

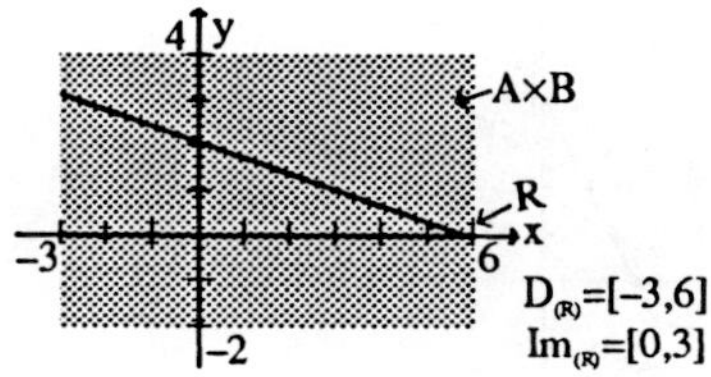

142

a)

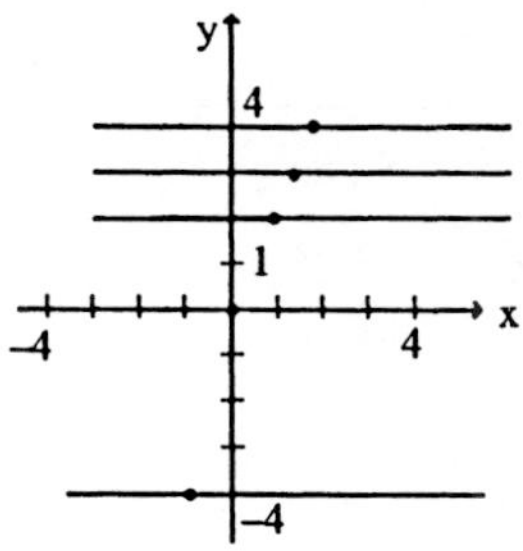

b) $R = \left\{ (-1, -4), (0, -1), (1, 2), \left(\frac{4}{3}, 3\right), \left(\frac{5}{3}, 4\right) \right\}$

c) $D_{(R)} = \left\{-1, 0, 1\frac{4}{3}, \frac{5}{3}\right\}$

$Im_{(R)} = \{-4, -1, 2, 3, 4\}$

143

a)

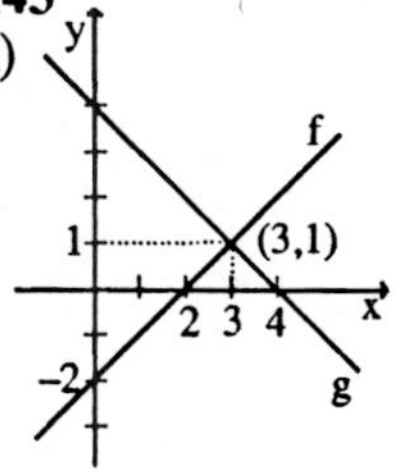

b)

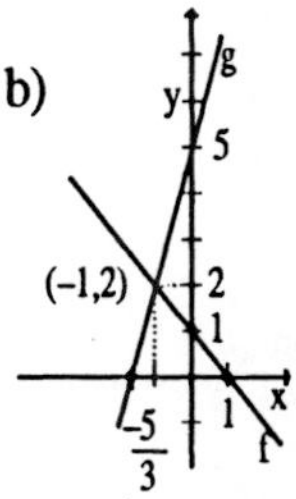

f

c) 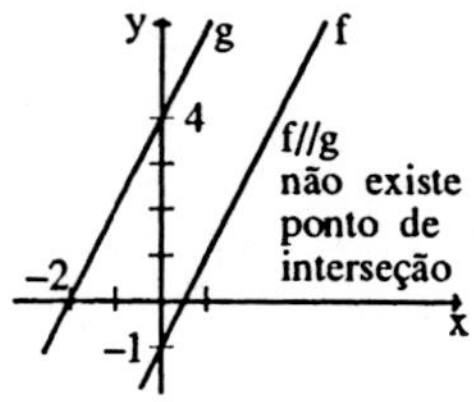

d) 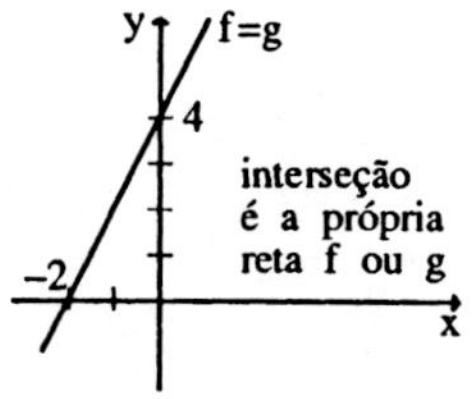

144

a) 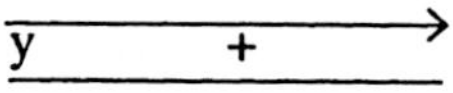

b) 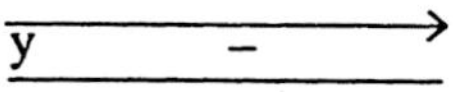

c) 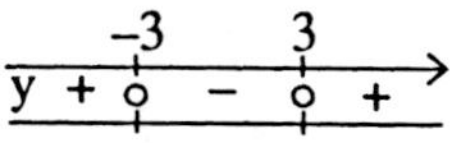

d) 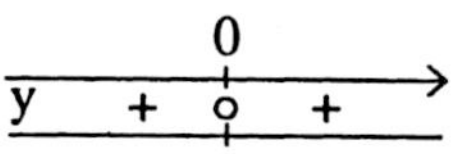

e) 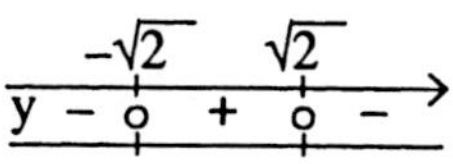

f) 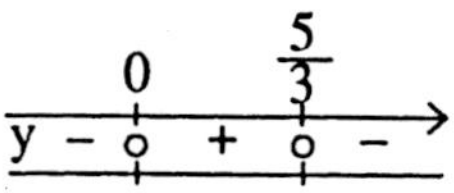

g) 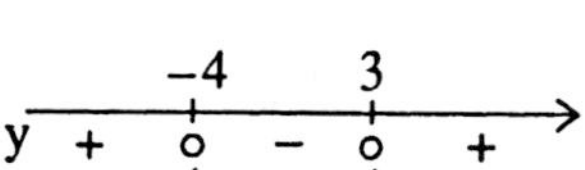

h) 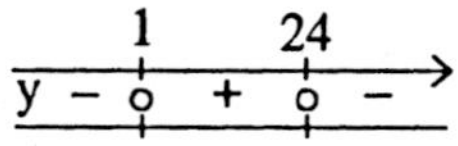

i) 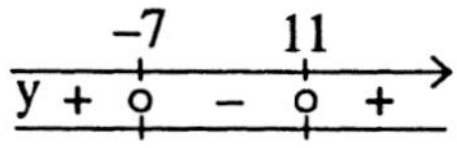

j) 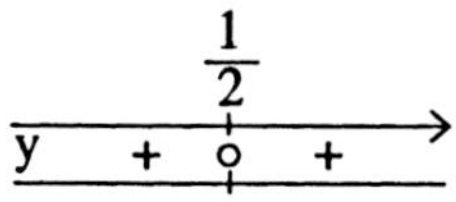

k) 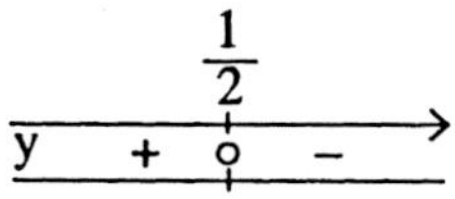

l) 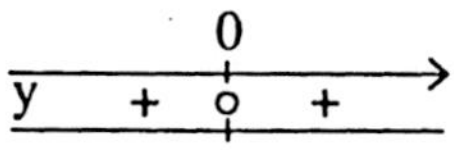

m) 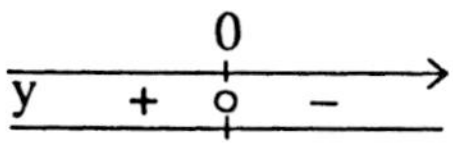

n) 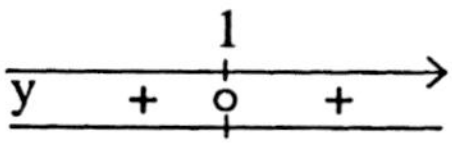

o) 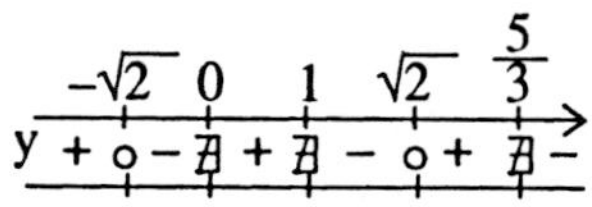

p) 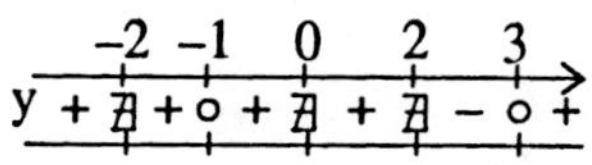

q) 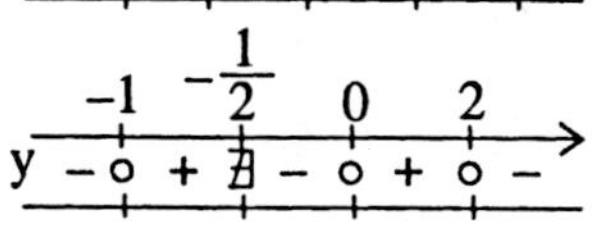

r) 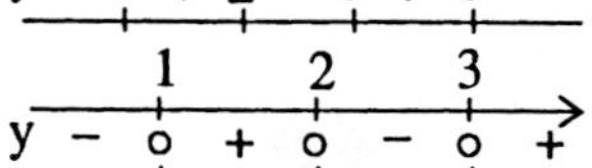

CAPÍTULO 3

145

a) $\{x \in \mathbf{R} \mid x < 6\}$

b) $\{x \in \mathbf{R} \mid x \leq \frac{1}{2}\}$

c) $\{x \in \mathbf{R} \mid x \leq 4\}$

d) $\{x \in \mathbf{R} \mid x \leq -2\}$

e) $\{x \in \mathbf{R} \mid x < 35\}$

146

a) $A = \{x \in \mathbf{R} \mid -1 < x \leq 4\}$

b) $B = \mathbf{R}$

147

a) $S = \{x \in \mathbf{R} \mid -4 < x < 2\}$

b) $S = \{x \in \mathbf{R} \mid -1 \leq x \leq 1\}$

c) $S = \{x \in \mathbf{R} \mid 0 \leq x \leq \frac{3}{2}\}$

d) $S = \{5\}$ e) $S = \mathbf{R}$

f) $S = \{x \in \mathbf{R} \mid x < -\frac{1}{2} \vee x > 2\}$

g) $S = \varnothing$

h) $S = \{x \in \mathbf{R} \mid x \neq 4\}$

i) $S = \mathbf{R}$ j) $S = \mathbf{R}$

k) $S = \varnothing$

l) $S = \{x \in \mathbf{R} \mid -\sqrt{2} < x < \sqrt{2}\}$

148

$S = \{x \in \mathbf{R} \mid -\frac{3}{5} < x < 3\}$

149

a) $A = \{x \in \mathbf{R} \mid 2 < x \leq 3\}$

b) $B = \{x \in \mathbf{R} \mid x < -2 \vee x > 3\}$

150

a) $\{x \in \mathbf{R} \mid x \leq -3 \vee \frac{1}{3} \leq x \leq \frac{7}{2}\}$

b) $\{x \in \mathbf{R} \mid -2 < x < -1 \vee 1 < x < 2\}$

c) $\{x \in \mathbf{R} \mid x > 0\}$

d) $\{x \in \mathbf{R} \mid x \leq -2 \vee x \geq 2\}$

e) $\{x \in \mathbf{R} \mid -\frac{1}{2} \leq x < \frac{1}{2} \vee 2 < x \leq 3\}$

f) $\{x \in \mathbf{R} \mid x \leq -\frac{5}{2} \vee x = -1 \vee 0 \leq x \leq 1 \vee x = \frac{5}{2}\}$

g) $\{x \in \mathbf{R} \mid x < -\frac{7}{2} \vee x > 4\}$

h) $\{x \in \mathbf{R} \mid x \leq -3 \vee -1 < x \leq \frac{1}{2} \vee 3 \leq x < 4\}$

151

a) $S = \mathbf{R} - \{\frac{5}{3}\}$

b) $S = \{x \in \mathbf{R} \mid x < 3\}$

c) $S = \{1, \frac{7}{2}\}$ d) $S = \varnothing$

e) $S = \mathbf{R} - \{-\frac{1}{3}, 0, \frac{1}{2}, 3\}$

152

a) $S = \{x \in \mathbf{R} \mid x < -2 \vee 0 < x < 2\}$

b) $S = \{x \in \mathbf{R} \mid -1 \leq x \leq 1\}$

c) $S = \{x \in \mathbf{R} \mid x > -4\}$

d) $S = \{x \in \mathbf{R} \mid -2 \leq x \leq 2\}$

e) $S = \{x \in \mathbf{R} \mid -2\sqrt{3} < x < 0 \vee x > 2\sqrt{3}\}$

f) $S = \{x \in \mathbf{R} \mid -2 \leq x \leq -1 \vee 1 \leq x \leq 2\}$

153

a) $S = [0, 3[$ b) $S =]-\infty, 2[$

c) $S = \{x \in \mathbf{R} \mid -1 < x < 1 \vee 1 < x \leq 3\}$

d) $S = \{x \in \mathbf{R} \mid -1 < x < 1 \vee x > 1\}$

e) $S = \{x \in \mathbf{R} \mid x \leq -2 \vee 0 \leq x < 1 \vee 2 < x \leq 4\}$

f) $S = \{x \in \mathbf{R} \mid 1/2 \leq x < 2 \vee 2 < x < 3\}$

154

a) $S = \{x \in \mathbf{R} \mid -2 \leq x < 3\}$

b) $S = \{x \in \mathbf{R} \mid 0 \leq x\ 3\}$

c) $S = \{x \in \mathbf{R} \mid x < -3 \vee -1 < x \leq 2\}$

d) $S = \{x \in \mathbf{R} \mid x \geq \sqrt{3}\}$

e) $S = \{x \in \mathbf{R} \mid x = -3 \vee \frac{5}{3} \leq x < 3\}$

155

b) $S = \{x \in \mathbf{R} \mid 3 < x < 5\}$

c) $S = \{x \in \mathbf{R} \mid \frac{1}{2} \leq x < \frac{2}{3}\}$

d) $S = \{x \in \mathbf{R} \mid \frac{5}{13} \leq x \leq \frac{14}{13}\}$

e) $S = \{x \in \mathbf{R} \mid -1 < x \leq 1 \vee 3 \leq x < 5\}$

f) $S = \{x \in \mathbf{R} \mid x \leq \frac{2}{7} \vee x \geq \frac{2}{5}\}$

g) $S = \{x \in \mathbf{R} \mid 1 \leq x \leq 4\}$

156

a) $D = \{x \in \mathbf{R} \mid x \geq -2\}$
b) $D = \{x \in \mathbf{R} \mid x \leq -2 \vee x \geq 1\}$
c) $D = \mathbf{R}$ d) $D = \mathbf{R} - \{-8, 8\}$
e) $D = \{x \in \mathbf{R} \mid -8 < x < 8\}$
f) $D = \{x \in \mathbf{R} \mid x \geq 0 \wedge x \neq \frac{1}{2}\}$
g) $D = \{x \in \mathbf{R} \mid -6 \leq x < 4\}$
h) $D = \{x \in \mathbf{R} \mid 1 < x \leq 2 \vee x > 3\}$
i) $D = \{x \in \mathbf{R} \mid -1 \leq x \leq 0 \vee 1 \leq x \leq 5\}$
j) $D = \{x \in \mathbf{R} \mid -1 \leq x \leq 0\}$

Observação: note que os domínios das funções dos itens (i) e (j) não são iguais.

157

a) $S = \{x \in \mathbf{R} \mid x > 2\}$
b) $S = \{x \in \mathbf{R} \mid \frac{1}{2} \leq x < 1 \vee x > 3\}$
c) $S = \{x \in \mathbf{R} \mid x < -3\}$
d) $S = \{x \in \mathbf{R} \mid x \leq -2 \vee 4 \leq x \leq 8\}$
e) $S = \mathbf{R}$ f) $S = \varnothing$

158

a) $S = \{x \in \mathbf{R} \mid x > 7\}$
b) $S = \{x \in \mathbf{R} \mid x \geq 13\}$
c) $S = \{x \in \mathbf{R} \mid x \leq -1 \vee x \geq 4\}$
d) $S = \{x \in \mathbf{R} \mid -\frac{1}{2} < x < 1 \vee x > 3\}$
e) $S = \{x \in \mathbf{R} \mid 2 \leq x < 4\}$
f) $S = \{x \in \mathbf{R} \mid -\frac{1}{3} \leq x \leq 16\}$
g) $S = \{x \in \mathbf{R} \mid -2 < x \leq -1 \vee 2 \leq x < 3\}$
h) $S = \varnothing$

159

a) $S = \{x \in \mathbf{R} \mid \frac{1}{2} \leq x < 2\}$
b) $S = \{x \in \mathbf{R} \mid -1 \leq x \leq \frac{1}{3}\}$
c) $S = \varnothing$
d) $S = \{x \in \mathbf{R} \mid 4 \leq x \leq \frac{9}{2}\}$

160

a) $\{x \in \mathbf{R} \mid \frac{3}{2} \leq x < 6\}$
b) $\{x \in \mathbf{R} \mid x \leq -1\}$
c) $\{x \in \mathbf{R} \mid x \leq -1 \vee x \geq 0\}$
d) $\{x \in \mathbf{R} \mid x \leq \frac{3}{2}\}$

161

a) $\{x \in \mathbf{R} \mid x < -4\}$
b) $\{x \in \mathbf{R} \mid x \leq 2\}$
c) $\{x \in \mathbf{R} \mid x < -12\}$
d) $\{x \in \mathbf{R} \mid x \leq -1\}$
e) $\{x \in \mathbf{R} \mid x \geq 6\}$
f) $\{x \in \mathbf{R} \mid x > 1\}$
g) $\{x \in \mathbf{R} \mid x \geq 1\}$
h) $\{x \in \mathbf{R} \mid x \leq 3\}$
i) $\{x \in \mathbf{R} \mid x < \frac{16}{11}\}$

162

a) $\{x \in \mathbf{R} \mid x \leq -5 \vee x \geq 1\}$
b) $\{x \in \mathbf{R} \mid -\frac{1}{3} < x < 7\}$
c) $\{x \in \mathbf{R} \mid x < -2 \vee x > \frac{2}{3}\}$
d) $\{x \in \mathbf{R} \mid -\frac{1}{3} \leq x \leq \frac{1}{2}\}$
e) $\mathbf{R}$ f) $\varnothing$
g) $\{x \in \mathbf{R} \mid -3 \leq x \leq \frac{1}{3}\}$
h) $\{x \in \mathbf{R} \mid x \leq -\frac{3}{2} \vee x \geq 5\}$
i) $\mathbf{R}$ j) $\varnothing$

163

a) $\{x \in \mathbf{R} \mid -5 < x < 5\}$
b) $\{x \in \mathbf{R} \mid x < -7 \vee x > 0\}$
c) $\{x \in \mathbf{R} \mid x \leq 0 \vee x \geq 4\}$
d) $\{x \in \mathbf{R} \mid x < -5 \vee x > 5\}$
e) $\{x \in \mathbf{R} \mid 0 \leq x < \frac{5}{3}\}$
f) $\mathbf{R}$ g) $\mathbf{R}^*$ h) $\varnothing$
i) $\{x \in \mathbf{R} \mid x \leq -\frac{1}{2} \vee x \geq \frac{1}{2}\}$
j) $\{x \in \mathbf{R} \mid x \leq -6 \vee x \geq 0\}$
k) $\{0\}$ l) $\mathbf{R}$ m) $\varnothing$ n) $\mathbf{R}^*$
o) $\{x \in \mathbf{R} \mid -\frac{4}{5} < x < 0\}$
p) $\varnothing$

164

a) $\mathbf{R} - \{\frac{1}{2}\}$

b) $\{x \in \mathbf{R} \mid x \le \frac{1}{2} \vee x \ge 6\}$

c) $\{x \in \mathbf{R} \mid \frac{1}{5} \le x \le 2\}$

165

a) $\{x \in \mathbf{R} \mid -2 \le x \le \frac{1}{2} \vee 1 \le x \le 4\}$

b) $\{x \in \mathbf{R} \mid x < -2 \vee -\frac{1}{3} < x < \frac{1}{2} \vee x > 2\}$

c) $\{x \in \mathbf{R} \mid x < \frac{1}{2}\}$

d) $\{x \in \mathbf{R} \mid -2 < x < 0 \vee x > 2\}$

e) $\{x \in \mathbf{R} \mid x = -\frac{3}{2} \vee 0 \le x \le \frac{3}{2} \vee x \ge 2\}$

f) $\{x \in \mathbf{R} \mid x < -4 \vee 0 < x < \frac{4}{3} \vee 2 < x < 4\}$

166

a) $\{x \in \mathbf{R} \mid \frac{1}{3} \le x \le 3\}$

b) $\mathbf{R}$ c) $\mathbf{R}$ d) $\mathbf{R}$

e) $\{x \in \mathbf{R} \mid x = -5 \vee x \ge 0\}$

f) $\{x \in \mathbf{R} \mid x = -\sqrt{2} \vee -\frac{\sqrt{3}}{2} \le x \le 0 \vee x = \frac{1}{5} \vee x = \frac{\sqrt{3}}{2} \vee x \ge \sqrt{2}\}$

167

a) $\{x \in \mathbf{R} \mid x < -\frac{2}{3} \vee x = \frac{5}{2} \vee x > 3\}$

b) $\{x \in \mathbf{R} \mid -3 < x \le -\frac{5}{2} \vee x > 3\}$

c) $\{x \in \mathbf{R} \mid x < -\sqrt{6} \vee 0 < x < 2 \vee x > \sqrt{6}\}$

d) $\{x \in \mathbf{R} \mid -2 \le x < -1 \vee 0 < x < \frac{1}{3} \vee x \ge \frac{1}{2}\}$

e) $\{x \in \mathbf{R} \mid 0 < x \le \frac{2}{3} \vee 3 \le x < 4\}$

f) $\{x \in \mathbf{R} \mid x < -3 \vee -3 < x < -1 \vee x = 0 \vee x > 2\}$

g) $\{x \in \mathbf{R} \mid x < 0 \vee x > 1 \wedge x \ne 2\}$

168

a) $\{x \in \mathbf{R} \mid -2 \le x \le 2\}$

b) $\{x \in \mathbf{R} \mid x > 2\}$

c) $\{x \in \mathbf{R} \mid x \le -1 \vee x \ge 1\}$

d) $\{x \in \mathbf{R}^* \mid x < 2\}$

e) $\{x \in \mathbf{R} \mid x \le -2\sqrt[3]{2} \vee x \ge 0\}$

f) $\{x \in \mathbf{R} \mid -3 < x < 3\}$

g) $\{x \in \mathbf{R} \mid x < -2\sqrt{2} \vee x > 2\sqrt{2}\}$

h) $\{x \in \mathbf{R} \mid x < -2 \vee x > 1\}$

i) $\{x \in \mathbf{R} \mid -1 \le x \le \sqrt[3]{2}\}$

j) $\{x \in \mathbf{R} \mid x \le -1 \vee x \ge 1\}$

k) $\{x \in \mathbf{R} \mid x \le -3 \vee -1 \le x \le \frac{1}{2} \vee x \ge 1\}$

169

a) $\{x \in \mathbf{R} \mid x < -1 \vee 1 < x < 2\}$

b) $\{x \in \mathbf{R} \mid -3 < x < 3 \vee x > 3\}$

c) $\{x \in \mathbf{R} \mid x > 2\}$ d) $\{x \in \mathbf{R} \mid x > 2\}$

e) $\{x \in \mathbf{R} \mid x \le \frac{3}{2} \vee x \ge 2\}$

f) $\{x \in \mathbf{R} \mid x < 1 - \sqrt{3} \vee 1 < x < 1 + \sqrt{3}\}$

g) $\{x \in \mathbf{R} \mid x \le -1 \vee 0 \le x \le \frac{1}{3} \vee \frac{1}{2} \le x \le 1\}$

170

a) $\{x \in \mathbf{R} \mid x < -2 \vee -\frac{9}{8} \le x < -1 \vee x \ge 1\}$

b) $\{x \in \mathbf{R} \mid -3 < x \le -\frac{4}{3} \vee 0 < x < 2 \vee x \ge 3\}$

c) $\{x \in \mathbf{R} \mid x > \frac{1}{2}\}$

d) $\{x \in \mathbf{R} \mid x \le \frac{11}{13} \vee x > \frac{2}{3}\}$

e) $\{x \in \mathbf{R} \mid x < 1 \vee \frac{5}{3} \le x < 2\}$

f) $\{x \in \mathbf{R} \mid x < -1 \vee x > 3\}$

171

a) $\{x \in \mathbf{R} \mid -\frac{1}{2} < x \le \frac{1}{2} \vee 1 < x \le 2 \vee 3 < x < 4\}$

b) $\{x \in \mathbf{R} \mid x \le -2 \lor -1/2 < x \le \frac{1}{2} \lor 1 < x < 2 \lor x > 2\}$

c) $\{x \in \mathbf{R} \mid -3 < x < \frac{1}{3} \lor 2 < x \le 3\}$

d) $\mathbf{R} - \{-3, -2, 1, 2\}$

172

a) $\{x \in \mathbf{R} \mid x < 5\}$

b) $\{x \in \mathbf{R} \mid 1 < x < 2\}$

c) $\{x \in \mathbf{R} \mid 1 \le x < 2\}$

d) $\{x \in \mathbf{R} \mid -3 < x < -\sqrt{7} \lor \sqrt{7} < x < 3\}$

e) $\{x \in \mathbf{R} \mid x < -\frac{2}{3} \lor 0 < x < \frac{1}{2} \lor \frac{1}{2} < x \le 4\}$

f) $\{x \in \mathbf{R} \mid x < \frac{2}{3} \lor \frac{7}{4} < x < 2\}$

173

a) $\{x \in \mathbf{R} \mid -3 < x \le 2\}$

b) $\{x \in \mathbf{R} \mid \frac{1}{3} \le x < 5\}$

c) $\{x \in \mathbf{R} \mid 2 \le x \le 3\}$

d) $\{x \in \mathbf{R} \mid 0 < x \le 3\}$

e) $\{x \in \mathbf{R} \mid x > 2\}$

f) $\{x \in \mathbf{R} \mid -\frac{13}{5} < x < -\frac{16}{7}\}$

g) $\{x \in \mathbf{R} \mid 1 \le x < 4\}$

h) $\{x \in \mathbf{R} \mid -2 \le x < -1 \lor 2 < x \le 3\}$

i) $\{x \in \mathbf{R} \mid -\frac{3}{2} < x < \frac{1}{2} \lor 3 < x < 5\}$

j) $\{x \in \mathbf{R} \mid x \ge -\frac{8}{5}\}$

k) $\{x \in \mathbf{R} \mid -\frac{\sqrt{3}}{3} \le x \le \frac{\sqrt{3}}{3}\}$

174

a) $\{x \in \mathbf{R} \mid x \le -2 \lor -\frac{3}{2} \le x \le \frac{3}{2} \lor x > 2\}$

b) $\{x \in \mathbf{R} \mid -\frac{\sqrt{2}}{2} < x < -\frac{\sqrt{3}}{3} \lor \frac{\sqrt{3}}{3} < x < \frac{\sqrt{2}}{2}\}$

c) $\{x \in \mathbf{R} \mid -\frac{3}{2} \le x \le 1\}$

175

a) $D = \{x \in \mathbf{R} \mid x \le -2 \lor x \ge 2\}$

b) $D = \{x \in \mathbf{R} \mid x < -2 \lor x > 5\}$

c) $D = \{x \in \mathbf{R} \mid 0 < x \le 1 \lor x > 4\}$

d) $D = \{x \in \mathbf{R} \mid x \le -2 \lor x \ge 3\}$

e) $D = \{x \in \mathbf{R} \mid x \ge 3\}$

f) $D = \{x \in \mathbf{R} \mid -3 \le x \le \frac{1}{2} \lor x \ge 4\}$

176

a) $\{x \in \mathbf{R} \mid x > 1\}$

b) $\{x \in \mathbf{R} \mid \frac{13}{5} \le x < 4\}$

c) $\{x \in \mathbf{R} \mid -\frac{1}{2} \le x < 12\}$

d) $\{x \in \mathbf{R} \mid x \le \frac{1}{2} \lor x \ge \frac{17}{25}\}$

177

a) $\{x \in \mathbf{R} \mid x > 3\}$

b) $\{x \in \mathbf{R} \mid x \ge \frac{1}{2}\}$

c) $\{x \in \mathbf{R} \mid x \le -2 \lor 5 < x < \frac{74}{13}\}$

d) $\{x \in \mathbf{R} \mid x \ge 4\}$

e) $\{x \in \mathbf{R} \mid x < -1\}$

f) $\{x \in \mathbf{R} \mid x \le 0 \lor x > \frac{9}{2}\}$

g) $\{x \in \mathbf{R} \mid x \le 0\}$

h) $\{x \in \mathbf{R} \mid -\frac{10}{13} \le x \le 2 \lor x \ge 3\}$

i) $\mathbf{R}$ j) $\{x \in \mathbf{R} \mid x \le -2\}$

178

a) $\{x \in \mathbf{R} \mid x \ge 3\}$

b) $\{x \in \mathbf{R} \mid 4 \le x \le \frac{73}{16}\}$

c) $\varnothing$ d) $\{x \in \mathbf{R} \mid 4 \le x < 5\}$

e) $\{x \in \mathbf{R} \mid 3 \le x \le \frac{15 + 16\sqrt{15}}{15}\}$

f) $\varnothing$ g) $\varnothing$

179

a) $\{-2, 0, 3\}$

b) $\{x \in \mathbf{R} \mid -\sqrt{2} < x < 1 \lor 1 < x < \sqrt{2} \lor x > 5\}$

c) $\mathbf{R} - \{-2, \frac{3}{2}, 2\}$ d) $\{-1, 1\}$

e) $\{x \in \mathbf{R} \mid x \le 4 \vee \frac{1-\sqrt{13}}{2} \le x \le \frac{1+\sqrt{13}}{2} \vee x \ge 4\}$

f) $\{x \in \mathbf{R} \mid -2 < x < 2 \vee 2 < x < 4\}$

g) $\{x \in \mathbf{R} \mid -3 \le x \le \frac{1-\sqrt{41}}{4} \vee 0 \le x \le \frac{1+\sqrt{41}}{4} \vee x = 3\}$

h) $\{x \in \mathbf{R} \mid x < -2 \vee -2 < x < -1 \vee \frac{2}{3} < x < 3\}$

i) $\{x \in \mathbf{R} \mid x \le -1 \vee 0 \le x \le 1\}$

180

a) $\{x \in \mathbf{R} \mid x < 2 \vee 3 < x < 5 \vee x > 7\}$

b) $\{x \in \mathbf{R} \mid x < -3 \vee 2 - \sqrt{6} < x < 3 \vee x > 2 + \sqrt{6}\}$

c) $\{x \in \mathbf{R} \mid -1 < x < 5\}$

d) $\{x \in \mathbf{R} \mid -2 < x < \frac{-1-\sqrt{5}}{2} \vee \frac{-1+\sqrt{5}}{2} < x < 2\}$

e) $\{x \in \mathbf{R} \mid -3 < x < -2 \vee -\sqrt{2} \le x \le \sqrt{2} \vee 2 < x < 3 \vee x > 3\}$

f) $\{x \in \mathbf{R} \mid 0 \le x < 2 \vee x > 2\}$

181

a) $\{x \in \mathbf{R} \mid x \ge 2\}$

b) $\{x \in \mathbf{R} \mid x \le -1\}$

c) $\{x \in \mathbf{R} \mid x \le -1 \vee x = 1\}$

d) $\{x \in \mathbf{R} \mid x < -\sqrt{2} \vee -1 < x < \sqrt{2}\}$

e) $\{x \in \mathbf{R} \mid -1 - \sqrt{3} \le x \le -1 + \sqrt{3} \vee x \ge 2\}$

f) $\{x \in \mathbf{R} \mid x = 1 \vee x \ge 2\}$

g) $\{x \in \mathbf{R} \mid x = -2 \vee x \ge 0\}$

h) $\{x \in \mathbf{R} \mid x < -2 \vee \frac{1}{2} \le x < 1 \vee 1 < x < 2 \vee 2 < x < 3\}$

i) $\{x \in \mathbf{R} \mid x \le -2 \vee -1 < x < 1 \vee x > 1\}$

182

a) $\{x \in \mathbf{R} \mid x < \frac{3}{2} \vee x > \frac{7}{3}\}$

b) $\{x \in \mathbf{R} \mid x < -2 \vee x \ge 1\}$

c) $\{x \in \mathbf{R} \mid x < 0 \vee x > 3\}$

d) $\{x \in \mathbf{R} \mid x < -1\}$

e) $\{x \in \mathbf{R} \mid -3 < x < -2 \vee -1 < x < 1\}$

f) $\{x \in \mathbf{R} \mid x \ne 2\}$

g) $\{x \in \mathbf{R} \mid \frac{1-\sqrt{73}}{6} < x < -1 \vee 1 < x < \frac{1+\sqrt{73}}{6}\}$

h) $\{x \in \mathbf{R} \mid x < 1 \vee \frac{4}{3} < x < 2\}$

i) $\{x \in \mathbf{R} \mid -3 \le x < -2 \vee -1 < x \le -\frac{1}{2} \vee 1 < x \le 2\}$

j) $\{x \in \mathbf{R} \mid x < -1 \vee 1 < x < 2 \vee x \ge 3\}$

183

a) $\{x \in \mathbf{R} \mid -3 \le x < -2 \vee -\sqrt{3} < x < -1 \vee \sqrt{3} < x < 2\}$

b) $\{x \in \mathbf{R} \mid x < -3 \vee -2 < x < -1 \vee 0 < x < \frac{1}{2} \vee 1 < x < 2 \vee 2 < x < 3 \vee 3 < x \le 4 \vee x > 5\}$

184

a) $\{x \in \mathbf{R} \mid 0 < x < 9\}$

b) $\{x \in \mathbf{R} \mid \frac{27}{10} < x < 6\}$

c) $\{x \in \mathbf{R} \mid -5 < x < -\frac{3}{2} \vee \frac{1}{2} < x < 1\}$

d) $\{x \in \mathbf{R} \mid -\frac{1}{2} \le x \le \frac{1}{2}\}$

e) $\{x \in \mathbf{R} \mid 0 < x < 1\}$

f) $\{x \in \mathbf{R} \mid -4 < x < -3 \vee -2 \le x \le -1 \vee 1 \le x < 2\}$

g) $\{x \in \mathbf{R} \mid -4 < x < -3 \vee -2 < x < -1 \vee 0 < x < \frac{1}{3} \vee 1 < x < 2 \vee 2 < x < 3 \vee 3 < x < 4\}$

185

a) $\{x \in \mathbf{R} \mid -1 < x < 1 \vee 3 < x < 5\}$

b) $\{x \in \mathbf{R} \mid -8 < x < -\frac{13}{2} \vee 0 < x < 5\}$

c) $\{x \in \mathbf{R} \mid -\frac{1}{2} \leq x < \frac{3}{2} \vee$
$\frac{3}{2} < x \leq \frac{5}{2}\}$

d) $\{x \in \mathbf{R} \mid -3 < x \leq -2 \vee 3 \leq x \leq 4\}$

e) $\{x \in \mathbf{R} \mid -\frac{3}{2} \leq x \leq 2\}$

f) $\{x \in \mathbf{R} \mid -\frac{5}{3} < x < -1 \vee$
$-1 < x < \frac{1}{3} \vee \frac{1}{3} < x < 1\}$

186

a) $\{x \in \mathbf{R} \mid -\frac{1}{2} \leq x \leq \frac{1}{2}\}$

b) $\{x \in \mathbf{R} \mid x \leq -1 \vee$
$-\frac{\sqrt{3}}{2} \leq x \leq \frac{\sqrt{3}}{2} \vee x \geq 1\}$

c) $\{x \in \mathbf{R} \mid x \leq -1 \vee$
$-\frac{\sqrt{2}}{2} \leq x \leq \frac{\sqrt{2}}{2} \vee x \geq 1\}$

187

a) $\varnothing$ b) $\{2\}$

c) $\{x \in \mathbf{R} \mid 2 < x < 3\}$

d) $\{x \in \mathbf{R} \mid \frac{1}{3} \leq x < \frac{2}{3} \vee 1 \leq x \leq 2\}$

e) $\{x \in \mathbf{R} \mid -\frac{1}{3} \leq x < 0 \vee \frac{1}{2} \leq x \leq \frac{2}{3}\}$

f) $\{x \in \mathbf{R} \mid 3 < x \leq \frac{7}{2}\}$

g) $\{x \in \mathbf{R} \mid 3 < x < 4\}$

h) $\{x \in \mathbf{R} \mid \frac{1}{2} \leq x \leq 1\}$

i) $\{x \in \mathbf{R} \mid 1 \leq x < 2\}$

j) $\{x \in \mathbf{R} \mid 0 < x \leq 2\}$

k) $\{x \in \mathbf{R} \mid 0 \leq x < 1\}$

188

a) $\{x \in \mathbf{R} \mid x < -7 \vee -7 < x \leq -2 \vee$
$1 < x < 7 \vee 7 < x \leq 8 \vee x > 11\}$

b) $\{x \in \mathbf{R} \mid -1 \leq x \leq -\frac{1}{2} \vee \frac{1}{2} \leq x \leq 1\}$

c) $\{x \in \mathbf{R} \mid \frac{5}{3} \leq x \leq 2 \vee x > 3\}$

189

a) $\{x \in \mathbf{R} \mid \frac{5}{2} \leq x < \frac{-5 + \sqrt{149}}{2}$

b) $\varnothing$

c) $\{x \in \mathbf{R} \mid \sqrt{21} \leq x \leq 2\sqrt{7}\}$

d) $\{x \in \mathbf{R} \mid -5 < x < 5\}$

e) $\{x \in \mathbf{R} \mid 2 < x \leq \frac{4\sqrt{3}}{3}\}$

f) $\{x \in \mathbf{R} \mid x > 9\}$

g) $\{x \in \mathbf{R} \mid x < -2 \vee x > \frac{41}{2}\}$

190

a) $\{x \in \mathbf{R} \mid x < -4 \vee x > 1\}$

b) $\{x \in \mathbf{R} \mid -1 \leq x \leq 4\}$

c) $\{x \in \mathbf{R} \mid -1 < x \leq 3 \vee \frac{7}{2} \leq x < \frac{15}{2}\}$

d) $\{x \in \mathbf{R} \mid x > 2\}$

e) $\mathbf{R}$ f) $\mathbf{R}$ g) $\mathbf{R}_+$

h) $\{x \in \mathbf{R} \mid 2 \leq x \leq 6\}$

i) $\{x \in \mathbf{R} \mid x \neq \sqrt[3]{2}\}$

j) $\{x \in \mathbf{R} \mid x < -2 \vee 0 < x < 1 \vee x > 1\}$

191

a) $\{x \in \mathbf{R} \mid -2 < x \leq -1 \vee$
$-\frac{2}{3} \leq x < \frac{1}{3}\}$

b) $\{x \in \mathbf{R} \mid x < -4 + 2\sqrt{5}\}$

c) $\{x \in \mathbf{R} \mid x \leq -\frac{13}{6} \vee x \geq 3\}$

d) $\{x \in \mathbf{R} \mid 2 < x < 8\}$

e) $\{x \in \mathbf{R} \mid -2 \leq x < 0 \vee 0 < x \leq 2\}$

f) $\{x \in \mathbf{R} \mid x > 5\}$

g) $\{x \in \mathbf{R} \mid x \geq -1\}$

h) $\{x \in \mathbf{R} \mid x \leq -2 \vee$
$-1 \leq x < \frac{\sqrt{13} - 1}{6}\}$

192

a) $\{x \in \mathbf{R} \mid 0 \leq x \leq 3\}$

b) $\{x \in \mathbf{R} \mid 2 \leq x \leq 5\}$

c) $\{x \in \mathbf{R} \mid -1 \leq x \leq 0\}$

Capítulo 4

193
a) 4 b) 5 c) 5 d) 1 e) 5
f) 9

194
a) 5 b) 55 c) 7 d) 20 e) 14
f) 37

195
a) 1 b) 1 c) 3 d) 0 e) 2
f) não se define g) -4
h) não se define

196
a) 13 b) $5a-2$ c) $15a-2$
d) $15a+3$ e) $10x-2$
f) $10x+33$ g) $5a^2+10a+3$
h) $5x^2-25x-27$

197
a) -29 b) $-2m^2+4m+1$
c) $-8m^2-8m+1$
d) $-8m^2+16m-5$
e) $-18x^2-12x+1$
f) $-18x^2-12x+1$

198
a) $\dfrac{14a-1}{1+4a}$ b) $\dfrac{2-7a}{1-2a}$
c) $\dfrac{7x+6}{2x+3}$ d) $\dfrac{22x+9}{5x+9}$

199
a) $fog(x)=-3x^2+6x-4$
b) $gof(x)=9x^2-6x+2$
c) $fof(x)=9x-4$
d) $gog(x)=x^4-4x^3+6x^2-4x+2$
e) $fogof(x)=-27x^2+18x-4$
f) $gofof(x)=81x^2-90x+26$

200
a) $12x^2-8x+5$ b) $4-6x$
c) $3x^2+8x+9$ d) $6x^2-8$
e) $-9x^2+12x-15$
f) $18x^2-24x+28$
g) $2x^4-9x^2+7$ h) $\dfrac{6x-10}{13-8x}$
i) $\dfrac{-6x-3}{7x+5}$ j) $2\sqrt{3x-5}$

201
a) $f[f(x)]=x$
b) $f\{f[f(x)]\}=\dfrac{x+1}{x-1}$

202
a) $gof(x)=|x|$, $D=\mathbf{R}$, $Im=\mathbf{R}_+$
b) $fog(x)=x$, $D=\mathbf{R}_+$, $Im=\mathbf{R}_+$

203
$gof(x)=\sqrt{-x^2+x+2}$, $D=[-1,2]$
$fog(x)=\sqrt{x+3}-x-4$,
$D=\{x\in\mathbf{R}\mid x\geq-3\}$

204
$gof(x)=\dfrac{3-4x}{14x-3}$, $D=\mathbf{R}-\left\{\dfrac{1}{3},\dfrac{3}{14}\right\}$
Lembre-se:
$Dgof=\{x\in D_f\mid f(x)\in D_g\}$

205
a) $f(x)=3x-5$ b) $f(x)=x^2-3$

206
a) $f(x)=3x+1$
b) $f(x)=x^2+x-3$
c) $f(x)=\dfrac{2x+10}{x-7}$

207
a) $g(x)=5x-2$
b) $g(x)=x+2$ ou $g(x)=1-x$
c) $g(x)=x+2$ ou $g(x)=-x-\dfrac{3}{2}$

208
a) $g(x)=\dfrac{x-1}{x-2}$; $D_g=\{x\in\mathbf{R}\mid x\neq2\}$

209

$$(fog)(x)=\begin{cases}6x-31 \text{ se } x\geq 6\\ 2x-6 \text{ se } x<6\end{cases}$$

210

$$(fog)(x)=\begin{cases}9x^2-33x+35 \text{ se } x>2\\ 9x-14 \text{ se } x\leq 2\end{cases}$$

211

$$(fog)(x)=\begin{cases}6x^2-9x-7 \text{ se } x\geq 5\\ 12x-10 \text{ se } x<5\end{cases}$$

212

$$(fog)(x)=\begin{cases}8x^2-28x-19 \text{ se } x\leq -1\\ 12x-3 \text{ se } x>-1\end{cases}$$

$$(gof)(x)=\begin{cases}32x^2-140x+144 \text{ se } x\leq 2\\ 12x-20 \text{ se } x>2\end{cases}$$

213

a) f não admite inversa pois não é injetora
b) $f^{-1}: B \to A = \{ (0,0), (-2,-1), (6,3) \}$
c) f não é sobrejetora
d) $f^{-1}: B \to A = \{ (9,-3), (4,2), (1,-1) \}$
e) f não é injetora nem sobrejetora
f) $f^{-1}: B \to A = \{ (\frac{1}{2},-1), (1,0), (2,1), (4,2) \}$

214

a) $f^{-1}(x) = x-5$ b) $f^{-1}(x) = \frac{x}{2}$
c) $f^{-1}(x) = \frac{4-x}{3}$
d) $f^{-1}(x) = \sqrt[3]{x}$ e) $f^{-1}(x) = x^5$
f) $f^{-1}(x) = \sqrt{x}$
g) $f^{-1}(x) = -\sqrt[4]{x}$
h) $f^{-1}(x) = x^2$
i) $f^{-1}(x) = \frac{5x+1}{2x-3}$

215

$$f^{-1}(x) = \sqrt[3]{\frac{x-1}{2}}$$

216

a) $fof^{-1}(x) = x$
b) $f^{-1}of(x) = x$

217

a) $f^{-1}(x) = \sqrt[5]{\frac{x+1}{3}}$
b) $g^{-1}(x) = \frac{5-x}{2}$
c) $gof(x) = 7-6x^5$
d) $(gof)^{-1}(x) = \sqrt[5]{\frac{7-x}{6}}$
e) $(f^{-1}og^{-1})(x) = \sqrt[5]{\frac{7-x}{6}}$

Observe que $(gof)^{-1}(x) = (f^{-1}og^{-1})(x)$

218

a) $f^{-1}(x) = f(x) = \frac{x+1}{x-1}$
b) $f[f(x)] = x$ (função identidade em A)
c) $f\{f[f(x)]\} = f(x) = \frac{x+1}{x-1}$
d) $f(x)$ se n for ímpar
x se n for par.

219

a) $f(3) = m = 0$ b) $m = 10$
c) $m = 2$ d) $m = 2$

220

a) $A = \{ x \in R \mid x \geq 1 \}$
b) $A = \{ x \in R \mid x \geq 0 \}$
c) $A = \{ x \in R \mid x \geq 1 \}$

221

a) $B = \{ y \in R \mid y \geq -9 \}$
b) $B = \{ y \in R \mid y \leq 5 \}$
c) $B = \{ y \in R \mid y \leq -1 \}$

222

a) $f^{-1}(x) = \sqrt{-x}$

b) $f^{-1}(x) = -\sqrt{-x}$

c) $f^{-1}(x) = 2 + \sqrt{x}$

d) $f^{-1}(x) = 1 - \sqrt{-x}$

e) $f^{-1}(x) = \sqrt{-x-2}$

f) $f^{-1}(x) = \dfrac{1+\sqrt{x}}{2}$

g) $f^{-1}(x) = 1 - \sqrt{9+x}$

h) $f^{-1}(x) = \sqrt{5-x}$

i) $f^{-1}(x) = 1 - \sqrt{-1-x}$

223

a) -2 b) 4 c) 4 d) 7 e) 8
f) 11 g) 7 h) 8 i) 10 j) $\nexists$
k) $\nexists$ l) $\nexists$

224

a) 2 b) 3 ou 5 c) $\nexists x$
d) -2 e) -1 ou 0 f) 6
g) 1 h) 3 ou 5 i) $\nexists x$

225

a) $f(0) = -2$ b) $f(2) = 0$

c) $f\left(-\dfrac{1}{2}\right) = 0$ d) $f(3) = 7$

e) $f(-x) = 2x^2 + 3x - 2$

f) $f(x+2) = 2x^2 + 5x$

g) $f(x-1) = 2x^2 - 7x + 3$

h) $f(2x-3) = 8x^2 - 30x + 25$

226

a) $f(g(x)) = 6x + 3$

b) $f(h(x)) = 2x^2 - 6x - 1$

c) $g(h(x)) = 3x^2 - 9x + 2$

d) $g(f(x)) = 6x - 1$

e) $h(f(x)) = 4x^2 - 10x + 4$

f) $h(g(x)) = 9x^2 + 3x - 2$

g) $f(f(x)) = 4x - 3$

h) $g(g(x)) = 9x + 8$

i) $h(h(x)) = x^4 - 6x^3 + 6x^2 + 9x$

227

a) $(fog)(x) = 6x^2 - 9x + 1$

b) $(gof)(x) = 18x^2 + 39x + 19$

c) $(fof)(x) = 9x + 16$

d) $(gog)(x) = 8x^4 - 24x^3 + 4x^2 + 21x + 4$

228

a) $[fo(goh)](x) = 6x^2 - 18x + 7$

b) $[(fog)oh](x) = 6x^2 - 18x + 7$

c) $(fohog)(x) = 12x^2 + 42x + 25$

d) $(gofoh)(x) = 6x^2 - 18x - 5$

e) $(hogof)(x) = 36x^2 - 6x - 3$

f) $(gohof)(x) = 18x^2 - 42x + 23$

g) $(fofof)(x) = 27x - 26$

h) $(gogog)(x) = 8x + 35$

i) $(hohof)(x) = 81x^4 + 378x^3 + 576x^2 - 315x + 53$

229

a) $(fog)(x) = \dfrac{-x-4}{4x+1}$

b) $(gof)(x) = \dfrac{x-2}{8x-1}$

c) $(fof)(x) = \dfrac{x-1}{x}$

d) $(gog)(x) = \dfrac{-2x-3}{9x+1}$

230

$(fog)(x) = \dfrac{2x+3}{2x-2}, D_{(f)} = \mathbf{R} - \{3\},\ D_g = \mathbf{R}, D_{(fog)} = \mathbf{R} - \{1\}$

231

$(fog)(x) = \dfrac{-x}{x+3},$

$D(fog) = R - \{-2, -3\}$

$(gof)(x) = \dfrac{3x-3}{4x-5},$

$D(gof) = R - \left\{2, \dfrac{5}{4}\right\}$

232

a) $f(x) = 2x - 7$
b) $f(x) = x^2 - 3x - 5$
c) $f(x) = -2x^2 - 2x - 1$
d) $f(x) = x^3 - 2x^2 - 2x - 1$
e) $f(x) = \frac{2x-3}{x+2}$

233

a) $f(x) = 2x^2 - 3x - 1$
b) $f(x) = x^3 - 2x^2 - x - 7$
c) $f(x) = \frac{3x-1}{x-2}$

234

$$(gof)(x) = \sqrt{2x^2 - 11x + 15},$$
$$D = \left\{x \in \mathbf{R} \middle| x \leq \frac{5}{2} \vee x \geq 3\right\}$$

235

a) $(fog)(x) = 2\sqrt{x^2 - 9} + 1,$
$D = \{x \in \mathbf{R} | x \leq -3 \vee x \geq 3\}$

b) $(gof)(x) = 2\sqrt{x^2 + x - 2},$
$D = \{x \in \mathbf{R} | x \leq -2 \vee x > 1\}$

236

$$(fog)(x) = \begin{cases} 4x^2 - 2x - 5 \text{ se } x \geq -2 \\ 6x - 5 \text{ se } x < -2 \end{cases}$$

237

$$(fog)(x) = \begin{cases} 18x^2 - 69x + 64 \text{ se } x \geq 2 \\ 9x - 16 \text{ se } x < 2 \end{cases}$$

238

a) $(fog)(x) = \begin{cases} 6x^2 - 4x - 13 \text{ se } x \geq 5 \\ 2x^2 - 4x - 3 \text{ se } x < 5 \end{cases}$

b) $(gof)(x) = \begin{cases} 12x^2 - 40x + 28 \text{ se } x \geq 4 \\ 4x^2 - 16x + 15 \text{ se } x < 4 \end{cases}$

239

a) sim b) não c) não
d) sim e) não f) sim

240

a) f não é bijetora
b) $f^{-1} = \{(2, 0), (4, 1), (-1, 3)\}$
D = B, Im = A
c) $f^{-1} = \{(1, -1), (2, 0), (3, 1), (4, 2)\}$ D = B, Im = A

241

a) D = { − 1, 2, 3, 6 },
Im = { 0, 3, 4, 7 }
b) D = { 1, 2, 4, 8 }, Im = { 0, 1, 2, 3 }
c) D = { 1, 2, 3, 4 }, Im = { 2, 4, 8, 16 }

242

a) D = [1, 3], Im = [− 2, 4]
b) D = [− 1, 4], Im = [−2, 5]
c) $D = \mathbf{R}^*_+$, $Im = \mathbf{R}$
d) $D = \mathbf{R}$, $Im = \mathbf{R}^*_+$

243

a) $y = x + 3$ b) $y = \frac{1}{3}x - \frac{5}{3}$
c) $y = 2x - \frac{14}{3}$ d) $y = 2\sqrt{x}$
e) $y = x^3$ f) $y = \sqrt{x - 1}$

244

a) $f^{-1}(x) = \frac{1}{x}, D = \mathbf{R}^*, Im = \mathbf{R}^*$

b) $f^{-1}(x) = \frac{2x+3}{1-x}, D = \mathbf{R} - \{1\},$
$Im = R - \{-2\}$
c) $f^{-1}(x) = \frac{2x+3}{2-x}, D = \mathbf{R} - \{2\},$
$Im = R - \{-2\}$
d) $f^{-1}(x) = \frac{4-x}{x+3}, D = \mathbf{R} - \{-3\},$
$Im = R - \{-1\}$

245

a) $f^{-1}(x) = \frac{1}{2}x + \frac{3}{2}$

b) $g^{-1}(x)=\frac{1}{3}x-\frac{5}{3}$

c) $(fog)^{-1}(x)=\frac{1}{6}x-\frac{7}{6}$

d) $(g^{-1}of^{-1})(x)=\frac{1}{6}x-\frac{7}{6}$

e) $(fof)^{-1}(x)=\frac{1}{4}x+\frac{9}{4}$

f) $(f^{-1}of^{-1})(x)=\frac{1}{4}x+\frac{9}{4}$

246
a) $k=-4$ b) $k=4$ c) $k=$
4

247

a) $k=2$ b) $k=\frac{-5}{4}$

248 $l=-18, k=1$

249 24

250 6

251

$$(fog)(x)\begin{cases}4x^2-6x-3 \text{ se } x\le -5\\ 6x+3 \text{ se } -5<x<5\\ 2x^2+4x-2 \text{ se } x\ge 5\end{cases}$$

$$(gof)(x)=\begin{cases}8x^2-14x+4 \text{ se } x\le -2\\ 6x-1 \text{ se } -2<x<3\\ 4x^2-1 \text{ se } x\ge 3\end{cases}$$

252

$$(fog)(x)=\begin{cases}-x-3 \text{ se } x\le -6\\ 2x+3 \text{ se } -6<x\le 2\\ 2x^2-11 \text{ se } x>2\end{cases}$$

253 $f(x)=\frac{-x-5}{8x+10}$

254 $g(x)=\frac{1}{2x-5}$

255

a) $f^{-1}(x)=\sqrt[3]{1-x^3}$

b) $(fofof)(x)=\sqrt[3]{1-x^3}$

256
a) $f^{-1}(x)=x^3+3x^2+3x+1$

b) $f^{-1}(x)=\sqrt[3]{\frac{3}{x}-1}$

c) $f^{-1}(x)=\frac{2x+1}{2-x}$

257

a) $f^{-1}(x)=\frac{5x+3}{2x-5}$

b) $(fofofofof)(x)=\frac{5x+3}{2x-5}$

258 - demonstração

259 - demonstração

260 - demonstração

261 - demonstração

Capítulo 5

262

a) 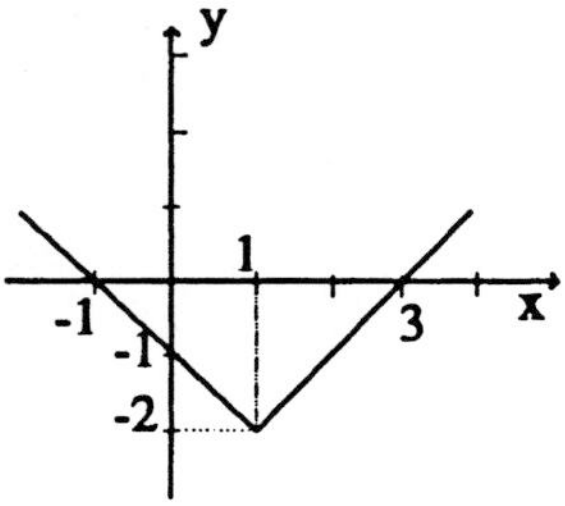

b) 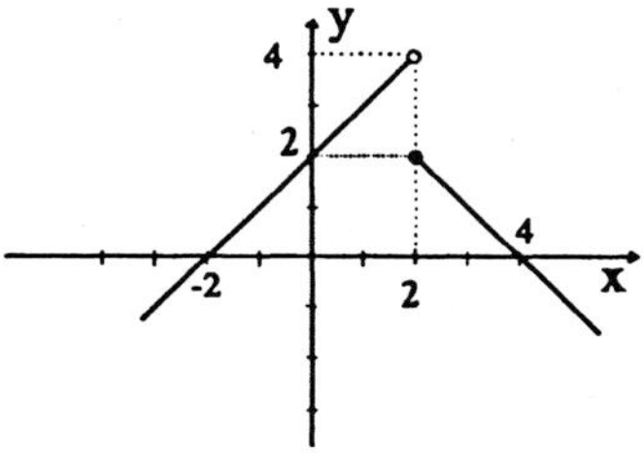

c) 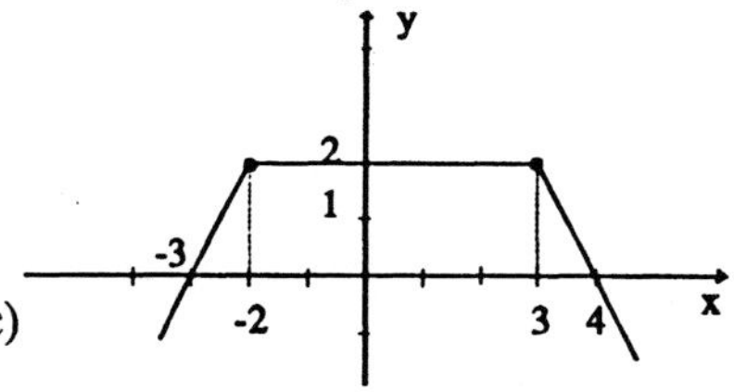

d) 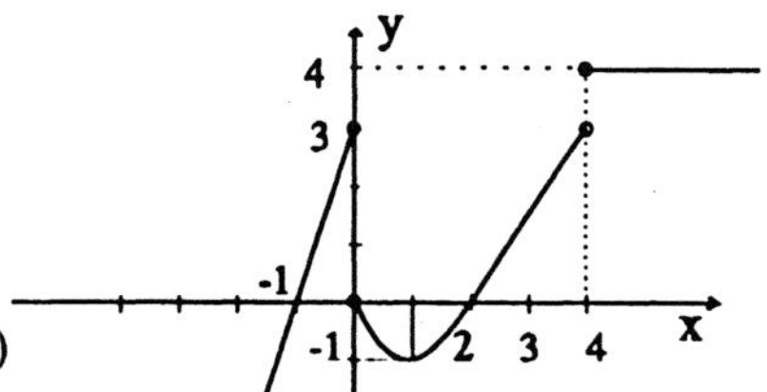

263

a) 8 b) -19 c) -6 d) -4

e) -4 f) -6 g) -3

264

2 e 27

265

6

266

a) 11 b) 0 c) 9 d) $\sqrt{5}-2$

e) $\pi-3$ f) $\sqrt{7}-2$

g) $-\left(\sqrt{7}-3\right)=3-\sqrt{7}$ h) $\sqrt{3}-\dfrac{\pi}{2}$

267

a) x^2+1 b) $x-2$ c) $2x-5$

d) 0 e) $-x+1$ f) $-3x+6$

g) $-3x+12$ h) $2x-10$

268

a) $-x^2+9$ b) $-x^2+4$

c) x^2-3x d) $2x^2+8x$

e) x^2-3x+4 f) $2x^2-x+1$

g) $-x^2+x+6$ h) $8-2x-x^2$

269

a) $f(x)=\begin{cases} x-5, & x\geq 5 \\ -x+5, & x<5 \end{cases}$

b) $f(x)=\begin{cases} 2x+6, & x\geq -3 \\ -2x-6, & x<-3 \end{cases}$

c) $f(x)=\begin{cases} -2x+5, & x\leq 5 \\ 2x-5, & x>5 \end{cases}$

d) $f(x)=\begin{cases} x^2-16, & x\leq -4 \vee x\geq 4 \\ -x^2+16, & -4<x<4 \end{cases}$

e) $f(x)=\begin{cases} 9-x^2, & -3\leq x\leq 3 \\ x^2-9, & x<-3 \vee x>3 \end{cases}$

f) $f(x)=\begin{cases} x^2-3x-10, & x\leq -2 \vee x\geq 5 \\ -x^2+3x+10, & -2<x<5 \end{cases}$

270

a) $f(x)=x^2-6x+9,\ \forall x\in \mathbf{R}$

b) $f(x)=x^2-3x+5,\ \forall x\in \mathbf{R}$

c) $f(x)=x^2-3x+3,\ \forall x\in \mathbf{R}$

d) $f(x)=x^2-10x+25,\ \forall x\in \mathbf{R}$

271

$$f(x)=\begin{cases}3x-13, & x<-3\\ 7x-1, & -3\le x<2\\ 9x-5, & x\ge 2\end{cases}$$

272

a)

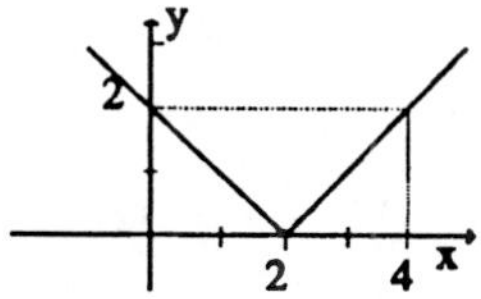

b) Note que $|x-2|=|-x+2|$

O gráfico é igual ao do item a.

c)

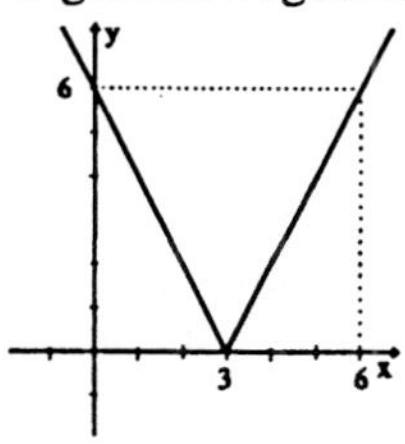

d)

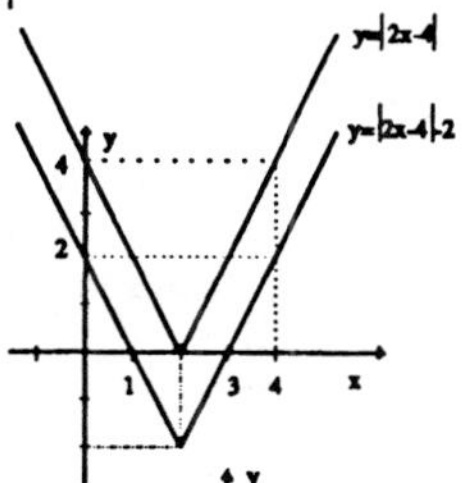

e)

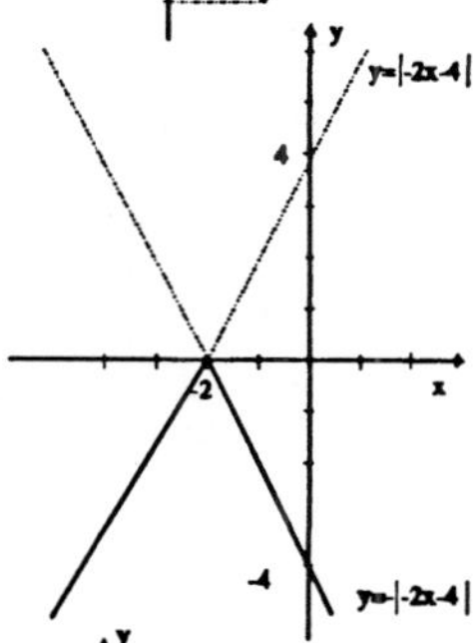

f)

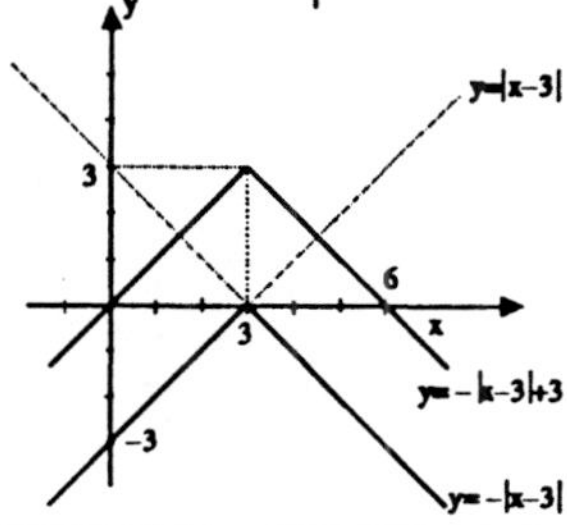

273

a)

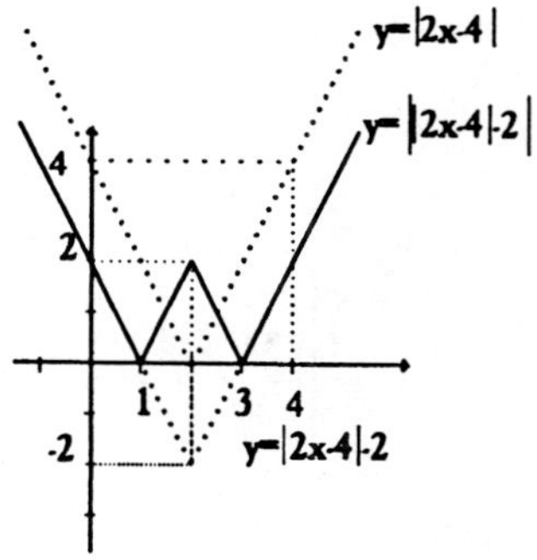

b)

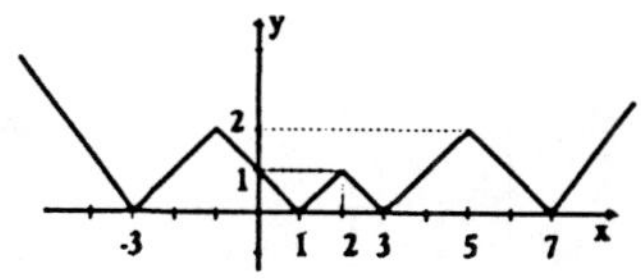

c)

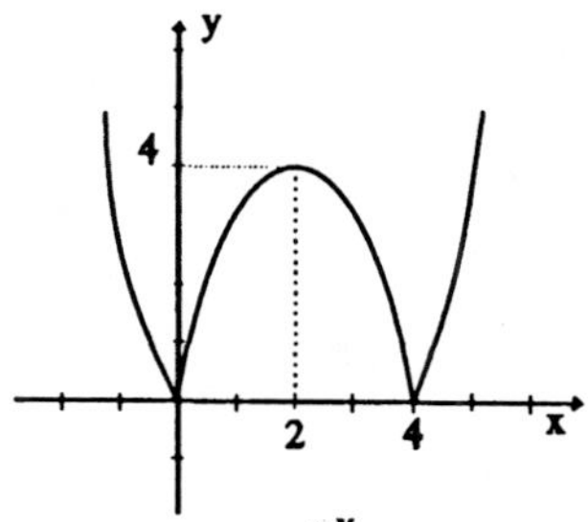

d)

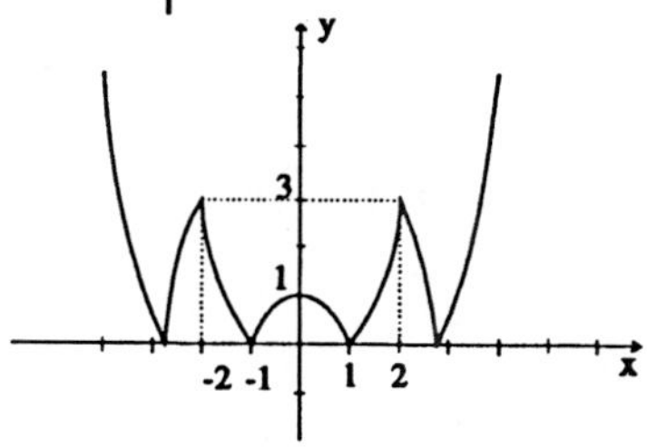

274

a)

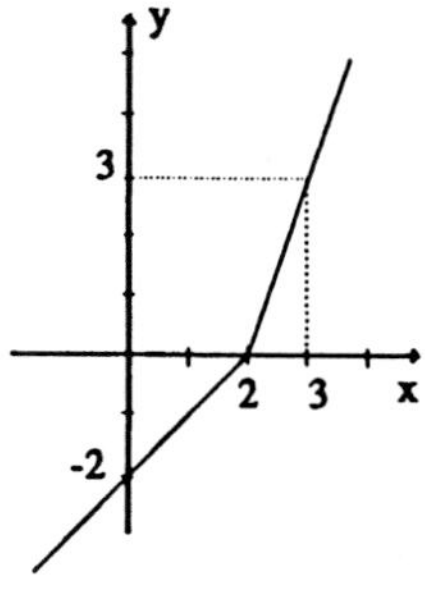

b) 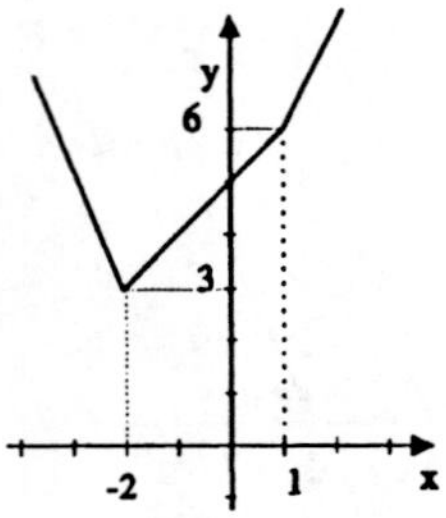

c) 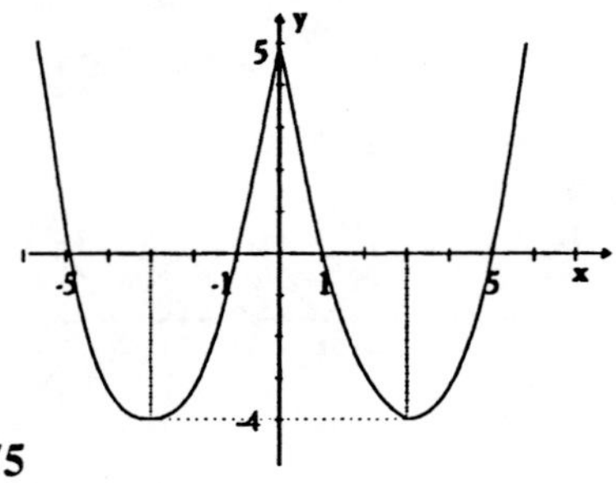

275

a) $\{-1, 6\}$ b) $\{4\}$ c) $\varnothing$

d) $\left\{-\frac{4}{3}, 4\right\}$ e) $\{-3, 3\}$

f) $\{-5, -3, 3, 5\}$ g) $\left\{-3, \frac{11}{5}\right\}$ h) $\{3\}$

i) $\{0, 4, -\sqrt{10}, \sqrt{10}\}$ j) $\left\{-\frac{3}{4}, 1\right\}$

276

a) $\{3\}$ b) $\{4\}$ c) $\varnothing$

d) $\{3, 5\}$ e) $\varnothing$ f) $\{2\}$

277

a) $\{-3, 3\}$ b) $\left\{-5, \frac{1}{2}\right\}$ c) $\{-4, 4\}$

d) $\varnothing$ e) $\left\{-1, -\frac{1}{4}, \frac{5}{4}, 2\right\}$ f) $\{-1, 4\}$

278

a) $\{0, 4\}$ b) $\left\{-4, \frac{7}{2}\right\}$

c) $[-6, 4] = \{x \in \mathbf{R} \mid -6 \le x \le 4\}$

d) $\{-2, 3, 0\}$ e) $\{-3, 2, 4\}$

279

a) $-5 < x < 5$ b) $x < -6 \vee x > 6$

c) $-4 \le x \le 4$ d) $x \le -7 \vee x \ge 7$

e) $\varnothing$ f) $\mathbf{R}$ g) 0

h) $-2 < x < \frac{4}{3}$ i) $x < -5 \vee x > 6$

j) $\frac{-2}{3} \le x \le 4$ k) $x \le \frac{-8}{5} \vee x \ge 2$

l) $\varnothing$ m) $\mathbf{R}$ n) 5 o) $x < 0 \vee x > 6$

280

a) $-3 \le x < 0 \vee 3 < x \le 6$

b) $-1 < x \le 3 \vee 7 \le x < 11$

c) $-4 < x < 4$ d) $\varnothing$

e) $-4 < x < \frac{-4}{3}$ f) $x < -3 \vee x > 3$

g) $x < \frac{-7}{2} \vee -2 < x < 2 \vee x > \frac{7}{2}$

h) $-5 \le x \le \frac{-2}{3} \vee \frac{2}{3} \le x \le 5$

281

a) $-1 \le x \le 1 \vee 6 \le x \le 8$

b) $x \le -2 \vee 2 \le x \le 4 \vee x > 8$

282

a) $-12 < x < 12$ b) $x \le -4 \vee x \ge 4$

c) $x < \frac{-13}{3} \vee -3 < x < \frac{1}{3} \vee x > \frac{5}{3}$

d) $-8 \le x \le 9$

283

a) $x \le -7 \vee x > \frac{-3}{4}$

b) $\frac{-2}{9} < x < \frac{16}{15} \wedge x \ne \frac{3}{4}$

284

a) $\frac{-3}{4} < x < \frac{1}{3} \vee \frac{2}{3} < x < \frac{7}{4}$

b) $x \le \frac{1}{2} \vee 4 \le x \le 6 \vee x \ge \frac{19}{2}$

c) $-4 \le x \le -1 \vee 2 \le x \le 5$

d) $x < -3 \vee \frac{1}{3} < x < \frac{11}{3} \vee x > 7$

e) $-2 < x < \frac{2}{3} \vee \frac{7}{3} < x < 5$

285

a) $\frac{-9}{7} \le x \le 7$

b) $x < \frac{-17}{2} \vee x > \frac{5}{6}$

286

a) $x > 9$ b) $x \le -\frac{1}{2} \vee x \ge 2$

c) $\varnothing$ d) $\frac{3}{5} \le x \le 11$

287

a)
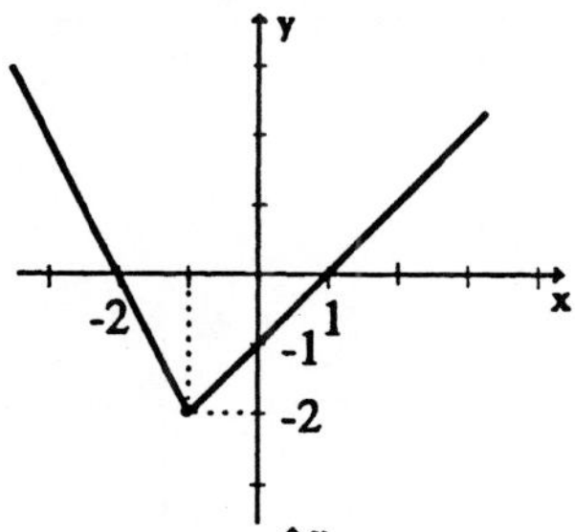

b)
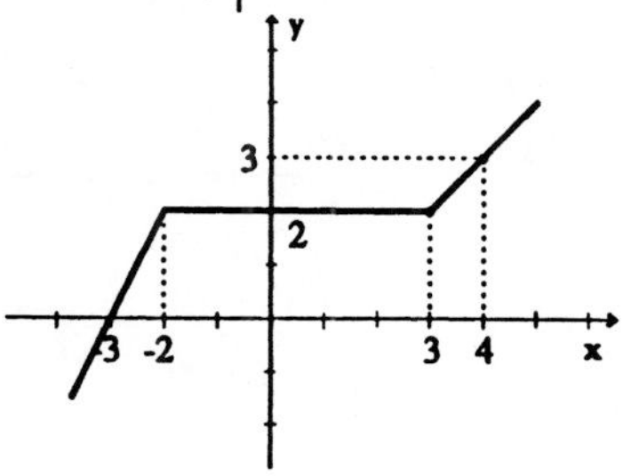

c)
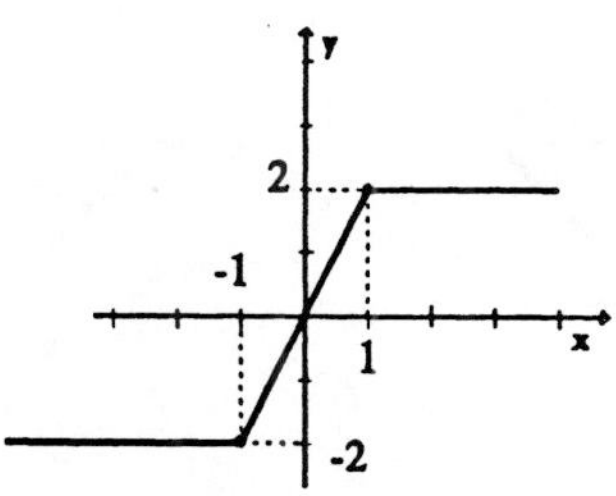

d)
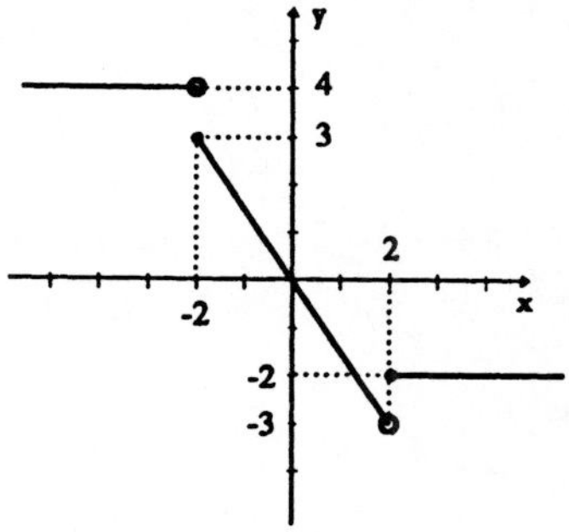

e)
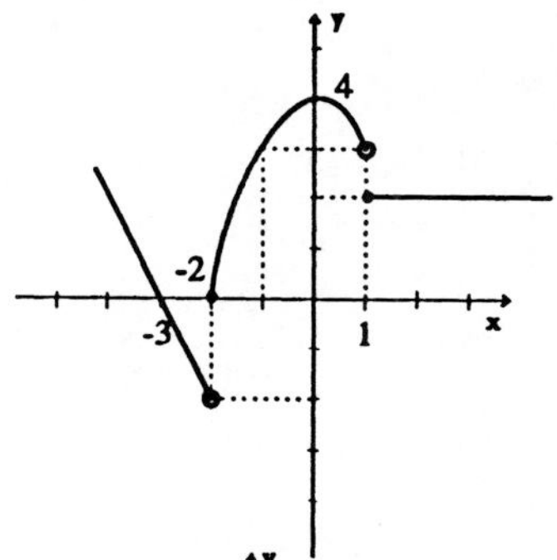

f)
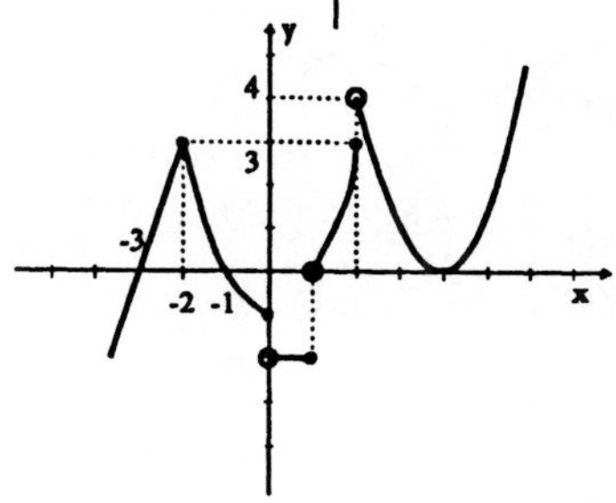

288

a) 10 b) 39 c) 7 d) −3
e) −2 f) −9 g) 22
h) −16 i) 4 j) 11

289

−7 e 6

290

a) V b) F c) V d) V e) V
f) V g) V h) F i) V

291

a) $5\sqrt{3} - 3\sqrt{5}$ b) $9 - 5\sqrt{3}$

c) $4 - \sqrt{11}$ d) $x^2 + 11$

e) x^2-4x+5 f) $5-2\sqrt{6}$

292

a) x^2-16 b) $2x+8$

c) $-x^2+3x-2$ d) x^2-x-12

e) $2x^2+6x$ f) $-x^2+3x+18$

293

a) $f(x)=\begin{cases}2x-6, & x\geq 3\\ -2x+6, & x<3\end{cases}$

b) $f(x)=\begin{cases}8-2x, & x\leq 4\\ 2x-8, & x>4\end{cases}$

c) $f(x)=\begin{cases}-3x-15, & x\geq -5\\ 3x+15, & x<-5\end{cases}$

d) $f(x)=\begin{cases}x^2-1, & x\leq -1 \vee x\geq 1\\ -x^2+1, & -1<x<1\end{cases}$

e) $f(x)=\begin{cases}x^2+5x, & x\geq -5\\ -x^2-5x, & x<-5\end{cases}$

f) $f(x)=\begin{cases}x^2+3x-18, & x\leq -6 \vee x\geq 3\\ -x^2-3x+18, & -6<x<3\end{cases}$

g) $f(x)=x^2-6x+9, \quad \forall x\in \mathbf{R}$

h) $f(x)=x^2-5x+7, \quad \forall x\in \mathbf{R}$

294

a) $f(x)=\begin{cases}x-8, & x<-4\\ 3x, & -4\leq x<1\\ 5x-2, & x\geq 1\end{cases}$

b) $f(x)=\begin{cases}x^2-33, & x<-5 \vee x\geq 5\\ -x^2+17, & -5\leq x<-2 \vee 3\leq x<5\\ -3x^2+2x+29, & -2\leq x<3\end{cases}$

295

a) 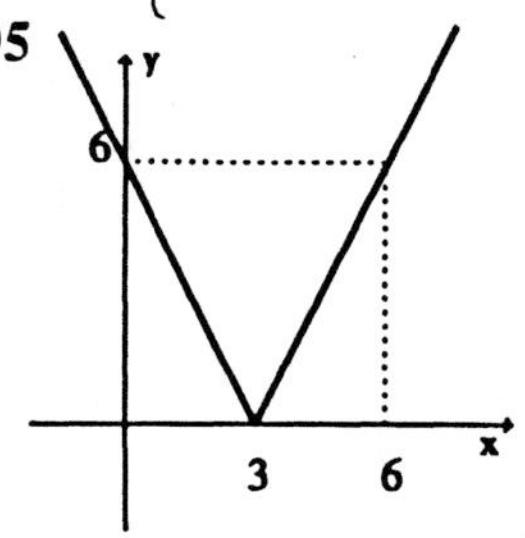

b) Como $|6-2x|=|2x-6|$, este gráfico é igual ao do item a.

c) 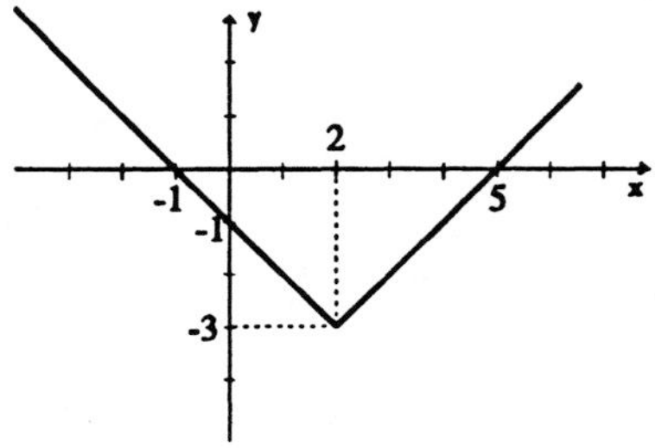

d) 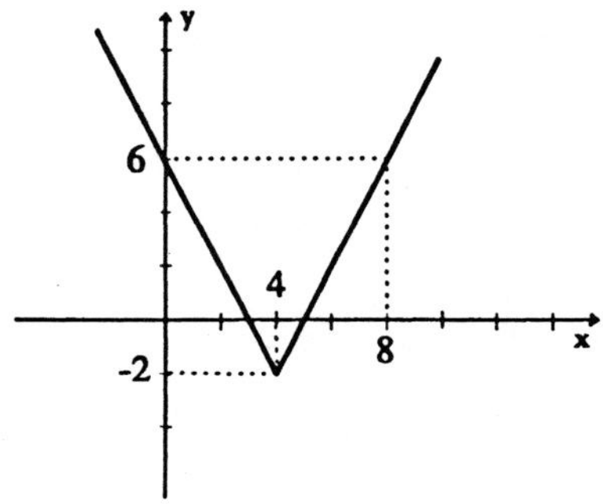

e) 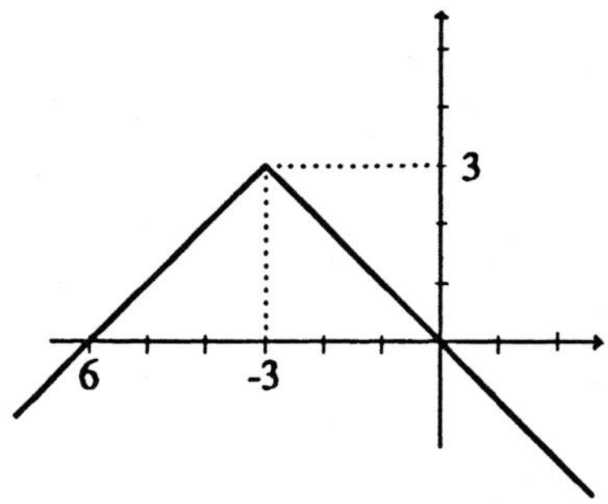

f) 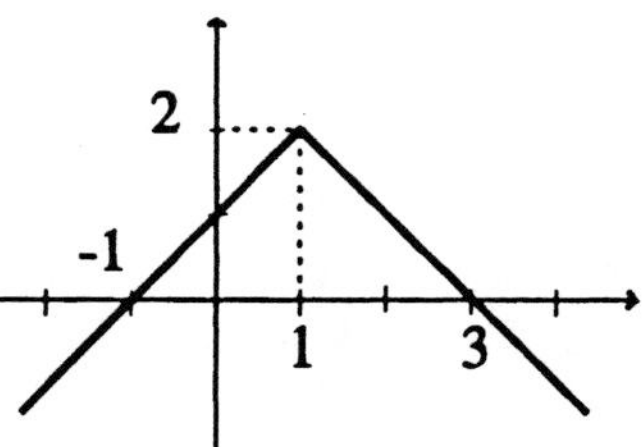

296

a) 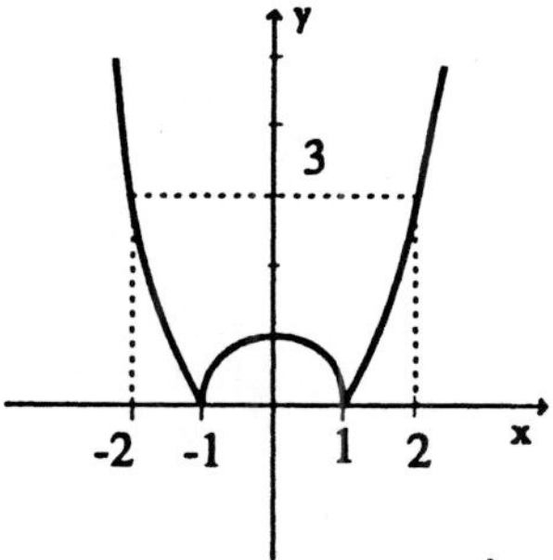

b) 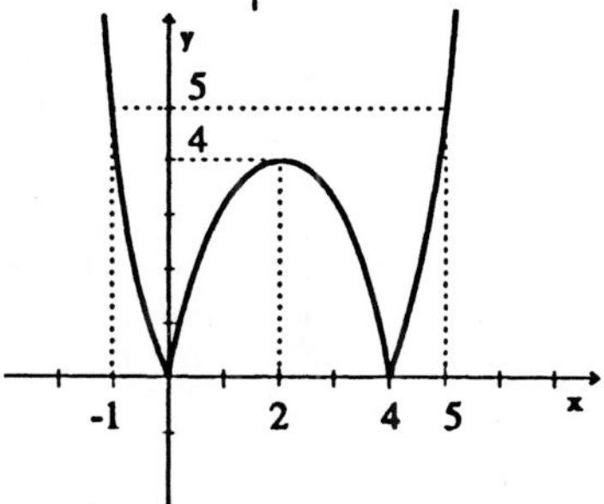

c) 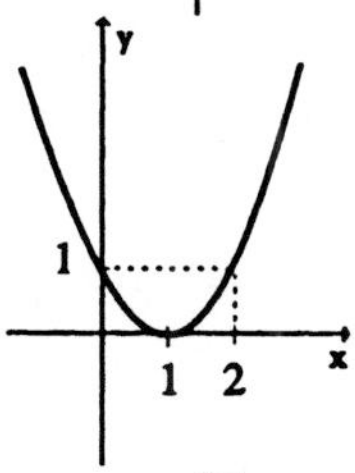

d) 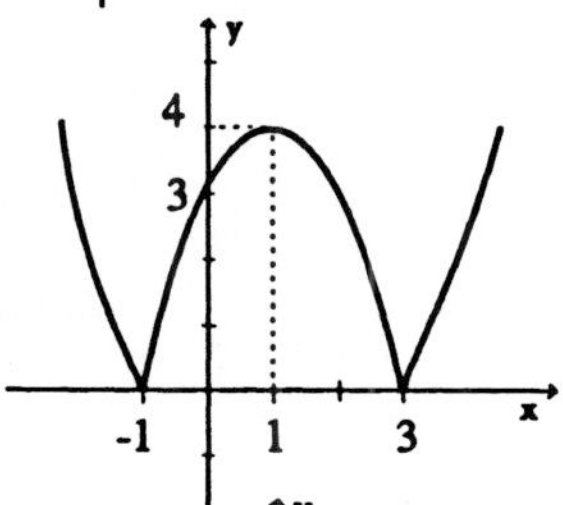

297

a) 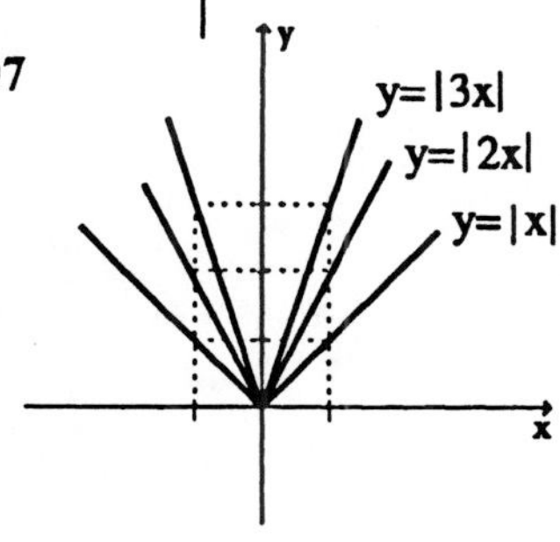

b) 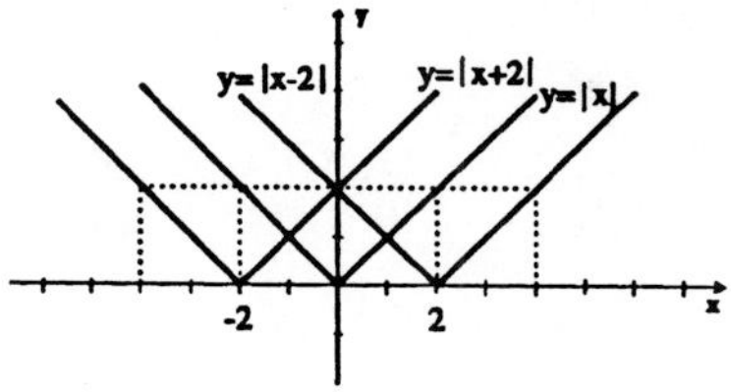

c) 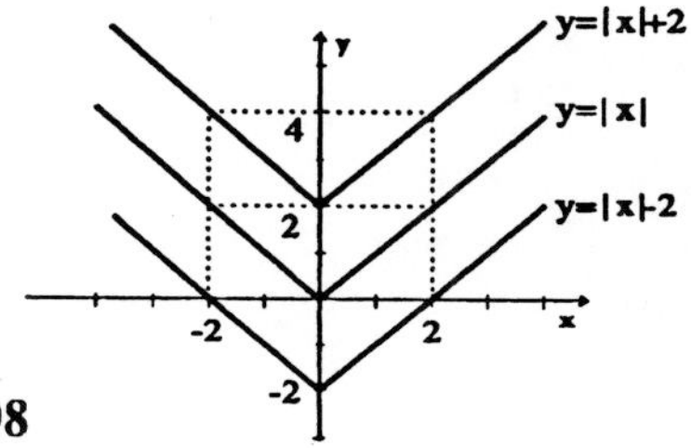

298

a) 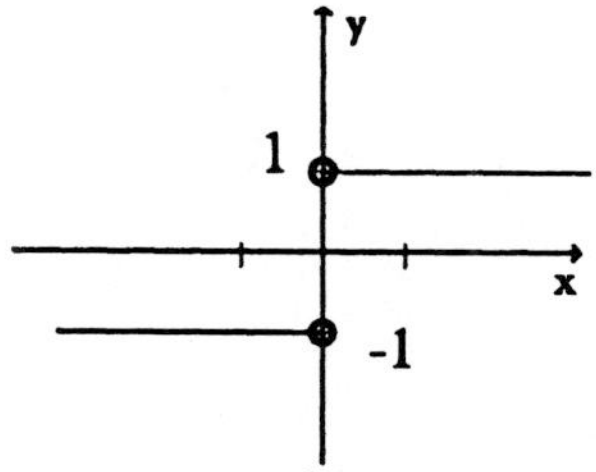

b) 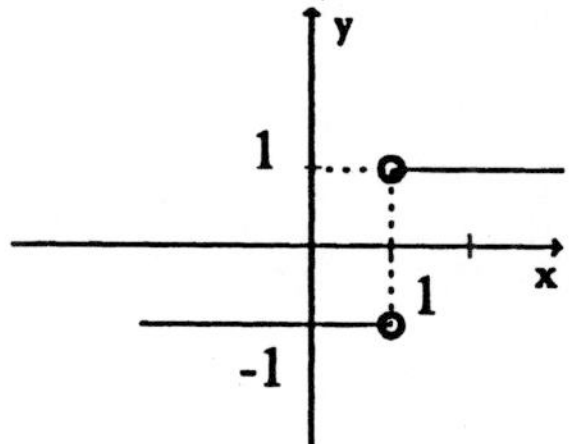

c) 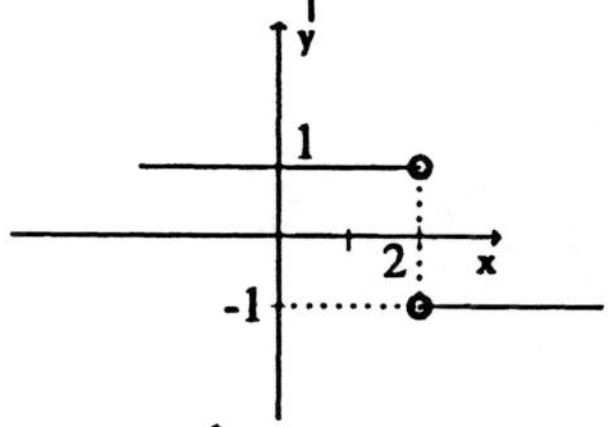

d) 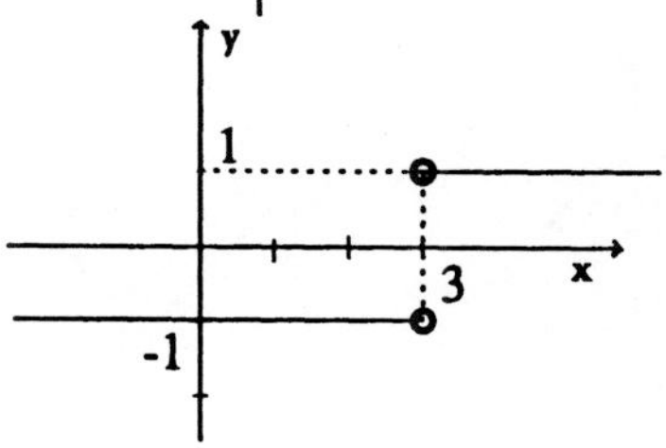

e) Como $|3-x| = |x-3|$, este gráfico é igual ao do item d.

f) 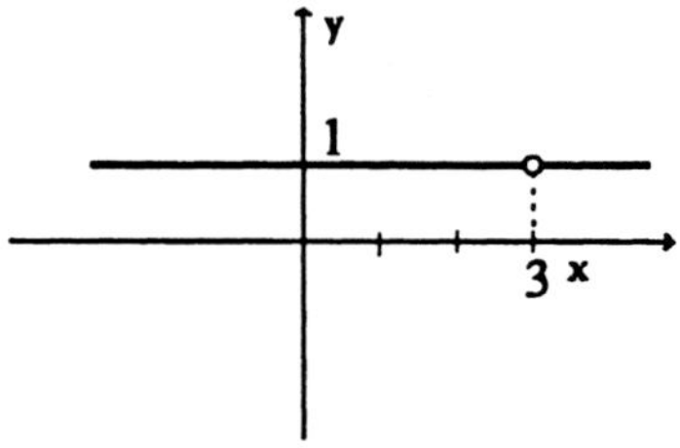

299

a) 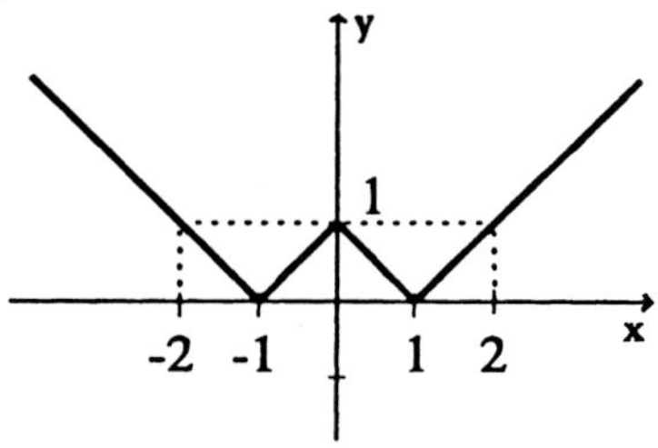

b) 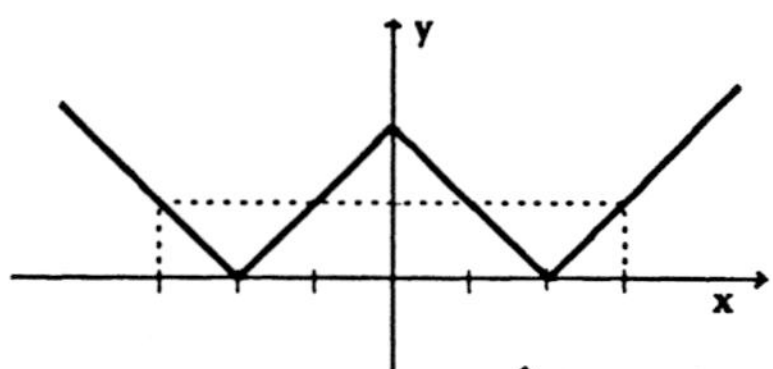

c) 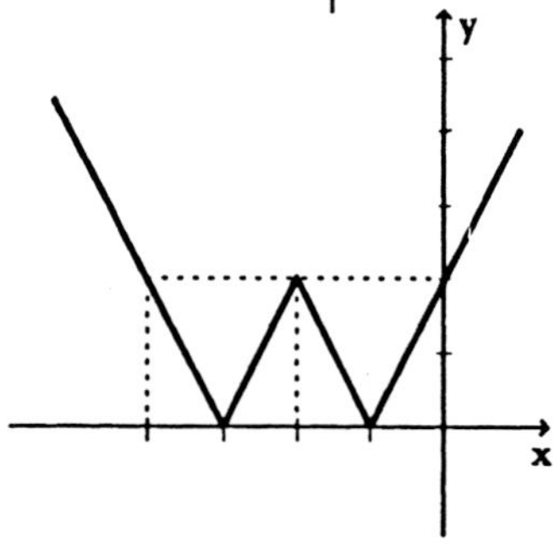

d) 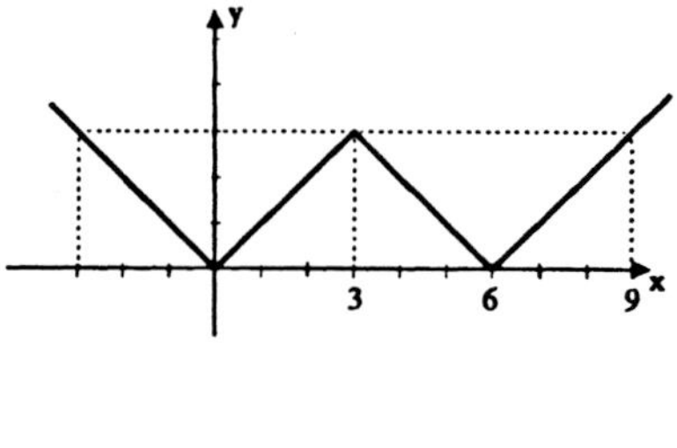

300

a) 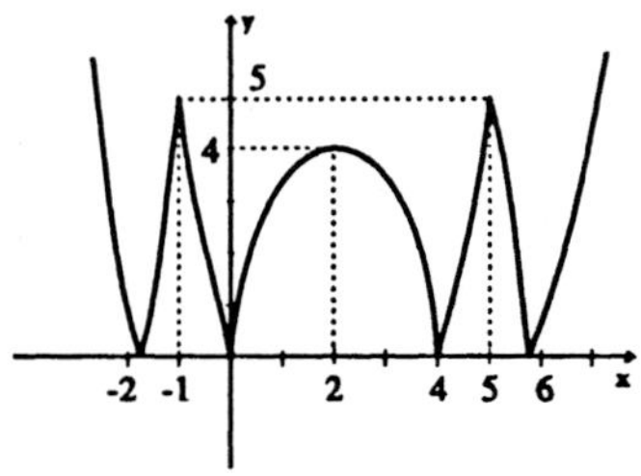

b) 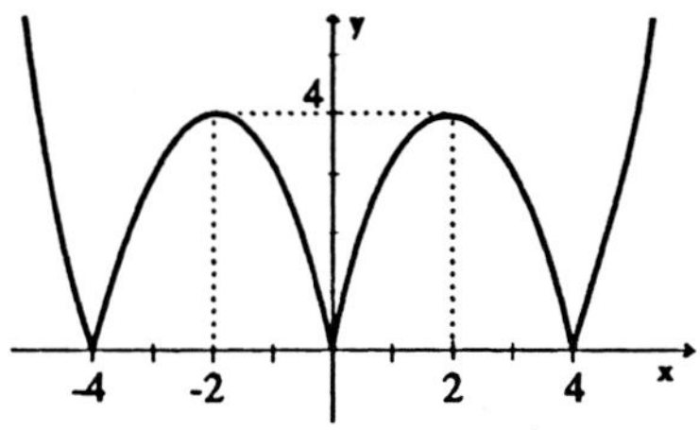

c) 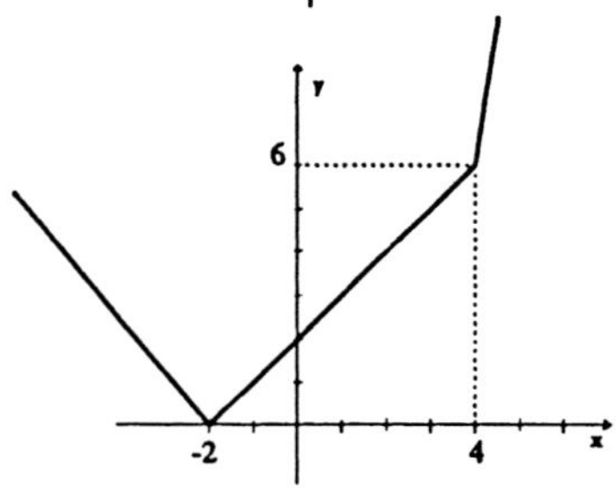

301

a) $\{-6,-1\}$ b) $\left\{-3,\dfrac{-1}{3}\right\}$ c) $\varnothing$

d) $\{5\}$ e) $\{-3,0\}$ f) $\{-5,5\}$

g) $\{-7,3\}$ h) $\{-9,3\}$ i) $\left\{\dfrac{-3}{2},4,6\right\}$

302

a) $\{4\}$ b) $\{-1, 15\}$ c) $\varnothing$

d) $\left\{\dfrac{-2}{5}\right\}$

303

a) $\{-5,5\}$ b) $\{-6,-4,4,6\}$ c) $\varnothing$

d) $\left\{-3,\dfrac{-5}{2}\right\}$ e) $\{-1,5\}$ f) $\left\{\dfrac{-2}{3},2\right\}$

304

a) $\left\{\frac{-7}{3}, 7\right\}$ b) $\{-6, 3\}$

c) $\{-27, -3, 13\}$ d) $\{-5, 1\}$

e) $\left\{\frac{-3}{2}, 6\right\}$ f) $\{2\}$

305

a) 

b) 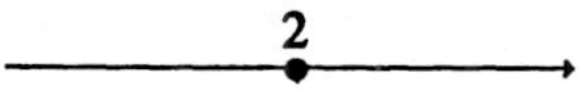

c) 

d) 

e) 

f) 

g) 

h) 

i) 

j) 

k) $\varnothing$

l) 

306

a) $-9 < x < 9$ b) $x < -8 \vee x > 8$

c) $-3 \leq x \leq 3$ d) $x \leq -4 \vee x \geq 4$

e) $\varnothing$ f) **R** g) $\frac{1}{3} \leq x \leq 3$

h) $x \leq -6 \vee x \geq -1$ i) $\frac{9}{5} < x < 3$

j) **R** k) $\frac{-2}{7} < x < 2$ l) $\{2\}$

307

a) $\frac{-4}{3} < x \leq \frac{-1}{3} \vee 3 \leq x < 4$

b) $0 \leq x < 2 \vee 5 < x \leq 7$

c) $-5 < x < 5$

d) $x < \frac{-3}{2} \vee x > \frac{3}{2}$

e) $-2 \leq x \leq -1 \vee 8 \leq x \leq 9$

f) $x \leq \frac{-5}{2} \vee -2 \leq x \leq \frac{1}{6} \vee x \geq \frac{2}{3}$

308

a) $-9 < x < 12$

b) $x \leq \frac{-7}{3} \vee x \geq 5$

c) $x < -10 \vee x > 3$

d) $-2 \leq x < 0 \vee 5 < x \leq 7$

309

a) $-10 < x < 10$

b) $x \leq -24 \vee -6 \leq x \leq 6 \vee x \geq 24$

c) $x < -9 \vee -4 < x < -1 \vee x > 4$

d) $-4 \leq x \leq 6 \vee 14 \leq x \leq 24$

e) $1 \leq x \leq \frac{13}{3} \wedge x \neq 2$

f) $x \leq 1 \vee x \geq 7$

310

a) $-11 < x < \frac{-7}{2} \vee \frac{-5}{2} < x < 5$

b) $x \leq \frac{7}{4} \vee \frac{5}{2} \leq x \leq \frac{9}{2} \vee x \geq \frac{21}{4}$

c) $x \leq \frac{-5}{2} \vee x \geq -1$ d) $-5 \leq x \leq 0$

311

a) $\frac{7}{3} < x < 3$ b) $x \leq 2 \vee x \geq 4$

c) $2 < x < \frac{22}{5}$ d) $x \geq \frac{8}{3}$

312 $\left\{\frac{2}{3}\right\}$

313 $(3, -2)$

314

a) $\{-1, 0\}$

b) $\left\{-1-\frac{\sqrt{2}}{2}, -1+\frac{\sqrt{2}}{2}, \frac{\sqrt{2}}{2}\right\}$

c) $\{-4,\ 4\}$ d) $\left\{3, \frac{17}{19}\right\}$ e) $x \le \frac{7}{4}$

f) $x \le \frac{5}{3}$ g) $\left\{\frac{3+\sqrt{5}}{2}, \frac{3-\sqrt{5}}{2}\right\}$

h) $\left\{1+\sqrt{2}, 1-\sqrt{2}, 1+\sqrt{6}, 1-\sqrt{6}\right\}$

i) $\left\{1, \frac{-3+\sqrt{17}}{2}\right\}$ j) $\left\{-\sqrt{2},\ 1-\sqrt{5}\right\}$

k) $\left\{\frac{-5+\sqrt{113}}{4}\right\}$ l) $\varnothing$

m) $\{-2, 0\}$ n) $\{-3, -2, 0, 1\}$

315

a) $-1 \le x \le 0$ b) $\left\{-\frac{5}{2}, -\frac{1}{2}\right\}$

c) $x \ge 2$ d) $\left\{\frac{3}{2}, \frac{9}{2}\right\}$ e) $1 \le x \le 2$

f) $\left\{1, \frac{11}{2}\right\}$ g) $\left\{\frac{3}{2}\right\}$ h) $\left\{2, \frac{2}{5}\right\}$

i) $\{-2\}$ j) $x \le -2 \lor x \ge 2$

k) $\{-2\}$ l) $\left\{\frac{7}{6}\right\}$

316

a) $\left\{-3,\ 2, \frac{-1+\sqrt{65}}{2}\right\}$ b) $\{-1\}$

c) $x \le -3 \lor x \ge 3$

d) $-3 \le x \le -2 \lor 2 \le x \le 3$

e) $\{2\}$ f) $\left\{\frac{-1+\sqrt{5}}{2}\right\}$ g) $\left\{\frac{1}{2}\right\}$

h) $\left\{-\frac{2}{3}, \frac{1}{2}, 2\right\}$

317

a) $\varnothing$ b) $\{-1\}$ c) $\{2, 5\}$

d) $\left\{\frac{\sqrt{2}}{2}, \frac{-2+\sqrt{2}}{2}, \frac{-2-\sqrt{2}}{2}\right\}$

e) $\{-2\}$

318 $\{(2, 1), (0, -3), (-6, 9)\}$

319 $\frac{2}{2-x}$,

note que $x + 2\sqrt{x-1} = \left(\sqrt{x-1}+1\right)^2$

320

a) $x = -1 \lor x \ge 0$

b) $1 \le x \le 3 \lor x = 4$

c) $x < -3 \lor -3 < x < -2 \lor x > 0$

d) $x \le \frac{3}{2}$ e) $0 \le x \le 2$

f) $2 < x < 5$

g) $x \le -2-\sqrt{2} \lor x \ge 1+\sqrt{3}$

h) $1-\sqrt{17} \le x \le \sqrt{5}-1$

321

a) $x < -16 \lor x > 6$ b) $1 < x < 4$

c) $x \le \frac{-4}{3} \lor x \ge 2$ d) $\frac{3}{2} \le x \le \frac{5}{2}$

e) $x < -1 \lor x > 0$

f) $x \le \frac{-2}{5} \lor x \ge 4$

g) $x < -5 \lor -1 < x < 1 \lor x > 1$

h) $x < -2 \lor x > \frac{4}{3}$

322

a) $x > \frac{9}{2}$ b) $x \le 1 \lor x > \frac{3}{2}$

c) **R** d) $0 < x < \frac{2}{5}$ e) $0 \le x \le \frac{1}{3}$

f) $x < \frac{3-\sqrt{65}}{4} \lor \frac{3-\sqrt{33}}{4} < x < \frac{3+\sqrt{33}}{4} \lor x > \frac{3+\sqrt{65}}{4}$

g) $x < 1 \lor x > \frac{11}{5}$

h) $\frac{-1-\sqrt{11}}{2} \le x < -1 \vee$
$-1 < x < \frac{-1+\sqrt{11}}{2}$

i) $x < -2 \vee -2 < x < -1 \vee x > -1$

323

a) $x \le -2 \vee x \ge -1$

b) $x < -2 \vee -2 < x \le 0 \vee$
$\frac{8}{5} \le x < 2 \vee 2 < x \le \frac{5}{2}$

c) $-1 \le x \le 1$

d) $x < -3 \vee x > 3$

e) $x < \frac{-5}{3} \vee x > 3$

f) $x \le -4 \vee x \ge 1$

g) $x < -5 \vee x > 1$

h) **R**

324

a) $\frac{3}{2} \le x < 2$ b) $1 < x < 3$

c) $-5 < x < -2 \vee 2 < x < 3 \vee$
$3 < x < 5$

d) $x < 3$ e) $-2 < x < 3$

f) $x < -2 \vee x > 3$ g) $\frac{2}{7} \le x \le \frac{2}{3}$

h) $\frac{-1}{2} < x < \frac{11}{4}$ i) $x < 0 \vee x > 6$

325

a) $x < -4 \vee -2 < x < 1 \vee x > 3$

b) $x \le 2 \vee x \ge 4$ c) $x < 2$

d) $x > 0$ e) $\frac{1}{3} < x < 3$

f) $x < \frac{7}{4} \vee x > \frac{5}{2}$

Capítulo 6

326

a) C b) D c) N d) C e) N
f) D g) N h) C i) N j) D
k) C l) C

327

a) $f(-2)=\frac{1}{4}, f(-1)=\frac{1}{2},$
$f(0)=1, f(2)=4$

b) $f(-2)=25, f(-1)=5,$
$f(0)=1, f(2)=\frac{1}{25}$

c) $f(-2)=\frac{9}{4}, f(-1)=\frac{3}{2}, f(0)=1,$
$f(2)=\frac{4}{9}$

d) $f(-2)=3+2\sqrt{2}, f(-1)=\sqrt{2}+1,$
$f(0)=1, f(2)=3-2\sqrt{2}$

e) $f(-2)=9, f(-1)=3, f(0)=1,$
$f(2)=\frac{1}{9}$

f) $f(-2)=\frac{3}{4}, f(-1)=\frac{1}{2},$
$f(0)=0, f(2)=-3$

328

a)
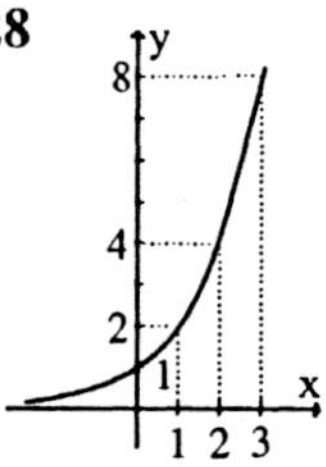

c)
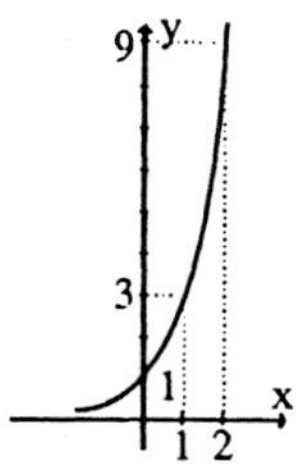

b)
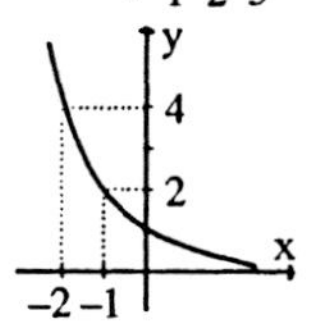

d)
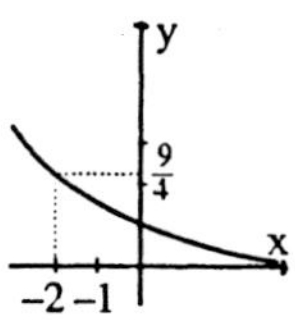

e)
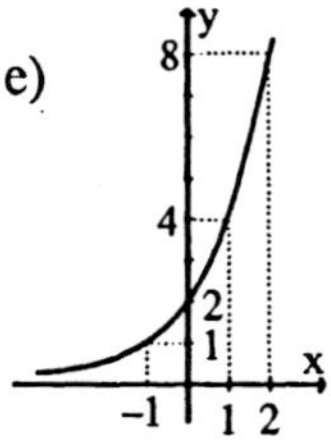

f)
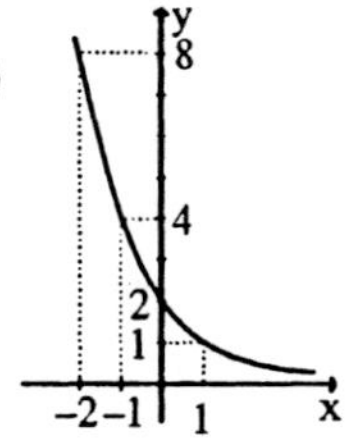

g)
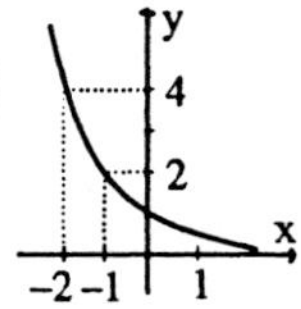

h)
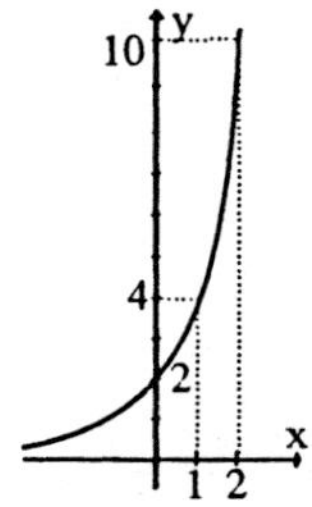

i)
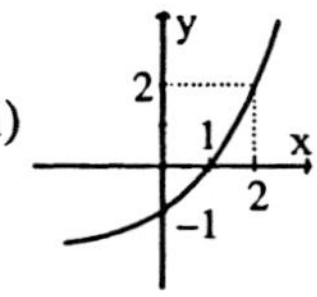

j)
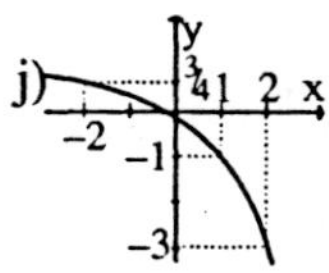

329

a) V = { 5 } b) V = { − 2 }
c) V = { 0 } d) V = { 1 }
e) V = { 0 } f) V = ∅
g) V = ∅ h) V = { − 1 }

330

a) $V=\left\{\frac{1}{3}\right\}$ b) $V=\left\{-\frac{3}{2}\right\}$

c) $V=\left\{-\frac{3}{2}\right\}$ d) V = { 3 }

e) V = { − 2 } f) $V=\left\{\frac{1}{2}\right\}$

331

a) $V=\left\{\frac{1}{2}\right\}$ b) $V=\left\{\frac{1}{5}\right\}$

c) $V=\left\{-\frac{10}{3}\right\}$ d) $V=\{-3, 4\}$

e) $V=\left\{\frac{-4}{3}, \frac{1}{2}\right\}$ f) $V=\left\{\frac{26}{7}\right\}$

332

a) $V = \{ 1 \}$ b) $V = \{ -2, 3 \}$
c) $V = \{ -6, 7 \}$

333

a) $V = \{ 4 \}$ b) $V = \{ -1 \}$
c) $V = \{ 1 \}$ d) $V = \{ 4 \}$

334

a) $V = \{ 2, 3 \}$ b) $V = \{ 0 \}$
c) $V = \{ -1 \}$ d) $V = \{ 2 \}$

e) $V = \left\{ \frac{1}{4}, \frac{3}{4} \right\}$

f) $V = \left\{ \pm\sqrt{2} \right\}$

335

a) $V = \{ 0, 1 \}$ b) $V = \{ 0, 1, 2 \}$
c) $V = \{ 0 \}$

336

a) $\{ (1, 2) \}$ b) $\{ (2, 1) \}$

c) $\left\{ \left(\frac{1}{2}, \frac{1}{4} \right), \left(\frac{1}{4}, \frac{1}{2} \right) \right\}$

337

a) $S = \{ x \in \mathbf{R} \mid x \leq 3 \}$
b) $S = \{ x \in \mathbf{R} \mid x > -2 \}$
c) $S = \{ x \in \mathbf{R} \mid x > 1 \}$
d) $S = \{ x \in \mathbf{R} \mid x \leq -4 \}$
e) $S = \{ x \in \mathbf{R} \mid x > -7 \}$
f) $S = \{ x \in \mathbf{R} \mid x \leq 2 \}$

338

a) $S = \{ x \in \mathbf{R} \mid x < 1 \}$
b) $S = \{ x \in \mathbf{R} \mid -1 \leq x \leq 1 \}$

c) $S = \left\{ x \in \mathbf{R} \middle| -\frac{1}{2} \leq x \leq 2 \right\}$

d) $S = \left\{ x \in \mathbf{R} \middle| x \leq -\frac{1}{25} \right\}$

e) $S = \left\{ x \in \mathbf{R} \middle| x > \frac{4}{11} \right\}$

f) $S = \{ x \in \mathbf{R} \mid -3 \leq x \leq -2 \vee x \geq 2 \}$

339

a) $S = \left\{ x \in \mathbf{R} \middle| x < \frac{1}{2} \vee 2 < x < 5 \right\}$

b) $S = \{ x \in \mathbf{R} \mid 1 < x \leq 4 \}$
c) $S = \{ x \in \mathbf{R} \mid x \geq -3 \}$
d) $S = \{ x \in \mathbf{R} \mid -4 < x < -2 \vee -1 < x < 1 \}$

340

a) $V = \{ x \in \mathbf{R} \mid x < 4 \}$

b) $V = \left\{ x \in \mathbf{R} \middle| x > \frac{1}{2} \right\}$

341

a) $S = \{ x \in \mathbf{R} \mid x < -2 \vee x > 1 \}$
b) $S = \{ x \in \mathbf{R} \mid 0 \leq x \leq 2 \}$

342

a) $S = \{ x \in \mathbf{R} \mid x < 1 \}$
b) $S = \{ x \in \mathbf{R} \mid 0 < x < 1 \vee 1 < x \leq 5 \}$

343

	(a)	(b)	(c)	(d)
f(−3) =	1/8	8	1/27	27
f(−2) =	1/4	4	1/9	9
f(−1) =	1/2	2	1/3	3
f(0) =	1	1	1	1
f(1) =	2	1/2	3	1/3
f(2) =	4	1/4	9	1/9
f(3) =	8	1/8	27	1/27

344

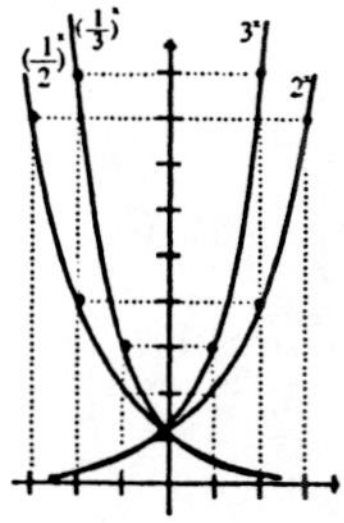

345

a) crescente b) decrescente
c) decrescente d) crescente
e) crescente f) decrescente

346

a) $\{6\}$ b) $\left\{\frac{7}{4}\right\}$ c) $\left\{-\frac{8}{3}\right\}$

d) $\{4\}$ e) $\{4\}$ f) $\{-5\}$

g) $\left\{\frac{17}{4}\right\}$ h) $\{-21\}$

i) $\left\{\frac{43}{5}\right\}$ j) $\left\{\frac{35}{11}\right\}$

347

a) $\left\{\frac{9}{8}\right\}$ b) $\left\{\frac{11}{7}\right\}$

c) $\left\{\frac{37}{28}\right\}$ d) $\left\{\frac{257}{72}\right\}$

348

a) $\left\{\frac{23}{12}\right\}$ b) $\left\{\frac{10}{11}\right\}$

c) $\{-2\}$ d) $\left\{\frac{7}{6}\right\}$

349

a) $\left\{\frac{37}{57}\right\}$ b) $\left\{\frac{124}{435}\right\}$

350

a) $\left\{-\frac{11}{15}\right\}$ b) $\left\{\frac{9}{8}\right\}$

351

a) $\left\{2, -\frac{1}{2}\right\}$ b) $\varnothing$

c) $\{-1, 3\}$ d) $\left\{\frac{11}{6}, 1\right\}$

352

a) $\{5\}$ b) $\{-1\}$

353

a) $\{0, 1\}$ b) $\{-1, 2\}$
c) $\{-2\}$ d) $\{0, 2\}$

354

a) $\{-3\}$ b) $\{2\}$
c) $\{-1, 2\}$

355

a) $\{1, 2\}$ b) $\{1, 4\}$
c) $\{0, 1, 2, 5\}$ d) $\{1, 3\}$

356

a) $\{(1, 2), (2, 1)\}$

b) $\left\{(1,1), \left(\frac{5}{3}, \frac{5}{3}\sqrt{\frac{5}{3}}\right), (1,-1)\right\}$

c) $\{(3, 2)\}$ d) $\{(3, 2)\}$

e) $\left\{\left(\frac{3}{14}, \frac{1}{14}\right)\right\}$ f) $\{(7, 5)\}$

357

a) $\{x \in \mathbf{R} \mid x < 4\}$
b) $\{x \in \mathbf{R} \mid x > 1\}$
c) $\{x \in \mathbf{R} \mid x < 0\}$
d) $\{x \in \mathbf{R} \mid x \leq 4\}$
e) $\{x \in \mathbf{R} \mid x > 6\}$
f) $\{x \in \mathbf{R} \mid x \leq 1\}$
g) $\{x \in \mathbf{R} \mid x > 4\}$
h) $\{x \in \mathbf{R} \mid x \leq 1\}$
i) $\{x \in \mathbf{R} \mid x > 0\}$
j) $\{x \in \mathbf{R} \mid x \leq 3\}$
k) $\{x \in \mathbf{R} \mid x < -3\}$
l) $\{x \in \mathbf{R} \mid x < -2\}$

358

a) $\left\{x \in \mathbf{R} \,\middle|\, -\frac{1}{2} \leq x \leq 3\right\}$

b) $\{x \in \mathbf{R} \mid x \leq -2 \vee x \geq 2\}$
c) $\{x \in \mathbf{R} \mid -1 \leq x \leq 2\}$
d) $\{x \in \mathbf{R} \mid x < 1 \vee x > 2\}$

359

a) $\left\{x \in R \middle| x \le \frac{53}{73}\right\}$

b) $\{ x \in \mathbf{R} \mid x > 8 \}$

c) $\left\{x \in \mathbf{R} \middle| x \le \frac{1}{18}\right\}$

360

a) $\left\{x \in \mathbf{R} \middle| \frac{44}{17} \le x < \frac{17}{6}\right\}$

b) $\left\{x \in \mathbf{R} \middle| -\frac{1}{2} < x \le 0 \vee 1 \le x < 3\right\}$

361

a) $\{ x \in \mathbf{R} \mid x \le -2 \}$

b) $\{ x \in \mathbf{R} \mid x > -1 \}$

c) $\{ x \in \mathbf{R} \mid x \le 3 \}$

362

a) $\{ x \in \mathbf{R} \mid 1 < x \le 2 \vee x \ge 3 \}$

363

a) $\left\{x \in \mathbf{R} \middle| \frac{1}{2} \le x < 1\right\}$

364

a) $\left\{x \in \mathbf{R} \middle| 0 < x < \frac{1}{2} \vee 1 < x < 2\right\}$

b) $\{ x \in \mathbf{R} \mid -2 < x < 2 \vee x > 3 \}$

c) $\{ x \in \mathbf{R} \mid x < 3 \vee 5 < x < 6 \}$

d) $\{ x \in \mathbf{R} \mid 2 < x < 3 \vee x > 4 \}$

365

a) $\{ 0 \}$ b) $\{ 2 \}$ c) $\{ 1 \}$

d) $\{ 1, 2 \}$ e) $\left\{\frac{5}{2}\right\}$

f) $\left\{1, \frac{-3+\sqrt{5}}{2}, \frac{-3-\sqrt{5}}{2}\right\}$

366

a) $\{ 1 \}$ b) $\{ 1, 2 \}$ c) $\left\{\frac{3}{2}\right\}$

367

a) $\{ 1 \}$ b) $\{ 6 \}$ c) $\{ -2, 4 \}$

d) $\{ 10 \}$ e) $\{ 9 \}$ f) $\{ 9 \}$

g) $\{-3, 5 \}$ h) $\{ 0, 4 \}$

i) $\left\{-\frac{1}{2}, \frac{3}{2}\right\}$ j) $\{ -2, 2 \}$

368

a) $\{ 3 \}$ b) $\{ -3, 1 \}$

c) $\left\{\frac{3+\sqrt{13}}{2}, \frac{3-\sqrt{13}}{2}\right\}$

d) $\left\{3, \frac{-5}{2}\right\}$ e) $\{ 3 \}$ f) $\{ 2 \}$

g) $\{ 0 \}$ h) $\{ 0 \}$ i) $\{ -1, 1 \}$

j) $\{ 1 \}$

369

a) $\{ 3 \}$ b) $\{ 3 \}$ c) $\left\{\frac{5}{2}\right\}$

d) $\{ 0 \}$ e) $\{ -1, 1 \}$

f) $\{ 0 \}$ g) $\left\{1, 1+\sqrt{2}, 1-\sqrt{2}\right\}$

370

a) $\{ -1, 1, 2 \}$ b) $\{ -1, 1, 2 \}$

c) $\{ -3, 1, 2, 3, 4 \}$ d) $\left\{\frac{4}{3}, \frac{5}{3}, 2\right\}$

371

a) $\{ (-10, -12), (12, 10) \}$

b) $\{ (2, 3), (3, 2) \}$

c) $\left\{\left(\frac{1}{6}, \frac{1}{4}\right), \left(\frac{1}{4}, \frac{1}{6}\right)\right\}$

d) $\left\{\left(\frac{1}{2}, \frac{\sqrt{2}}{5}\right)\right\}$

e) $\{ (3, 2) \}$ f) $\{ (4, 1) \}$

g) $\{(3,2)\}$ h) $\{(1,1),(4,2)\}$
i) $\{(1,1),(2,4),(-2,4)\}$

j) $(1,1),\left(3\sqrt{3},\sqrt{3}\right)$

372

a) $\left\{x\in \mathbf{R} \middle| x<\frac{3}{2}\right\}$

b) $\{x\in \mathbf{R} \mid x<-1 \vee x>7\}$

c) $x\in \mathbf{R} \Big| -3\le x<-\sqrt{6} \vee$

$-\sqrt{6}<x\le -2 \vee$

$2\le x<\sqrt{6} \vee \sqrt{6}<x\le 3\Big\}$

d) $\{x\in \mathbf{R} \mid x\le 66\}$

373

a) $\{x\in \mathbf{R} \mid x>2\}$
b) $\{x\in \mathbf{R} \mid x>3\}$
c) $\{x\in \mathbf{R} \mid x>0\}$
d) $\{x\in \mathbf{R} \mid -1<x<1\}$
e) $\varnothing$
f) $\{x\in \mathbf{R} \mid x>0\}$
g) $\{x\in \mathbf{R} \mid x>0\}$
h) $\{x\in \mathbf{R} \mid x>2\}$

i) $\left\{x\in \mathbf{R} \middle| x<-\frac{1}{2} \vee x>1\right\}$

j) $\left\{x\in \mathbf{R} \middle| x<\frac{1}{2}\right\}$

k) $\left\{x\in \mathbf{R} \middle| 1<x<\frac{3}{2}\right\}$

Capítulo 7

374

a) 3 b) 2 c) 7 d) 4
e) 1 f) 0 g) − 2 h) − 3
i) $\frac{1}{2}$ j) $\frac{1}{3}$ k) não se define
l) não se define m) não se define
n) 6 o) 0 p) 1 q) α

Observação: note que o logaritmando não pode ser negativo nem igual a 0.

375

c) $2 = 4^{\frac{1}{2}}$ d) $\frac{1}{3} = \log_{27}^{3}$
e) $64 = \left(\frac{1}{4}\right)^{-3}$
f) $-2 = \log_4 \frac{1}{16}$
g) $1 = a^0$ h) $x = \log_2 3$
i) $a = b^m$ j) $a = b^{\log_b a}$
k) $a = \log_3 4$ l) $\log_3 4 = \log_3 4$
m) $\log_a b = \log_a b$

376

b) − 6 c) $\frac{4}{9}$ d) 2 e) $\frac{5}{2}$
f) 1 g) $\frac{-40}{3}$ h) $\frac{-13}{15}$

377

a) 9 b) $\sqrt{2}$ c) 1 d) 9
e) $\frac{1}{81}$ f) a (a > 0)

378

a) $D = \{x \in \mathbf{R} \mid x > -5\}$
b) $D = \{x \in \mathbf{R} \mid x < 4 \text{ e } x \neq 3\}$
c) $D = \{x \in \mathbf{R} \mid -4 < x < 3\}$
d) $D = \{x \in \mathbf{R} \mid -1 < x < 0\}$
e) $D = \{x \in \mathbf{R} \mid -1 < x < 0 \vee 1 < x < 5\}$
f) $D = \{x \in \mathbf{R} \mid x < 1 \vee 2 < x < 5 \wedge x \neq 4\}$
g) $D = \{x \in \mathbf{R} \mid 2 < x < 5\}$

379

a) $x = -\frac{3}{16}$ b) $x = -\frac{1}{4}$
c) x = 81 d) $x = \sqrt[3]{2}$ e) x = 5
f) x = − 2 g) ∄ x que satisfaça
h) x = − 2

380

a) 5 b) 49 c) 64 d) 7 e) 75
f) $\frac{8}{3}$ g) $3\sqrt{3}$ h) $\frac{5}{2}$ i) $\frac{1}{7}$

381

a) loga + logb + logc
b) loga − logb c) 4 loga
d) $\frac{1}{2}\log a$ e) 2 loga + 3 logb
f) loga − logb − logc
g) loga + logb + logc − logx − logy − logz
h) loga
i) $\frac{1}{2}\log a$ j) $\frac{1}{3}\log a$
k) não há propriedade que permita desenvolver logaritmo das somas ou subtrações
l) não há propriedade

382

a) loga + 3 logb + 2 logc
b) 2 loga + 3 logb + logc − logm − 2 logn − logp
c) $\frac{1}{3}\log a = \frac{\log a}{3}$
d) $\frac{m}{n}\log a$
e) $\frac{\log a}{6}$ f) $\frac{1}{4}\log a - \log b$
g) loga h) loga
i) $\frac{\log a}{3} - \frac{\log b}{6} - \frac{\log c}{2}$
j) log(a + b) − log(a − b)
k) log(x + y) + log(x − y)
l) log(x + 6) + log(x − 7)

383

a) $\dfrac{\log_2 a}{3}$ b) $\dfrac{\log_5 2}{\log_5 3}$

c) $\dfrac{1}{\log_{10} 2}$ d) $\dfrac{7\log_2 a}{6}$

e) $\dfrac{2}{\log_2 3}-\dfrac{1}{\log_2 5}+\dfrac{3}{\log_2 10}$

f) 3 loga

384

a) $x=a^3$ b) $x=\sqrt{a}$ c) $x=ab$

d) $x=\dfrac{a}{b}$ e) $x=\sqrt[3]{a}$ f) $x=a^2$

g) $x=\dfrac{ab}{c}$ h) $x=\dfrac{\sqrt{a}}{\sqrt[3]{b}}$

i) $x=8a$

385

a) $x=\dfrac{b}{ac}$ b) $x=\dfrac{a^2.\sqrt{b}}{c^3}$

c) $x=\dfrac{a.b}{\sqrt[4]{c^3}}$ d) $x=\dfrac{\sqrt{ab}}{\sqrt[3]{c}}$

e) $x=\left(\dfrac{a}{bc}\right)^5$ f) $x=\dfrac{a^2b^3}{m^4n\sqrt{c}}$

g) $x=\sqrt{\dfrac{a}{1000b}}$ h) $x=\dfrac{a^2-b^2}{a^2b^2}$

i) $x=\sqrt[3]{\dfrac{10\left(b^2-c^2\right)}{b^2}}$

386

a) 26 b) 2b c) $\dfrac{b}{3}$

d) $-b-\dfrac{a}{2}$ e) $1-a$ f) $2-2a$

g) $\dfrac{a}{b}$ h) $\dfrac{4a}{\log e}$ i) $1-a$

j) $2-2a$ k) $\dfrac{3b}{2-2a}$

l) $\dfrac{2a+b+c}{\log e}$ m) $b+\dfrac{c}{2}$

n) $a+b-c$ o) $\dfrac{-3a}{a+b}$ p) $\dfrac{a-1}{4a}$

q) $\dfrac{4a}{3}$ r) $\dfrac{1+b-a}{a+b+c}$

s) $\dfrac{2-a}{2-2a}$

387

a) $\log_7 5$ b) $\log_4 2=\dfrac{1}{2}$

c) $\log_d a$ d) log3 e) $\dfrac{\log 6}{2}$

f) $\log_{g_a} b$ g) b h) c

i) b^3

388 – Demonstração

389

a) $V=\{3\}$ b) $V=\left\{\dfrac{1}{9}\right\}$

c) $V=\{\pm 8\}$ d) $V=\{\pm 9\}$

e) $V=\{7\}$ f) $V=\{\pm 2\}$

390

a) $V=\{1\}$ b) $V=\{4, 5\}$

c) $V=\left\{\sqrt[3]{10}\right\}$

391

a) $V=\varnothing$ b) $V=\left\{\sqrt{2}\right\}$

c) $V=\{126\}$

392

a) $V=\{2, 5\}$ b) $V=\{-8\}$

c) $V=\ 2^{2+\sqrt{5}}, 2^{2-\sqrt{5}}$

d) $V=\{100\}$

393

a) $V=\left\{1000, \dfrac{1}{1000}\right\}$

b) $V=\left\{\dfrac{1}{7}, 49\right\}$ c) $V=\left\{-1, \dfrac{5}{2}\right\}$

394

a) $V = \left\{\frac{1}{4}, 4\right\}$ b) $V = \left\{\frac{1}{49}, 7\right\}$

c) $V = \{a^4\}$

395

a) $V = \{\log_5 3\}$ b) $V = \{-3\}$

c) $V = \{2, \log_2 3\}$ d) $V = \{\log_3 5\}$

e) $V = \left\{\frac{\log 2}{\log 2 - \log 3}\right\}$

396

a) $V = \{1\}$ b) $V = \{3, 27\}$

c) $V = \left\{625, \frac{1}{25}\right\}$

397

a) 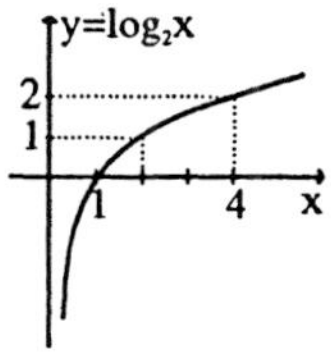

b) 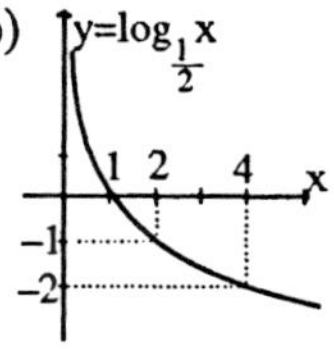

c) 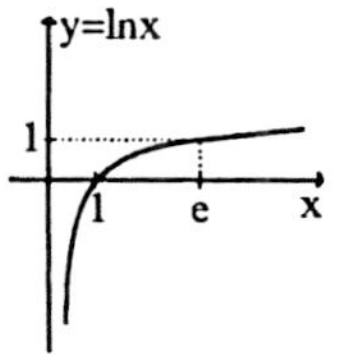

d) 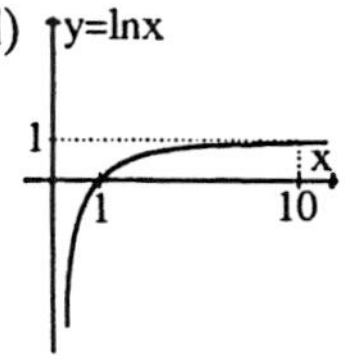

e) 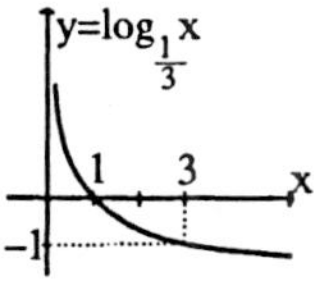

f) 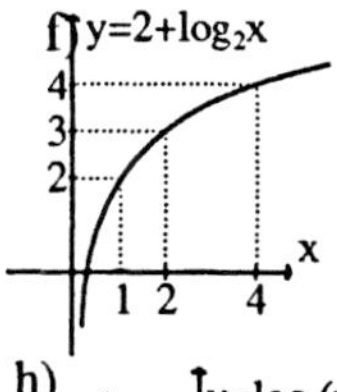

g) 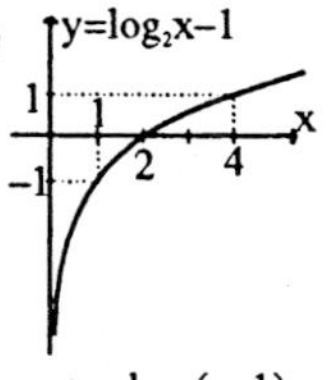

h) 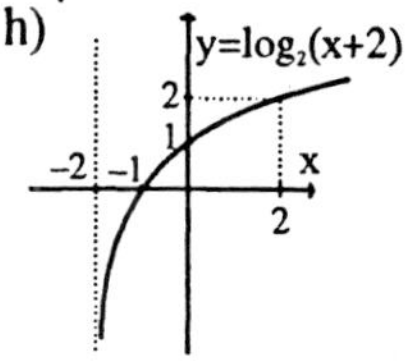

i) 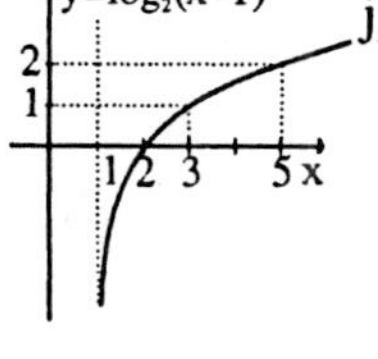

j) 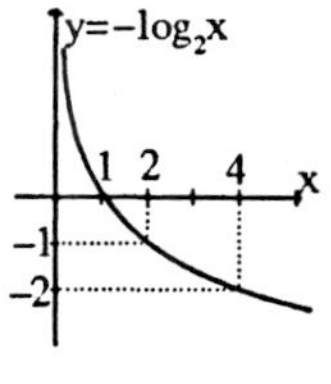

398

a) $V = \{x \in \mathbf{R} \mid x \geq 5\}$

b) $V = \{x \in \mathbf{R} \mid 0 < x \leq 2\}$

c) $V = \{x \in \mathbf{R} \mid 0 < x < 10\}$

d) $V = \{x \in \mathbf{R} \mid x \geq 3\}$

e) $V = \{x \in \mathbf{R} \mid x > 16\}$

f) $V = \{x \in \mathbf{R} \mid 0 < x \leq 9\}$

g) $V = \{x \in \mathbf{R} \mid 0 < x \leq e\}$

h) $V = \left\{x \in \mathbf{R} \middle| x > \frac{3}{2}\right\}$

399

a) $V = \left\{x \in \mathbf{R} \middle| 1 < x < \frac{5}{2}\right\}$

b) $V = \left\{x \in \mathbf{R} \middle| -\frac{1}{2} < x \leq 2\right\}$

c) $V = \{x \in \mathbf{R} \mid x < -3 \vee x > 4\}$

d) $V = \{x \in \mathbf{R} \mid -1 \leq x < 0 \vee 2 < x \leq 3\}$

e) $V = \{x \in \mathbf{R} \mid 2 < x < 5\}$

f) $V = \left\{x \in R \middle| \frac{2}{3} < x \leq 1\right\}$

400

a) $S = \{x \in \mathbf{R} \mid 3 < x < 4\}$

b) $S = \{x \in \mathbf{R} \mid 1 < x < 3\}$

c) $S = \{x \in \mathbf{R} \mid x > -5\}$

d) $S = \left\{x \in \mathbf{R} \middle| \frac{\sqrt{17} - 3}{2} < x < \frac{2}{3}\right\}$

401

a) $S = \left\{x \in \mathbf{R} \middle| 0 < x < \frac{1}{8} \vee x > 8\right\}$

b) $S = \{x \in \mathbf{R} \mid 1 \leq x \leq 9\}$

c) $S = \left\{x \in \mathbf{R} \middle| \frac{1}{8} < x < \frac{1}{2}\right\}$

402

a) $V = \left\{x \in \mathbf{R} \middle| \frac{1}{3} \leq x < 1\right\}$

b) $V = \{x \in \mathbf{R} \mid 1 < x \leq 32\}$

c) $V = \{x \in \mathbf{R} \mid -3 < x < -\sqrt{6}$

$\vee \sqrt{6} < x < 3\}$

d) $V = \{x \in \mathbf{R} \mid 1 < x < a\}$

e) $V = \left\{x \in \mathbf{R} \middle| \frac{1}{a} < x < \left(\frac{1}{a}\right)^{\frac{1}{a}}\right\}$

403

a) $V = \{x \in \mathbf{R} \mid 1 < x < 3\}$

b) $V = \{x \in R \mid 0 < x \leq \frac{1}{16}$

$\vee \frac{1}{2} < x \leq 8 \vee x > 32\}$

c) $V = \left\{x \in \mathbf{R} \middle| \frac{1}{49} < x < 1 \vee x > 7\right\}$

d) $V = \{x \in \mathbf{R} \mid 1 < x < e\}$

404

a) 2	b) 4	c) 2	d) 2
e) 3	f) 6	g) 5	h) 4
i) 2	j) 5	k) – 4	l) 1
m) 0	n) – 1	o) – 2	p) – 3

405

a) $\frac{3}{4}$ b) $\frac{4}{3}$ c) $\frac{5}{3}$

d) $-\frac{3}{5}$ e) $-\frac{3}{2}$ f) -1

g) $\frac{9}{4}$ h) $\frac{2}{3}$ i) $-\frac{5}{12}$

406

a) $\{x \in \mathbf{R} \mid x > 3\}$

b) $\{x \in \mathbf{R} \mid x < -1 \vee x > 3\}$

c) $\left\{x \in \mathbf{R} \middle| -1 < x < 0 \vee 0 < x < 1 \vee x > \frac{3}{2}\right\}$

d) $\left\{x \in \mathbf{R} \middle| -2 < x < 3 \vee 3 < x < \frac{7}{2}\right\}$

e) $\{x \in \mathbf{R} \mid 1 < x \leq 3\}$

f) $\{x \in \mathbf{R} \mid x < -3 \vee -1 < x < 3$
$\vee x > 4\}$

407

a) 1 b) 2 c) $\frac{1}{3}$ d) – 1

e) – 1 f) 0

408

a) $\frac{2}{3}$ b) 2 c) – 5 ou 5 d) 25

e) $\frac{8}{7}$ f) 3 g) – 2 ou 2 h) 2

i) 2

409

a) 5 b) 9 c) 2 d) 12 e) 5

f) 2 g) 81 h) 2025 i) $\frac{\sqrt{2}}{2}$

410

a) log2 + loga + logb + logc

b) 3 loga + 5 logb + logc

c) log3 + loga + logb – log5 – logc

d) log3 – log2 – 2 loga – 3 logb

e) $2 + \frac{1}{3}\log a - 3\log b - \log c$

f) $\frac{1}{5}\log 2 + \frac{3}{5}\log a - \frac{2}{5} -$
$\frac{2}{5}\log b$

g) $4\log(a+b) + \log(a-b) -$
$\frac{2}{3}\log a - \frac{1}{3}\log b$

411

a) $x = \frac{ab}{cd}$ b) $x = \frac{a^2}{b^3c^2}$

c) $x = \frac{\sqrt{a}}{b^2\sqrt[5]{c}}$

d) $x = \sqrt[14]{\frac{(a+b)^4}{(a-b)^6 c^3}}$

412

a) – 2 b) $-\frac{1}{2}$ c) $-\frac{4}{3}$ d) – 4

413

a) 9 b) $-\frac{17}{2}$ c) $-\frac{89}{36}$

414

a) $a + 2b$ b) $b + 2a$
c) $1 + 2(a + b)$ d) $1 - a$
e) $b + 1$ f) $1 - a + 3b$

g) $\frac{3}{2}a + \frac{5}{4}b$ h) $\frac{4a+2b}{1-a}$

i) $\frac{a}{4} + \frac{b}{2}$

415

a) $\frac{a+3}{2}$ b) $\frac{2(a-1)}{2-a}$

c) $\frac{2ab+2a-1}{ab+b+1}$

416

a) $\{5\}$ b) $\{-5, 5\}$ c) $\{-2, 3\}$
d) $\{-1\}$

417

a) $\{5\}$ b) $\{5\}$ c) $\left\{\frac{13}{21}, 2\right\}$

d) $\{4\}$ e) $\left\{\frac{1}{20}, \frac{1}{5}\right\}$ f) $\{2, 8\}$

g) $\{2\}$ h) $\{3, 7\}$

418

a) $\{2\sqrt{2}\}$ b) $\{36\}$

c) $\left\{\frac{28}{9}, 12\right\}$ d) $\{100, 1000\}$

e) $\left\{\frac{1}{10}, 100\right\}$ f) $\{1\}$

g) $\{1, 4, 0\}$ h) $\{1, -1\}$

419

a) $\{64\}$ b) $\left\{\frac{1}{25}, \sqrt[3]{625}\right\}$

c) $\{27\}$ d) $\left\{\frac{\sqrt[3]{4}}{2}\right\}$

420

a) $\{5\}$ b) $\{6, 10\}$
c) $\{4\}$ d) $\{11\}$

421

a) $\{2, 3\}$ b) $\left\{0, \frac{3}{2}\right\}$

c) $\{2-\sqrt{3}, 2+\sqrt{3}\}$ d) $\left\{\frac{1}{2}\right\}$

e) $\left\{\frac{3}{2}, 3\right\}$ f) $\{8\}$ g) $\{6\}$

h) $\{1, 2\}$ i) $\left\{\frac{3}{2}, 10\right\}$ j) $\{37\}$

k) $\left\{\frac{5}{28}\right\}$ l) $\{-5, 3\}$

422

a) $\{2, 3\}$ b) $\varnothing$ c) $\{5\}$ d) $\{4, 6\}$

e) $\{41\}$ f) $\left\{\frac{3}{4}\right\}$ g) $\{3\}$

h) $\{2\}$ i) $\{1\}$ j) $\{4\}$

423

a) $\{(1, 2), (2, 1)\}$

b) $\left\{\left(\frac{1}{4}, 64\right), (8, 2)\right\}$ c) $\{(9, 7)\}$

d) $\{(2, 32), (32, 2)\}$

e) $\left\{\left(\frac{1}{3}, \frac{7}{3}\right), (3, 1)\right\}$ f) $\{(7, 3)\}$

g) $\{(17, 9)\}$ h) $\{(2, 6)\}$
i) $\{(125, 4), (625, 3)\}$
j) $\{(3, 27), (27, 3)\}$

424

a) $\left\{\left(-\frac{7\sqrt{2}}{2}, \frac{\sqrt{2}}{2}\right)\right\}$

b) $\{(4, 1)\}$

c) $\{(9, \sqrt[3]{9}), (\sqrt[3]{9}, 9)\}$

d) $\left\{\left(\frac{1}{8}, 64\right), \left(\frac{1}{2}, \frac{1}{4}\right)\right\}$

e) $\left\{\left(\frac{11}{2}, \frac{5}{2}\right)\right\}$

f) $\left\{\left(\sqrt{\frac{\sqrt{5}+1}{2}}, \sqrt{\frac{\sqrt{5}-1}{2}}\right)\right\}$

g) $\{(\log_4 12, \log_4 3)\}$ h) $\{(1, -1)\}$

425

a) $\left\{x \in \mathbf{R} \middle| \frac{3}{2} < x < \frac{5}{2}\right\}$

b) $\left\{x \in \mathbf{R} \middle| x > \frac{41}{8}\right\}$

c) $\{x \in \mathbf{R} \mid x \geq 4\}$

d) $\{x \in \mathbf{R} \mid 2 < x \leq 7\}$

e) $\{x \in \mathbf{R} \mid 3 < x \leq 4\}$

f) $\{x \in \mathbf{R} \mid 0 < x < 2 \vee 3 < x < 4\}$

426

a) $\{x \in \mathbf{R} \mid 0 < x < 1 \vee 2 < x < 3\}$

b) $\{x \in \mathbf{R} \mid x < -2 \vee x > 5\}$

c) $\{x \in \mathbf{R} \mid -7 < x < -5 \vee 1 < x < 3\}$

d) $\{x \in \mathbf{R} \mid -3 < x < -1 \vee 6 < x < 8\}$

427

a) $\left\{x \in \mathbf{R} \middle| 0 < x < \frac{1}{2} \vee 1 < x < \frac{3}{2}\right\}$

b) $\{x \in \mathbf{R} \mid -2 < x < 1 \vee 3 < x < 6\}$

c) $\{x \in \mathbf{R} \mid -6 < x < -2\}$

d) $\{x \in \mathbf{R} \mid -1 < x < 0 \vee x > 2\}$

e) $\left\{x \in \mathbf{R} \middle| \frac{4}{3} < x < \frac{3}{2}\right\}$

f) $\{x \in \mathbf{R} \mid x > 0\}$

g) $\{x \in \mathbf{R} \mid x > 4\}$

h) $\{x \in \mathbf{R} \mid -1 < x < 3 \vee 7 < x < 11\}$

428

a) $\{x \in \mathbf{R} \mid 1 < x < 2 \vee 4 < x < 5\}$

b) $\{x \in \mathbf{R} \mid -1 < x < 0 \vee 1 < x < 2\}$

c) $\{x \in \mathbf{R} \mid -1 < x < 1 \vee 3 < x < 5\}$

d) $\{x \in \mathbf{R} \mid 4 < x \leq 5 \vee x \geq 95\}$

e) $\left\{x \in \mathbf{R} \middle| \frac{-1+2\sqrt{91}}{5} < x < 4\right\}$

f) $\left\{x \in \mathbf{R} \middle| 3 < x < \frac{9}{2}\right\}$

g) $\left\{x \in \mathbf{R} \middle| -1 < x < \frac{91}{9}\right\}$

h) $\{x \in \mathbf{R} \mid x > 3 \wedge x \neq 4\}$

i) $\{x \in \mathbf{R} \mid x > 0\}$

j) $\left\{x \in \mathbf{R} \middle| 1 < x < \frac{26}{25} \vee x > 26\right\}$

k) $\{x \in \mathbf{R} \mid 3 < x < 7\}$

429

a) $\left\{x \in \mathbf{R} \middle| -2 < x < \frac{13}{6}\right\}$

b) $\{x \in \mathbf{R} \mid 1 \leq x \leq 4\}$

c) $\{x \in \mathbf{R} \mid x < -2 \vee x > 6\}$

d) $\left\{x \in \mathbf{R} \middle| 0 < x < \frac{3-\sqrt{5}}{2} \vee \frac{3+\sqrt{5}}{2} < x < 3\right\}$

e) $\varnothing$ f) $\{x \in \mathbf{R} \mid 1 < x < 3\}$

g) $\{x \in \mathbf{R} \mid 1 < x < 3\}$

h) $\left\{x \in \mathbf{R} \middle| 0 < x < 1 \vee \frac{\sqrt{113}-7}{2} \leq x < 2\right\}$

i) $\left\{x \in \mathbf{R} \middle| -2\sqrt{3} < x < -2 \vee \frac{3+\sqrt{5}}{2} < x < 3\right\}$

j) $\{x \in \mathbf{R} \mid x > 1\}$

k) $\left\{x \in \mathbf{R} \middle| 0 < x < \frac{3}{4} \vee \frac{5}{4} < x < 2\right\}$

430

a) $\{x \in \mathbf{R} \mid 2 \leq x \leq 4 \text{ e } x \neq 3\}$

b) $\{x \in \mathbf{R} \mid 1 < x < 4\}$

c) $\{x \in \mathbf{R} \mid x > 2\}$

d) $\left\{x \in \mathbf{R} \middle| 0 < x < 1 \vee \frac{1+\sqrt{5}}{2} < x < 2\right\}$

e) $\{x \in \mathbf{R} \mid x < 0 \vee x > 5\}$
f) $\{x \in \mathbf{R} \mid x < -7 \vee -5 < x \leq -2\}$

g) $\left\{x \in \mathbf{R} \middle| \frac{1}{2} \leq x \leq 4\right\}$

h) $\left\{x \in \mathbf{R} \middle| 0 < x < \frac{1}{2} \vee x > 2\sqrt{3}\right\}$

i) $\{x \in \mathbf{R} \mid x < -5 \vee x > 3\}$

431

a) $\left\{x \in \mathbf{R} \middle| \frac{1}{8} \leq x < \frac{1}{4} \vee 4 < x < 8\right\}$

b) $\left\{x \in \mathbf{R} \middle| x > 4^{\left(\frac{\log 2 - 1}{\log 8 - 1}\right)}\right\}$

c) $x \in \mathbf{R} \middle| \sqrt[5]{5} < x < 5$

d) $x \in \mathbf{R} \middle| \log_{\sqrt{5}}\left(\sqrt{2}+1\right) < x < \log_5 3$

e) $\left\{x \in \mathbf{R} \middle| 0 < x < \frac{2}{5} \vee x > 1\right\}$

f) $\left\{x \in \mathbf{R} \middle| 0 < x < \frac{1}{4} \vee x > 4\right\}$

g) $\{x \in \mathbf{R} \mid 1 < x < 2 \vee x > 64\}$

h) $\left\{x \in \mathbf{R} \middle| 0 < x < \frac{1}{3} \vee x > 243\right\}$

i) $\left\{x \in \mathbf{R} \middle| 0 < x < \frac{1}{2} \vee x > 5\right\}$

j) $\left\{x \in \mathbf{R} \middle| x > \frac{1}{100}\right\}$

432
a) $\{x \in \mathbf{R} \mid 1 < x < 5\}$

b) $\left\{x \in \mathbf{R} \middle| \frac{1}{4} < x < 4 \wedge x \neq 1\right\}$

c) $\left\{x \in \mathbf{R} \middle| x < \log_4\left(-1+\sqrt{3}\right) \vee x > \frac{3}{2}\right\}$

d) $\left\{x \in \mathbf{R} \middle| \log_3 \frac{28}{27} < x < \log_3 4\right\}$

e) $\{x \in \mathbf{R} \mid 0 < x < 2^{-18}\}$
f) $\{x \in \mathbf{R} \mid x > 1\}$

g) $\left\{x \in \mathbf{R} \middle| \log_{\frac{9}{2}} \frac{3\sqrt{2}}{4} < x < \frac{3}{2}\right\}$

433
a) 0 b) 3 c) -1

d) $\frac{\sqrt[3]{81}}{9}$ e) 24 f) $\log_3 12$

g) $\frac{1}{3}$

434

a) $\frac{a+3}{2(a+1)}$ b) $\frac{4(3-a)}{3+a}$

c) $\frac{b}{1-a}$ d) $\frac{2-a}{a+b}$ e) $\frac{1}{b}$

f) $\frac{a+2b-2}{1-a}$ g) $\frac{3a-b+5}{a-b+1}$

h) $\frac{a+1}{2a+b}$

435 – Demonstração

436
a) $\{x \in \mathbf{R} \mid x \neq 1 \wedge x \neq 2\}$

b) $\left\{x \in \mathbf{R} \middle| \frac{37}{7} \leq x \leq 7 \wedge x \neq 6\right\}$

c) $\varnothing$

437
a) $\{x \in \mathbf{R} \mid x < \log_{1,5} 0{,}5\}$

b) $x \in \mathbf{R} \middle| x \leq \log_2\left(1+\sqrt{3}\right)$

c) $\{x \in \mathbf{R} \mid \log_5 7 \leq x \leq 2\}$
d) $\{x \in \mathbf{R} \mid \log_{13} 5 \leq x \leq 1\}$

438
a) $\{8\}$ b) $\{1\}$ c) $\{2\}$
d) $\{2\}$ e) $\{5\}$ f) $\{2, 3\}$

g) $\left\{\frac{a-b}{10b}\right\}$ h) $\left\{\frac{1}{\sqrt{1-a}}\right\}$

i) $\left\{\sqrt[5]{5}, 5\right\}$ j) $\{16\}$ k) $\{a\}$

439

a) $\{0, 3\}$ b) $\{2, 4\}$ c) $\left\{\frac{1}{4}, \frac{1}{2}\right\}$

d) $\{2\}$ e) $\{9\}$ f) $\{1\}$

440

a) $\left\{\left(3, \frac{1}{3}\right), \left(\frac{1}{3}, 3\right)\right\}$

b) $\left\{\left(ab^2, \frac{a}{b^2}\right)\right\}$ c) $\{(9, 7)\}$

d) $\left\{\left(\frac{-1+\sqrt{5}}{2}, \frac{3-\sqrt{5}}{2}\right)\right\}$

e) $\left(\frac{a^2+\sqrt{a^4-4b^4}}{2}, \frac{a^2-\sqrt{a^4-4b^4}}{2}\right)$

f) $\left\{\left(\frac{a}{2}, \frac{9a}{2}\right), \left(\frac{9a}{2}, \frac{a}{2}\right)\right\}$

g) $\left\{\left(|a|^3, \frac{1}{|a|}\right), \left(\frac{1}{|a|}, |a|^3\right)\right\}$

441

a) $\left\{\left(\sqrt{a}.\sqrt[4]{b}, \frac{\sqrt{a}}{\sqrt[4]{b}}\right)\right\}$

b) $\left\{\left(\frac{a^2}{b}, \frac{b^2}{a}\right)\right\}$

c) $\left\{\left(a\sqrt[3]{b^2}, \frac{a}{b\sqrt[3]{b}}\right)\right\}$ d) $\{(3, 3)\}$

e) $\left\{\left(\frac{a}{\sqrt{3}}, \frac{a}{\sqrt{3}}\right)\right\}$ f) $\{(4, 2), (1, 1)\}$

g) $\left\{\left(\frac{2}{3}, \frac{27}{8}, \frac{32}{3}\right)\right\}$ h) $\{(7, 3)\}$

i) $\left\{(-2,4), \left(\frac{3}{2}, \frac{1}{2}\right)\right\}$

j) $\left\{\left(\frac{3}{2}, \frac{1}{2}\right)\right\}$ k) $\{(4,1),(1,9)\}$

l) $\left(\sqrt[pq-1]{a^q b}, \sqrt[pq-1]{b^p a}\right)$; $pq \neq 1$

442

a) $\{x \in \mathbf{R} \mid x < 3\}$

b) $\{x \in \mathbf{R} \mid x < 2 \vee x > 4\}$

c) $\left\{x \in \mathbf{R} \middle| -\sqrt{3} < x < \sqrt{3} \wedge x \neq \frac{3}{2}\right\}$

d) $\left\{x \in \mathbf{R} \middle| 2^{-\sqrt{2}} < x < \frac{1}{2} \vee 1 < x < 2^{\sqrt{2}}\right\}$

e) $\left\{x \in \mathbf{R} \middle| \frac{1}{2} < x < 2\right\}$

f) $\left\{x \in \mathbf{R} \middle| -1 \leq x < -\frac{2\sqrt{5}}{5} \vee \frac{2\sqrt{5}}{5} < x \leq 1\right\}$

g) $\{x \in \mathbf{R} \mid 2^{-28} < x < 1\}$

h) $\{x \in \mathbf{R} \mid x < 0 \vee x > 1\}$

i) $\left\{x \in \mathbf{R} \middle| \frac{1}{3} < x < 3\right\}$

j) $\left\{x \in \mathbf{R} \middle| -\sqrt{2} < x < -1 \vee 1 < x < \sqrt{2}\right\}$

k) $\{x \in \mathbf{R} \mid 4 < x < 10\}$

l) $\left\{x \in \mathbf{R} \middle| \log_2 \sqrt{13} < x \leq 2\right\}$

443

a) $\{x \in \mathbf{R} \mid 0 < x < 4\}$

b) $\left\{x \in \mathbf{R} \middle| x < \frac{7}{3} \vee x > 3\right\}$

c) $\left\{x \in \mathbf{R} \middle| x < \frac{1}{2} \vee 2 < x < 3\right\}$

d) $\{x \in \mathbf{R} \mid x < 0 \vee 1 < x < 2\}$

e) $\{x \in \mathbf{R} \mid -3 < x < -2 \vee -1 < x < 0\}$
f) $\{x \in \mathbf{R} \mid x > 5\}$
g) $\{x \in \mathbf{R} \mid -2 < x < 13\}$
h) $\{x \in \mathbf{R} \mid 13 < x < 29\}$
i) $\{x \in \mathbf{R} \mid 40 < x < 41 \vee x > 48\}$

j) $\left\{x \in \mathbf{R} \middle| -3 < x \leq \frac{74}{25} \vee x > 22\right\}$

k) $\left\{x \in \mathbf{R} \middle| \log_3 \frac{9}{10} \leq x < 2\right\}$

l) $\left\{x \in \mathbf{R} \middle| \frac{1}{2} < x < 1\right\}$

m) $\left\{x \in \mathbf{R} \middle| -\frac{1}{2} < x < 0\right\}$

444

a) $\left\{x \in \mathbf{R} \middle| 0 < x \leq \frac{\sqrt{6}}{6} \vee x > 1\right\}$

b) $\left\{x \in \mathbf{R} \middle| -1 < x < -\frac{1}{2} \vee 0 < x < 1\right\}$

c) $\{x \in \mathbf{R} \mid x \leq 0 \vee \log_6 5 \leq x < 1\}$
d) $\{x \in \mathbf{R} \mid x \leq 0 \vee \log_2 3 \leq x < 2\}$

e) $\left\{x \in \mathbf{R} \middle| \frac{1}{5} \leq x \leq 5\right\}$

f) $\{x \in \mathbf{R} \mid x > 3\}$
g) $\{x \in \mathbf{R} \mid -1 < x < 0 \vee x \geq 1\}$
h) $\{x \in \mathbf{R} \mid 0 < x < 1 \vee x \geq 2\}$
i) $\{x \in \mathbf{R} \mid 0 < x < 1 \vee \geq 2\}$

j) $\left\{x \in \mathbf{R} \middle| -1 < x < 0 \vee \frac{3}{2} < x < 2\right\}$

445

a) $\left\{x \in \mathbf{R} \middle| 1 < x < \frac{3}{2}\right\}$

b) $\{x \in \mathbf{R} \mid -1 < x < 0 \vee 1 < x < 3\}$

446 100

447 8 vezes o número inicial

448 $\frac{1}{\sqrt[16]{2}}$ vezes a quantidade inicial

449 demonstração

Capítulo 8

Cap.1 - Relações e Funções

V.1) Demonstração
V.2) A
V.3) C V.4) E V.5) A
V.6) D V.7) A V.8) E
V.9) A V.10) D V.11) B
V.12) B V.13) D V.14) C
V.15) D V.16) D V.17) A
V.18) E V.19) D V.20) D
V.21) 4

Cap.2 - Algumas funções elementares

V.22) E
V.23) a) $(4, 0)$ e $(-2, 0)$
b) $0 < m < 16, m \in \mathbf{R}$
V.24) a) $16x - 2x^2$ b) 4
V.25) $g(x)\ x^2 - 2x + 6$

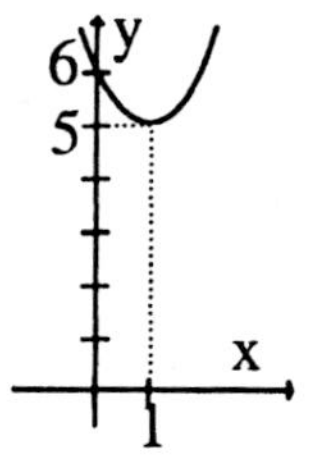

V.26) A V.27) C V.28) 2100
V.29 a) $f(n) = -10n^2 + 300n + 1800$
b) 60 c) 15 d) 20250
V.30) C V.31) D
V.32) $B = \{ x \in \mathbf{R} \mid x \leq \frac{121}{12} \}$
não é bijetora (pois não é injetora)
V.33) A V.34) E V.35) E
V.36) A V.37) A V.38) D
V.39) A V.40) C V.41) D
V.42) C V.43) C V.44) C
V.45) D V.46) A V.47) C
V.48) A V.49) B V.50) A
V.51) A V.52) B V.53) A
V.54) D
V.55) $f(x) = 4x^2 - 12x + 8$ V.56) C

Cap.3 – Inequações

V.57) $S = \{ x \in \mathbf{R} \mid x \leq \frac{1-\sqrt{5}}{2}$ ou $x > 3 \}$
V.58) demonstração
V.59) $V = \{ x \in \mathbf{R} \mid x > \frac{1}{6} \}$
V.60) C V.61) A V.62) D
V.63) $x < 0$ ou $x \geq 2$ V.64) C
V.65) D V.66) E V.67) E
V.68) $V = \{ x \in \mathbf{R} \mid 1 \leq x < 2 \}$
V.69) $D_f = \{ x \in \mathbf{R} \mid -\frac{1}{2} < x < \frac{1}{4} \}$
V.70) $V = \{ x \in \mathbf{R} \mid 6 < x < 12 \}$
V.71) E V.72) A V.73) B
V.74) C V.75) D V.76) D
V.77) B V.78) A V.79) B
V.80) D V.81) A V.82) B
V.83) B V.84) D V.85) E
V.86) E V.87) E V.88) D
V.89) E V.90) D V.91) A
V.92) C V.93) A V.94) C
V.95) B V.96) C V.97) D
V.98) E V.99) E
V.100) $V = \{ x \in \mathbf{R} \mid x < -3 \vee -2 < x < -1 \}$

Cap.4 - Função composta - Função inversa

V.101) A V.102) D V.103) D
V.104) $f^{-1}(x) = 1 + \sqrt{x+4}$ de $\{x \in \mathbf{R} \mid x \geq -4\}$ em $\{y \in \mathbf{R} \mid y \geq 1\}$
V.105) B V.106) C V.107) E
V.108) E V.109) A V.110) B
V.111) B V.112) A V.113) A
V.114) C V.115) E V.116) A
V.117) E V.118) E V.119) C
V.120) B V.121) B V.122) B
V.123) $g[f(x)] = 2x^2 + 3$

V.124) $y = f^{-1}(x) = \sqrt{x}$

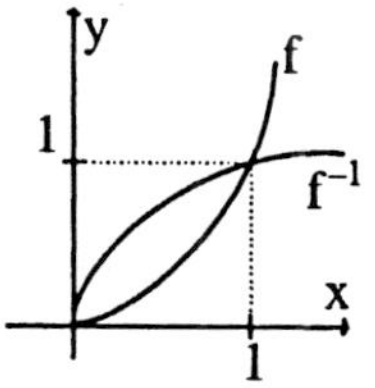

V.125) E
V.126) D
V.127) A
V.128) C

Cap. 5 - Módulo de um Número Real

V.129)

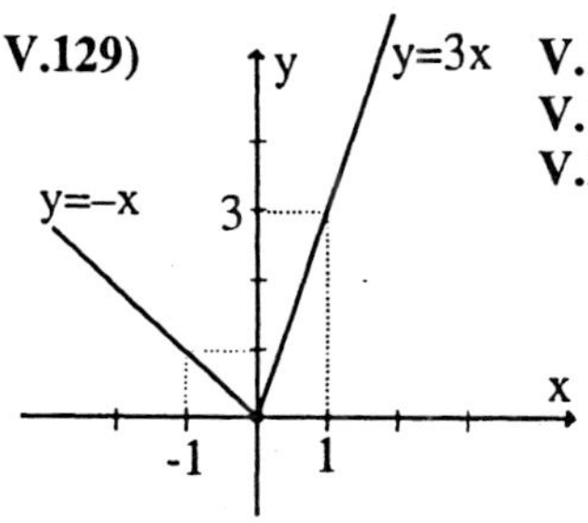

V.130) E
V.131) C
V.132) E

V.133)

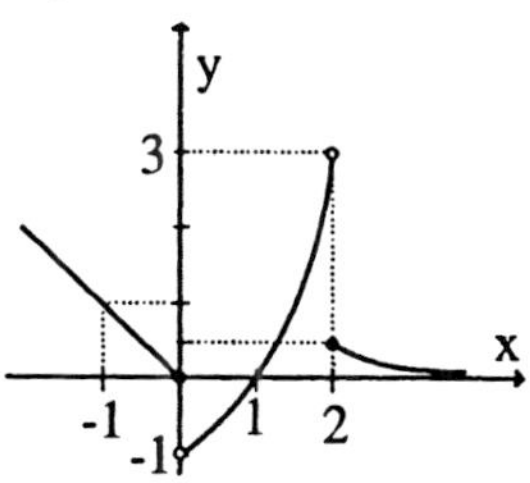

V.134) $\{ x \in \mathbf{R} \mid x \leq 0 \vee x \geq 6 \}$
V.135) $V = \{ x \in \mathbf{R} \mid 1 < x < 4 \}$

V.136) D	V.137) D	V.138) E
V.139) B	V.140) A	V.141) C
V.142) A	V.143) A	V.144) C
V.145) B	V.146) B	V.147) A
V.148) B	V.149) D	V.150) E

V.151) $V = \{ x \in \mathbf{R} \mid -1 \leq x \leq 1 \}$

V.152)

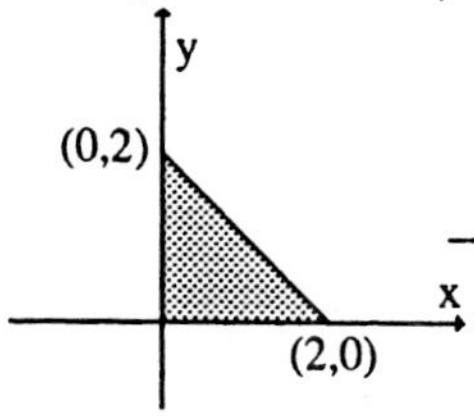

V.153)

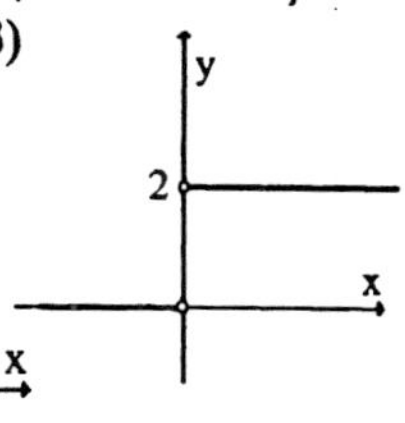

.154) B

V.155)

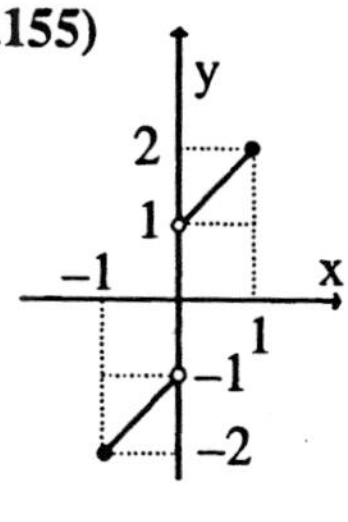

Cap.6 - Função Exponencial e Equações e Inequações Exponenciais

V.156)

a)

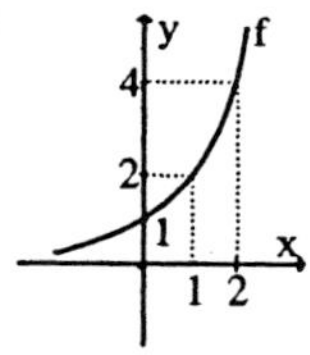

b)

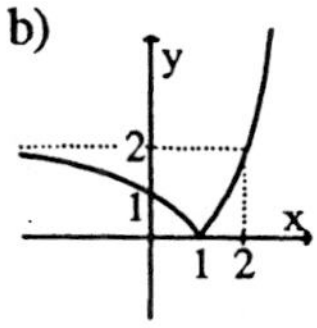

V.157)

a)

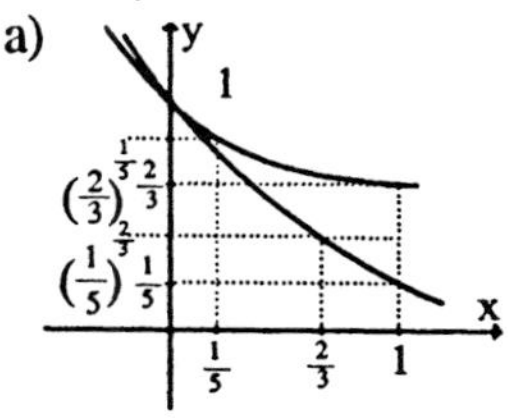

b) $\left(\frac{2}{3}\right)^{\frac{1}{5}} > \left(\frac{1}{5}\right)^{\frac{2}{3}}$

V.158) $S = \{(0, -1)\}$
V.159) A V.160) E V.161) A
V.162) C
V.163) a) $\lambda > 0$

b)

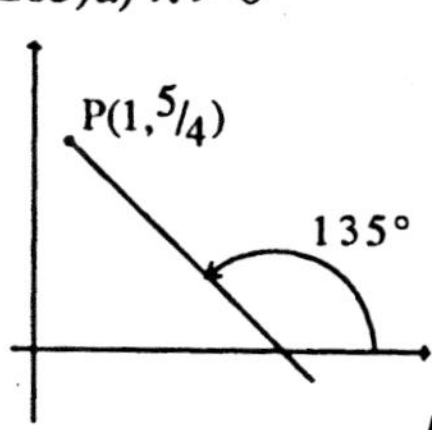

c) $y = \log_2 (x + \sqrt{x^2 + 1})$

com $0 \leq x \leq \dfrac{3}{4}$

V.164) V = { ±4 }
V.165) V = { x ∈ R | x < −1 }

V.166) A	V.167) A	V.168) C
V.169) C	V.170) B	V.171) B
V.172) A	V.173) B	V.174) E
V.175) E	V.176) D	V.177) E
V.178) B	V.179) A	V.180) E
V.181) A	V.182) B	V.183) A
V.184) A	V.185) E	V.186) E
V.187) B	V.188) B	V.189) A
V.190) C	V.191) E	V.192) A

V.193)

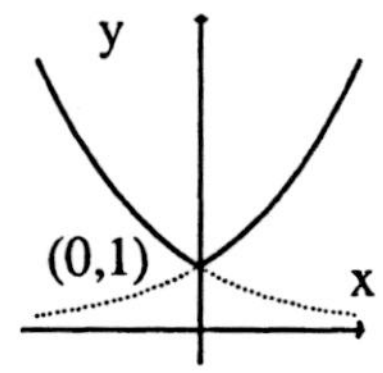

V.194) V = {(1, 1)}
V.195) a) V = { −2 } b) V = { 0 }
V.196) a) f não é par nem ímpar
b) K = 1
V.197) V = { $-\sqrt{2}$, −1, 1, $\sqrt{2}$ }
V.198) a) { 2 }   b) { 2 }
V.199) V = { −1, 3 }
V.200) V = { 4 }   V.201) E

Cap.7 - Logaritmos

V.202) C
V.203)

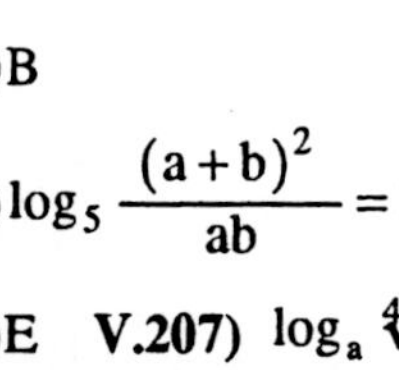

V.204) B

V.205) $\log_5 \dfrac{(a+b)^2}{ab} = 3m + 2n$

V.206) E   V.207) $\log_a \sqrt[4]{12} = 0{,}62$
V.208) a) demonstração
b) o melhor valor aproximado de $\log_{10}5$, por falta é $\frac{2}{3}$ e por excesso é $\frac{5}{7}$

V.209) demonstração
V.210) V = { 8 }   V.211) C
V.212)
a)

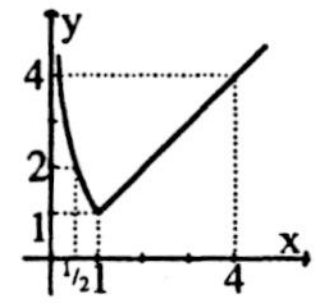

b) (2,2) e $\left(-1+\sqrt{3}, \dfrac{1+\sqrt{3}}{2}\right)$

V.213) E

V.214) $\begin{cases} x = \sqrt{2} \\ \log_2 y = \dfrac{-3}{2} \end{cases}$

V.215) $x = \log_2\left(y + \sqrt{y^2+1}\right)$

V.216) E   V.217) A   V.218) C
V.219) S) = { 10, 100 }
V.220) E   V.221) E   V.222) B
V.223) a) 7.10^9 Kwh
b) A energia fica multiplicada por $10\sqrt{10}$
V.224) C
V.225) a) 19 algarismos
b) $\log 8^{10^4} = 3.(301x,y...$ como a característica depende de x e y, a precisão de 3 algarismos não é suficiente.
V.226) 169,9 anos
V.227) 4/3 horas
V.228) em 11 meses   V.229) A
V.230) C   V.231) A
V.232) a) $\log_B \alpha = x \Leftrightarrow \beta^x = \alpha$
b) a função logarítmica é crescente para B > 1

V.233)a) $\log_a x > 0$ se $0 < x < 1$

b) $D = \{ x \in \mathbf{R} \mid 0 < x < \frac{2}{3} \}$

c) $\frac{\sqrt{17} - 3}{2} < x < \frac{2}{3}$

V.234) $\{x \in R \mid 0 < x < 10 \vee x > 100\}$

V.235) $x = -\frac{1}{4}$ **V.236)** 1,5

V.237) $V = \{ 16, \frac{1}{16} \}$ **V.238)** 0,31

V.239) 3,14 **V.240)** $V = \{1\}$

V.241) B	**V.242)** D	**V.243)** C
V.244) E	**V.245)** C	**V.246)** A
V.247) C	**V.248)** A	**V.249)** C
V.250) E	**V.251)** C	**V.252)** C
V.253) B	**V.254)** E	**V.255)** B
V.256) A	**V.257)** B	**V.258)** D
V.259) C	**V.260)** B	**V.261)** E
V.262) B	**V.263)** D	**V.264)** A
V.265) C	**V.266)** C	**V.267)** B
V.268) E	**V.269)** C	**V.270)** D
V.271) C	**V.272)** B	**V.273)** E
V.274) E	**V.275)** A	**V.276)** C
V.277) C	**V.278)** D	**V.279)** C
V.280) A	**V.281)** C	**V.282)** A
V.283) B	**V.284)** C	**V.285)** A
V.286) D	**V.287)** A	**V.288)** B
V.289) A	**V.290)** A	**V.291)** D
V.292) E	**V.293)** C	**V.294)** D
V.295) D	**V.296)** C	**V.297)** E
V.298) E	**V.299)** E	**V.300)** A
V.301) A	**V.302)** C	**V.303)** E
V.304) B	**V.305)** D	**V.306)** D
V.307) B	**V.308)** E	**V.309)** D
V.310) C	**V.311)** E	**V.312)** D
V.313) E	**V.314)** D	**V.315)** E
V.316) C	**V.317)** C	**V.318)** A
V.319) A	**V.320)** C	**V.321)** C
V.322) C	**V.323)** C	

V.324) $V = \{1\}$

V.325) $V = \{ 2 \}$

V.326) $1 + a + 2b$

V.327) $V = \{ x \in \mathbf{R} \mid 2 < x < 3 \}$

V.328) $V = \{ (16, 16) \}$

V.329) $x = \frac{1}{25}$

V.330) $] 0; \frac{1}{2}]$

V.331) D

V.332) 1) $f(x) = 2^x$

2) $g(x) = \log_2 x, x>0$

V.333) a) $x = 2$ b) $x = 100$

V.334 a) $\left\{ \frac{1}{9} \right\}$

b) $\left\{ \frac{-1+\sqrt{5}}{2}, \frac{1-\sqrt{5}}{2} \right\}$

V.335)

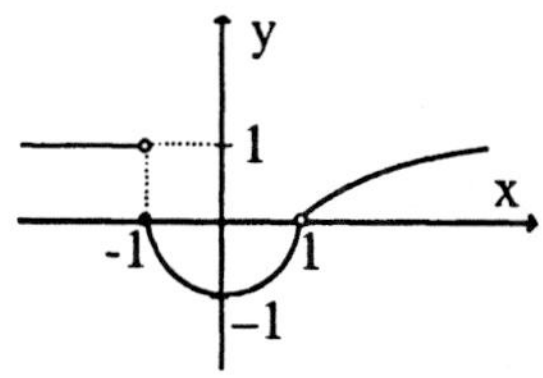

V.336) $\{ a \in \mathbf{R} \mid a > 4 \}$

V.337) $V = \{ (5, 2), (2, 5) \}$

V.338) a) $\{\sqrt{2}\}$ b) $\left\{ \frac{\sqrt[3]{4}}{4} \right\}$

Bibliografia

(1) Antar Neto, Aref e outros - Noções de Matemática; Editora Moderna; 1979.

(2) Antonov, N. e outros - Problems In Elementary Mathematics For Home Study; Mir Publishers; 1982.

(3) Apostol, Tom M. - Calculus; Editorial Reverté; 1973.

(4) Bogomolov, N.V. - Mathematics For Technical Schools; Mir Publishers; 1986

(5) Dorofeev, G e Outros - Elementary Mathematics, Selected Topics And Problem Solving; Mir Publishers; 1973

(6) Guelli, Cid A. e outros - Coleção Matemática Moderna; Editora Moderna

(7) Gusev, V.A. e Mordkovich, A.G. - Mathematics For Those Entering Technical Schools; Mir Publishers; 1986.

(8) Iezzi, Gelson e outros - Fundamentos de Matemática Elementar; Atual Editora; 1985.

(9) Krechmar, V.A. - A Problem Book In Algebra; Mir Publishers; 1978.

(10) Litvinenko, V. e Mordkovich, A. - Solving Problems In Algebra And Trigonometry; Mir Publishers, 1987.

(11) Machado, Antonio dos Santos - Matemática, Temas e Metas; Atual Editora; 1986.

(12) Milies, C.P. e Coelho, S.P. - Números, uma Introdução À Matemática; (2ª Edição Preliminar), 1982.

(13) Spivak, Michael - Cálculo Infinitesimal; Editorial Reverté; 1970.

(14) Trotta, Fernando e outros - Matemática Por Assunto; Editora Scipione.

(15) Tulaikov, A.N. e outros - Problemas de Matemáticas Elementales, Editorial Mir; 1972.

(16) Zaitsev, V.V. e outros - Elementary Mathematics, A. Review Course; Mir Publishers, 1978.